AF166017

Sozialpädagogik zwischen Staat und Familie

Birgit Bütow • Marion Pomey
Myriam Rutschmann • Clarissa Schär
Tobias Studer
(Hrsg.)

Sozialpädagogik zwischen Staat und Familie

Alte und neue Politiken des Eingreifens

 Springer VS

Herausgeber
Birgit Bütow
Universität Salzburg
Österreich

Marion Pomey
Universität Zürich
Schweiz

Myriam Rutschmann
Universität Zürich
Schweiz

Clarissa Schär
Fachhochschule Nordwestschweiz
Basel
Schweiz

Tobias Studer
Fachhochschule Nordwestschweiz
Olten
Schweiz

ISBN 978-3-658-01399-8   ISBN 978-3-658-01400-1 (eBook)
DOI 10.1007/978-3-658-01400-1

Die Deutsche Nationalbibliothek verzeichnet diese Publikation in der Deutschen Nationalbibliografie; detaillierte bibliografische Daten sind im Internet über http://dnb.d-nb.de abrufbar.

Springer VS
© Springer Fachmedien Wiesbaden 2014

Das Werk einschließlich aller seiner Teile ist urheberrechtlich geschützt. Jede Verwertung, die nicht ausdrücklich vom Urheberrechtsgesetz zugelassen ist, bedarf der vorherigen Zustimmung des Verlags. Das gilt insbesondere für Vervielfältigungen, Bearbeitungen, Übersetzungen, Mikroverfilmungen und die Einspeicherung und Verarbeitung in elektronischen Systemen.

Die Wiedergabe von Gebrauchsnamen, Handelsnamen, Warenbezeichnungen usw. in diesem Werk berechtigt auch ohne besondere Kennzeichnung nicht zu der Annahme, dass solche Namen im Sinne der Warenzeichen- und Markenschutz-Gesetzgebung als frei zu betrachten wären und daher von jedermann benutzt werden dürften.

Lektorat: Stefanie Laux, Stefanie Loyal

Gedruckt auf säurefreiem und chlorfrei gebleichtem Papier

Springer VS ist eine Marke von Springer DE. Springer DE ist Teil der Fachverlagsgruppe
Springer Science+Business Media
www.springer-vs.de

Inhaltsverzeichnis

Mitarbeiterverzeichnis

Timo Ackermann, Dipl. Universität Hildesheim, Hildesheim, Deutschland
E-Mail: ackerman@uni-hildesheim.de

Dr. rer. soc. Lars Alberth Wuppertal, Deutschland
E-Mail: alberth@uni-wuppertal.de

Univ.-Prof. Dr. habil. Doris Bühler-Niederberger Wuppertal, Deutschland
E-Mail: buehler@uni-wuppertal.de

Univ.-Prof. Dr. habil. Birgit Bütow Salzburg, Österreich
E-Mail: birgit.buetow@sbg.ac.at

Steffen Eisentraut M.A. Wuppertal, Deutschland
E-Mail: eisentraut@uni-wuppertal.de

Prof. Dr. phil. Walter Gehres Saarbrücken, Deutschland
E-Mail: walter.gehres@htw-saarland.de

PD Dr. Erich Otto Graf Zürich, Schweiz
E-Mail: eograf@ife.uzh.ch

Univ.-Prof. Dr. rer. soc. Bruno Hildenbrand Jena, Deutschland
E-Mail: bruno.hildenbrand@uni-jena.de

Dr. phil. Thomas Huonker Zürich, Schweiz
E-Mail: thomas.huonker@sunrise.ch

lic. phil. Marion Pomey Universität Zürich, Zürich, Schweiz
E-Mail: mpomey@ife.uzh.ch

Dr. phil Martina Richter Dipl.-Päd Vechta, Deutschland
E-Mail: martina.richter@uni-vechta.de

Dr. Des. Myriam Rutschmann Bern, Schweiz
E-Mail: mrutsch@ife.uzh.ch

Alexandra Sann Dipl. Psych München, Deutschland
E-Mail: sann@dji.de

Dr. phil. Reinhild Schäfer Wiesbaden, Deutschland
E-Mail: Reinhild.Schaefer@hs-rm.de

Clarissa Schär M.A. Basel, Schweiz
E-Mail: clarissa.schaer@fhnw.ch

Dr. phil. Friedrich Schorb Bremen, Deutschland
E-Mail: schorb@uni-bremen.de

lic. phil. Tobias Studer Olten, Schweiz
E-Mail: tobias.studer@fhnw.ch

Prof'in Dr. Sabine Toppe Berlin, Deutschland
E-Mail: toppe@ash-berlin.eu

AutorInnen und HerausgeberInnen

Timo Ackermann, Dipl. Sozialarbeiter/Sozialpädagoge, ist wissenschaftlicher Mitarbeiter der Universität Hildesheim, Institut für Sozial- und Organisationspädagogik.
Arbeitsschwerpunkte: Kinderschutz/Kindeswohlförderung, Organisations- und Professionssoziologie, Entscheidungsforschung.

Dr. rer. soc. Lars Alberth ist wissenschaftlicher Mitarbeiter an der Bergischen Universität Wuppertal, Fachbereich G, Bildungs- und Sozialwissenschaften.
Arbeitsschwerpunkte: Soziologie der Kindheit, Kultur- und Körpersoziologie, Diskursanalyse.

Univ.-Prof. Dr. habil. Doris Bühler-Niederberger forscht und lehrt Soziologie an der Bergischen Universität Wuppertal, Fachbereich G, Bildungs- und Sozialwissenschaften.
Arbeitsschwerpunkte: Soziologie der Kindheit, Strukturen der Aufwachsens, Sozialisation, Soziologie des privaten Lebens.

Univ.-Prof. Dr. habil. Birgit Bütow forscht und lehrt an der Universität Salzburg, FB Erziehungswissenschaft, Lehrstuhl für Sozialpädagogik, Beratung und Intervention.
Arbeitsschwerpunkte: Sozialpädagogische Organisations- und Professionsforschung, Kinder- und Jugendhilfe, Theorien und Geschichte der Sozialpädagogik; Genderaspekte in der Sozialen Arbeit.

Steffen Eisentraut M.A. ist wissenschaftlicher Mitarbeiter an der Bergischen Universität Wuppertal, Fachbereich G: Bildungs- und Sozialwissenschaften.

Arbeitsschwerpunkte: Medien- und Kommunikationssoziologie, Jugendsoziologie, Visuelle Soziologie und Artefaktanalyse, Soziologie der Kindheit.

Prof. Dr. phil. Walter Gehres lehrt und forscht an der Fakultät für Sozialwissenschaften der Hochschule für Technik und Wirtschaft des Saarlandes (htw Saar) in Saarbrücken.
Arbeitsschwerpunkte: Öffentliche Sozialisation und Identitätsbildung (Pflegefamilien und Kinderheime), Wissenssoziologie, qualitative Forschung, Professionalisierung Sozialer Arbeit.

PD Dr. Erich Otto Graf ist wissenschaftlicher Mitarbeiter an der Universität Zürich, Institut für Erziehungswissenschaft, Lehrstuhl für Sonderpädagogik: Gesellschaft, Partizipation und Behinderung, Privatdozent an der PH Karlsruhe und selbständiger Institutionsberater.
Arbeitsschwerpunkte: Behinderung und Gesellschaft, disability studies, Fragen von Arbeit und Behinderung, Wissenssoziologie, Sozialforschung, Evaluation von Projekten und Programmen, Projektentwicklung/Change Development, Leitbildentwicklung, Supervision.

Univ.-Prof. Dr. rer. soc. Bruno Hildenbrand lehrt und forscht an der Friedrich-Schiller-Universität Jena, Institut für Soziologie, Arbeitsbereich Sozialisationstheorie und Mikrosoziologie.
Arbeitsschwerpunkte: Sozialisationstheorie, Professionalisierungstheorie, Psychiatrische Soziologie als Klinische Soziologie, Qualitative Forschungsverfahren, Familientherapie.

Dr. phil. Thomas Huonker leitet das Projekt „Kinderheime Schweiz – eine historische Aufarbeitung" der Guido Fluri-Stiftung.
Arbeitsschwerpunkte: Geschichte der Jenischen, Sinti und Roma in der Schweiz, Geschichte von Zwangsmassnahmen im Fürsorgebereich, Psychiatriegeschichte, Geschichte der Arbeiterbewegung, Kirchengeschichte.

lic. phil. Marion Pomey forscht und lehrt als wissenschaftliche Assistentin und Doktorandin an der Universität Zürich am Institut für Erziehungswissenschaft, am Lehrstuhl Sozialpädagogik.
Arbeitsschwerpunkte: Soziale Arbeit, Krise und sozialpädagogische Intervention; prekäre Kindheiten und Familie; soziale Ungleichheit; Professionsforschung und soziale Grenzanalyse sowie Rekonstruktive Sozialforschung.

Dr. phil Martina Richter Dipl.-Päd. ist wissenschaftliche Mitarbeiterin an der Universität Vechta, Institut für Soziale Arbeit, Bildungs- und Sportwissenschaften.

Arbeitsschwerpunkte: Theorien Sozialer Arbeit, Kinder- und Jugendhilfeforschung, Familienforschung und Ganztagsschulforschung.

Dr. Des. Myriam Rutschmann ist Dozentin an der Pädagogischen Hochschule Bern, Institut Sekundarstufe I, Erziehungs- und Sozialwissenschaften und an der höheren Fachschule für Soziale Beruf (Agogis), Zürich.

Arbeitsschwerpunkte: Familie, Kindheit und Jugend, gesellschaftliche und politische Rahmenbedingungen sozialer Ungleichheit, Bildung und soziale Ungleichheit, Diversität und Teilhabe, Gender Studies, Professionsgeschichte und Professionalisierungstheorien Sozialer Arbeit, rekonstruktive Sozialforschung, Wissenssoziologie.

Alexandra Sann Dipl. Psych. ist wissenschaftliche Mitarbeiterin am DJI, Abteilung Familie und Familienpolitik und Fachgruppenleiterin Frühe Hilfen.

Arbeitsschwerpunkte: Präventionsforschung, Evaluationsforschung, frühe Förderung in der Familie, frühe Hilfen.

Dr. phil. Reinhild Schäfer Professur für „Gesellschaftswissenschaftliche Grundlagen der Sozialen Arbeit" an der Hochschule RheinMain (Wiesbaden) mit den Schwerpunkten Familie, Sozialisation, Devianz.

Arbeitsschwerpunkte: Familienpolitik, Frühe Hilfen, Gleichstellungspolitik und Gender Mainstreaming, Gewalt im Geschlechterverhältnis.

Clarissa Schär M.A. ist wissenschaftliche Mitarbeiterin an der Hochschule für Soziale Arbeit der Fachhochschule Nordwestschweiz, Institut Kinder- und Jugendhilfe.

Arbeitsschwerpunkte: Kinderschutz, Kindheits- und Jugendforschung (insb. im Kontext neuer Medien), Körper- und geschlechtertheoretische Ansätze, Cultural Studies, (Außerschulische) Bildung und soziale Ungleichheit, Interkulturelle und geschlechterreflektierte Soziale Arbeit, Theorie und Geschichte der Sozialpädagogik, Wissenssoziologie, Fotoanalysen.

Dr. phil. Friedrich Schorb ist wissenschaftlicher Mitarbeiter an der Universität Bremen, Institut für Public Health und Pflegeforschung IPP.

Arbeitsschwerpunkte: Problemkarriere des Übergewichts, Selbstführungsdis-
kurse in der Sozial- und Gesundheitspolitik, soziale Ungleichheit und Gesundheit,
gesundheitliche Versorgung von Menschen mit ungesichertem Aufenthaltsstatus.

lic. phil. Tobias Studer ist als wissenschaftlicher Mitarbeiter an der Hochschule für Soziale Arbeit der Fachhochschule Nordwestschweiz und im Institut für
Regional- und Migrationsforschung (IRM) tätig.

Arbeitsschwerpunkte: Theorien der Sozialen Arbeit, Arbeitsintegration und
Ausgrenzung, Migration und Arbeit, Pflegefamilienforschung, Bildung und
Sozialpädagogik.

Prof'in Dr. Sabine Toppe Professur für Geschichte der Sozialen Arbeit an der
Alice Salomon Hochschule Berlin.

Arbeitsschwerpunkte: Geschichte der Sozialen Arbeit, Kindheitspädagogik,
Bildungs- und Erziehungsprozesse in Familien, Historische Pädagogik, Armut und
sozialer Ausschluss, Bildung und soziale Ungleichheit, Gender Studies.

Einleitung: Politiken des Eingreifens – Zwischen Staat und Familie

Birgit Bütow, Marion Pomey, Myriam Rutschmann, Clarissa Schär und Tobias Studer

Zusammenfassung

In der Einleitung werden zunächst die Gesamtstruktur des Buches und die einzelnen Beiträge kurz vorgestellt. In den weiteren Ausführungen diskutieren die HerausgeberInnen einige Aspekte des vorliegenden Sammelbandes übergreifend und vertiefend. Dieses ist erstens der Versuch einer vergleichenden Perspektive auf Entwicklungslinien von Fremdplatzierungspolitiken in Deutschland und der Schweiz. In einem zweiten Punkt werden begriffliche und konzeptionelle Legitimationen (z. B. „Kindeswohlgefährdung" und „Verwahrlosung") von Eingriffen in Familien kritisch betrachtet. Drittens werden Paradoxien und Spannungsfelder von Privatheit und Öffentlichkeit herausgearbeitet sowie viertens eine Kinderperspektive in der Sozialpädagogik (im

B. Bütow (✉)
Salzburg, Österreich
E-Mail: birgit.buetow@sbg.ac.at

M. Pomey
Zürich, Schweiz
E-Mail: mpomey@ife.uzh.ch

M. Rutschmann
Bern, Schweiz
E-Mail: mrutsch@ife.uzh.ch

C. Schär
Basel, Schweiz
E-Mail: clarissa.schaer@fhnw.ch

T. Studer
Olten, Schweiz
E-Mail: tobias.studer@fhnw.ch

B. Bütow et al. (Hrsg.), *Sozialpädagogik zwischen Staat und Familie*,
DOI 10.1007/978-3-658-01400-1_1, © Springer Fachmedien Wiesbaden 2014

Anschluss an das Konzept des ‚capablity approach') entwickelt. Abschließend verweisen die AutorInnen darauf, dass Sozialpädagogik im Kontext von Staat und Familie zwar aktuell wirkmächtigen neoliberalen Strukturen ausgesetzt ist, dennoch aber ihre Positionen und Handlungsmöglichkeiten stärker dazu nutzen sollte, um das Verhältnis von Hilfe und Kontrolle im Sinne der AdressatInnen zu verschieben. Dazu bedarf es auch intensiver Forschungsarbeit in Kontexten neuer Gouvernementalitäten.

Sozialpädagogik ist institutionell wie auch im konkreten Handeln genuin mit dem Staat bzw. mit den sozialpolitischen Rahmungen und Implikationen verknüpft (vgl. Böhnisch 2013; Friesenhahn und Kniephoff-Knebel 2011). Mit sozialpädagogischen Maßnahmen gehen Eingriffe in die Lebenswelten Einzelner, Gruppen und Familien aufgrund bestimmter, als soziale Problemlagen definierte Situationen einher. Diese basieren maßgeblich auf den jeweils vorliegenden gesellschaftlichen Verhältnissen und hängen von sozialen Ungleichheiten sowie machtbedingten Differenzen ab (vgl. Braches-Chyrek und Lenz 2011). Die Definitionsmacht derartiger Probleme unterliegt gesellschaftlichen Interessenlagen und unterschiedlichen Deutungshoheiten (vgl. z. B. Knuth 2008; Ludwig-Mayerhofer et al. 2007). Vor dem Hintergrund der grundlegenden Annahme der Autonomie der einzelnen Bürgerinnen und Bürger stellt sich einerseits die Frage nach der Legitimierung von Eingriffen in die privaten Lebenswelten (vgl. u. a. Graf und Vogel 2010). Diskutiert man jedoch andererseits den Fokus der Wahrung von Kinderrechten und des Kindeswohls – v. a. das Recht von Kindern auf unversehrtes Aufwachsen – dann stellt sich die Frage nach den Kriterien des Eingreifens in Familien und folgend nach den (legitimierten) Optionen, wo und wie Kinder bestmöglich aufwachsen können. Sozialpädagogik sieht sich im Handeln also mit komplexen Legitimationsproblemen bzw. -dilemmata konfrontiert, die sich insbesondere bei den betroffenen Akteurinnen und Akteuren als Spannungsfelder manifestieren (vgl. Bütow und Maurer 2013). Damit obliegt es einer theoretischen Auseinandersetzung, die Spannungen in den Handlungsfeldern der Sozialpädagogik im Zusammenhang mit Eingriffen und Maßnahmen als strukturell geprägtes Problem zu analysieren und zu reflektieren. Sozialpädagogik ist immer auch diejenige Instanz, die soziale Ungleichheiten bekämpft und diese zugleich durch die Konstruktion von sozialen Problemen und Adressatengruppen reproduziert (vgl. Kessl und Plösser 2010). Soziale Probleme wiederum basieren auf gesellschaftlich wie professionell geprägten Normalitäts- und Normalisierungsvorstellungen gegenüber Menschen und Menschengruppen, die bestimmte Ein- und Ausschlusspraktiken nach sich ziehen (vgl. Mecheril und Melter 2010). Die hieraus resultierenden Schwierigkeiten und Konflikte konturieren sich historisch und feldspezifisch auf je unterschiedliche Weise und produzieren je eigene Diskurse und Praktiken, mittels derer Eingriffe legitimiert werden.

Seit ihren Anfängen befindet sich die Sozialpädagogik in einem Spannungsfeld zwischen Hilfe und Kontrolle, zwischen Privatheit und Öffentlichkeit, zwischen Familie und Staat (vgl. Hünersdorf und Toppe 2011; Huxoll und Kotthaus 2012; Kuhlmann und Schrapper 2001; Urban 2004). Der vorliegende Sammelband untersucht neue und alte Formen des Eingreifens im familiären Kontext und wirft dabei sowohl einen historischen wie auch theoretischen Blick auf die jeweiligen Handlungsfelder und Diskurse, welche mit den Politiken des Eingreifens einhergehen. Dabei werden jedoch keine systematischen Analysen von Entwicklungslinien und Problemen angestellt. Vielmehr kommen in den Beiträgen verschiedene Blickwinkel und Schwerpunkte zum Tragen, die wir zunächst kurz vorstellen und dann in weiterführenden Überlegungen verdichten und diskutieren. Unsere Publikation entstand im Zusammenhang der Tagung „Sozialpädagogik zwischen Staat und Familie. Alte und neue Politiken des Eingreifens", welche vom 5. bis 6. Juli 2012 an der Universität Zürich stattfand.

1.1 Zu den einzelnen Beiträgen

Im *ersten Teil* werden historische Linien im Kontext von privater und öffentlicher Erziehung auf sehr unterschiedliche Weise und in zwei unterschiedlichen Ländern – in der Schweiz und in Deutschland – analysiert sowie im Hinblick auf die Gegenwart diskutiert. Die beiden Beiträge können im Sinne der qualitativen Sozialforschung als maximale Kontraste zwischen zwei „Fällen" gelten. Sie thematisieren dabei sehr unterschiedliche, wenn auch eng miteinander verbundene Problematiken. Daher werden wir die Anregungen und übergreifenden Themen von Sabine Toppe und Thomas Huonker an späterer Stelle vertiefen und um einige aktuelle Debatten ergänzen (vgl. II.). *Sabine Toppe* (Berlin) diskutiert in ihrem Artikel die Bedeutung, den Beitrag und die Spezifik von Forschungen der 1925 unter Vorsitz von Alice Salomon gegründeten „Deutschen Akademie für soziale und pädagogische Frauenarbeit" hinsichtlich der sozialen Lage, der Ressourcen und Potentiale sowie der Risiken von Familien. Im Jahr 1928 startete die Akademie ein breit angelegtes sozialwissenschaftliches Forschungsprogramm über den *„Bestand und Erschütterung der Familie in der Gegenwart"*. Im Zeitraum von 1930 bis 1933 erschienen 13 von 27 geplanten Monographien, die nicht nur aus historischer Sicht bemerkenswert sind: Sie bieten eine Fülle an authentischem, wenig kommentierten Material über Familien zu Anfang des 20. Jahrhunderts und zeugen so von dem sozialwissenschaftlichen Bestreben, soziale Wirklichkeiten und Probleme sowohl nah an der Realität zu erfassen als auch in ihren gesellschaftlichen Entstehungszusammenhängen zu diskutieren. Damit begründeten diese frühen qualitativen Studien notwendige sozialpolitische Reformprogramme und versuchten – bei allen Einschränkungen durch zeitgenössische Sichtweisen auf Familien und Geschlechterrollen – eine für diese Zeit weitsichtige, wenig normative Definition von Familienformen sowie nichtmoralisierende Sichtweisen auf Verhaltens- und Beziehungsmuster in Familien zu entwickeln. Zugleich forderten sie die Verantwortung des Staates zur Unterstützung benachteiligter Familien, insbesondere von Alleinerziehenden – und damit aber auch eine weniger eingreifende Politik in Familien. Allerdings wurden diese Erkenntnisse nie umgesetzt und sind auch erst in den letzten Jahren von der sozialwissenschaftlichen Forschung wiederentdeckt worden. Der Beitrag von *Thomas Huonker* (Zürich) stellt Praktiken des staatlichen Eingreifens in der Geschichte der Schweizerischen Fürsorge in den Mittelpunkt. Der politisch engagierte Historiker zeigt in seinen Recherchen auf, dass Fremdplatzierungspraktiken immer auch Herrschaftspraktiken gegenüber Armen und Benachteiligten waren. Anhand des Begriffs der Verwahrlosung, der im Laufe der Fürsorgegeschichte immer wieder Verwendung fand, um Fremdplatzierung und „Besserung" zu legitimieren, weist Huonker nach, dass dieser stets rechtlich und inhaltlich unbestimmt war, zugleich aber ebenso zur Stigmatisierung und Etikettierung bestimmter sozialer Gruppen und Familien führte. In den oft unter kirchlicher Trägerschaft stehenden „Besserungsanstalten" waren Arbeitserziehung und ideologisch aufgeladene Frömmigkeit zentrale Prinzipien. Diese entwickelten sich so zu „totalen Institutionen" (vgl. Goffman 1973), in denen Gewalt ausgeübt wurde. Über diese schweigen Betroffene bis heute – auch angesichts des Druckes, dem z. B. bekannte Kritiker wie Albert Loosli ausgesetzt waren. Des Weiteren beschreibt der Autor die Allianz von Staat, Gesellschaft und Fürsorge anhand des Beispiels von Pfarrer Wild, dessen Publikationen über Gewalt und Vernachlässigung gegenüber Kindern in (armen) Familien maßgeblich dazu beigetragen haben, entsprechende staatliche Eingriffe zu Beginn des 20. Jahrhunderts gesetzlich zu ermöglichen. Ihren unrühmlichen Höhepunkt erhielten diese Eingriffe in der NS-Zeit und den darauffolgenden Jahren durch erbbiologische Legitimierungen, die z. T. bis heute einer Aufarbeitung harren. Zu nennen sind die Fremdplatzierungen von Jenischen, die bis in die späten 1960er Jahre bekannt sind. Bis in die jüngste Vergangenheit steht die Auseinandersetzung mit den involvierten Protagonisten und die Aufarbeitung der aktiven Rolle der Sozialen Arbeit noch aus.

Im *zweiten Teil* unseres Buches erfolgen differenzierte Analysen zur Gegenwart von Prävention und Frühen Hilfen im Kontext der Sozialpädagogik: Vor dem Hintergrund der Kinderschutzdebatte in Deutschland setzen sich *Reinhild Schäfer* (Wiesbaden) und *Alexandra Sann* (München) in ihrem Beitrag mit Frühen Hilfen im Spannungsfeld von Hilfe und Kontrolle auseinander. Dabei wird deren Präventionsanspruch hinsichtlich der beiden Thesen, Frühe Hilfen würden den Kinderschutz verbessern, indem der Hilfebedarf möglichst früh erkannt und indem der Schutzauftrag der staatlichen Gemeinschaft gestärkt würden, kritisch beleuchtet. *Friedrich Schorb* (Bremen) setzt sich in seinem Beitrag mit der „Adipositas-Epidemie" bei Kindern und Jugendlichen auseinander, die er einerseits als den Diskurs dominierende gesellschaftliche Wahrnehmung dekonstruiert und deren ernährungspolitische Konsequenzen er andererseits kritisch in den Blick nimmt. Die Maßnahmen, die zur Bekämpfung der „Adipositas-Epidemie" ergriffen werden, verhandelt er vor dem Hintergrund neoliberaler Implikationen eines aktivierenden Sozialstaats, womit er nicht nur den Raum für eine profunde Kritik öffnet, sondern zugleich Alternativen zum Umgang mit Übergewicht und Adipositas bei Kindern und Jugendlichen erörtert.

Der *dritte Teil* des vorliegenden Bandes untersucht einen Kernbereich sozialpädagogischer Interventionen in Familien. Der Beitrag von *Doris Bühler-Niederberger* (Wuppertal), *Lars Alberth* (Wuppertal) und *Steffen Eisentraut* (Wuppertal) beleuchtet den professionellen Blick und Zugriff auf Kinder unter einer generationalen Perspektive. Die aus früheren Studien herausgearbeiteten typischen vier Merkmale professioneller Befassung mit Kindern – separierender Blick, Kinder als Objekte der Besorgnis, Glorifizierung und Unschuld, Absenz realer Kinder und Disqualifizierung ihrer Stimme – werden auf sozialpädagogische/-fürsorgerische Interventionslogiken bei Kindeswohlgefährdung übertragen. Das empirische Material stammt aus dem DFG-Projekt „Sozialsystem, Kindeswohlgefährdung und Prozesse professioneller Interventionen (SKIPPI)", welches professionelles Handeln in Fällen der Gefährdung des Kindeswohls von kleinen Kindern betrachtet. Die AutorInnen haben für ihren Beitrag insbesondere die Interviews mit den SozialpädagogInnen und -arbeiterInnen ausgewertet und kommen zu einem professionskritischen Fazit: Die Kinderperspektive müsste systematischer eingeholt und den Kindern mehr ‚voice' zugestanden werden, um Partizipation und Kinderrechte tatsächlich zu wahren. *Marion Pomey* (Zürich) fokussiert in ihrem Beitrag sozialpädagogische Interventionen im Bereich Krisenintervention und zeigt dabei, wie sich staatliche Eingriffe in die familiäre Autonomie im Bereich des Kindesschutzes widerspiegeln. Dabei geht es um die Frage des Zugriffs auf Kindheiten bei Gefährdung des Wohls von Kindern. Verbunden mit dieser Frage ist auch jene nach der Reproduktion sozialer Ungleichheit, denn der Diskurs um Zugriffe auf Kindheiten ist auch ein Diskurs um prekarisierte Kindheiten. Hier forscht die Autorin nach den Bedeutungen von Krise und Krisenintervention bei Kindeswohlgefährdung. Die Betrachtung dieses Interaktionsraumes als Verschränkung von Struktur und Handlung eröffnet einen Analyseraum, in dem sich Handlungsmuster von AdressatInnen rekonstruieren lassen und gesellschaftliche Bedingungen sowie familiale Erfahrungen gleichzeitig Beachtung finden. Es geht insofern darum, professionelle Handlungsspielräume in der Beziehungsgestaltung jenes spezifischen Handlungsfeldes auszuloten. Dahinein spielt die normative Konstruktion der AdressatInnen und Professionellen über „gute" bzw. „schlechte" Elternschaft, welche gerade im Bereich des Kindesschutzes und bei der Frage nach Fremdunterbringung entscheidungsrelevant wird. *Timo Ackermann* (Hildesheim) befasst sich ebenfalls mit der Fremdunterbringung von Kindern und fokussiert hierbei die Fallerzeugung von Professionellen im Zusammenhang mit Entscheidungen des Eingreifens bei Kindeswohlgefährdung. Die Entscheidung zur Herausnahme eines Kindes aus der Familie wird im professionellen Setting durch Praktiken der Fallerzeugung hergestellt. Diese bestehen aus beruhigenden oder beunruhigenden Beobachtungen, aus Praktiken des Abwägens, aus Neutralisierungstechniken, dem Raisonnieren über den Fall und der Konstruktion des Falles als Verkettung von Referenzen. Ethnographisches Datenmaterial dient dem Autor zur Rekonstruktion solcher Praktiken im Entscheidungsprozess. Daran lässt sich aufzeigen, wie in Interaktionen soziale Realität fortwährend hergestellt wird und anhand welcher Praktiken Entscheidungen über Fremdunterbringung getroffen werden. *Bruno Hildenbrand* (Jena) liefert eine kritische Analyse des Kinderschutzes als verpasste Chance zur Professionalisierung der Sozialpädagogik. Im Zusammenhang mit dem Kinderschutz als Grenzobjekt wird die Arena als Bewährungsort der sozialpädagogischen Profession eingeführt. Darin wird deutlich, dass es sich im Kontext des Kinderschutzes um eine soziale Situation handelt, welche durch Offenheit und Vagheit gekennzeichnet ist. Die Sozialpädagogik hat sich in der Arena in ihrer fallbezogenen Analyse zu bewähren. Das theoretische Grundproblem in der Arena des Kinderschutzes sieht Hildenbrand in der Ortlosigkeit der Sozialpädagogik, welche er an der Semantik von Titeln sozialpädagogischer Fachbeiträge festmacht: In Formulierungen wie „zwischen" oder „Spannungsfeld" wird die Unsicherheit des Faches hinsichtlich seines Standorts deutlich. Wege aus dieser fachlichen Krise werden abschließend über die Forderung nach einer Kultur der Fallarbeit und einer Bereitschaft zur Fehlerdiskussion skizziert.

Im *vierten Teil* dieser Publikation werden aktuelle Auseinandersetzungen und theoretische Reflexionen zum Verhältnis von Familie und Staat wie auch Privatheit und Öffentlichkeit dargestellt: *Martina Richter* (Vechta) stellt Familien und Ganztagsschulen als ‚Orte guter Kindheit' in den Mittelpunkt. Vor dem Hintergrund des Forschungsprojektes „Familien als Akteure der Ganztagsschule" wird diskutiert, inwiefern staatliche Zugriffe und Zuschreibungen seitens der Eltern die Gestalt der Ganztagsschule strukturieren und wie sie neben der Familie als Ort ‚guter' Kindheit hervorgebracht wird. Grundsätzlich wird davon ausgegangen, dass eine ‚gute Kindheit' nicht mehr allein durch die Familie, sondern auch zusehends durch pädagogische Institutionen gewährleistet werden soll. *Walter Gehres* (Saarbrücken) setzt sich in seinem Beitrag übergreifend mit der Bedeutung familiärer Strukturen und Lebenspraxen für die Bildung von Sozialität auseinander. Dabei verfolgt er drei Intentionen: Als erstes geht es ihm um die Anerkennung der in der Kinderschutzdebatte häufig nicht beachteten Bedeutung der Familien als primärer Sozialisationsinstanz. Zweitens akzentuiert er Kinder und Jugendliche im Zusammenhang mit Kinderschutzbemühungen als Teile von Familien bzw. des Kontexts der Lebensbedingungen und Lebenssituationen der Eltern. Dabei rekurriert er auf das Konzept der familialen Triade für zentrale sozialisatorische Leistungen von Familien. Drittens will der Autor den in den Kinderschutzdebatten zumeist defizitären Blick auf Familien relativieren. Dabei problematisiert er die Tendenz, den Eltern erzieherische Unzulänglichkeiten zu unterstellen. Die entworfenen Perspektiven illustriert der Autor mit eigenem Datenmaterial aus seiner Forschung zur Sozialisation von Pflegekindern. *Tobias Studer* (Olten) beschäftigt sich in seinem Beitrag mit dem Verhältnis von Staat und Familie hinsichtlich des Legitimationsproblems sozialpädagogischer und sozialstaatlicher Eingriffe. Dabei wird anhand des Pflegekinderbereichs in der Schweiz und mittels theoretischer Überlegungen zu Privatheit und Öffentlichkeit das Spannungsverhältnis zwischen Familie und staatlichen Institutionen untersucht. Gegenstand des Beitrags ist unter anderem, dass Eingriffe in die als autonom angenommene Privatheit von Familien legitimationsbedürftig sind. Dieses Legitimationsdefizit lässt sich über die Erhöhung kommunikativer Rationalität bearbeiten, wird hingegen über die Einführung standardisierter Verfahren im Rahmen von Professionalisierungsbestrebungen zusehends problematisch. Es wird thesenartig dargelegt, inwiefern es durch die Professionalisierung des Pflegekinderbereichs letztlich zu einer Reduktion der Beziehungen zwischen den beteiligten Akteuren kommt. *Erich Graf* (Zürich) beleuchtet schließlich den Impetus der Intervention im Hinblick auf das Verhältnis von Familie und Staat vor dem Hintergrund veränderter Produktionsverhältnisse. Dabei geht er davon aus, dass die Interventionsdispositive der Sozialen Arbeit maßgeblich vom zunehmend unklaren Konzept der bürgerlichen Familie wie auch den Möglichkeiten und Grenzen des Staates abhängen. Die Bedeutung des sozialpädagogischen Handelns als staatlich lizensiertes Handeln wird mit dem grundsätzlichen Bestreben verbunden, vermeintlich Schlimmeres zu verhindern. Die Bestimmung des Schlimmeren ergibt sich maßgeblich über die Selbstzuschreibung der Professionalität und der damit verbundenen Verortung im Sozialstaat. Graf macht in seinem Beitrag deutlich, inwiefern eine kritische Debatte um die Funktion von Sozialer Arbeit die Ambivalenzen des sozialpädagogischen Handelns verstärkt zum Vorschein bringen würde. Es wird ersichtlich, warum die über den Nationalstaat verfassten rechtlichen Rahmenbedingungen die Interventionen der Sozialen Arbeit kaum mehr zu legitimieren vermögen. Die hieraus resultierenden Spannungen gilt es nicht auf der Ebene der Individuen, sondern als strukturbedingte Phänomene zu bearbeiten.

1.2   Thematische Vertiefungen

1.2.1   Historische und regionale Vergleiche zwischen der Schweiz und Deutschland

Internationale Vergleiche, auch wenn sie sich auf zwei (z. T.) deutschsprachige Länder beziehen, sind komplex und bedürften zunächst einer Bestimmung dessen, anhand welcher Kriterien diese systematisch zueinander in Beziehung gesetzt werden (vgl. Backes 2012; Knuth 2008). Diese werden hier nicht differenziert und ausführlich entwickelt. Einen systematischen Vergleich sozialpolitischer Strukturen zwischen Deutschland und der Schweiz liefern Carigiet et al. (2006), indem sie beide Länder hinsichtlich der historischen Perspektiven auf Sozialpolitik und Sozialstaat wie auch bezüglich konkreter Themenbereiche wie Alterssicherung, Krankenversicherung, Familienpolitik, Sozialhilfe, etc. kontrastieren. In der Sichtung vorliegender Analysen, die auf internationalen Vergleichen im Bereich der Kinder- und Jugendhilfe basieren, können zwei zentrale Themenkreise ausgemacht werden, anhand derer Vergleiche angestellt werden können: Dies ist zum einen die jeweilige Sichtweise auf Familien als Orte des Aufwachsens für Kinder im Vergleich zu öffentlich verantworteten Institutionen (vgl. Knuth 2008, S. 132 ff.; Kutzner 2003; Mäder 2006). Zum zweiten können Unterschiede anhand des Wohlfahrtregimes und den zu Grunde liegenden Maximen von Selbst- und öffentlicher Sorge bzw. Verantwortung ausgemacht werden (vgl. Lorenz 2011). In beiden Themenfeldern gilt es, die historisch unterschiedlichen Hintergründe sozial-, respektive wohlfahrtsstaatlicher Entwicklungen zu berücksichtigen. Auch wenn sich gegenwärtig europaweite Transformationen des Sozialstaates festmachen lassen (vgl. Kessl und Otto 2009; Wyss 2007), so besteht gegenüber dem Schweizer Staat noch immer das Verständnis einer Dienstleistungserbringung (vgl. Hettling et al. 1998). Über direktdemokratische und föderalistische Strukturen zur Selbstbestimmung der Bürgerinnen und Bürger wird der Staat in seiner Macht gegenüber dem Souverän zurückgebunden. Entsprechend sind öffentliche Gremien – sowohl im schulischen Kontext wie auch in der Kinder- und Jugendhilfe – bislang weitgehend im Milizsystem organisiert, also überwiegend durch demokratisch legitimierte Laien geprägt. Diese dienen dazu, den Staat und dessen Institutionen zu kontrollieren. Der Staat ist daher nur in sehr begrenztem Maße legitimiert, in die Privatsphäre von Bürgerinnen und Bürgern einzudringen. Staatliche Eingriffe in Familien werden demzufolge mit einem besonderen Argwohn beobachtet. Sozialpädagogik und -arbeit ließen sich in ihrer normativen Orientierung an rational tragfähigen staatlichen Organisationsformen wie Subsidiarität, Föderalismus, Gemeindeautonomie, direktdemokratischen

Verfahren und Konkordanz ausrichten (vgl. Graf 2012, S. 85 f.). Für die deutschen Verhältnisse im Vergleich zur Schweiz kann zunächst festgestellt werden, dass sich Soziale Arbeit bzw. Kinder- und Jugendhilfe in einem sehr starken Bezug auf Familie und sozialstaatlich verfasste Familien- und Erziehungsmodelle entwickelt haben (vgl. Jakob 2009; Richter 2013, S. 12 ff.). Der deutsche Wohlfahrtsstaat war mit seinem öffentlichen Hilfe- und Unterstützungssystem sehr viel stärker und früher als die Schweiz einerseits darauf ausgerichtet, soziale Risiken für Familien infolge der gesellschaftlichen Entwicklungen abzufedern. Andererseits diente er der sozialen Befriedung und Disziplinierung (vgl. Hering 2013). Forschungen über Familien und Professionalisierungsprozesse seit den 1920er Jahren haben das System der Kinder- und Jugendhilfe befördert (vgl. Toppe in diesem Band). Durch die intensiven fachlichen Debatten um Lebenswelt- und Alltagsorientierung seit den 1980er Jahren hat sich dieses System zu einem komplexen, flächendeckenden Angebot mit vielen Rechtsansprüchen und Beteiligungsmöglichkeiten (weiter-)entwickelt (vgl. Thiersch 2013). Im Vergleich zu anderen Ländern Europas kann konstatiert werden, dass das öffentlich organisierte Netz von Hilfen in Deutschland und die damit verknüpften Eingriffs- und Kontrollparadigmen gegenüber Familien eine andere Bedeutung und andere Traditionen haben (vgl. Knuth 2008).

Des Weiteren ist für Deutschland festzuhalten, dass es – insbesondere befördert durch Professionalisierung und Forschungen über Familien und das Aufwachsen von Kindern – im zeitlichen Verlauf immer wieder wellenförmige Diskurskonjunkturen von De- und ReFamilialisierung in der Kinder- und Jugendhilfe gegeben hat (vgl. Richter 2013). Bis in die 1970er Jahre gab es eine starke wohlfahrtsstaatliche Orientierung an der bürgerlichen Kleinfamilie als normative Folie: Abweichungen davon legitimierten entsprechende Eingriffe in Familien und Fremdplatzierungspraktiken. Symbolisch dafür stehen die mit den Begriffen „Kindeswohl" und „Verwahrlosung" verknüpften Konzepte (vgl. dazu auch Punkt 2). Mit der zunehmenden Auflösung der „Normalfamilienmuster" und infolge der sozialstaatlichen Umbauprozesse kommt es zu einer Re-Familialisierung auch in der Jugendhilfe (vgl. u. a. Bütow et al. 2008). Familien und ihre Kinder werden zu einer sozialstaatlichen Ressource, in die bestimmte Sozialinvestitionen gesteckt werden (wie z. B. frühe präventive Angebote, frühkindliche und Eltern-Bildung), während bisherige Hilfen in Frage gestellt und neu ausgerichtet werden (vgl. Chassé 2013). Gleichzeitig muss konstatiert werden, dass diese Prozesse der Re-Familialisierung der Kinder- und Jugendhilfe alte Normative der bürgerlichen Kleinfamilie insbesondere hinsichtlich der (Nicht-)Erziehungsfähigkeit von benachteiligten Familien reproduzieren (vgl. auch Punkt 3).

Gemeinsamkeiten in der Entstehungsgeschichte von Politiken des Eingreifens in Deutschland und in der Schweiz bestehen erstens in der kapitalistischen Entwicklung, wie sie sich insbesondere im Kontext von Armut zeigt und zweitens in der Repression von Fremdplatzierungspolitiken und Ansätzen der Heimerziehung. Zum ersten: Die Geschichte sozialpädagogischer Eingriffe ist in der Schweiz mit dem Ansteigen von Armut durch die Industrialisierung verbunden (vgl. u. a. Hafner 2011; Schoch et al. 1989). „Im Zug der Pauperisierung im Lauf des 19. Jahrhunderts wurden zudem auch in den meisten ländlichen Gemeinden Armenhäuser eingerichtet, wo [...] Kinder wie Erwachsene wohnten" (Huonker 2004, S. 2). Im Hinblick auf die Verwertbarkeit von Arbeitskraft sind an dieser Stelle die Verdingkinder zu nennen, welche gegen ein Kostgeld an Bauern als günstige Arbeitskräfte verdingt wurden. Die Formen der Fremdplatzierung von Kindern und Jugendlichen hängen maßgeblich von den gesellschaftlichen Bedingungen und besonders von den Produktionsverhältnissen ab: „Seit der Mechanisierung der Landwirtschaft ist die Fremdplatzierung von Kindern als Kostkinder, Verdingkinder oder Hütekinder bei Bauern stark zurückgegangen. In Reaktion auf die Untersuchungen zu Hospitalismus- und Deprivationssyndromen bei Anstaltskindern sowie auf Kritikwellen am schweizerischen Anstaltswesen Mitte der 1940er und anfangs der 1970er Jahre, schließlich auch im Zug eines neoliberal inspirierten Kostensenkungsefforts im Sozialwesen ab den 1980er Jahren, ging auch die Zahl der in Heimen und Anstalten fremdplatzierten Kinder zurück" (Huonker 2004, S. 4). Viele ähnliche Entwicklungen zeigen sich für Deutschland. Hier gab es jedoch deutlich mehr Heime, also Formen der öffentlichen Jugendhilfe, während das Pflegekinder- und Verdingwesen v. a. in der Schweiz dominant war. Beiden Fremdplatzierungspraktiken waren Macht und Zwang gemeinsam (vgl. Steinacker 2012; Huxoll und Kotthaus 2012) sowie die aktuell ähnlich schwierigen Prozesse der Anerkennung und Aufarbeitung (vgl. Leuenberger et al. 2011; Leuenberger und Seglias 2008). Die Spannung zwischen Hilfe und Kontrolle stellt einen länderübergreifenden Grundkonflikt sozialpädagogischer Interventionen dar. Die jeweilige Gewichtung von Hilfe und Kontrolle ist Ausdruck der jeweils herrschenden gesellschaftlichen Bedingungen und länderspezifischer Traditionen im Kontext von Privatheit und Öffentlichkeit. Aktuelle Entwicklungen verweisen in Deutschland und in der Schweiz auf eine stärkere Bedeutung von sozialer Kontrolle, welche insbesondere mit den neoliberalen Veränderungen des Sozialstaats einhergehen. Kontrolle wird – vor allem bei Fällen, denen eine besondere Schwierigkeit zugeschrieben wird – zusehends als legitime Form der Hilfe wahrgenommen (vgl. Hünersdorf 2011, S. 21). Es kann eine Gemeinsamkeit dahingehend bemerkt werden, dass sowohl in der Schweiz wie auch in Deutschland ähnliche „Diskurswellen" über die Berücksichtigung von Lebenswelten in Theorie und Praxis bestehen. Die gegenwärtigen gesellschaftlichen Entwicklungstendenzen machen eine verstärkte soziale Unsicherheit deutlich (vgl. Castel 2009). Damit geht eine zunehmende Reduktion sozialstaatlicher Sicherungsleistungen einher, wie das u. a. unter dem Stichwort der Prekarität oder auch der Exklusion bzw. Entkopplung diskutiert wird (vgl. Bude 2008; Bude und Willisch 2008; Castel 2005, 2009, 2011). Soziale Risiken werden zu privaten umdefiniert (vgl. Kessl 2006, S. 229). Die über den Sozialstaat geschaffene Sicherheit mutiert vor dem Hintergrund der Erosion der Erwerbsarbeit und der Verluste an staatlicher Macht und Einfluss zu einer verstärkten Konkurrenz sowie einer Entkollektivierung und damit auch zu einer Entsolidarisierung von gesellschaftlichen Gruppen. Diese zunehmende soziale Unsicherheit tangiert auch die Soziale Arbeit als Profession und korrespondiert u. a. mit einer Orientierung am Risikobegriff und mit dem Wunsch nach Sicherheit im konkreten professionellen Handeln. Resultate hiervon sind die Einführung von Frühwarnsystemen, womit die frühzeitige Risikoerkennung zur neuen Doktrin der Sozialen Arbeit wird (vgl. Hünersdorf 2011, S. 25 f.), während kritische Stimmen in fachlichen und politischen Debatten nunmehr begrenzt zur Geltung kommen (vgl. dazu Bütow et al. 2013).

1.2.2 Konzeptionelle und begriffliche Legitimierungen im Kontext sozialpädagogischer Eingriffe

Im sozialpädagogischen Umgang mit Begriffen, insbesondere solchen, die Eingriffe in das Leben und die Lebenswelt von Menschen bzw. Menschengruppen in entsprechenden Konzepten legitimieren, ist ein Bewusstsein über deren historische, kulturelle und gesellschaftliche Variabilität für eine reflexive Praxis unumgänglich. Dies ist insbesondere für die Begriffe „Kindeswohl" und „Verwahrlosung" wichtig. Zunächst zum Begriff „Kindeswohl", der historisch sehr unterschiedlich ausgedeutet und verwendet wurde: Während im 18. und 19. Jahrhundert sowohl die Kinderarbeit als auch die Prügelstrafe über eine protestantische Ethik als erzieherisch wertvoll legitimiert, ihnen auch ein Wert für die Vorbeugung von Kriminalität beigemessen wurde, erfüllen Kinderarbeit als auch Prügelstrafe heutzutage den Straftatbestand der Kindesmisshandlung (vgl. Nave-Herz 2003, S. 79). Der Kindeswohlbegriff wurde (und wird)somit vor dem Hintergrund allgemein anerkannter Menschenbilder und spezifischer anthropologischer Grundannahmen interpretiert (vgl. Nave-Herz 2003, S. 82) – und steht in einem engen Zusammenhang zur Entwicklung pädagogischer Diskurse (vgl. Braches-Chyrek 2011, S. 217 f.). Die Vagheit des Begriffs „Kindeswohl" speist sich darüber hinaus aus seinem Konstruktcharakter und der unterschiedlichen disziplinären Besetzung. In Fachkreisen wird sehr unterschiedlich interpretiert, was für Kinder „gut" ist. „Kindeswohl" fand gegen Ende des 19. Jahrhunderts Eingang in europäische Gesetztestexte und hat heute in der Rechtsprechung Hochkonjunktur (vgl. Wyttenbach 2003, S. 39). Bei „Kindeswohl" handelt es sich somit in erster Linie um einen rechtlichen Begriff. Er legitimiert staatliche Eingriffe in die Grundrechte der Eltern und wird demgemäß zu einem wesentlichen Teil vom Staat definiert (vgl. Wyttenbach 2003, S. 44 f.).

Insofern fungiert der Begriff in der sozialpädagogischen Arbeit als „ethischnormatives Postulat" (Nave-Herz 2003, S. 82), das oftmals auf der Folie einer bürgerlichen Norm Eingriffe in sozial benachteiligte Familien legitimiert, wodurch soziale Ungleichheit (re-)produziert wird (vgl. Braches-Chyrek 2011). In diesem Zusammenhang kann konstatiert werden, dass die „[...] Berufung auf das Wohl des Kindes [...] das wohl am meisten gebrauchte und am meisten missbrauchte Argument [ist], wenn es darum geht, Eingriffe von Seiten Erwachsener in das Leben eines Kindes zu rechtfertigen. Die notorische Vagheit des Begriffs ‚Kindeswohl' lädt zum Missbrauch geradezu ein; und er gehörte, müsste man meinen, allein schon darum abgeschafft" Angesprochen ist damit die Machtförmigkeit von begrifflichen Zuschreibungen und Diskursen, die in der poststrukturalistischen Theoriebildung besondere Aufmerksamkeit gewonnen hat. In der Rekonstruktion der mitunter normativen und moralisierenden Zuschreibungsprozesse zeigt sich die soziale Produktion des Adressanten als Prozesse der De-/Klientifizierung (vgl. Messmer und Hitzler 2007). Dabei fungiert „Moral als eine die institutionellen Aktivitäten der Sozialen Arbeit umfassende Orientierung" (Messmer 2012, S. 17). Die Adressierung von Familien als „Orte guter Kindheit" (Richter und Andresen 2012, S. 251) dient gleichzeitig der Legitimation von Eingriffen in Familien, welche nicht als solche Orte ausgemacht werden. In der normativen Hervorbringung der Adressaten als „gute oder schlechte Familie", wie auch als „gute und schlechte Eltern" liegt gleichzeitig die Legitimation des Zugriffs auf Familie, da durch solche Klassifikationen der „Fall" konstituiert und damit sozialpädagogisch bearbeitbar gemacht wird (vgl. Thieme 2013). In Kategorisierungen finden sie sich als „plausibel akzeptierte Begründungen für sozialpädagogische Interventionen. Solche Rechtfertigungsnarrative und oder Legitimierungsstrategien werden handlungsrelevant und konstituieren gleichsam soziale Wirklichkeit [...]. Insbesondere die für die Sozialpädagogik konstitutiven Annahmen ‚guter' Kindheit, ‚guter' Familie und Elternschaft etc. korrelieren mit spezifischen Formen der professionellen Bearbeitung sozialpädagogischer Fälle" (Heite et al. 2013 i. E., S. 11). Ähnliche Prozesse finden sich auch im Diskurs um „Risikokindheit", Normalisierung und Normierung von Kindheit (Kelle und Mierendorff 2013). Die normative Hintergrundfolie von „Risikokindheit" (vgl. Betz und Bischoff 2013) ist durch bürgerliche Vorstellungen von Normalität und Abweichung strukturiert. „Die Zahl der als gefährdet wahrgenommenen ‚Risikokinder' [steigt] bis heute stetig an" und verweist auf den „ungebrochenen Glauben [...] an die Effektivität von Intervention und Prävention" (Betz und Bischoff 2013, S. 64).

Mit Prozessen der Machtförmigkeit von begrifflichen Zuschreibungen, der Kategorisierung, der zunehmenden „Risikobearbeitung" und Frühintervention gehen Grenzverschiebungen von Privatheit und Öffentlichkeit einher.

Neben „Kindeswohl" und „Risikokindheit" spielen nach wie vor Diskurse um „Verwahrlosung"– trotz ihrer expliziten begrifflichen Streichung im SGB VIII – eine wichtige Rolle, etwa bei Diskussionen um „Medienverwahrlosung" oder bei „sexueller Verwahrlosung" (vgl. Klein 2011; Menzel 2010). Sie beinhalten ebenso wie „Kindeswohl" moralische Normative und individualisierend-pathologische Sichtweisen gegenüber den Verhaltensweisen und kulturellen Praktiken von sozial benachteiligten Gruppen von Menschen, die nicht nur entsprechende Präventionsstrategien und Eingriffe in Familien begründen, sondern letztlich auch dazu beitragen, soziale Ungleichheiten zu reproduzieren.

1.2.3 Spannungsfelder sowie Paradoxien von Privatheit und Öffentlichkeit wie auch von Familie und Staat

Im Kontext gegenwärtiger post-wohlfahrtsstaatlicher Transformationsprozesse sind – wie bereits in der vergleichenden Perspektive auf Deutschland und die Schweiz angedeutet – sozialstaatliche Errungenschaften und Absicherungen zunehmend unter Druck geraten (vgl. Kessl und Otto 2009). Sozial- und wohlfahrtsstaatliche Hilfs- und Unterstützungsleistungen werden in Frage gestellt und abgebaut. Soziale Probleme und Risiken müssen verstärkt von Familien kompensiert werden, was auch als Re-Familialisierung gekennzeichnet werden kann. Dabei handelt es sich aber keineswegs um eine Reduktion staatlicher Macht- und Herrschaftsansprüche. Die aktuellen Regulationen und Interventionen durch den Staat reichen bis weit in das Private von Einzelnen und Familien hinein (vgl. Oelkers und Richter 2009, S. 37).

Auch wenn seit den späten 1970er Jahren „der Diskurs um eine strukturelle Pluralisierung und Diversifizierung familialer Lebensformen in sozialwissenschaftlichen Veröffentlichungen im Vordergrund" steht und Lebensformen wie z. B. „Patchworkfamilien", Alleinerziehende oder homosexuelle Elternpaare „auf normativer Ebene gesellschaftlich zunehmend legitimiert" sind, „unterliegen die verschiedenen familialen Lebenskonzepte einer unterschiedlichen gesellschaftlichen Bewertung" (Oelkers und Richter 2009, S. 37). Familien, die nicht dem Mittelschichtideal entsprechen und davon abweichende Lebenskonzepte verwirklichen, „fallen unter den Verdacht, den Untergang der Familie insgesamt voranzutreiben" (Richter 2008, S. 59). Der „scheinbare Zuwachs an Freiheit und Autonomie" hinsichtlich gelebter Familienkonzepte „geht zugleich einher mit erhöhten Anforderungen an die eigene Leistung und Verantwortung" (Oelkers und Richter 2009, S. 37). Unter Rückgriff auf Rhetoriken der Moral sowie der Aktivierung von Selbstverantwortung werden soziale Ungleichheitslagen zunehmend als familiäre Probleme umdefiniert. Politisch wird den Familien eine persönliche „Lebensgestaltungsverantwortung" (Kessl 2005, S. 178 f.) abverlangt, insbesondere vor dem Hintergrund der vermeintlich freien Wahl des Lebensentwurfs.

Eine Paradoxie des Verhältnisses von Privatheit und Öffentlichkeit besteht in der grundlegenden Autonomie des Bürgers und der Bürgerin in der Ausübung ihrer privaten Interessen und Bedürfnisse (wie sie dem liberalen Gesellschaftsmodell moderner Nationalstaaten zugrundgelegt ist) und der Gleichzeitigkeit staatlicher Kontrollmechanismen im Bereich der Familie, welche aufzeigen, dass private Lebenswelten durchaus Gegenstand machtpolitischer Interessenlagen sind (vgl. Erich Graf, in diesem Band). Dies wird insbesondere im Bereich von Erziehung und Bildung deutlich. Öffentliche Diskussionen um elterliche Erziehungsverantwortung sind nicht neu. Die Zuschreibung elterlicher Verantwortungspflicht erreicht jedoch gegenwärtig eine neue Qualität, wenn die sozialstaatlichen Leistungen für eine erfolgreiche Ausübung elterlicher Erziehung zunehmend zurückgenommen und die Konsequenzen beschränkter Lebenschancen den einzelnen Familien überantwortet werden. Darin lassen sich die neoliberalen Veränderungen der vergangenen 30 Jahre erkennen, welche darauf abzielen, den Menschen die Verantwortung für ihr Tun zu übergeben und gleichzeitig soziale Sicherungen zu reduzieren. Es ergeben sich daraus neue Formen von Stigmatisierungen entlang alter Achsen sozialer Ungleichheit. von sozialer Schicht, Ethnie und Geschlecht.

Diesen Entwicklungen ließe sich im Sinne der „diversity politics" entgegenhalten, dass es um die Arbeit an der Akzeptanz von Andersheit und darum gehen muss, anderen Formen von Familie und familialen Lebenskonzepten Öffentlichkeit zu verschaffen. „Es geht um den Anspruch Sozialer Arbeit, Einblicke in die Vielfältigkeit familialer Lebensführung zu geben und die Bandbreite gelebter Konzepte mit und ohne Kinder zu erweitern sowie neuartige Handlungsoptionen mit Adressatinnen und Adressaten zu kreieren" (Richter 2008, S. 61). Zugleich darf eine differenzsensible Soziale Arbeit nicht ausschließlich auf *diversity*, also auf die „Anerkennung anderer Kulturen, Zugehörigkeiten und Lebensweisen fokussieren". Sie hat vielmehr die sozialpolitische Aufgabe, „den Bezug auf soziale Ungleichheit, auf die Gestaltung von Zugängen zu materiellen Ressourcen und Statuspositionen" (Bütow und Munsch 2012, S. 17) herzustellen. Die Rollenträger der Sozialen Arbeit haben sich ihrer eigenen normativen Vorstellungen von Privatheit und Öffentlichkeit gewahr zu werden, so denn Vielfalt und Pluralität nicht reine Rhetorik bleiben sollen. Wenn sich die Soziale Arbeit letztlich weiterhin am Mittelschichtideal von Familie orientiert, trägt sie maßgeblich zur Unterstützung der hegemonialen Ordnungsmacht im Kontext von Privatheit und Öffentlichkeit bei. So müsste es im Sinne von Michael Winkler beispielsweise nicht um Elterntrainings gehen, welche im neoliberalen Stil familienaktivierend gedacht sind (vgl. Winkler 2007, S. 202); vielmehr müssten die Unterstützung und Wiederherstellung der Ausübungsmöglichkeiten elterlicher Erziehung im Vordergrund stehen. Demnach geht es darum, die Lebenslagen von AdressatInnen in den Fokus zu nehmen und sich expliziter als politische Akteurin in Gemeinwesen zu artikulieren (vgl. Bütow et al. 2013). Das bedeutet, den vorhin skizzierten Mainstreams in der Sozialen Arbeit im Kontext von Aktivierungspolitiken eine fachlich fundierte Reflexivität entgegenzusetzen (vgl. dazu Punkt 5).

1.2.4 Kinderperspektive in der Sozialpädagogik

Der sozialpädagogische Fokus auf Familie sowie die Ausübungsmöglichkeiten elterlicher Erziehung ließ und lässt vielfach die Perspektive der Kinder außen vor. Dahinter verbirgt sich ein für die sozialpädagogische Arbeit folgenreiches Paradigma, das sich seit den 1980er Jahren im Wandel befindet. In Praxis, Politik und Wissenschaft wurden Kinder lange Zeit stärker als Werdende, denn als Seiende betrachtet, womit ihre Erziehungsbedürftigkeit, der Weg zum Erwachsenwerden bzw. die Komplettierung den Orientierungsrahmen bildeten. Dies widerspiegelt sich in differenten Vorstellungen von Kindheit.

In der bürgerlichen Gesellschaft wurden Menschen als unvollkommen erkannt. Mit diesem Perspektivwechsel wurden (auch) unter Kindern fortan entwicklungsfähige Menschen verstanden, „[. . .] die noch nicht erwachsen waren und sich in einer dynamischen Entwicklungsphase befanden. Sie wurden als unfertige Gesellschaftsmitglieder wahrgenommen, die besondere Verhaltensansprüche stellten und denen noch nicht alle Handlungsmöglichkeiten und Teilnahmerechte eines Erwachsenen zugesprochen werden konnten" (Andresen und Hurrelmann 2010, S. 14 f.). Hierin verfasst ist die Vorstellung von Kindern als Werdende, was einerseits eine Auseinandersetzung mit der kindlichen Entwicklung hin zu Erwachsenen ermöglichte, andererseits jedoch insbesondere in traditionellen entwicklungspsychologischen und sozialisationstheoretischen Sichtweisen Kindern gegenüber Erwachsenen eine niedrigere Stufe der Persönlichkeitsentwicklung zuschrieb respektive Kinder als „passive receivers of society's messages" begriff (vgl. Bamler et al. 2010, S. 36; James und James 2009, S. 10).

In neueren sozialisationstheoretischen Kindheitskonzepten hingegen werden Kinder als produktiv-realitätsverarbeitende Subjekte betrachtet, als vollwertige Mitglieder der Gesellschaft, als sozialkulturelle Bevölkerungsgruppe, als Seiende, die sich in einer eigenständigen Lebensphase befinden und nicht an Erwachsenen gemessen werden (vgl. Bamler et al. 2010, S. 36). Unter dem Begriff „Agency" firmiert ein Konzept, das Kindern einen Akteur-Status zugesteht. „Kinder werden zunehmend als aktiv beteiligt an der permanenten Reproduktion des Sozialen, der generationalen Ordnung, der Kinderkulturen und des Selbst in den Theoriemodellen aufgefasst [. . .]" (Heinzel et al. 2012, S. 12).

Der Wandel zu einem solchen Verständnis von Kindern ging einher mit gesellschaftspolitischen Entwicklungen des ausgehenden 20. Jahrhunderts. So trat ab 1979 mit dem Internationalen Jahr des Kindes auch die Betroffenheit von Kindern durch Kriege, Hungersnöte und Armut verstärkt in den Fokus. Ebenso wurde Kindesmisshandlung zu einem Thema, das durch die mediale Aufmerksamkeit den Zeitgeist prägte (vgl. James 2009, S. 37). Folgend schlossen sich „Kämpfe um Rechte für Kinder" an, beginnend bei der Schulbildung, über das Arbeitsverbot, bis hin zur UN-Kinderrechtskonvention. Derzeit reüssieren in Praxis, Politik und Wissenschaft die ethnischen Implikationen des Agency-Konzepts der Stärkung der Position von Kindern in der Gesellschaft (vgl. Andresen und Hurrelmann 2010, S. 22). In der UN-Kinderrechtkonvention wie auch zahlreichen Kindeswohldebatten manifestiert sich die Vorstellung von Kindern als Subjekten mit eigenen Rechten. Damit geht der Schutz von Kindern vor Unterdrückung, Misshandlung und Leid einerseits, aber auch die Gewährung von Autonomie andererseits einher. „Auch wenn wir heute über die Wertschätzung von Kinder sprechen, geht es um die alte Frage, in welchem Verhältnis der Schutz des Kindes einerseits und sein Anspruch auf Autonomie andererseits zueinander stehen" (Andresen und Hurrelmann 2010, S. 24). Diese zwei widersprüchlichen Tendenzen bestimmen die derzeitigen wissenschaftlichen Debatten.

Eine Rückbindung von Fragen des Schutzes von Kindern an deren Wohlergehen kann eine Engführung von Kinderschutzfällen im Sinne bürokratischer Fallabwicklung von Gefahrenabwendung verhindern (vgl. Wazlawik 2013, S. 118). So kommt Erwachsenen im Sinne einer advokatorischen Ethik die Pflicht zu, „[. . .] die körperliche und psychische Integrität des Kindes anzuerkennen und zu bewahren und seinen Bedürfnissen Rechnung zu tragen" (Andresen und Hurrelmann 2010, S. 24). Advokatorisches Handeln von Erwachsenen muss aber nicht mit der Anerkennung des Kindeswillens einhergehen und birgt die Gefahr, insbesondere im Rahmen sozialpädagogischer Interventionen, Kinder auf Objekte des Zugriffs zu reduzieren. „Es geht also grundsätzlich um die Frage, in welchem Zusammenhang das Kindeswohl und seine Bestimmung durch Fachleute und der Respekt vor dem individuellen Kindeswillen stehen" (Andresen und Hurrelmann 2010, S. 24). Der Ansatz des „Capability Approach" nimmt für sich in Anspruch, nicht nur advokatorisch das Kindeswohl zu schützen, sondern so weit als möglich dem Kindeswillen

Geltung zu verschaffen (vgl. Oelkers und Schrödter 2010, S. 143). Wobei die Begrifflichkeit „so weit als möglich" kritisch zu betrachten ist. Sie verweist darauf, dass das, was Kinder wollen, nicht gut für sie sein muss, dass ihnen die nötige Weitsicht fehlt, um langfristig ihr Wohl zu erhalten. Hieraus erwuchs einst die Formel: „Soviel Akzeptierung des Kindeswillens wie möglich, soviel staatlicher Eingriff wie nötig um das Kindeswohl zu sichern" (Dettenborn 2001, S. 79). Dieser unumgänglichen Schwierigkeit kann mit drei unterschiedlichen Modellen der Verhältnisbestimmung von subjektivem und objektivem Kindeswohl wie auch Kindeswillen begegnet werden (vgl. Oelkers und Schrödter 2010, S. 151, 155). Dabei ist weder das Aushandlungsmodell, das keine objektiven Maßstäbe als geltend annimmt, noch das Prioritätenmodell, welches den Kindeswillen vor dem Hintergrund des Kindeswohls beurteilt, noch das Kongruenzmodell, das den Kindeswillen und das Kindeswohl an die Vernunft bindet, zu priorisieren, sondern sind deren aller konzeptionellen Möglichkeiten auszureizen. Basierend auf einem Begriff von Wohlergehen, der die Freiheit zwischen Handlungsalternativen wählen zu können, hochhält, verweist das „Soviel-wie-möglich" an Berücksichtigung des Kinderwillens auf eine kritisch-reflexive Professionalität, welche in Bezugnahme auf unterschiedliche Modelle der Verhältnisbestimmung von Kindeswohl und -willen die Maximierung der Mitbestimmung zu erreichen sucht (vgl. auch Punkt 2).

Im Weiteren geht es darum, die expliziten und impliziten Hürden der Beteiligung von Kindern an Kinderschutzprozessen zu bearbeiten und zu überwinden. Im Sinne einer dialogischen Beziehungsarbeit ist es notwendig, dass Fachkräfte über Methoden der Beteiligung von Kindern verfügen, um sie nicht (weiteren) Gefährdungen oder Verletzungen auszusetzen. Fachkräfte müssen den Schwierigkeiten und der Komplexität der Partizipation gewachsen zu sein (Vis et al. 2012; Biesel 2013).

Der 1. World Vision Kinderstudie ist zu entnehmen, dass Kinder durchaus in der Lage sind, zu beurteilen, was ihrem Wohlbefinden zu- bzw. abträglich ist, sich sozialstrukturelle Merkmale auf ihre subjektive Zufriedenheit auswirken (vgl. Schneekloth und Leven 2007, S. 224). Im Sinne des Agency-Konzepts ist somit einer Willensbekundung von Kindern Rechnung zu tragen.

Das Agency-Konzept ist in der Lage, die Lebensbedingungen von Kindern als sozialkulturelle Bevölkerungsgruppe zu eruieren und diese somit nicht bloß als Teil von Familien zu erfassen. Allerdings setzt es in naturalistischer Weise bestimmte Eigenschaften und Fähigkeiten von Kindern voraus. Es legt den Fokus auf Kinder, die als kompetent Handelnde ihre Lebenswelt mitzugestalten vermögen. Das schließt aber jene Kinder aus, „[. . .] die solche Erwartungen nicht erfüllen können, weil sie zum Beispiel krank, behindert oder in anderer Weise besonders schutzbedürftig sind" (Deckert-Peaceman et al. 2010, S. 53). Im Weiteren tendiert eine solche Sichtweise dazu, die sozialen Ungleichheiten zu verschleiern, die sich aus der generationalen Ordnung ergeben und die Handlungsmöglichkeiten von Kindern einschränken (vgl. Deckert-Peaceman et al. 2010, S. 54 f.). Demgemäß gilt es im Rahmen des Agency-Konzeptes, Kinder nicht bloß als unabhängige soziale Akteure zu sehen, sondern sie in den Strukturen, in ihrer generationalen Position gegenüber Erwachsenen zu verstehen, den akteurs- mit einem strukturbezogenen Ansatz zusammenzudenken (vgl. James und James 2009, S. 11).

Darüber hinaus ist es im Zusammenhang mit strukturbezogenen Ansätzen angebracht, von Kindheiten statt von Kindheit zu sprechen. Dem Lebenslagen-Konzept gemäß existiert nicht bloß eine Kindheit, sondern es ist von parallel existierenden Kindheiten auszugehen. Die Lebenslagen von Kindern postmoderner Gesellschaften unterscheiden sich erheblich voneinander. Dies ist pluralen Familienformen, sozio-ökonomischen wie auch kulturellen Differenzen, unterschiedlicher Versorgung durch öffentliche Institutionen etc. geschuldet. Ebenso ist nicht von „dem Kind" auszugehen, sondern bilden Kinder eine mannigfaltige Gruppe, „[. . .] die ihre Ressourcen in unterschiedlicher Art und Weise nutzt" (Deckert-Peaceman et al. 2010, S. 57).

Kinder in ihren Strukturen und als differente Subjekte wahr und ernst zu nehmen, heißt für die sozialpädagogische Arbeit, dass (um eine Gefährdung, Misshandlung oder Vernachlässigung einschätzen zu können) Kinder gesehen und beobachtet werden müssen sowie (wenn möglich) das persönliche Gespräch mit ihnen zu suchen ist (vgl. Biesel 2013, S. 43). „Grundlegend geht es bei der Beteiligung von Kindern im Kinderschutz nicht um das bloße Anwenden von Techniken, Methoden oder Instrumenten zur Objektivierung und Bewertung von Gefährdungslagen (unter gelegentlichem Einbezug von Kindern), sondern um das kommunikative Generieren gemeinsamer Erfahrungen und Lösungen" (Biesel 2013, S. 45). Wobei differenziert werden muss zwischen Willensbildung und Beteiligung. Wenngleich davon ausgegangen wird, dass Kinder erst ab drei bis vier Jahren fähig sind, ihren Willen sprachlich zu bekunden, so gilt es, sie zu sehen und zu beobachten (vgl. Biesel 2013, S. 43). Offen bleibt dabei die Frage nach Partizipation von Kindern unter drei bis vier Jahren. Eine (dialogische) Kinderschutzarbeit setzt das Kindeswohl im Sinne eines „tri-polaren Kinderschutzes" darüber hinaus in Zusammenhang mit dem Eltern- und Gemeinwohl (vgl. Amt für Soziale Dienste Bremen 2010, S. 14).

Zuletzt besteht die Herausforderung der Sozialpädagogik wohl darin, sowohl die Kinder als auch die Familie als Ganzes im Blick zu haben, eine generationale Perspektive und die Problematiken des doppelten Gefälles gerade gegenüber Kindern zu reflektieren. Allerdings ist die manchmal damit einhergehende disziplinäre Verschiebung auf eine viktimologische oder kriminologische Perspektive durchaus auch kritisch zu diskutieren. Für die Disziplin der Sozialpädagogik wäre eher danach zu fragen, inwiefern sie sich im Diskurs um Kindesorientierung, wie er beispielsweise in der Kindheitssoziologie geführt wird, stärken ließe.

1.2.5   Zusammenfassende und weiterführende Überlegungen

Soziale Arbeit im Allgemeinen und die im vorliegenden Sammelband im Mittelpunkt stehende Kinder- und Jugendhilfe in Besonderen, sind aufgrund ihrer systematischen Verknüpfung mit sozialstaatlichen Rahmungen und deren Transformation, ihrer komplexen Auftragslage in Spannungsfeldern von Hilfe und Kontrolle, der Co-Produktion mit ihren AdressatInnen, ihren professionellen Leitorientierungen und ihrer Berufsethik sowie durch ihre vielfältigen institutionellen Strukturen und konkreten professionellen Praktiken ein „riskantes, offenes Projekt", das sich seiner selbst immer wieder versichern und reflektieren muss (vgl. Bütow und Maurer 2013). Dabei ist zunächst die Sozialpädagogik als Disziplin und Profession gefragt, die genannten Spannungs- und Konfliktfelder zu diskutieren. Dabei steht außer Frage, dass Debatten und Analysen anderer Disziplinen wichtige Impulse liefern können. Der vorliegende Sammelband dokumentiert dies eindrücklich, zeigt aber auch, dass diese Impulse nicht unmittelbar in disziplinäre Debatten eingespeist oder gar übernommen werden können. Auch erweisen sich interdisziplinäre Diskussionen zu gleichen Problematiken – in unserem Falle in komplexen Analysen von Politiken des Eingreifens in Familien – aufgrund differenter disziplinärer Logiken und Systematiken als höchst schwierig (vgl. Bourdieu 2004). Zugleich zeitigen die immer wieder geführten Auseinandersetzungen um die disziplinäre „Ortlosigkeit" der Sozialpädagogik sowie um ihr spezifisches Verhältnis von Theorie und Praxis einerseits eine hohe Bereitschaft zur interdisziplinären Offenheit, andererseits bestehen Gefahren der „Anfälligkeit für den Einbruch des Pragmatischen und Normativen, des Zeitgeistes und intellektueller Moden" (Hamburger 2008, S. 103).

Das Spannungsverhältnis zwischen Hilfe und Kontrolle, zwischen Privatheit und Öffentlichkeit tendiert daher gegenwärtig oft lediglich in eine Richtung. Soziale Arbeit lässt sich durch neoliberale Programmatiken funktionalisieren und wird zum Handlanger des Staates. Dazu muss auch konstatiert werden, dass sich Soziale Arbeit aktiv und pragmatisch an der Ausgestaltung von Präventions- und anderen aktivierungspolitischen Programmen beteiligt (vgl. Lutz 2008). Eine neoliberale Soziale Arbeit führt aber nicht nur zu einem klaren Primat externer Handlungsbedingungen und damit öffentlicher neoliberaler Interessen, sondern darüber hinaus zu einer De-Professionalisierung. Der Sozialen Arbeit kommt so nur„ eine einfache

Hilfstätigkeit im zwischenmenschlichen Bereich" (Sommerfeld 2004, S. 2) zu, da kein wissenschaftlich begründetes Fachwissen, sondern „Anweisungen und Rezepte aus Handbüchern [. . .], Imitation sogenannter erfolgreicher Modelle oder Standardisierungen auf dem Wege empirischer Wahrscheinlichkeiten" (Seithe 2013, S. 16) gefragt sind.

Soziale Arbeit agiert gegenwärtig in gesellschaftlichen Rahmenbedingungen, die sie eher wirkmächtig zu beeinflussen scheinen, statt dass sie in der Lage ist, diese aktiv und reflexiv-kritisch zu gestalten. Dennoch agiert Soziale Arbeit als (sozial-)politische Akteurin, ob sie es will oder nicht (vgl. Bütow et al. 2013, S. 10 ff.). So ist es notwendig, Debatten um eine sich kritisch verstehende Soziale Arbeit zu intensivieren sowie Chancen einer Gouvernementalisierung von Sozialer Arbeit auszuloten (vgl. Kessl 2005). Für die dem vorliegenden Sammelband zugrunde liegende Problematik des Spannungsfeldes von Sozialpädagogik und Staat im Kontext des Eingreifens in Familien bedeutet dies, die darin eingelassenen Konflikte und Normierungen kritisch zu reflektieren. Es bedeutet auch, sich aktiv an einer Verschiebung des Verhältnisses von Hilfe und Kontrolle zu beteiligen.

1.3 Danksagung

Als HerausgeberInnen danken wir zunächst allen AutorInnen für ihre Beiträge und geduldigen Überarbeitungen. Dank gilt auch denen, die Geduld aufbringen mussten, weil andere längere Bearbeitungszeiten benötigten, was sich bei Sammelbänden häufig nicht vermeiden lässt. Des Weiteren danken wir ganz besonders der fleißigen, sorgfältigen und engagierten Korrekturarbeit durch Damaris Dinkel (ehemals Studentin am Institut für Erziehungswissenschaft Zürich), die das Buch von Anfang bis zur Abgabe des Manuskripts im Verlag begleitet hat. Unser Dank gilt auch Christine D. Hölzig (Leipzig), die unsere als HerausgeberInnen kollektiv und über regionale Distanzen hinweg geschriebene Einleitung sprachlich sensibel und akribisch überarbeitete. Abschließend ergeht der Dank einerseits an Prof. Dr. Catrin Heite (Zürich), ohne deren finanzielle und ideell-kollegiale Unterstützung diese Arbeit nicht möglich gewesen wäre, andererseits gilt unser Dank der zuverlässigen Arbeit von Romana Oberngruber und der finanziellen Unterstützung durch die Universität Salzburg. So konnten die vielen Details in der Endphase der Buchproduktion erfolgreich bewältigt werden.

Jena, Salzburg, Zürich, April 2014

Literatur

Amt für Soziale Dienste Bremen. 2010. *Qualitätssicherung und Risikomanagement in der Kinderschutzarbeit. Das Bremer Konzept.* Bremen: Amt für Soziale Dienste Bremen.

Andresen, Sabine, und Klaus Hurrelmann. 2010. *Kindheit.* Weinheim: Beltz.

Backes, Susanne. 2012. *„Funktionieren musst du wie eine Maschine". Leben und Überleben in deutschen und österreichischen Kinderheimen der 1950 und 1960er Jahre.* Weinheim: Beltz Juventa.

Bamler, Vera, Jillian Werner, und Cornelia Wustmann. 2010. *Lehrbuch Kindheitsforschung: Grundlagen, Zugänge und Methoden.* Weinheim: Juventa.

Betz, Tanja, und Bischoff, Stefanie. 2013. Risikokind und Risiko Kind. Konstruktionen von Risiken in politischen Berichten. In *Normierung und Normalisierung der Kindheit,* Hrsg. von Helga Kelle und Johanna Mierendorff, 60–81. Weinheim: Beltz Juventa.

Biesel, Kay. 2013. Beteiligung von Kindern im Kinderschutz: eine Herausforderung für die Kinder- und Jugendhilfe? *Jugendhilfe* 51(1):40–46.

Böhnisch, Lothar. 2013. Drei historische Linien zur Thematisierung des Politischen in der Sozialen Arbeit: Die Integrationsfrage, die gesellschaftliche Wertigkeit von Reproduktionsarbeit und das Verhältnis der Sozialarbeit zu sozialen Bewegungen. In *Das Politische im Sozialen. Historische Linien und aktuelle Herausforderungen in der Sozialen Arbeit,* Hrsg. von Birgit Bütow, Karl August Chassé und Wolfgang Linder, 27–40. Leverkusen: Budrich.

Bourdieu, Pierre. 2004. Schwierige Interdisziplinarität. In *Zum Verhältnis von Soziologie und Geschichtswissenschaft,* Hrsg. von E. Ohnacker and F. Schultheis Münster: Verlag Westfälisches Dampfboot.

Braches-Chyrek, Rita. 2011. Kinderarmut: Historische Zugänge. In *Schriftenreihe der Gilde Soziale Arbeit,* Hrsg. von Rita Braches-Chyrek und Gaby Lenz, 215–230. Opladen: Budrich.

Braches-Chyrek, Rita, und Gaby Lenz, Hrsg. 2011. *Armut verpflichtet – Positionen in der Sozialen Arbeit, Schriftenreihe der Gilde Soziale Arbeit.* Opladen: Budrich.

Bude, Heinz. 2008. *Die Ausgeschlossenen. Das Ende vom Traum einer gerechten Gesellschaft.* München: Hanser.

Bude, Heinz, und Andreas Willisch, Hrsg. 2008. *Exklusion. Die Debatte über die „Überflüssigen".* Frankfurt a. M.: Suhrkamp.

Bütow, Birgit, Karl August Chassé, und Rainer Hirt, Hrsg. 2008. *Soziale Arbeit nach dem sozialpädagogischen Jahrhundert. Positionsbestimmungen Sozialer Arbeit im Post-Wohlfahrtsstaat.* Opladen: Budrich.

Bütow, Birgit, und Chantal Munsch, Hrsg. 2012. *Soziale Arbeit und Geschlecht. Herausforderungen jenseits von Universalisierung und Essentialisierung, Forum Frauen- und Geschlechterforschung.* Münster: Westfälisches Dampfboot.

Bütow, Birgit, Karl August Chassé, und Wolfgang Linder, Hrsg. 2013. *Das Politische im Sozialen. Historische Linien und aktuelle Herausforderungen der Sozialen Arbeit.* Leverkusen: Budrich.

Bütow, Birgit, und Susanne Maurer. 2013. Kontextuelle Herstellungsbedingungen von Partizipation im organisationalen Spannungsfeld von Sozialer Arbeit und Psychiatrie. In *Organisation und Partizipation. Beiträge der Kommission Organisationspädagogik,* Hrsg.

von Susanne Maria Weber, Michael Göhlich, Andreas Schröer, Claudia Fahrenwald und Hildegard Macha, 263–272. Wiesbaden: Springer VS.

Carigiet, Erwin, Ueli Mäder, Michael Opielka, und Frank Schulz-Nieswandt, Hrsg. 2006. *Wohlstand durch Gerechtigkeit. Deutschland und die Schweiz im sozialpolitischen Vergleich.* Zürich: Rotpunkt-Verlag.

Castel, Robert. 2005. *Die Stärkung des Sozialen. Leben im neuen Wohlfahrtsstaat.* Hamburg: Hamburger Edition.

Castel, Robert. 2009. Die Wiederkehr der sozialen Unsicherheit. In *Prekarität, Abstieg, Ausgrenzung. Die soziale Frage am Beginn des 21. Jahrhunderts,* Hrsg. von Robert Castel und Klaus Dörre, 21–34. Frankfurt a. M.: Campus

Castel, Robert. 2011. *Die Krise der Arbeit. Neue Unsicherheiten und die Zukunft des Individuums.* Hamburg: Hamburger Edition.

Chassé, Karl August. 2013. Re-Politisierung Sozialer Arbeit? In *Das Politische im Sozialen. Historische Linien und aktuelle Herausforderungen der Sozialen Arbeit,* Hrsg. von Birgit Bütow, Karl August Chassé und Wolfgang Linder, 83–108. Leverkusen: Budrich.

Deckert-Peaceman, Heike, Cornelie Dietrich, und Ursula Stenger. 2010. *Einführung in die Kindheitsforschung.* Darmstadt: WBG.

Dettenborn, Harry. 2001. *Kindeswohl und Kindeswille: psychologische und rechtliche Aspekte.* München: Ernst Reinhardt Verlag.

Friesenhahn, Günter J., und Anette Kniephoff-Knebel. 2011. *Europäische Dimensionen sozialer Arbeit, Wochenschau Wissenschaft.* Schwalbach/Ts: Wochenschau Verlag.

Goffman, Erving. 1973. *Asyle. Über die soziale Situation psychiatrischer Patienten und anderer Insassen.* Frankfurt a. M.: Suhrkamp.

Graf, Martin Albert. 2012. Zur Normativität von Sozialpädagogik und Sozialarbeit. In *Das Normativitätsproblem der Sozialen Arbeit. Zur Begründung des eigenen und gesellschaftlichen Handelns. Sonderheft 11,* Hrsg. von Otto Hans-Uwe und Holger Ziegler, 83–89. Lahnstein: Verlag Neue Praxis.

Graf, Martin Albert, und Christian Vogel. 2010. Sozialarbeit als Ausdruck gesellschaftlicher Verhältnisse und Prozesse. Ein Beitrag zur Stärkung des Unterscheidungsvermögens. In *Soziale Arbeit in der Schweiz. Einblicke in Disziplin, Profession und Hochschule,* Hrsg. von Petra Benz Bartoletta, Marcel Meier Kressig, Anna Maria Riedi und Michael Zwilling, 26–39. Bern: Haupt.

Hafner, Urs. 2011. *Heimkinder. Eine Geschichte des Aufwachsens in der Anstalt.* Baden: hier + jetzt.

Hamburger, Franz. 2008. *Einführung in die Sozialpädagogik.* 2., überarb. Aufl. ed, *Grundriss der Pädagogik/Erziehungswissenschaft.* Stuttgart: Verlag W. Kohlhammer.

Heinzel, Friederike, Renate Kränzl-Nagl, und Johanna Mierendorff. 2012. Sozialwissenschaftliche Kindheitsforschung – Annäherungen an einen komplexen Forschungsbereich. *Theo-Web. Zeitschrift für Religionspädagogik* 11(1):9–37.

Heite, Catrin, Marion Pomey, und Charlotte Spellenberg. 2013. *i.E. Ein- und Ausschließungspraktiken als Konstituierung von Grenzen. Soziale Passagen.*

Hering, Sabine, Hrsg. 2013. *Was ist Soziale Arbeit? Traditionen, Widersprüche, Wirkungen.* Opladen: Barbara Budrich.

König, Mario, Martin Schaffner, Andreas Suter, und Jakob Tanner. 1998. *Eine kleine Geschichte der Schweiz. Der Bundesstaat und seine Traditionen.* Frankfurt a. M.: Suhrkamp.

Hünersdorf, Bettina. 2011. *Hilfe und Kontrolle in der Sozialen Arbeit.* Enzyklopädie Erziehungswissenschaft Online (EEO).

Hünersdorf, Bettina, und Sabine Toppe. 2011. Familien im Spannungsfeld zwischen Öffentlichkeit und Privatheit. Gesellschaftlicher Kontext und Strategien der Sozialen Arbeit zur „Effektivierung" (?) der Familie. In *Bildung des Effective Citizen. Sozialpädagogik auf dem Weg zu einem neuen Sozialentwurf*, Hrsg. von Deutsche Gesellschaft für Erziehungswissenschaft/Kommission Sozialpädagogik, 209–226. Weinheim: Juventa.

Huonker, Thomas. 2004. Zur Geschichte fremdplatzierter Kinder in der Schweiz. Im Auftrag des Bundesamtes für Bildung und Wissenschaft sowie der École d'études sociales et pédagogiques Lausanne. http://www.kinderheime-schweiz.ch/de/pdf/ Zur_Geschichte_fremdplatzierter_Kinder_in_der_Schweiz.pdf (download 12.8.13).

Huxoll, Martina, und Jochen Kotthaus, Hrsg. 2012. *Macht und Zwang in der Kinder- und Jugendhilfe*. Weinheim: Beltz Juventa.

Jakob, Mark. 2009. Gesellschaftsbilder und Konzepte sozialer Steuerung über öffentliche Erziehung in der Familienpolitik und familienwissenschaftlichen Politikberatung Westdeutschlands, ca. 1950–1980. In *Familie und öffentliche Erziehung. Theoretische Konzeptionen, historische und aktuelle Analysen*, Hrsg. von Jutta Ecarius, Carola Groppe und Hans Malmede, 291–312. Wiesbaden: VS.

Allison, James. 2009. Agency. In *The Palgrave handbook of childhood studies*, Hrsg. von Jens Qvortrup, William A. Vorsaro und Michael-Sebastian Honig, XIV, 452 S. Basingstoke: Palgrave Macmillan.

James, Allison, und James, Adrian. 2009. *Key concepts in childhood studies*. Los Angeles: SAGE.

Kelle, Helga, und Johanna Mierendorff, Hrsg. 2013. *Normierung und Normalisierung der Kindheit, Kindheiten. Neue Folge*. Weinheim: Beltz Juventa.

Kessl, Fabian. 2005. *Der Gebrauch der eigenen Kräfte. Eine Gouvernementalität Sozialer Arbeit*. Weinheim: Juventa.

Kessl, Fabian. 2006. Aktivierungspädagogik statt wohlfahrtsstaatlicher Dienstleistung? Das aktivierungspolitische Re-Arrangement der bundesdeutschen Kinder – und Jugendhilfe. *Zeitschrift für Sozialreform* 52(2):217–232.

Kessl, Fabian, und Hans-Uwe Otto, Hrsg. 2009. *Soziale Arbeit ohne Wohlfahrtsstaat? Zeitdiagnosen, Problematisierungen und Perspektiven*. Weinheim: Juventa.

Kessl, Fabian, und Melanie Plösser, Hrsg. 2010. *Differenzierung, Normalisierung, Andersheit. Soziale Arbeit als Arbeit mit den Anderen*. Wiesbaden: VS Verlag für Sozialwissenschaften.

Klein, Alexandra. 2011. Verwahrlosung – Eine sozialpädagogische Vergegenwärtigung mit Klaus Mollenhauer. *Soziale Passagen* 3(1):115–125.

Knuth, Nicole. 2008. *Fremdplatzierungspolitiken. Das System der stationären Jugendhilfe im deutsch-englischen Vergleich*. Weinheim: Juventa.

Kuhlmann, Carola, und Christian Schrapper. 2001. Geschichte der Erziehungshilfen von der Armenpflege bis zu den Hilfen zur Erziehung. In *Handbuch Erziehungshilfen. Leitfaden für Ausbildung, Praxis und Forschung*, Hrsg. von Vera Birtsch, Klaus Münstermann und Wolfgang Trede, 282–328. Münster: Votum.

Kutzner, Stefan. 2003. Familienpolitik. In *Wörterbuch der Sozialpolitik*, Hrsg. von Erwin Carigiet, Ueli Mäder und Jean-Michel Bonvin, 106. Zürich: Rotpunktverlag.

Leuenberger, Marco, Lea Mani, Simone Rudin, und Loretta Seglias. 2011. *„Die Behörde beschließt" – Zum Wohle des Kindes? Fremdplatziertze Kinder im Kanton bern 1912–1978*. Baden: Hier + Jetzt.

Leuenberger, Marco, und Seglias Loretta. 2008. *Versorgt und vergessen. Ehemalige Verdingkinder erzählen*. Zürich: Rotpunktverlag.

Lorenz, Walter. 2011. Soziale Arbeit in Europa. In *Handbuch Soziale Arbeit. 4., völlig neu überarbeitete Auflage*, Hrsg. von Hans-Uwe Otto und Thiersch Hans, 1327–1331. München: Reinhardt.

Ludwig-Mayerhofer, Wolfgang, Olaf Behrend, und Ariadne Sondermann, Hrsg. 2007. *Fallverstehen und Deutungsmacht. Akteure in der Sozialverwaltung und ihre Klienten*. Opladen: Barbara Budrich.

Lutz, Ronald. 2008. Perspektiven der Sozialen Arbeit. *Aus Politik und Zeitgeschichte* 12/13: 3–10.

Mäder, Ueli. 2006. Familienpolitik in der Schweiz. Mangelnde Kohärenz und zurückhaltender Staat. In *Wohlstand durch Gerechtigkeit. Deutschland und die Schweiz im sozialpolitischen Vergleich*, Hrsg. von Erwin Carigiet, Ueli Mäder, Michael Opielka und Frank Schulz-Nieswandt, 129–134. Zürich: Rotpunkt-Verlag.

Mecheril, Paul, und Claus Melter. 2010. Differenz und Soziale Arbeit. Historische Schlaglichter und systematische Zusammenhänge. In *Differenzierung, Normalisierung, Andersheit. Soziale Arbeit als Arbeit mit den Anderen*, Hrsg. von Fabian Kessl und Melanie Plösser, 117–131. Wiesbaden: VS Verlag für Sozialwissenschaften.

Menzel, Birgit. 2010. Verwahrlosung und die Legitimation sozialer Ungleichheit. In *Sexuelle Verwahrlosung. Empirische Befunde – gesellschaftliche Diskurse – sozialethische Reflexionen*, Hrsg. von Michael Schetsche und Renate-Berenike Schmidt, 233–241. Wiesbaden: VS Verlag für Sozialwissenschaften.

Messmer, Heinz. 2012. Moralstrukturen professionellen Handelns. *Soziale Passagen* 4(1): 5–22.

Messmer, Heinz, und Sarah Hitzler. 2007. Die soziale Produktion des Klienten. In *Fallverstehen und Deutungsmacht: Akteure der Sozialverwaltung und ihre Klienten*, Hrsg. von Wolfgang Ludwig-Mayerhofer, Olaf Behrend und Ariadne Sondermann, 41–73. Opladen: Barbara Budrich.

Nave-Herz, Rosemarie. 2003. Eine historisch-soziologische Analyse zum Begriff Kindeswohl. In *Kindeswohl. Eine interdisziplinäre Sicht*, Hrsg. von Claudia Kaufmann und Franz Ziegler, 75–83. Zürich: Rüegger.

Oelkers, Nina, und Martina Richter. 2009. Re-Familialisierung im Kontext postwohlfahrtsstaatlicher Transformationsprozesse und Konsequenzen für die Soziale Arbeit. *Kurswechsel* 3:35–46.

Oelkers, Nina, und Mark Schrödter. 2010. Kindeswohl und Kindeswille. Zum Wohlergehen von Kindern aus der Perspektive des Capability Approach. In *Capabilities – Handlungsbefähigung und Verwirklichungschancen in der Erziehungswissenschaft*, Hrsg. von Hans-Uwe Otto und Holger Ziegler, 143–161. Wiesbaden: VS Verlag für Sozialwissenschaften.

Richter, Martina. 2008. Re-Familialisierung des Sozialen. In *Schande Armut. Stigmatisierung und Beschämung. Tagungsdokumentation der Siebten Österreichischen Armutskonferenz, 04.-05.03. 2008 in St. Vigil, Salzburg*, Hrsg. von Die Armutskonferenz. Österreichisches Netzwerk gegen Armut und soziale Ausgrenzung, 59–61.

Richter, Martina. 2013. *Die Sichtbarmachung des Familialen. Gesprächspraktiken in der Sozialpädagogischen Familienhilfe*. Weinheim: Beltz Juventa.

Richter, Martina, und Sabine Andresen. 2012. Orte „guter Kindheit"? Aufwachsen im Spannungsfeld fami-lialer und öffentlicher Verantwortung. *Zeitschrift für Sozialisationsforschung und Erziehungssoziologie* 32(3):250–265.

Schneekloth, Ulrich, und Ingo Leven. 2007. Wünsche, Ängste und erste politische Interessen. In *Kinder in Deutschland 2007. 1. World Vision Kinderstudie*, Hrsg. von World Vision Deutschland e. V., 201–226. Frankfurt a. M.: S. Fischer.

Schoch, Jürg, Heinrich Tuggener, und Daniel Wehrli. 1989. *Aufwachsen ohne Eltern: Verdingkinder, Heimkinder, Pflegekinder, Windenkinder: zur ausserfamiliären Erziehung in der deutschsprachigen Schweiz.* Zürich: Chronos.

Seithe. 2013. Was ist gute Soziale Arbeit? Professionelle versus neosoziale Sicht in der Qualitätsdebatte. *SozialAktuell* 3: 14–16.

Sommerfeld, Peter. 2004. Die Zukunft der Sozialen Arbeit hängt von ihr selber ab. *SozialAktuell* 21: 2–5.

Steinacker, Sven. 2012. Anmerkungen zu Macht und Zwang. In *Macht und Zwang in der Kinder- und Jugendhilfe*, Hrsg. von Martina Huxoll und Jochen Kotthaus, 20–32. Weinheim: Beltz Juventa.

Thieme, Nina. 2013. *Kategorisierung in der Kinder- und Jugendhilfe. Zur theoretischen und empirischen Erklärung eines Schlüsselbegriffs professionellen Handelns.* Weinheim: Juventa.

Thiersch, Hans. 2013. Zur Bedeutung des Konzepts lebensweltorientierter Arbeit in der Krise des Sozialstaats. In *Das Politische im Sozialen. Historische Linien und aktuelle Herausforderungen der Sozialen Arbeit*, Hrsg. von Birgit Bütow, Karl August Chassé und Wolfgang Linder, 147–166. Leverkusen: Budrich.

Urban, Ulrike. 2004. *Professionelles Handeln zwischen Hilfe und Kontrolle. Sozialpädagogische Entscheidungsfindung in der Hilfeplanung.* Weinheim: Juventa.

Vis, Svein Arild, Amy Holtan, und Nigel Thomas. 2012. Obstacles for child participation in care and protection cases – why Norwegian social workers find it difficult. *Child Abuse Review* 21(1):7–23.

Wazlawik, Martin. 2013. Kinderschutz und Soziale Arbeit – Handeln in der Krise oder krisenhaftes Handeln? In *Soziale Arbeit in der Krise*, Hrsg. von Karin Böllert, Nicole Alfert und Mark Humme, 109–120. Wiesbaden: Springer Fachmedien Wiesbaden.

Winkler, Michael. 2007. Familienarbeit in der Heimerziehung – Überlegungen zu einer Theorie in kritischer Absicht. Da werden Sie geholfen! In *Elternarbeit in der Heimerziehung*, Hrsg. von Hans Günther Homfeldt und Jörgen Schulze-Krüdener, 196–233. München: Reinhardt Verlag.

Wyss, Kurt. 2007. *Workfare. Sozialstaatliche Repression im Dienst des globalisierten Kapitalismus.* Zürich: Edition 8.

Wyttenbach, Judith. 2003. Wer definiert das Kindeswohl? Das Kindeswohl, der Staat und die Definitionsmacht der Eltern aus grund- und menschenrechtlicher Sicht. In *Kindeswohl. Eine interdisziplinäre Sicht*, Hrsg. von Claudia Kaufmann und Franz Ziegler, 39–48. Zürich: Rüegger.

Teil I
Historische Perspektive auf die Fremdplatzierung: Schweiz und Deutschland

"Auflösung und Fortbestand der Institution Familie": Historische Forschungen und aktuelle Legitimationen im Spannungsfeld von Privatheit und Öffentlichkeit

2

Sabine Toppe

Zusammenfassung

In den 30er Jahren des letzten Jahrhunderts wurde an der Deutschen Akademie für soziale und pädagogische Frauenarbeit in Berlin im Rahmen eines groß angelegten empirischen Forschungsprojektes mit dem programmatischen Titel „Bestand und Erschütterung der Familie in der Gegenwart" intensiv die Frage nach „Auflösung und Fortbestand der Institution Familie" diskutiert. Ziel des Projektes war es, im Rahmen empirischer Erhebungen das Spannungsfeld von Erziehungs- und Sozialisationspotentialen von Familien unter schwierigen sozialen Bedingungen und ihre strukturelle Abhängigkeit vom Wohlfahrtsstaat und von wirtschaftlichen, sozialen und kulturellen Entwicklungen Seite differenziert zu analysieren und soziale und politische Reformen auf den Weg zu bringen. Die Schwerpunkte der Familienforschungen der Akademie waren Gefährdungen von Familie durch soziale Risiken im Wohlfahrtsstaat, die Qualität von Beziehungen innerhalb von Familien, Fragen der Vereinbarkeit von Familie und Beruf, Bedingungen eines „gelingenden" Heranwachsens von Kindern und Jugendlichen, die Wirksamkeit von Unterstützungsangeboten und Hilfe und die Verantwortung für das Scheitern und Gelingen von Hilfe. In den Studien der Deutschen Akademie für soziale und pädagogische Frauenarbeit ging es dabei um eine konsequente Berücksichtigung des sozialen Kontextes von Familien,

Ich danke Adriane Feustel vom Alice Salomon Archiv Berlin für ihre Anregungen zu diesem Beitrag (vgl. Feustel 2004).

S. Toppe (✉)
Berlin, Deutschland
E-Mail: toppe@ash-berlin.eu

B. Bütow et al. (Hrsg.), *Sozialpädagogik zwischen Staat und Familie*,
DOI 10.1007/978-3-658-01400-1_2, © Springer Fachmedien Wiesbaden 2014

im Unterschied zu den sonst eher verbreiteten populistischen Debatten über Familien und deren individuelle, weniger strukturell bedingte Defizite.

2.1 Familienmonographien – Eine neue Perspektive sozialhistorischer Familienforschung?

In den 30er Jahren des letzten Jahrhunderts ging an der Deutschen Akademie für soziale und pädagogische Frauenarbeit in Berlin eine engagierte Gruppe von Frauen – Sozialarbeiterinnen, Nationalökonominnen, Ärztinnen, Juristinnen, Berufsschullehrerinnen, Kindergärtnerinnen – zusammen mit einigen Männern der heute noch aktuell erscheinenden Frage nach, „ob die Wünsche, Ziele, Interessen, Handlungen der Individuen so sehr differenziert sind, daß darüber das Familienleben zerbricht und eine Lockerung und Auflösung der Institution der Familie erfolgen muß" (Salomon 1930a, S. 18). Im Rahmen eines groß angelegten empirischen Forschungsprojektes mit dem programmatischen Titel „Bestand und Erschütterung der Familie in der Gegenwart" wurde intensiv die Frage nach „Auflösung und Fortbestand der Institution Familie" diskutiert. Ziel des Projektes war es, durch empirische Arbeiten, durch Fragebogenerhebungen, Fallstudien und Typenbildungen zu Erkenntnissen über „Bestand und Erschütterung der Familien in der Gegenwart" zu gelangen, und so das Spannungsfeld von Erziehungs- und Sozialisationspotentialen von Familien unter schwierigen sozialen Bedingungen auf der einen Seite, und ihre strukturelle Abhängigkeit vom Wohlfahrtsstaat und von wirtschaftlichen, sozialen und kulturellen Entwicklungen auf der anderen Seite differenziert zu analysieren und soziale und politische Reformen auf den Weg zu bringen.

Diese hoch ambitionierten, sowohl theoretisch wie auch methodologisch aufschlussreichen Studien aus den Anfängen der empirischen Forschung im Rahmen der Sozialen Arbeit, „die im Zusammenhang der historischen Sozialarbeit als Antwort auf die Herausforderungen komplexer sozialer Problemlagen entstanden sind" (Hoff 2012, S. 222), haben ein vielfältiges und differenziertes Bild von der Familie am Ende der Weimarer Republik zu Tage gefördert und sind heute fast vollständig vergessen. Bis auf wenige aktuelle Ausnahmen (vgl. Schüler 2004; Feustel 2008; Andresen 2009; Hoff 2012) werden die Forschungsarbeiten der Deutschen Akademie für soziale und pädagogische Frauenarbeit über Familien außerhalb der Frauenforschung (vgl. Meyer-Renschhausen 1994; Hering 2004; Kleinau 2005) eher nicht rezipiert oder aber als „noch unbeholfene Gehversuche einer empirischen Sozialarbeit" (Wensierski 2003, S. 80) eingestuft. Sie sind bis heute kaum in Forschungsprozesse einbezogen (vgl. Wurzbacher 1954; König 1962, S. 173;

Maus 1962, S. 312; Hecker 1984) und es drohen wichtige Zugänge zu der Professionsgeschichte Sozialer Arbeit verloren zu gehen, ein Beispiel ist hier der Verweis der Forschungen auf die Rezeption internationaler Familienforschung bei deutschsprachigen Sozialwissenschaftlerinnen und -wissenschaftlern.

Die Deutsche Akademie für soziale und pädagogische Frauenarbeit hatte – als spezielle Weiterbildungsakademie für Frauen in sozialen Berufen auf Hochschulniveau und spätestens ein Jahr nach ihrer Gründung mit einem eigenen Forschungsanspruch konzipiert – ein ganz eigenes Profil mit dem Ziel, einerseits wissenschaftliche Grundlagen der sozialen Arbeit weiter zu entwickeln und andererseits fundiertes Praxiswissen in diese Entwicklungen einzubinden. Sie unterschied sich mit ihren Angeboten und Leistungen von den Universitäten, weil Alice Salomon (1927, S. 176) sehr bewusst war, dass die Sozialarbeit mit ihren ausgewiesenen Praxisbezügen als Studiengang „in den heiligen Hallen" der deutschen Universitäten nicht zu etablieren war. Und weil gerade durch die Berührungspunkte mit der Praxis für die soziale und pädagogische Arbeit neue Ziele gesteckt und öffentliche sozialpolitische Debatten dabei ebenso aufgegriffen wie angeregt wurden. Welche vielschichtigen Erkenntnismöglichkeiten diese historisch-sozialwissenschaftliche Familienforschung für eine aktuelle Beschäftigung mit dem Spannungsfeld zwischen Privatheit und Öffentlichkeit, zwischen Familie und Staat aufweist, lässt sich mit den Worten Alice Salomons (1930b, S. 375) umreißen, die in einem Nachwort der Familienforschungen mahnend formuliert: „Die Familie ist nicht ein Produkt der Willkür des berechnenden Verstandes, eine Institution, die allein unter dem Gesichtspunkt ihres Nutzens für die Gesellschaft betrachtet, gefördert oder beseitigt werden kann". Die Schwerpunkte der Familienforschungen der Akademie, die auch als „Beginn einer Kartographie sozialwissenschaftlichen Wissens über Familie zu Beginn des 20. Jahrhunderts, unter Berücksichtigung des sozialen Kontextes" (Andresen 2009, S. 204) charakterisiert werden können, waren Gefährdungen von Familie durch soziale Risiken im Wohlfahrtsstaat, die Qualität von Beziehungen innerhalb von Familien, Fragen der Vereinbarkeit von Familie und Beruf, Bedingungen eines „gelingenden" Heranwachsens von Kindern und Jugendlichen, die Wirksamkeit von Unterstützungsangeboten und Hilfe und die Verantwortung für das Scheitern und Gelingen von Hilfe. Konkret stehen der Blick auf Erziehungsleistungen von Familie, Formen und Ergebnisse der Haushaltsführung, die Ehegattenliebe, soziale Rahmenbedingungen des Familienlebens wie die Arbeitsverhältnisse der Eltern, das Verhältnis von Schule und Familie, das familiäre Zeitbudget, die materielle Situation, die Wohnung und das Wohnumfeld im Fokus. Eine besondere kritische Reflexion erfahren dabei die Sozialisations- und Erziehungspotentiale der Familie unter widrigen sozialen Bedingungen. Diese historischen Forschungsansätze, in denen Familien in ihrem individuellen Verhalten und in ihrer strukturellen Abhängigkeit untersucht

wurden, können Kontinuitäten von Problemlagen sowie deren Auswirkungen auf
Kinder und Eltern ebenso deutlich machen wie mögliche Kontinuitäten in der Frage
nach einem schuldzuweisendem politischem Zugriff auf Familien.

Die nachfolgenden Ausführungen gehen von dieser ersten empirischen Untersuchung der modernen Familie in Deutschland aus, die gleichzeitig „das erste
großangelegte Forschungsvorhaben der Sozialen Arbeit und der Frauenforschung"
darstellt (Feustel 2008, S. 71) und eben nicht nur als historisches Dokument früher
empirischer Sozial- und Frauenforschung interessant ist, sondern gerade auch in
der Vermittlung konkreter Bilder des Familienlebens am Ende der 20er Jahre. Mit
Blick auf historisch abzuleitende Unterschiede und Kontinuitäten in den Diskursen
und Praktiken zu Familie sowie den Politiken des Eingreifens im Verhältnis von
Staat und Familie werden folgende Fragen aufgegriffen:

- Welche Lebenswirklichkeiten, welche sozialen Problemlagen von Familie(n)
  werden hier ausgemacht, und welche besonderen Spannungsfelder von Privatheit und Öffentlichkeit?
- Welche Familien geraten hier konkret in das Einflussgebiet sozialer und pädagogischer Interventionen, und wie wird in der Folge sozialpolitisches und
  -pädagogisches Handeln legitimiert? Wo ist die Grenze, bis zu der in die Lebenswirklichkeiten von Einzelnen und Familien aufgrund bestimmter, als soziale
  Problemlagen definierter Situationen eingegriffen wird?
- Von welcher Leistungsfähigkeit von Familien wird hier ausgegangen, und
  welchen Familien oder Familienformen kann welche Verantwortung für das
  Aufwachsen der Kinder und deren Bildung zugewiesen werden, bzw. welche
  Verantwortung haben sonst der Staat oder die Zivilgesellschaft zu tragen?
- Welche Rollenvorstellungen und Familienbilder liegen hier den Forschungen
  zugrunde, und welche Potentiale von Familien und welche Gefährdungen
  werden festgestellt?
- Mit welchen Begründungen werden sozialpädagogische Eingriffe in die Familie
  legitimiert, und wie haben sich diese Legitimationsstrategien historisch bis heute
  bewahrt, verändert oder auch aufgelöst?

Ausgangspunkt ist im Folgenden die These, dass es in den Studien der Deutschen
Akademie für soziale und pädagogische Frauenarbeit um eine konsequente Berücksichtigung des sozialen Kontextes von Familien geht, im Unterschied zu den
sonst eher verbreiteten populistischen Debatten über Familien und deren individuelle, weniger strukturell bedingte Defizite. Eine Rolle spielt hier die mögliche
Gefährdung der Erziehungs- und Fürsorgeleistungen der Familie, oder ihre „Erschütterung", um das Vokabular von Alice Salomon und Marie Baum (1930)
zu zitieren, die vorrangig gerade nicht als Versagen einzelner Familienmitglie-

der, sondern als ein Resultat umfassender und in Wechselbeziehung stehender gesellschaftlicher Zusammenhänge gesehen wird. Erkennbar wird die Kontinuität von Problemen, mit denen Familien im nationalen Wohlfahrtsstaat konfrontiert sein können, sowie mögliche familien- und sozialpolitische Schwachstellen wie die Annahme der Vollständigkeit von Familie, die hierarchische Arbeitsteilung, das Mutterbild, die Verknappung von Zeit oder das öffentliche Misstrauen gegenüber den Erziehungsleistungen der Familie. Und der Blick auf den Ansatz und die Art und Weise, wie die Forschungen gemacht wurden, kann den gegenwärtigen professionellen wie persönlichen Blick auf Familie und Familienforschung ebenso schärfen wie hinterfragen.

Um das Besondere und das Neue der Familienforschungen der Akademie zu verdeutlichen, möchte ich zunächst einen kurzen Überblick über die Forschungen und einen Einblick in die Geschichte der Deutsche Akademie für soziale und pädagogische Frauenarbeit, in ihre Zielsetzungen und ihre Bedeutung in der Weimarer Republikzeit geben. Durch die Auffächerung der Rahmenbedingungen, in denen die Einzelstudien der Familienforschung der Akademie entstanden sind, und einige Erläuterungen zu Rolle und Methoden der Forschung in der frühen Entwicklung von sozialer Arbeit soll ein Eindruck von den Forschungen und deren eigenwilliger Sichtweise vermittelt werden. In einem weiteren Schritt werden dann zwei ausgewählte Einzelstudien in ihrer Anlage und Vorgehensweise sowie in ihrer Erkenntnisgenerierung bezogen auf die Fragestellung skizziert, die Teil des groß angelegten Projektes der „Deutschen Akademie für Soziale Frauenarbeit" in Berlin waren. Hier handelt es sich um *Das Familienleben in der Gegenwart. 182 Familienmonographien*, hrsg. von Alice Salomon und Marie Baum, Berlin 1930, und um *Erwerbstätige Mütter in vaterlosen Familien*, hrsg. von Elisabeth Lüdy, Eberswalde o. J. Das abschließende Fazit formuliert einen Ausblick mit dem Fokus auf normative Entwürfe von Familie und notwendige weitere Forschungen.

2.2 „. . . weil man über Bestand und Erschütterung, Leistungen und Versagen der modernen Familie nichts weiß" – Die Forschungen der Deutschen Akademie für soziale und pädagogische Frauenarbeit

Im Jahr 1925 wurde unter dem Vorsitz von Alice Salomon die „Deutsche Akademie für Soziale und Pädagogische Frauenarbeit" als Weiterbildungsakademie für Frauen in sozialen Berufen gegründet (vgl. Feustel 2008), bereits ein Jahr später wurde der Akademie eine eigene Forschungsabteilung angegliedert. Im Rahmen vielfältiger Debatten zur Ausgestaltung der sozialen Ausbildung kann die „soziale und sozialpädagogische Akademie von Frauen für Frauen" als ein Versuch gesehen werden, „eine frauenspezifische, an weiblichen Interessen orientierte Wissenschaft und Forschung zu institutionalisieren" (Salomon 1958, S. 248). Der Schwerpunkt der Forschungsarbeit der Akademie, die übrigens von Beginn an interessiert war an der Beteiligung von Sozialarbeiterinnen und Sozialarbeitern aus der Praxis am Forschungsprozess, lag schon bald auf der Erforschung des Familienlebens in Deutschland. Eine große Rolle spielt hier sicherlich, dass die Stellung von Frauen in der Familie in den zwanziger Jahren zu einem zentralen Thema sowohl für soziale Reformbewegungen wie auch für die Frauenbewegung wurde. „Die Überzeugung, daß ‚heilende Kräfte' für die Gesundung der Gesellschaft vor allem von Frauen in intakten Familien und in einem intakten Zuhause ausgingen, stellte die Familienfürsorge und nicht die hygienische, erzieherische oder wirtschaftliche Spezialfürsorge in den Mittelpunkt der sozialen Arbeit" (Schüler 2004, S. 301/302). Alice Salomon (1930a) ging es dabei zunächst um eine Reflexion über die Familie als Institution, und sie verwies auf die zeitgenössische Wahrnehmung von Familie als extrem umstrittene Einrichtung. Für sie waren die gesellschaftlichen bzw. kulturellen Auseinandersetzungen über den Status der Familie primär ein Kennzeichen der gesellschaftlichen Entwicklung: Einerseits wurde die Bedeutung der Familie „als die Grundlage aller staatlichen und nationalen Wohlfahrt" hervorgehoben, andererseits wurden neue und besser geeignete Institutionen propagiert wie ein „genossenschaftlicher Haushalt" oder die „Anstaltserziehung" (ebd., S. 9). Für Salomon (ebd.) waren auf dieser Basis neue Forschungen und damit ein erweitertes Wissen über Familien unerlässlich, um die Kultur- und Sozialpolitik planvoll, praktisch wirksam und jenseits von ideologischen Überzeugungen aufstellen zu können.

Und so wurde mit dem Fokus auf die Ressourcen und Potentiale sowie die Risiken von Familien im Jahr 1928 ein breit angelegtes sozialwissenschaftliches Forschungsprogramm über *Bestand und Erschütterung der Familie in der Gegenwart* auf den Weg gebracht, die Leitung und Koordinierung der Forschungsarbeit übernahm Alice Salomon zusammen mit Marie Baum. Von 1930 bis 1933 erschienen 13 Monographien (von geplanten 27), herausgegeben von Alice Salomon und verfasst u. a. von Marie Baum, Erna Corte, Margarete Meusel, Alix Westerkamp, Elisabeth Lüdy und Agnes Martens-Edelmann. An Themen soll es dabei, so zeitgenössische Stimmen, nicht gemangelt haben, ebenso nicht an ehrenamtlichen Forscherinnen und Forschern. Die erste Veröffentlichung der Akademie, „Das Familienleben in der Gegenwart" von Alice Salomon und Marie Baum (1930), enthielt 182 Fallstudien sowie theoretische Ausführungen Alice Salomons über Zweck und Methode von Familienstudien. Die Themen der Einzeluntersuchungen lauten insgesamt:

- *Das Familienleben in der Gegenwart. 182 Familienmonographien*, Berlin 1930
- *Zur Struktur der Familie. Statistische Materialien*, Berlin 1931

- *Die Familienverhältnisse von Kindern in Kindergärten, Horten und Tagheimen,* Berlin 1930
- *Der Jugendliche in der Großstadtfamilie,* Berlin 1930
- *Rhythmus des Familienlebens. Das von der Familie täglich zu leistende Arbeitspensum,* Berlin 1931
- *Die Zusammensetzung des Familieneinkommens,* Eberswalde 1931
- *Über die häusliche Hilfeleistung von Kindern und Jugendlichen,* Eberswalde 1932
- *Heimatlosigkeit und Familienleben,* Eberswalde o. J.
- *Heimlose Männer,* Eberswalde o. J.
- *Familienverhältnisse geschiedener und eheverlassener Frauen,* Eberswalde o. J.
- *Erwerbstätige Mütter in vaterlosen Familien,* Eberswalde o. J.
- *Die hauswirtschaftliche und Mutterschaftsleistung der Fabrikarbeiterin,* Eberswalde o. J.
- *Lebensverhältnisse lediger Mütter auf dem Lande,* Eberswalde 1933

Weitere geplante Untersuchungen hatten die „Soziologie der Ehescheidungen", das „Schicksal von Ehescheidungswaisen" und „Umfang und Wirkung von eheähnlichen Verhältnissen auf das Familienleben" zum Thema, leider konnten sie nicht mehr umgesetzt werden. Am 5. Mai 1933 veranlasste Alice Salomon auf einer geheimen Vorstandssitzung die Selbstauflösung der Akademie, um sie vor dem Zugriff der Nationalsozialisten zu retten sowie die jüdischen Mitarbeiterinnen zu schützen. Die publizierten Bände sind heute auch deshalb von hoher Bedeutung, weil sie einzigartige Dokumente über die Familie in Deutschland unmittelbar vor der Nazi-Diktatur sind.

Die Veröffentlichungen der Akademie sollten nicht nur als Lehrmaterial für die Weiterbildung im sozialen Bereich dienen, sondern auch dazu, „Material für notwendige Reformen zu sammeln, zu sichten und dem Gesetzgeber zu unterbreiten" (Salomon 1932, zit. nach Schüler 2004, S. 303). Die Fokussierung der Forschungsinhalte auf die Familie als soziale Gruppe ist nicht zuletzt vor dem Hintergrund der durch den Krieg verursachten massiven wirtschaftlichen und sozialen Belastungen von Familie und der Problematiken einer in der zeitgenössischen Wahrnehmung verwahrlosten Jugend und risikobelasteten Kindheit zu sehen. Die Forschungen wollten eine weitergehende wissenschaftliche Grundlage für die zeitgenössische Bevölkerungs-, Kultur- und Sozialpolitik wie auch für die soziale Arbeit und speziell die Familienfürsorge geben und knüpften an theoretische Konzepte und Untersuchungen aus England und den USA an (vgl. Schüler 2004). Besonders spannend sind sie, weil sie einerseits detailliert die Anzeichen der „Zerrüttung der Familie" beschreiben, andererseits aber nicht weniger Aufmerksamkeit dem Fortbestand und dem Zusammenhalt der Familien zukommen lassen und so eindimensionalen Darstellungen oder Erklärungen, die aktuell häufiger in sozialen und pädagogischen Zusammenhängen zu beobachten sind, in ihrer Forschungsperspektive entgegentreten. In ihrer Einführung zur Gesamtreihe benannte Alice Salomon (1930a, S. 5) in diesem Zusammenhang ein eklatantes Forschungsdesiderat sowie die Schwierigkeiten von Familienforschung: „Die Forschungen wurden unternommen, weil die Bedeutung der Familie für das soziale Leben heiß umstritten ist, und weil man über Bestand und Erschütterung, Leistungen und Versagen der modernen Familie nichts weiß. Was die Literatur in unübersehbarer Fülle über die moderne Familie als kulturelle Gruppe zusammengetragen hat, beschränkt sich im wesentlichen auf Meinungen, Auffassungen, Behauptungen, Werturteile, die aber nicht auf Tatsachen oder Feststellungen von umfassender Bedeutung beruhen".

Ziel der Forschungen war es, vor allem zwei Fragen beantworten zu können, nämlich erstens die Frage, „ob und inwieweit die Familie sich heute in einem Auflösungsprozess befindet und welche Funktionen sie in der Gegenwart erfüllt" (Salomon 1933, S. 27), und darüber hinaus zweitens „um die Aufhellung der Frage, ob die vorhandenen Formen des Gemeinschaftslebens nur überkommene Reste früherer sozialer Verfassungen sind, die mit Wahrscheinlichkeit schwinden werden, oder ob ein Umbildungsprozeß des Gemeinschaftslebens vorhanden ist, der die Familie auf Grund anderer Momente als in früherer Zeit erhält und sie auf neue Weise festigen kann" (Salomon 1930a, S. 11). Die Familienforschungen der Akademie reihen sich in die aufkommende sozialpsychologische und soziologische Familienforschung der 1920er und 1930er Jahre ein und stehen zugleich im Kontext der Praxisentwicklung der Sozialen Arbeit, die das Ziel verfolgte, zersplitterte Fürsorgeleistungen zu einer einheitlichen, auf die Familie bezogene Wohlfahrtspflege umzubauen. Dazu war empirisches Wissen über die Lage der von der Wirtschaftskrise und den politischen Umwälzungen betroffenen Familien notwendig, um diese innerhalb der Ausbildung der Sozialen Arbeit zu nutzen und ein umfassendes Wissen über konkrete Familienverhältnisse weiterzugeben sowie diagnostisches Verstehen einzuüben (vgl. Baum 1927, S. 45 f.).

Die Forschungen der Akademie zeichneten sich nicht allein durch ihre Forschungsgebiete und Themen aus, besonders waren auch die Methoden und die Art und Weise, wie die Forschungen organisiert, durchgeführt und ausgewertet wurden (vgl. Feustel 2008). Aufschlussreich ist hier, mit welchen Methoden die Forscherinnen und Forscher der Akademie zu ihren Daten und Interpretationen gelangten. Alice Salomon charakterisiert im ersten Band die drei Forschungsebenen der Akademie. So sollten die Studien erstens monographisch sein, um „Gesamtbilder einzelner Familien mit ihren sozialen Gesundheits- oder Krankheitserscheinungen, ihrem Zusammenhang oder ihrer Auflösung" darstellen zu können. Zweitens sind differenztheoretische Zugänge zur Untersuchung von Teilproblemen vorgesehen, um angemessen die Leistungen von Familie darzustellen, die sie „noch heute auf bestimmten Gebieten vollbringt". Drittens geht es um die Erhebung statistischer Daten zu Familie und damit um eine Perspektive, die „das Gesamtproblem in extensiver Weise beleuchtet, die Erscheinungen von ihrem ziffernmäßigen und deshalb vereinfachten Ausdruck zu verstehen sucht" (Salomon 1930a, S. 10). Als besondere Stärke der Studien kann ihre Lebenswelt- bzw. Fallorientierung gesehen werden. Die Autorinnen lehnten für ihre ökonomisch, soziologisch und sozialpsychologisch orientierten Erhebungen die seinerzeit üblichen naturwissenschaftlichen Forschungsmethoden grundsätzlich ab. Vielmehr mussten die in die Erhebungen eingebundenen „Lehrerinnen, Jugendleiterinnen, Sozialbeamtinnen, Akademikerinnen" eine „Kunst der Einfühlung in fremdes Familienleben (...) eine Technik des Verkehrs herausbilden" (Salomon 1930a, S. 10), kombiniert wurden so Angaben aus Bevölkerungs- und Einkommensstatistiken mit der Methode der interpretierenden Beschreibung. Hinzu kamen halbstandardisierte Interviews und Fragebögen, mit denen die Wissenschaftlerinnen bzw. ehrenamtliche Fachkräfte aus der Praxis der sozialen Arbeit zahlreiche Familien der verschiedenen Bevölkerungsschichten oder Einrichtungen wie Kinderkrippen, Kindergärten und Horte aufsuchten. Alice Salomon folgt hier Mary Richmond, wenn sie in der sorgfältigen Erhebung sozialer Daten eine Voraussetzung methodischen Handelns und einer soliden sozialen Diagnose sieht. Nur ging es hier letztendlich eben nicht um die Frage, ob die untersuchten Familien sich der Unterstützung würdig erweisen, sondern es ging um die Entwicklung professioneller sozialer Hilfe, die darin besteht, „dass man entweder einem Menschen hilft, sich in der gegebenen Umwelt einzuordnen, zu behaupten, zurecht zu finden – oder dass man seine Umwelt so umgestaltet, verändert, beeinflusst, dass er sich darin bewähren, seine Kräfte entfalten kann" (Salomon 1926/2004, S. 308).

Doch wie kam nun eine so kleine Institution wie die Frauenakademie im Rahmen ihrer Untersuchungen überhaupt an die durchschnittliche Familie, an die Alleinerziehenden und Arbeiterfamilien heran? An der Akademie studierten Sozialarbeiterinnen und Pädagoginnen, die in Kindergärten, Schulen, Fachschulen etc. arbeiteten. Die Akademie war über die Studentinnen mit diesen Bereichen eng verknüpft, und die praktischen Erhebungsschritte wie Befragungen und Beobachtungen wurden von Mitarbeiterinnen aus diesen Arbeitsgebieten auf freiwilliger, ehrenamtlicher und unentgeltlicher Basis durchgeführt. Die Praktikerinnen hatten dabei einen direkten und eher persönlichen Zugang zu den Familien, sie waren mit den familialen Gegebenheiten vertraut, und genau dies wurde in den Forschungen genutzt. Die Befragungen sollten nicht standardisiert und anonym erfolgen, sondern erinnern in ihrer Umsetzung an Methoden der später entwickelten teilnehmenden Beobachtung und an rekonstruktive bzw. verstehende Forschungszugänge aktueller qualitativer Forschung in der Sozialen Arbeit (vgl. Bock und Miethe 2010). Den Familienforscherinnen war dieser Zugang aus zwei Gründen besonders wichtig: Einerseits, weil die Familie als ein Ort der Privatheit von außen nur schwer erreichbar „und jedes Eindringen und jede Einmischung(...) nur durch schwerwiegende Gründe zu rechtfertigen" war (Salomon 1930a, S. 8), andererseits, weil Familien in ihrem inneren Zusammenhalt oder ihrem Zerfallsprozess erfasst werden sollten und auch dies wiederum besondere Hürden mit sich bringt. Festgehalten werden sollten Tatsachen und Handlungsweisen, die darüber Auskunft geben, „wie weit die Zusammenhänge von Eltern und Kindern noch – von beiden Generationen – anerkannt und gepflegt werden" (Salomon 1930a, S. 17). Nicht nur aus heutiger Perspektive und mit Blick auf die modernen kritisch reflektierenden Methoden der sozialen Arbeit erscheint ein so persönliches Verhältnis zum Forschungsklientel problematisch. Die 1926 erschienene „Soziale Diagnose" von Alice Salomon sollte mit ihren Aussagen zu den Techniken und Problemder Erhebungen zu einer kritischen Auswertung, Würdigung und Beurteilung der ermittelten Fakten und ihrer Zusammenfassung in der Diagnose beitragen. Bei den „Erkundungen", der Deutung und Bewertung der Daten sollten die Forscherinnen und Forscher nicht nur Wert auf Präzision und Vollständigkeit legen, sondern dabei Tatsachen und persönliche Meinung trennen (vgl. Salomon 1926/2004, S. 271 ff.) und auf dieser Basis ein reflektiertes Familienbild gekoppelt mit einer abschließenden Beurteilung im Sinne der zentralen Frage nach dem Festigkeitsgrad des Familienzusammenhangs erstellen. „Aus der Ermittlung von Tatbeständen wirtschaftlicher oder anderer Art ist eine *soziale Diagnose* geworden, die alle Seiten des menschlichen Lebens, die Anlage und Entwicklung, Milieu und Schicksal in das rechte Licht setzen und zu einem Gesamtbild vereinigen soll, das für die Hilfeleistung den Ausgangspunkt abgibt und das Ziel bestimmt" (ebd., S. 260).

2.3 „Innerhalb gewisser Grenzen wird der gleiche Lebensstoff von der Schöpferkraft der Frau einmal zu hoher Blüte gebracht, ein anderes Mal zum Ausgang von Zerstörung"[1] – Historische Familienforschungen im Spannungsfeld von Privatheit und Öffentlichkeit

Die Monographien im Rahmen der Familienforschung der Akademie zeichnen insgesamt ein differenziertes Bild der Familien, von ihren realen Konflikten und Erschütterungen, von ihrem unterschiedlichen Formen des Zusammenhalts und

---

[1] Alice Salomon auf dem Kongress für Bevölkerungsstudien in Rom 1931.

den vielfältigen Vorstellungen und konkreten Ansätzen in Unterstützungsprozessen. Dabei sind es gerade die Anhaltspunkte zerrütteter Verhältnisse, die zum Teil aus heutiger Perspektive in den Darstellungen irritierend unkommentiert stehen bleiben, besonders wenn letztendlich doch ein möglicher Fortbestand der Familien konstatiert wird. Gerade dies macht wiederum das Besondere dieser Forschungen aus, die gleichzeitige Darstellung von Zerrüttung und Beständigkeit anstatt eindimensionaler Erklärungen, die im Vordergrund stehende Offenheit unterschiedlichen Lebensformen und Lebensentwürfen und einer Autonomie der Familienmitglieder gegenüber, die zum Teil auf der Überzeugung von Familie als „Bestand der Menschennatur" beruht. So erinnert Alice Salomon (1930b, S. 375) einerseits daran, dass „die Familie im allgemeinen den stärksten Zusammenhalt hat, die allen ihren Gliedern Ausdrucksmöglichkeiten für ihre Persönlichkeit gibt, während bei Unterdrückung der Selbstständigkeit von Frau und heranwachsenden Kindern das Familienbewußtsein am ehesten zusammenbricht". Andererseits verweist sie auf die „Sympathie der Blutsverwandtschaft und die Liebe der Eltern und der Kinder" als „eisernen Bestand der Menschennatur" (ebd., S. 375). Die Untersuchungen wirken in dieser realistischen Betrachtungsweise, die unterschiedliche Lebensformen und -vorstellungen zulässt, reflektiert und in einempositiven Sinne offen. In den Vordergrund gerückt wird die Leistungsfähigkeit und Anpassungsbereitschaft der Familie, ohne dabei „die Beengtheit und Eingeschränktheit des durchschnittlichen Lebens, des Lebens der Massen, nicht nur in Arbeiterkreisen sondern in den Schichten des ländlichen und städtischen Mittelstandes" zu verleugnen: „Eine Beengtheit in wirtschaftlicher und geistiger Beziehung, in Lebensraum und Lebensmöglichkeit – beide Worte im wahrsten Sinne verstanden: in Entspannung und Erholung, in Fortbildung und Erlebnisbreite" (ebd., S. 374). Es ist gerade auch diese Beengtheit und Eingeschränktheit, die offengelegt und nicht beschönigt werden soll, ohne dabei diejenigen zu verurteilen, deren Leben durch solche Bedingungen bestimmt wird. Der Blick auf die Fähigkeiten und Potentiale der Familienmitglieder steht im Fokus, nicht auf die Begrenztheiten der Individuen.

Um nun den Befähigungen und Leistungsmöglichkeiten der unterschiedlichen Familien nachzuspüren und dabei der zeitgenössischen Frage nachzugehen, „Hat die Familie noch Bestand?", und welche Formen von Sozial- oder Bevölkerungspolitik, welche Familienfürsorge sind sonst möglicherweise notwendig, werden im Folgenden zwei ausgewählte Einzelstudien vorgestellt. Herausgearbeitet werden soll dabei ihr spezifischer Beitrag zur Beantwortung der Fragen nach Lebenswirklichkeiten und sozialen Problemlagen von Familie(n), nach den Spannungsfeldern von Privatheit und Öffentlichkeit, nach notwendigen sozialen und pädagogischen Interventionen und ihren Legitimierungen, nach der Grenze staatlicher oder zivilgesellschaftlicher Einflussnahme auf Familie. Zunächst geht es um *Das*

Familienleben in der Gegenwart. 182 Familienmonographien. Die von Alice Salomon und Marie Baum herausgegebenen Familienmonographien (1930) nehmen innerhalb der Untersuchungsreihe eine zentrale Stellung ein, weil die methodische Anlage der Studie den Anspruch erhebt, „das Wesen der modernen Familie durch Gesamtbilder einzelner Familie(n) zu erfassen" (Salomon 1930a, S. 11). Anhand von Einzelfällen werden in den 182 Familienmonographien Familienverhältnisse dicht beschrieben, typische Ausschnitte aus dem sozialen Leben verschiedener Familien rekonstruiert und Bilder von Familien verschiedener ökonomischer und sozialer Milieus vorgestellt. Sie geben einen umfassenden Einblick in die Verhaltensweisen und Beziehungen der Familienmitglieder, auf ursächliche Bedingungen einzugehen wurde verzichtet. Die Familienbilder enthalten Aspekte wie die wirtschaftliche Lage, Gesundheitszustand und Ernährung, emotionale Beziehungen zwischen den Eheleuten und Kindern, Erziehungsprinzipien, Ausbildung der Kinder sowie Freizeitgestaltung, und sie geben Auskunft über die „Festigkeit, Lockerung, Auflösung der Familie" (Salomon 1930a, S. 17). Als Orientierungspunkte für den Festigkeitsgrad gelten das Verhältnis der Generationen zueinander sowie die mehr oder weniger bestehende Verbundenheit von Eltern und Kindern, in Worte gefasst wie „gefestigte Familie", „zerrüttete Verhältnisse" oder „patriarchalisches Familienleben" (Salomon und Baum 1930)

In die Untersuchung wurden sowohl Mittelstands- als auch Arbeiterfamilien einbezogen und ein breites Spektrum geografischer Milieus berücksichtigt. Die Datenerhebung erfolgte durch Mitarbeiterinnen aus der Wohlfahrtspflege und angrenzenden sozialpädagogischen Arbeitsfeldern in Form von Beobachtungen und Befragungen, zugrunde gelegt wurden lediglich orientierende Richtlinien, auf eine genaue Strukturierung in Form von Frage- und Beobachtungsbögen wurde verzichtet. Die Darstellung der einzelnen Monographien folgt einem spezifischen Schema: Sie beginnt auf ca. anderthalb bis zwei Seiten pro Familie mit Angaben über die wirtschaftlicher Lage, den Gesundheitszustand, die Wohnverhältnisse, Ernährung und schließlich über die „geistige Lage" und vor allem über die Erziehungsstärke der Familienmitglieder. Es folgt die abschließende und auch in der sprachlichen Formulierung interessante Einschätzung zum Zusammenhalt der Familie, der „durchaus vorhanden" sein kann „trotz Trunksucht des Mannes" (Salomon 1930c, S. 119), oder „wenig innere Bindung" vorweist (ebd., S. 130), und manchmal scheint auch „der starke Familiengeist den drohenden Zerfall nicht aufhalten zu können" (ebd., S. 145). Die „gefestigte Familie" und damit ein möglicher familiärer Zusammenhalt werden allerdings unbestreitbar favorisiert.

In ihren methodischen Anlagen orientierten sich Salomon und Baum in den Familienmonographien (1930) an den in der Mitte des 19. Jahrhunderts entstandenen Studien über die europäische Arbeiterschaft des Franzosen Frédéric Le Play, die die Situation der Familien zum Ausgangspunkt hatten und nach der Qualität der Familien fragten. Le Play war durch Europa gereist und hatte seine Daten in Form einer eigenen Art teilnehmender Beobachtung erhoben. „Familie definierte er als Element sozialer Kontinuität angesichts des raschen Wandels insbesondere im Zuge der Industrialisierung" (Andresen 2009, S. 215). An diesem Zugang setzten Alice Salomon und Marie Baum an: „Unsere Forschung geht nicht von vorhandenen Schwierigkeiten aus. Sie will Gesundheit und Krankheit, Kraft und Schwäche, Ordnung und Unordnung der Institutionen der Familie in ihrem Verhältnis zueinander aufdecken. Sie gibt Querschnitte des Vorhandenen, nicht Längsschnitte der Einwirkungen. Sie will nicht Handwerkszeug für eine ‚Behandlung' geben, nicht zeigen, wie auf die Beseitigung von Schwierigkeiten eingewirkt wurde oder eingewirkt werden sollte. Sie stellt vielmehr die Vorfrage nach der Leistungsfähigkeit der Familie als Institution, und erst wenn Klarheit darüber geschaffen, könnte die Zweckmäßigkeit individualisierender oder allgemein sozialpolitischer oder kulturpolitischer Einwirkungen bewertet werden" (Salomon 1930a, S. 14). In einem zentralen Punkt grenzen sich Salomon und Baum bei der Erforschung von Familien allerdings von Le Play ab: So ist für sie bei der Familienforschung die Qualität der Eltern-Kind-Beziehungen zentral, während sich für Le Play die Stabilität der Familie einerseits noch an ihrem Besitz bzw. an ihren Haushaltsbudget und andererseits an der grundlegenden patriarchalischen Struktur, also an der Autorität des Vaters messen lässt. „In diesem Zusammenhang der Generationen liegt das zukünftige Schicksal Familie und ihre Bedeutung für das Gesellschaftsleben umschlossen. Von der Gestaltung dieser Beziehungen hängt Festigkeit, Lockerung, Auflösung der Familie noch mehr ab als von den Beziehungen der Gatten zueinander" (ebd., S. 17).

Für Salomon und Baum (1930) sind die Kompetenzen von Eltern zentral sowie eine Erziehung zu Selbsttätigkeit und Verantwortung, nicht aber zu Autorität und Gehorsam. Die Merkmale, anhand derer Salomon und Baum (ebd.) die Festigkeit und Geschlossenheit der Familien untersuchen, sind grob in drei Punkte zu unterteilen. So sollte zum einen Familie nicht nur als Verbrauchsgemeinschaft verstanden werden, sondern als Erwerbsgemeinschaft, in der es zu einer konstruktiven Arbeitsteilung der Geschlechter und Generationen kommt. Zum anderen sollte das Verhältnis der Ehegatten durch eine innere Verbundenheit gekennzeichnet sein, möglichst mit einem Kern gemeinsamer Interessen. Und schließlich steht die gemeinsame Erziehungsidee der Eltern im Mittelpunkt, die eine konstruktive Arbeit an der Erziehungskraft gegenüber den Kindern beinhaltet. Ob und wie Familien diesen Kriterien nachkommen können, hängt weniger von ihrem eigenen Willen ab. Ausschlaggebend ist hier der soziale Kontext, der sich bei den einzelnen Familien erheblich unterscheidet, wie die Einzelstudien der Reihe insgesamt eindrucksvoll

zeigen. Sichtbar werden hier heute noch aktuelle Probleme und Herausforderungen familien- und sozialpolitischen Handelns, wie die Vereinbarkeit von Beruf und
Familie oder geschlechterstereotype Aufgabenverteilungen in Haushalt und Ehe.

Ein weiteres bemerkenswertes Beispiel in der Reihe der Einzelstudien der
Akademie ist die Studie von Elisabeth Lüdy (o. J.) zur sozialen Umwelt von Alleinerziehenden, ihren Kindern und den Familienzusammenhalt mit dem Titel
„Erwerbstätige Mütter in vaterlosen Familien". Elisabeth Lüdy (ebd.) wollte mit
ihrer Untersuchung Aufschlüsse darüber geben, „wieweit bei außerhäuslicher Erwerbsarbeit der Mutter der Familienzusammenhang zwischen Mutter und Kind
gewahrt wird oder zu wahren versucht wird, wieweit durch die mütterliche Erwerbsarbeit der Zusammenhang der Generationen gefördert wird oder wieweit der Druck
der mütterlichen Erwerbsarbeit so stark ist, dass die Mutter nur noch Ernährerin der
Kinder sein kann. Auf Grund dieser Feststellung ist dann zu folgern, unter welchen
Voraussetzungen und in welchem Umfang außerhäusliche Erwerbsarbeit alleinstehender Mütter wünschenswert oder ohne Gefährdung der Familiengemeinschaft
durchführbar scheint" (ebd., S. 9). Die Studie wurde im Winter 1927/1928 durchgeführt, erfasst wurden insgesamt 184 Mütter mit 358 Kindern. Zum Zeitpunkt
der Erhebung waren mehr als 40 % der Alleinerziehenden verwitwet, viele davon
waren Kriegerwitwen, 28 % waren ledige Mütter und 13 % geschiedene Mütter.
Im Kern dieser Untersuchung geht es um die strukturell bedingten Risikobedingungen im Zusammenleben Alleinerziehender mit ihren Kindern. Elisabeth Lüdy
(ebd.) beschreibt zunächst die Vorgeschichte der alleinerziehenden und erwerbstätigen Frauen (geschieden, nicht verheiratet usw.), deren Arbeitsbedingungen,
Wohnverhältnisse, das verwandtschaftliche oder freundschaftliche Netzwerk und
das Erziehungsverhalten. „Die alleinstehende Mutter hat die Doppelaufgabe, ihren
Kindern Vater und Mutter zugleich zu sein. Sie muss sie ernähren und erziehen,
zur Lebenstüchtigkeit und zur Verantwortung der Gemeinschaft gegenüber führen.
Erwerbsarbeit ist für die alleinstehende Mutter meist eine Notwendigkeit. Sie ka n
n aber auch ein wertvolles Moment für die Erziehung bedeuten" (ebd., S. 9). Mangelnde Unterstützung, betreuungsintensive Phasen der Kindererziehung, unflexible
Arbeitszeiten und ein anspruchsvolles Ideal verantwortlicher Mutterschaft führen
zu einer von Einzelnen kaum zu bewältigenden Belastung. Lüdy (ebd.) prüft mit
einem spezifischen Blick auf die strukturellen sozialen Bedingungen Alleinerziehender die Verantwortungsübernahme der Mütter für das Wohlbefinden ihrer Kinder,
als Belastungsfaktoren führt sie insbesondere die materielle Lage, überkommene
Rollenbilder, die Nicht-Vereinbarkeit von Familie und Erwerbstätigkeit, das Verhältnis von Schule und Familie und die Zeitökonomie innerhalb der Familie sowie
die Instabilität des Verhältnisses von Öffentlichkeit und Privatheit in Wohlfahrtsstaaten an. Ein besonderes Augenmerk liegt auf den Möglichkeiten der Mütter

zur Aufnahme einer kontinuierlichen Erwerbstätigkeit. Die familienbedingte
Unterbrechung von Erwerbsarbeit führte auch in den 1920er Jahren zu erheblichen Armutsrisiken für die Kinder und Mütter, besonders nach einer Trennung
oder nach dem Tod des Partners. „Die Frau, die nach Jahren der Berufsentfrem-
dung oder berufsungewohnt erst in späten Jahren in das Wirtschaftsleben eintritt,
ist auf einfache und gering entlohnte Arbeit angewiesen" (ebd., S. 18).

Elisabeth Lüdy (ebd.) benennt ein nur schwer lösbares Problem, das auch
gegenwärtig in den Debatten über die Vereinbarkeit von Familie und Beruf eine
wesentliche Rolle spielt. „Das Problem der erwerbstätigen, alleinstehenden Mutter
ist heute nicht mehr ein Problem einzelner Mütter, die mit ihrer Doppelaufgabe
fertig werden müssen, sondern eine soziale Frage von volkswirtschaftlicher und
sozialpädagogischer Bedeutung" (ebd., S. 9). Die kontinuierliche wie qualifizierte
Erwerbsarbeit von Müttern ist gesellschaftlich als Armutsprävention unabdingbar,
die Frage der notwendigen Verteilung der Fürsorge für abhängige Familienmitglieder wie Kinder, Jugendliche, alte Menschen und der Notwendigkeit der Erziehung
und Zuwendung gegenüber Heranwachsenden bleibt dabei bestehen. Die Familienforschungen der Akademie messen der Erziehungskraft der Eltern eine große
Bedeutung für den Zusammenhalt der Familie bei. „An der Situation der Alleinerziehenden wird jedoch bereits 1930 deutlich, dass dieses Dilemma nur politisch
gelöst werden kann und nicht in den Privatraum der Familie gehört" (Andresen
2009, S. 218).

Eindringlich zeigt Elisabeth Lüdy (o. J.) die Mehrfachbelastung der Alleinerziehenden auf, mögliche Krankheiten bringen Lohnverlust mit sich und führen in
einen Teufelskreis der Armut. Sie verweist auf die Notwendigkeit, staatliche Unterstützung und Fürsorge ausschließlich vom Wohl des Kindes aus zu organisieren,
unabhängig von der Situation der Mutter. Ausgehend von den Kriterien einer
weitgehend gelingenden Familiengestaltung überprüft Lüdy (ebd.) die Erziehungskompetenz von Alleinerziehenden und konstatiert Erschöpfung und Überbelastung
der Mütter, die zwangsläufig ihre Erziehungskompetenz einschränkt. „Sie ist nicht
mehr Erzieherin, sondern nur noch Ernährerin der Kinder, die (…) bei fünf bis
höchsten sechs Stunden Schlaf den Haushalt in Ordnung hält, abends die Essens-
und sonstigen Vorbereitungen für den kommenden Tag trifft, damit dann die Kinder wieder allein wirtschaften können. Für die geistige Führung reichen die Kräfte
der Mütter nicht mehr aus, so daß die innere Verbindung zu den Kindern fehlt"
(ebd., S. 43). Offen bleibt, inwieweit Lüdy (ebd.) sich an einem normativen traditionellen Familienideal orientiert, indem grundlegende Begriffe ihrer Untersuchung
wie Lebenstüchtigkeit und Verantwortung der Gemeinschaft nicht reflektiert werden, was letztendlich einem normativen Familienideal bei der Beobachtung und
Beurteilung der Familien Vorschub leistet. Die „Anrufung" von Verantwortung

und die daran festgemachte potentielle Gefährdung der Familie ringen hier mit der Qualität von Familienbeziehungen und der „Anrufung" von Verantwortung der Öffentlichkeit für sozial fragile Familienformen im Besonderen (vgl. Andresen 2013, S. 24).

2.4 Schlussbetrachtung

Bedeutsam sind die Familienforschungen der deutschen Akademie für soziale und pädagogische Frauenarbeit, weil hier überwiegend nicht eine eindimensionale Darstellung oder Erklärung für die individuellen Gegebenheiten in einzelnen Familien anhand der vorgestellten Monographien gegeben wird, sondern die Fälle und Fakten auf ganz eigene Art und Weise dargelegt und unter Bezugnahme auf die sozialen Rahmenbedingungen eingeordnet werden. Die Zeichen für einen Fortbestand und Zusammenhalt der Familien werden mal nüchtern dargestellt, mal hervorgehoben, als ganz eigener Zugang im Rahmen sozialhistorischer Forschungen, und auf dieser Basis konkrete sozialpolitische Forderungen zur Entlastung alleinstehender oder verheirateter Frauen entwickelt sowie Plädoyers formuliert für Haushaltsgemeinschaften, Alimente und Renten oder auch eine Halbtagsarbeit für Frauen. Letztere soll allerdings den Alleinerziehenden vorbehalten bleiben: „Zunächst muß zur Unterbringung der Mütter mit älteren, insbesondere schulpflichtigen Kindern eine planmäßige Erforschung der Wirtschaft auf Möglichkeiten der Einrichtung von Halbtagsschichten für weibliche Arbeitskräfte einsetzen, die in erster Linie den alleinstehenden Müttern vorbehalten bleiben müßten. (...) Um die Basis zur Durchführung einer solchen Halbtagsarbeit zu schaffen, muß der alleinstehenden Mutter mit erziehungsbedürftigen Kindern zunächst durch den Staat die regelmäßige Zahlung einer ausreichenden Unterhaltsrente gesichert werden" (ebd., S. 104/105).

Die im Sinne einer unerschrockenen Aufmerksamkeit für die Wirklichkeit in Familien in ihrer Mehrdimensionalität dargelegten und interpretierten Monographien gilt es aus heutiger Perspektive einerseits und nicht zuletzt vor dem Hintergrund eines zeitgeschichtlich gebotenen Realismus wahrzunehmen und stehen zu lassen, so wie sie sind, und andererseits ins Verhältnis zu setzen zu notwendigen staatlichen Unterstützungsmechanismen. Anzuerkennen ist die Fähigkeit der Forscherinnen der Akademie, familiale Konflikte in der sozialen Wirklichkeit nicht vorschnell auflösen zu wollen oder in allgemeine grundlegende Kontroversen einzuordnen im Rahmen von Klassen-, Geschlechter- oder Generationenkonflikten. Dabei ist ihnen immer wieder ein Mangel an theoretischer Analyse entgegengehalten worden (vgl. Mennicke 1930; Wensierski 2003; Hoff

2012), was an einzelnen Punkten durchaus nachvollziehbar erscheint, gerade mit dem Blick auf Familienbilder und soziale Rollen. Ziel der Familienforscherinnen war eine Veränderung von gesellschaftlichen Rahmenbedingungen und normativen Orientierungen, auch wenn ihnen dies nicht immer in Sinne einer Loslösung von traditionellen Normen gelang. So bleiben die Einzelstudien im Ergebnis und im Unterschied zu der von Alice Salomon (1930a) ausformulierten anspruchsvollen Anlage in der Auswertung zum Teil einem normativen Familienideal verhaftet, was allerdings auch den umfangreichen Daten der einzelnen Monographien und damit verbundenen methodischen Herausforderungen geschuldet sein kann. Die Familienforschungen der Akademie für soziale und pädagogische Frauenarbeit fordern vor diesem Hintergrund zu weiteren Untersuchungen auf, was Geschlechterbilder, Generationenverhältnisse, Kindheitskonstruktionen oder eine erforderliche Trennung von Öffentlichkeit und Privatheit im Bereich Erziehung und Fürsorge betrifft.

Literatur

Andresen, Sabine. 2009. Strukturelle Gefährdungen der Familie im Blick der Forschung zu Beginn des 20. Jahrhunderts. In *Familie und öffentliche Erziehung*, Hrsg. Jutta Ecarius et al., 203–220. Wiesbaden: VS Verlag für Sozialwissenschaften.

Andresen, Sabine. 2013. Bildung. Zur sozialpädagogischen Verortung eines Schlüsselbegriffs. In *Bildung, Teilhabe und Gerechtigkeit. Gesellschaftliche Herausforderungen und Zugänge Sozialer Arbeit*, Hrsg. Christian Spatscheck und Sabine Wagenblass, 20–29. Weinheim: Beltz Juventa.

Baum, Marie. 1927. *Familienfürsorge. Neue Folgen der Schriften des Vereins für öffentliche und private Fürsorge.* Karlsruhe: Verlag G. Braun.

Bock, Karin, und Ingrid Miethe, Hrsg. 2010. *Handbuch Qualitative Methoden in der Sozialen Arbeit.* Opladen: Verlag Barbara Budrich.

Feustel, Adriane, Hrsg. 2004. *Alice Salomon. Frauenemanzipation und soziale Verantwortung. Ausgewählte Schriften in drei Bänden*, Bd. 3. München: Luchterhand.

Feustel, Adriane. 2008. Die Soziale Frauenschule (1908–1945). In *100 Jahre Soziales Lehren und Lernen. Von der Sozialen Frauenschule zur Alice Salomon Hochschule*, Hrsg. Adriane Feustel und Gerd Koch, 29–103. Milow: Schibri-Verlag.

Hecker, Margarete. 1984. *Sozialpädagogische Forschung. Der Beitrag der Deutschen Akademie für soziale und pädagogische Frauenarbeit. Soziale Arbeit* 33 (1984):208–217.

Hering, Sabine. 2004. „Frühe" Frauenforschung: Die Anfänge der Untersuchungen von Frauen über Frauen. In *Handbuch Frauen- und Geschlechterforschung. Theorie, Methode, Empirie*, Hrsg. Ruth Becker und Beate Kortendiek, 285–293. Wiesbaden: VS Verlag für Sozialwissenschaften.

Hoff, Walburga. 2012. Rekonstruktive Familienarbeit und „familiale Diagnosen". Zu den Familienmonographien der deutschen Akademie für soziale und pädagogische Frauenforschung. In *Forschungstraditionen der Sozialen Arbeit. Materialien, Zugänge, Methoden. Rekonstruktive Forschung in der Sozialen Arbeit*, Hrsg. Kirstin Bromberg et al., Bd. 10, 221–240. Opladen: Verlag Barbara Budrich.

Kleinau, Elke. 2005. Familien-, Jugend-, Frauen- und Geschlechterforschung. Frauen in der Wissenschaft oder Anfänge der empirischen Sozialforschung in Deutschland. In *Frauen antizipieren Zukunft. III. Interdisziplinäre Beiträge zur Frauenforschung. Biographie: Zwischen Lebenslauf und Lebensplan*, Hrsg. Ellen Aschermann und Margret Kaiser-El-Safti, 209–222. Köln: VUB-Gilde-Verlag.

König, René. 1962. Soziologie der Familie. In *Handbuch der empirischen Sozialforschung*, Hrsg. René König, Bd. 2, 172–225. Stuttgart: Enke.

Lüdy, Elisabeth. O. J. Erwerbstätige Mütter in vaterlosen Familien. In *Forschungen über Bestand und Erschütterung der Familie in der Gegenwart*, Hrsg. Alice Salomon, Bd. XI. Berlin: Verlag F.A. Herbig.

Maus, Heinz. 1962. Zur Vorgeschichte der empirischen Sozialforschung. In *Handbuch der empirischen Sozialforschung*, Hrsg. René König, Bd. 1, 18–37. Stuttgart: Ferdinand Enke Verlag.

Mennicke, Carl. 1930. Vorwort. In *Die Auflösung der Familie*, Hrsg. Fritz Wildenhayn, 7–9. Potsdam: Protte.

Meyer-Renschhausen, Elisabeth. 1994. Soziologie, soziale Arbeit und Frauenbewegung – eine Art Familiengeschichte. *Feministische Studien* 12:17–32.

Salomon, Alice. 1926/2004. Soziale Diagnose. In *Salomon, Alice. Frauenemanzipation und soziale Verantwortung. Ausgewählte Schriften*, Hrsg. Adriane Feustel, Bd. 3: 1918–1948, 83–126. München: Luchterhand (Originalausgabe 1926).

Salomon, Alice. 1927. *Die Ausbildung zum sozialen Beruf*. Berlin: Carl Heymanns.

Salomon, Alice. 1930a. Einführung. In *Das Familienleben in der Gegenwart. 182 Familienmonographien*, Hrsg. Alice Salomon und Marie Baum. In *Forschungen über Bestand und Erschütterung der Familie in der Gegenwart*, Hrsg. Alice Salomon, Bd. 1, 7–22. Berlin: Verlag F.A. Herbig.

Salomon, Alice. 1930b. Nachwort. In *Das Familienleben in der Gegenwart. 182 Familienmonographien*, Hrsg. Alice Salomon und Marie Baum. In *Forschungen über Bestand und Erschütterung der Familie in der Gegenwart*, Hrsg. Alice Salomon, Bd. I. Berlin: Verlag F.A. Herbig.

Salomon, Alice. 1930c. 70 monographische Darstellungen von Familienbildern aus Berlin. In *Das Familienleben in der Gegenwart. 182 Familienmonographien*, Hrsg. Alice Salomon und Marie Baum. In *Forschungen über Bestand und Erschütterung der Familie in der Gegenwart*, Hrsg. Alice Salomon, Bd. I. Berlin: Verlag F.A. Herbig.

Salomon, Alice. 1933. Forschungen über „Bestand und Erschütterung der Familie in der Gegenwart". In *Atti del Congresso Internazionale per gli Studi sulla Popolazione*, Hrsg. Corrado Gini, 27–35. Roma: Instituto Poligrafico dello Stato.

Salomon, Alice. 1958. Die deutsche Akademie für soziale und pädagogische Frauenarbeit im Gesamtaufbau des deutschen Bildungswesens. In *Alice Salomon: Die Begründerin des Sozialen Frauenberufs in Deutschland*, Hrsg. Hans Muthesius, 240–248. Köln: Carl Heymanns.

Salomon, Alice, und Marie Baum. 1930. Das Familienleben in der Gegenwart. 182 Familienmonographien. In *Forschungen über Bestand und Erschütterung der Familie in der Gegenwart*, Hrsg. Alice Salomon, Bd. 1. Berlin: Verlag F.A. Herbig.

Schüler, Anja. 2004. *Frauenbewegung und soziale Reform. Jane Addams und Alice Salomon im transatlantischen Dialog, 1889–1933.* Stuttgart: Franz Steiner Verlag.

Wensierski, Hans-Jürgen von. 2003. Rekonstruktive Sozialpädagogik im intermediären Feld eines Wissenschaft-Praxis-Diskurses. Das Beispiel Praxisforschung. In *Qualitative Forschung in der Sozialpädagogik*, Hrsg. von Cornelia Schweppe, 67–92. Opladen: Leske und Budrich.

Wurzbacher, Gerhard. 1954. *Leitbilder gegenwärtigen deutschen Familienlebens. Methoden, Ergebnisse und sozialpädagogische Folgerungen einer soziologischen Analyse von 164 Familienmonographien.* Stuttgart: Ferdinand Enke Verlag.

Er muss, so hart das klingen mag, die Familiengemeinschaft auseinanderreißen   3

Politiken des Eingreifens im schweizerischen Fürsorgebereich aus historischer Sicht

Thomas Huonker

Zusammenfassung

Das Verhältnis von Staat und Familie kann mit Blick auf Vergangenheit und Gegenwart als konflikthaft charakterisiert werden. Dies betrifft insbesondere Fragen des Eingreifens in private Probleme, etwa von Erziehung, Gesundheit oder Geburtenregelungen und wird u. a. sichtbar über eine wachsende Zahl von Institutionen und Professionen, wie z. B. Hebammen, Ärzte, Psychiater, Fürsorge- und Vormundschaftsbehörden, Sozialarbeitende, Pädagogen und Sozialpädagogen (vgl. u. a. Richter, Die Sichtbarmachung des Familialen. Gesprächspraktiken in der Sozialpädagogischen Familienhilfe, 2013). Waren diese Interventionen zunächst von staatlichen und kirchlichen Agierenden getragen, die oft ohne wissenschaftliches Expertenwissen fungierten, kam es im 19. und 20. Jahrhundert zu einer Professionalisierung, Expertisierung und Spezialisierung der im Sozialbereich Handelnden. Konkurrenzen und Koalitionen der jeweiligen Interessengruppen im Sozialbereich schufen in der Schweiz, potenziert durch die unterschiedlichen kantonalen und kommunalen Zuständigkeiten sowie die Vielfalt religiöser Gruppierungen, welche im Sozialwesen aktiv wurden, ein sehr komplexes Geflecht von vernetzten Instanzen. Die Akteure und Akteurinnen dieses expandierenden Bereichs waren auch international vernetzt und teilten globale und europäische Trends, wobei manche Tendenzen in der Schweiz sehr früh zum Zug kamen, andere verzögert.

T. Huonker (✉)
Zürich, Schweiz
E-Mail: thomas.huonker@sunrise.ch

B. Bütow et al. (Hrsg.), *Sozialpädagogik zwischen Staat und Familie*,   49
DOI 10.1007/978-3-658-01400-1_3, © Springer Fachmedien Wiesbaden 2014

3.1 Einleitung

Das Verhältnis von Staat und Familie kann mit Blick auf Vergangenheit und Gegenwart als konflikthaft charakterisiert werden. Dies betrifft insbesondere Fragen des Eingreifens in private Probleme, etwa von Erziehung, Gesundheit oder Geburtenregelungen und wird u. a. sichtbar über eine wachsende Zahl von Institutionen und Professionen, wie z. B. Hebammen, Ärzte, Psychiater, Fürsorge- und Vormundschaftsbehörden, Sozialarbeitende, Pädagogen und Sozialpädagogen (vgl. u. a. Richter 2013).

Waren diese Interventionen zunächst von staatlichen und kirchlichen Agierenden getragen, die oft ohne wissenschaftliches Expertenwissen fungierten, kam es im 19. und 20. Jahrhundert zu einer Professionalisierung, Expertisierung und Spezialisierung der im Sozialbereich Handelnden. Konkurrenzen und Koalitionen der jeweiligen Interessengruppen im Sozialbereich schufen in der Schweiz, potenziert durch die unterschiedlichen kantonalen und kommunalen Zuständigkeiten sowie die Vielfalt religiöser Gruppierungen, welche im Sozialwesen aktiv wurden, ein sehr komplexes Geflecht von vernetzten Instanzen. Die Akteure und Akteurinnen dieses expandierenden Bereichs waren auch international vernetzt und teilten globale und europäische Trends, wobei manche Tendenzen in der Schweiz sehr früh zum Zug kamen, andere verzögert.

3.2 Fremdplatzierungsformen im Kontext einer schichtspezifischen Jugendfürsorge

Wohl ist es immer auch eine Aufgabe des Staates gewesen, wie zuvor der Stammesgruppe, für Witwen und Waisen zu sorgen – gerade auch deshalb, weil andere Staatstätigkeiten, insbesondere die Kriegsführung, die Zahl der Witwen und Waisen vermehrte. Sehr alte Institutionen der Fürsorge zielten denn auch auf die Sicherstellung des Überlebens der Familienangehörigen von toten Kriegern. Auf die Fürsorge für seine Frau und seine Kinder verließ sich schon der mythische Schweizer Kriegsheld Arnold Winkelried aus Anlass seines freiwilligen Heldentods bei Sempach 1386, denn er soll dabei gerufen haben: „Sorgt für meine Frau und meine Kinder!". Etliche frühe Waisenhäuser sind ausgesprochen für Kriegswaisen errichtet worden, so das Potsdamer Militärwaisenhaus, gegründet 1724.

Doch die Fürsorge für Hinterbliebene erfolgte im Lauf der Geschichte meist sehr selektiv. Hinterbliebene Kinder aus vornehmen, gut gestellten Familien wurden innerhalb der Verwandtschaft fremdplatziert, ohne dass der Staat dabei etwas sagen hatte.

Kinder von Ausgegrenzten und Verarmten wurden im Mittelalter und in der frühen Neuzeit, ja sogar bis in die erste Hälfte des 19. Jahrhunderts, ob elternlos oder nicht, zusammen mit ihren erwachsenen Verwandten als herrenloses Bettelgesindel verjagt und misshandelt, somit illegalisiert und ausgegrenzt, aber nicht als Einzelindividuen staatlich erzogen. Findelkinder hingegen fielen früh der Fürsorge anheim. Das erste Findelhaus, eine Einrichtung der Kirche, wurde im Jahr 781 in Mailand gebaut. Diese Institutionen wurden einige Jahrhunderte später vom Staat übernommen. Häuser für Findelkinder gab es vor allem in den romanisch sprachigen Ländern Europas; im absolutistischen Frankreich hatten sie eine besonders hohe Verbreitung. Allerdings gab es einen Zusammenhang vom Ausbau dieser Häuser und der Erhöhung der Zahl der Findelkinder, v. a. dadurch, dass die anonyme Abgabe von Kleinkindern ermöglicht wurde und es bereits zu dieser Zeit frühe Formen von „Babyklappen" gab.

Während der Großteil der in Findelhäusern Platzierten unehelicher Herkunft war, verboten manche Obrigkeiten, so die von Zürich, ihren Waisenhäusern die Aufnahme von unehelichen Kindern (der entsprechende Zürcher Erlass datiert von 1657 und wurde erst in der zweiten Hälfte des 19. Jahrhunderts aufgehoben).

Dort, wo Findelhäuser fehlten, die Waisenhäuser die Aufnahme unehelicher Kinder verweigerten und Abtreibungsverbote galten, war die Zahl der meist kurz nach der Geburt durchgeführten Kindsmorde an unehelich Geborenen hoch. Die verbleibenden unehelichen Kinder von Müttern der armen Schichten unterlagen dem System der ,Verkostgeldung', also Unterbringung bei Pflegeeltern auf dem Land, was die Mütter für Lohnarbeit und eine eventuelle spätere Heirat und eheliche Kinder freisetzte. Für die ,Verkostgeldung' waren in der Schweiz schon recht früh staatlich eingesetzte Amtmänner oder Waisenvögte zuständig. Manche Pflegeverhältnisse kamen jedoch auch ohne staatliche bzw. kirchliche Intervention zustande kamen. Auch gab es Pflegeeltern, die kein Kostgeld nahmen. Die Annalen des Klosters Kappel, das aber damals bereits ein säkularisierter Amtssitz war, verzeichnen 1594 akribisch die Ausgaben von 15 Pfund 3 Schilling, die der Staat für Kleidung und Schuhe des „fündeli genannt Closter-Hanns" bezahlte. Ein anderes Kind fiel dort der staatlichen Fürsorge anheim, weil die durchreisende Mutter an dessen Geburt in der Armenherberge des ehemaligen Klosters Kappel starb, ebenfalls im Jahr 1594[1].

Ebenso muss davon ausgegangen werden, dass auch diese frühen Formen der Fremdplatzierung oft mit Mangelernährung, Vernachlässigung und Misshandlung

---

[1] Zur Geschichte des Klosters Kappel, das nach der Reformation zu einer Institution der staatlichen Armenfürsorge wurde, mit diversen institutionellen Ausprägungen, darunter auch ein Kinderheim vgl. Huonker und Niederhäuser 2008, S. 99.

der Waisen verbunden waren. So überliefert es jedenfalls der erste Schweizer, der seine Jugend als verkostgeldeter Fremdplatzierter oder als Verdingkind, wie diese Kategorie befürsorgter Kinder in der Schweiz bis ins 20. Jahrhundert hießen, schriftlich festhielt, die Halbwaise Thomas Platter (1499–1582) aus dem Oberwallis. Nicht nur für sich selber, sondern auch für seine zahlreichen Schicksalsgenossen formulierte Platter (2006, S. 34), sie seien „die armen hirtlin, die by den puren an den einödinen dienent". Bei den Verdingkindern ging es darum, das Kostgeld, das die Armenbehörden aufzuwenden hatten, möglichst tief zu halten.

Ferner wurde unterschieden zwischen „verwahrlosten" Kindern „liederlicher" Eltern oder Elternteilen, die von diesen auf jeden Fall getrennt werden mussten auf der einen Seite, und „rechtschaffenen" Müttern, die den Ernährer verloren hatten, auf der anderen Seite. Diese hatten, nach Ermessen der Armenbehörde, d. h. oft des Pfarrers, die Chance, dass das eigene Kind der Mutter selbst verdingt wurde, d. h. dass die Mutter das Kostgeld bekam. So konnte die Restfamilie, vor allem, wenn sie vielleicht auch noch ein kleines Häuschen und einen Garten hatte, ohne Trennung über die Runden kommen. Diese Variante war jedoch selten. Die Norm war die möglichst kostengünstige Fremdplatzierung. „Die Amtskinder wurden vom Almosenamt verdingt, und zwar meistens aufs Land und zu einem möglichst geringen Preis. Die Pflegeeltern sollten sich durch die Erziehung der Kinder einen Gotteslohn erwerben. Dass in den wenigsten Fällen solche Beweggründe die Pflegeeltern zur Aufnahme von Kindern veranlassten und das Leben dieser Amtskinder oft trostlos und sie schutzlos der Ausnützung preisgegeben waren, lässt sich denken" (Denzler 1925, S. 80).

Das Verdingkinderwesen hat der Berner Dichter Jeremias Gotthelf[2], selbst Initiator einer Erziehungsanstalt, 1837 in seinem Erstling „Der Bauernspiegel" akribisch geschildert und kritisiert; es bestand dennoch bis in die 1970er Jahre weiter, zum Schaden von weiteren, insgesamt, über die Jahrhundert hinweg zusammengerechnet, Hunderttausenden von Schweizer Kindern (vgl. Leuenberger und Seglias 2008).

Im Zuge des kurzen Aufschwungs der aufklärerisch-philanthropischen Erziehungslehren des 18. Jahrhunderts wurden beispielsweise in Zürich (1770) und in Bern (1783) fast zeitgleich nahezu palastartige Neubauten anstelle der früheren dortigen Waisenhäuser erbaut. Diese waren allerdings den Waisen aus dem privilegierten Kreis der Stadtbürger vorbehalten. Im Laufe des 19. Jahrhunderts wurden diese als zu luxuriös empfunden und in die Hauptquartiere der Berner respektive Zürcher Polizei umgewandelt, was sie heute noch sind. Als Ersatz wurden zu Beginn des 20. Jahrhunderts wieder bescheidenere Waisenhäuser errichtet.

---

[2] Dies ist sein Pseudonym, eigentlich hieß er Albert Bitzius.

Der Begriff Kinderheim ist für die damaligen Institutionen nicht zeitgenössisch. Diese hießen damals Rettungsanstalt, Armenerziehungsanstalt, Knaben- respektive Mädchenerziehungsanstalt oder nach wie vor Waisenhaus[3]. Sie waren, ebenso wie die Volksschulen, Antworten der Kirchen, des Staates und privater Wohltätigkeitsorganisationen wie beispielsweise der Schweizerischen Gemeinnützigen Gesellschaft auf die Armut und die damit einhergehenden unerwünschten sozialen Lebensformen der „classes dangereuses" oder „Paupers", wie die Armen im 19. Jahrhundert von den Bessergestellten genannt wurden (vgl. u. a. Zyro 1851).

Solche unerwünschten Verhaltensweisen waren Straßen- und Hausbettel, Hausieren, Mundraub und andere Kleinkriminalität, das „Unstete" bis hin zur „Vagantität", also Wanderlust, Stellenwechsel, Nichtsesshaftigkeit. Aber auch der Alkoholkonsum, das ausgelassene Tanzen zu illegalen Tanzfesten – die deshalb in den Wald und auf die Heide verlegt wurden –, die allzu modische Aufmachung mittels Kleidung aus billigem Kattun (Baumwollstoff), der sorglose Umgang mit Geld, falls vorhanden, und mit Schulden, die ungeschliffene, die Religion und Obrigkeit verspottende Ausdrucksweise der „Paupers" – das alles legitimierte entsprechende Gegenmaßnahmen. Der Vorwurf der so genannten „Liederlichkeit" umfasste besonders auch Verhaltensweisen wie Konkubinat und unehelichen Nachwuchs. Dabei hatte doch die Obrigkeit eigens Eheverbote oder zumindest die Eintreibung hoher Eheschließungsgebühren beschlossen, um gewissermaßen eine Geburtenkontrolle zu haben[4].

3.3 Eine breite Palette von „Besserungsanstalten"

„Verwahrlosung" und „Liederlichkeit" – in diesen Sammelbegriffen waren all jene Mängel, Fehler und Untugenden enthalten, welche die Bessergestellten den Armen nicht nur vorwarfen, sondern welche die Reichen oft auch in panische Furcht versetzten. Aus dieser „Verwahrlosung" heraus mussten sie gerettet werden, am

---

[3] Auf http://www.kinderheime-schweiz.ch/de/dokumente.php (Zugegriffen: 1. Januar 2013) sind rund 20 Dutzend Jahresberichte und zeitgenössische Schilderungen von schweizerischen Waisenhäusern, Rettungsheimen und Erziehungsanstalten aus der Zeit von 1817 bis 1878 abrufbar. Sie geben einen Einblick in Ökonomie und Ideologie dieser Institutionen jener Zeit (vgl. auch Hafner 2011).

[4] Das ganze Instrumentarium einer damaligen Armengesetzgebung mit diesen Intentionen ist anhand der einschlägigen Bestimmungen des Kantons Bern in den Jahren 1857 und 1858 nachzulesen auf http://www.kinderheime-schweiz.ch/de/dokumente.php. Zugegriffen: 1. Januar 2013.

besten schon als kleine Kinder. Die Begrifflichkeit von „Verwahrlosung" sollte weit über das 19. Jahrhundert hinaus die Sozialfürsorge prägen (vgl. Ramsauer 2000).

Der Kontakt der zu rettenden „verwahrlosten" Kinder zum „verwahrlosten" Herkunftsmilieu musste möglichst unterbunden werden, am besten, indem man die „verwahrlosten" Eltern auch gleich „verwahrte" und „versorgte", und zwar in den Zwangsarbeits- und Korrektionsanstalten für Erwachsene, die in der zweiten Hälfte des 19. Jahrhunderts in beachtlicher Anzahl in allen Kantonen entstanden (vgl. Huonker 2003b; Lippuner 2005; Rietmann 2013).

Zwischen „Rettungsanstalt" für die kleineren Kinder und der „Korrektionsanstalt" oder Zwangsarbeitsanstalt für schon nahezu unverbesserliche Erwachsene gab es Zwangserziehungs- bzw. geschlossene Erziehungsanstalten für Jugendliche; in manchen Statuten, so z. B. im Fall der Zwangserziehungsanstalt Trachselwald im Kanton Bern, hieß es sogar: für „bösgeartete" Burschen. Hierin kündigte sich eine Auffassung an, die dann im zwanzigsten Jahrhundert ihre düsteren Triumphe feiern würde: Die biologistisch-medizinische Einteilung der Menschheit durch „Eugeniker" und „Rassenhygieniker" in angeblich „gut Geartete" und „Entartete", in „erblich Höherwertige" und „erblich Minderwertige".

Nicht nur gerettet, sondern ebenfalls „korrigiert" und „gebessert" werden mussten die „gefallenen Mädchen". Auch Mütterheime für unehelich Gebärende hießen „Rettungsanstalten", was sich vor allem auf die Kinder bezog, die alsbald in Heime kamen oder von „rechtschaffenen" Familien adoptiert wurden. Wirklich „gerettet" werden konnte die junge Mutter nicht mehr, sie war eine für immer „Gefallene", aber sie konnte lernen, sich an ein Dasein als Köchin, Büglerin, Wäscherin oder Näherin anzupassen.

Weitere Anstaltstypen sind: Die Strafanstalt bzw. das Zuchthaus und die Irrenanstalt, später psychiatrische Klinik genannt. Insgesamt kann in Anbetracht dieses breiten Anstaltsspektrums die Schlussfolgerung gezogen werden, dass es eine biographisch nahezu lückenlose Maschinerie für nicht „Besserungswillige" gegeben hat; wer sich nicht „besserte", verblieb darin lebenslänglich bis zum Tod.

3.4 Zum Einfluss der Kirche(n) auf das Sozial- und Fürsorgesystem

Für die Anstaltseinweisungen von Personen aus der Unterschicht waren die Armenbehörden zuständig. In vielen Kantonen waren diese noch im Laufe des ganzen 19. Jahrhunderts kirchlich geprägt. Der sozialstaatliche Impetus, nach der Schule auch die Fürsorge zu säkularisieren, setzte sich in manchen Regionen und Kantonen, vor allem in katholisch geprägten Gegenden, aus Gründen der Kostenersparnis erst gegen Ende des 20. Jahrhunderts durch. Lange boten Ordensschwestern und Ordensbrüder Heimplätze zu unschlagbar günstigen Tarifen an: Sie hatten keine Familien zu ernähren; für Kost, Logis, das Ordenskleid und ein Taschengeld waren sie, oft ohne Ferien, jahraus, jahrein im Einsatz. Ohne pädagogische und psychologische Ausbildung, dafür von frommem Geist durchdrungen, betrieben sie die Heime und Anstalten als jene Mischung aus himmlischen Mächten und höllischer Gewalt, wie sie uns aus zahlreichen Dokumenten, Akten und Berichten ehemaliger Zöglinge gegenübertritt. Manche Elemente dieser Mischung wie sexueller Missbrauch, demütigende Strafen, Sadismus, religiöse Indoktrination, weltfremde und mangelhafte Schulbildung, sind erst in den letzten Jahren auch der Schweiz in größerem Maß an die Öffentlichkeit gedrungen (vgl. Buchard-Molteni 1995; Rueb 2009) und werden nun auch offiziell zur Kenntnis genommen (Furrer et al. 2012)[5]. Vorher wurden die Stimmen, die sich darüber beklagten, oft nicht gehört und mundtot gemacht.

Zurück zum kirchlichen Einfluss auf die Schweizer Armen- und Fürsorgepolitik: Im Zürcher Armengesetz von 1836 heißt es: „Die Pflicht, hülflose Arme zu unterstützen, ruht auf den Kirchgemeinden, in welchen dieselben das Heimathsrecht besitzen". Finanziert wurde die Armenunterstützung nach wie vor aus dem „Armengut" der Gemeinden; nur wenn dieses nicht ausreichte, war die politische Gemeinde zum Einzug einer Armensteuer berechtigt. Allerdings bestimmte bereits dieses Gesetz eine Oberaufsicht durch eine „Kantonal-Armenpflege", ferner fungierte der säkulare Bezirksrat auch als Bezirks-Armenpfleger. Somit war die örtliche Kirchenpflege für das Verdingen, Versorgen, Verpflegen und Unterstützen der Armen zuständig, nicht aber ein dafür zuständiger Vertreter der politischen Gemeindebehörden. Damit muss ein Stillstand in der Zürcher Armen- und Fürsorgepolitik seit der Reformation konstatiert werden.

Auch in den modernen staatlichen Institutionen und Instanzen der Armenpflege blieben die Pfarrer, neben Lehrern, Ärzten und anderen Honoratioren, lange zahlreich vertreten. Hinzu kamen in den urbanen Zentren sozial Gesinnte, ab Beginn des 20. Jahrhunderts auch Sozialdemokraten vom rechten Flügel dieser Partei.

Auch hinsichtlich der Systematisierung und Vereinheitlichung der Fürsorge leistete die Kirche lange Zeit wichtige Arbeit. So gab bspw. der reformierte Pfarrer

---

[5] Diese Elemente gab es in nahezu allen Heimen, unabhängig von der Konfession oder Trägerschaft. Selbst die den aus prekären Familienverhältnissen der oberen Schichten entstammenden Kindern vorbehaltenen vornehmeren Landerziehungsheime und gerade auch die Luxusinternate unter hochprofessioneller Leitung waren davor keineswegs gefeit, ebenso wenig anthroposophisch oder genossenschaftlich ausgerichtete Institutionen.

Albert Wild im Jahr 1910 eine Zusammenstellung der in der Sozialfürsorge aktiven kirchlichen, privaten und staatlichen Instanzen, eine Art erstes Handbuch der Schweizerischen Fürsorge heraus. Angesichts der von Kanton zu Kanton, ja von Region zu Region und von Gemeinde zu Gemeinde sehr segmentierten und unterschiedlichen Regelungen war diese Publikation dringend nötig. Sichtbar wird darin, dass die staatlichen Instanzen darin noch weit in der Minderzahl waren.

Zunehmend kümmerten sich Juristen um den vermehrten Einbezug des Fürsorgewesens in den staatlichen Einflussbereich und dessen überregionale Vereinheitlichung. So entstand das schweizerische Zivilgesetzbuch, das 1912 in Kraft trat. Dies wurde durch jene kantonalen „Versorgungsgesetze" ergänzt, welche die administrative Verwahrung legitimierte, d. h. die Einweisung in geschlossene Anstalten ohne gerichtliches Verfahren als Internierte oder Zöglinge.

3.5 Debatten um Gewalt gegen Kinder und der Ausbau des Vormundschaftswesens ab 1912– Die Rolle von Pfarrer Albert Wild

Der Einführung des Schweizerischen Zivilgesetzbuchs 1912 mit seinen entsprechenden Paragraphen war eine Kampagne vorausgegangen, welche das bisherige, angeblich viel zu lasche Vorgehen mancher Behörden gegenüber nichtamtlichen Erziehungsberechtigten kritisierte und entschlossenere staatliche Interventionen zur Auflösung oder „Sanierung" von missliebigen Familien oder „Milieus" erfolgreich eingefordert hatte.

Eine dieser Stimmen, eine Zentralfigur der schweizerischen Fürsorgepolitik in der ersten Hälfte des 20. Jahrhunderts, war wiederum Pfarrer Albert Wild aus Mönchaltorf, Kanton Zürich. Die Einflussnahme des sozial engagierten Theologen auf diesen Bereich hatte mit dem Sieg in einem Preisausschreiben begonnen. Dieses war von der staatswissenschaftlichen Fakultät der Universität Zürich 1905 in Reaktion auf einen Artikel des aus dem Klosterort Einsiedeln stammenden Schriftstellers Meinrad Lienert ausgeschrieben worden, der unter dem Titel „Weihnachtspredigt" am 24. Dezember 1904 in der Neuen Zürcher Zeitung erschienen war. Lienert propagierte darin einen Ausbau der Kindswegnahmen aus Familien mit, wie er sagte, „entmenschten Eltern": „Die Hauptsache aber würde, wie ich meine, der Staat dadurch leisten, dass er die misshandelten Kinder – ich meine hier die schwereren und schweren Fälle – nicht und nie mehr zu den entmenschten Eltern zurückkehren ließe, sie in feine Versorgungsanstalten übernähme, den Eltern nach Möglichkeit die Kosten des Unterhaltes überbindend." Lienert (ebd.) prangerte die Kindsmisshandlung – ohne sexuellen Missbrauch ausdrücklich zu erwähnen – durch „vertierte Eltern" an. Er war der illusionären Meinung, solches gebe es in der Anstaltserziehung und Fremdpflege nicht, deren Ausbau er forderte: „Schon seit manchem Jahr, wenn ich mit meinen Lieben unter dem Weihnachtsbaum stehe, gehen vor mir jene bleichen abgehärmten Kinderscharen um, die bei vertierten Eltern leben müssen, nie Weihnachten, wohl aber das ganze Jahr schwere Passionswochen haben. Sie sehen mich an mit hilferufenden Augen und martern meine Seele. Sie sind die ärmsten der Armen. Alle Waisenkinder, Kinder in Besserungsanstalten u. s. f. sind hundertmal besser dran." Der Artikel Lienerts (ebd.) rief die akademische Welt und insbesondere die Juristen auf, den Kindswegnahmen eine bessere wissenschaftliche Legitimation zu liefern: „Wie könnten sich rechtskundige Männer mit der Erlösung der ärmsten aller armen Kinder eine schöne Aufgabe setzen! Was könnte sich ein junger Rechtsbeflissener mit einer Dissertation, welche die Befreiung dieser Armen durch das Gesetz behandelte, für einen stolzen Doktorhut holen!" Lienert (ebd.) wünschte sich neben der Forcierung der Kindswegnahmen auch schärfere Strafen für familieninterne Kindsmisshandlungen, den bisher strafe der Staat „diese Kindleinfresser [. . .] meistens wie ein lendenlahmer Greis, der sich nicht zu helfen weiss"[6].

Das Preisausschreiben war zweigeteilt. In den zur ersten Frage eingereichten Arbeiten sollte der Schutz der Kinder vor Misshandlung abgehandelt werden, in denjenigen zur zweiten Frage sollte es um den Schutz der Kinder vor Ausbeutung gehen. Das Preisausschreiben zur zweiten Frage, also zur Ausbeutung von Kindern, gewann der Wiener Sozialist Julius Deutsch (1882–1968) mit seinem Text „Die Kinderarbeit und ihre Bekämpfung" (Zürich 1907). Die Arbeit von Deutsch schilderte vor allem die einschlägigen Auseinandersetzungen um die Kinderarbeit in der Industrie, ohne spezifische Fokussierung auf die Schweiz, wo trotz des Verbots von 1877 nach wie vor Kinder in Strohflechter- und Tabakmanufakturen kommerziell ausgebeutet wurden. Auch blendete Julius Deutsch, was ihm in späteren Diskursen zur Kinderarbeit noch manche nachtun sollten, alle anderen Formen der Kinderarbeit aus. So die Kinderarbeit der Spazzacamini – als Kaminfeger oder „lebende Besen" arbeitende Kinder aus dem Tessin und anderen südlichen Alpentälern (vgl. u. a. Wenger 2010) – der Schwabengänger – saisonal in Süddeutschland verdingte Kinder aus östlichen Alpentälern der Schweiz und Österreichs (vgl. u. a. Seglias 2004) – und ebenso die Kinderarbeit der Verdingkinder (vgl. Leuenberger und Seglias 2008) sowie von Kindern in Heimen und Anstalten (vgl. u. a. Hafner 2011).

---

[6] Die ganze, sehr emotionale und eher irrationale, aber folgenreiche „Weihnachtspredigt" Lienerts ist abgedruckt im Anhang von Wilhelm 2005, S. 290–292.

Unter den Antworten auf die zweite Frage nach der Misshandlung von Kindern trug Pfarrer Albert Wild den Sieg davon, was ihm 1400 Franken sowie den Druck des Textes als Buch einbrachte (Wild 1907). Die genaue Frage des Preisausschreibens hatte gelautet: „Die körperliche Misshandlung von Kindern durch Personen, welchen die Fürsorgepflicht obliegt: Die hauptsächlichsten Erscheinungsformen der Misshandlung, ihre individuellen und sozialen Ursachen. Welche vorbeugenden Maßnahmen sind möglich? Wie könnten die Einzelfälle leichter und in umfassenderer Weise zur Kenntnis der Behörden gebracht werden? Welche Repressivmaßnahmen sind die zweckmäßigsten? Schonendes Vorgehen bei ihrer Anwendung, Art und Dauer derselben, Fürsorgeerziehung in Anstalten oder Familien?"

Damit wären eigentlich von vornherein nicht mehr nur, wie bei Lienhard, einzig die „vertierten" und „entmenschten" biologischen Eltern im Visier, sondern auch Vormünder, Pflege- und Adoptiveltern sowie Heim- und Anstaltsleiter.

Wild (ebd.) versucht eine umfassende Klärung der Fragen. Er erwähnt die Kindsaussetzungen der Antike (S. 1 f.), kritisiert prügelnde Lehrer, sowohl solche vergangener Jahrhunderte (S. 2 f.) wie auch zeitgenössische „Prügelpädagogen" (S. 37), z. B. einen Fall aus Winterthur (S. 36 f.). Wild erwähnt auch Kinder als Kriegsopfer (S. 4) sowie die der Hexerei beschuldigten und verbrannten Kinder (S. 4 f.), er schildert die Diskriminierung unehelicher Kinder (S. 5) und erwähnt auch die Findelkinder, um von diesen – ohne Erwähnung der Findelhäuser – auf die von ihm unkritisch dargestellten „Erziehungs- und Rettungsanstalten für verwahrloste, verlassene und misshandelte Kinder, wie wir sie heute kennen" (S. 6) zu kommen.

In einem Hauptteil liefert er eine auf den Akten des Zürcher Bezirksgerichts beruhende Kasuistik von Formen und Bestrafungen von Gewalt gegen Kinder in seinem engeren Umfeld, wobei er bevorzugt Fälle von krasser Gewalt auswählt, die lediglich mit milden Strafen wie Bußen oder einigen Wochen Gefängnis abgeurteilt wurden. Er unterschied dabei die als rechtens eingestufte „verdiente Strafe" von der der nicht legitimen „Misshandlung" (ebd., S. 9). Gewalttätige Übergriffe in Heimen und Anstalten erwähnt Wild nicht; es ist durchaus möglich, dass er keine Gerichtsverfahren über solche Fälle in den Zürcher Bezirksgerichtsakten vorfand. Sie hätten allerdings auch nicht in seine Argumentationslinie gepasst. Wild erwähnt jedoch immerhin den Fall des Selbstmordes eines Knaben, der sich mit dem Gewehr seines Vaters erschoss, weil dieser gedroht hatte, ihn in eine Anstalt zu stecken (ebd., S. 26 f.). Mehrfach dokumentiert Wilds Text (ebd., S. 15 f., S. 28, 29) auch Fälle der Misshandlung von Pflege- respektive Verdingkindern. So den Fall eines Pflegekindes, dem wegen Vernachlässigung durch die Pflegeeltern beide Beine abfroren (ebd., S. 30). Ausdrücklich in Schutz nahm Pfarrer Wild (ebd., S. 37) die kirchlichen Institutionen: „Die Kirche und ihre Vertreter sind an den Kindsmisshandlungen nicht oder nur höchst selten beteiligt, soweit es wenigstens fremde, ihnen anvertraute Kinder betrifft. Als Familienväter mögen aber auch sie ihre eigenen Kinder misshandeln". Pfarrer Wild erkennt auch den religiösen Hintergrund mancher „Begehung von Kindsmisshandlungen", denn diese werde „ferner begünstigt durch eine strenge alttestamentliche Frömmigkeit, die sich als Richtschnur an das Wort aus den Sprüchen Salomos hält: ‚Wer seine Rute schonet, der hasset seinen Sohn‘, und fest überzeugt ist, ohne tüchtige Schläge lasse sich das Teuflische, das Böse aus dem Kinde nicht austreiben" (ebd., S. 50).

Nach seiner langen Auflistung von sadistischen Bestrafungen und Misshandlungen an Kindern zog Wild das Fazit: „Wir entsetzen uns über die Folterqualen des Mittelalters, und doch, was an den misshandelten Kindern geschieht unter den modernen, zivilisierten Völkern, ist nicht weniger entsetzlich" (ebd., S. 42). Um Kindsmisshandlungen zu bekämpfen, schlug Wild ein allgemeines gesetzliches Verbot von Prügelstrafen vor. Er verweist dazu auf den Erlass des damaligen deutschen Kultusministers Dr. Bosse vom Mai 1899, der den Schulen eine gewisse Mäßigung bei Prügelstrafen vorschreiben wollte, jedoch Makulatur blieb (ebd., S. 63; vgl. auch Scheibe 1967[7]; Rutschky 1977). Als weitere institutionelle Prophylaxe gegen Kindsmisshandlungen insbesondere an Pflegekindern und Unehelichen empfahl Wild „das Leipziger System" (ebd., S. 53 f.), das dort am 1. November 1886 eingeführt worden war. Dieses bestand nicht nur aus einem amtlichen Generalvormund für alle „Ziehkinder", worunter alle unehelichen sowie alle Pflegekinder verstanden wurden. Zusätzlich wurden in Leipzig ein Arzt, nämlich der Erfinder dieses Systems, Dr. Max Taube selber, und 20 „besoldete Pflegerinnen" angestellt, welche den Gesundheitszustand aller „Ziehkinder" vierteljährlich genau zu kontrollieren hatten. Taube (1893) beschrieb sein Modell in einer Broschüre. Das Leipziger Modell konkurrierte mit weniger aufwendigen Systemen von beamteten Kollektiv- und Berufsvormündern ohne die aufwendigen Gesundheitskontrollen der Schutzbefohlenen[8]. Wild (1907) empfahl das Leipziger Vorbild: „Was in Deutschland möglich ist und gute Früchte trägt, dürfte auch in der Schweiz eingeführt werden. Ansätze zum Leipziger System sind übrigens bereits vorhanden. Es bestehen Verordnungen über das Halten von Kostkindern, und die Stadt Zürich hat eine beamtete Kostkinderinspektorin; es stehen ihr auch Amtsärzte zur Verfügung, die

---

[7] Wolfgang Scheibe wie auch andere namhafte westdeutsche Pädagogen nach 1945, waren in der Nazizeit mit den entsprechenden ideologischen Implikationen wissenschaftlich tätig – eine entsprechende kritische Auseinandersetzung erfolgte lange Zeit nicht (vgl. u. a. Reyer 2003; Oelkers 2011; Brill 2011).

[8] Zum weiteren Ausbau des rechtlichen Kinderschutzes insbesondere in Deutschland vgl. Zenz 1979.

das Kostkinderwesen beaufsichtigen. Im Vergleich zu Leipzig scheint indessen die genaue, nachhaltige Kontrolle noch etwas zu mangeln" (S. 56 f.). Damit hatte Wild recht. In der Schweiz besteht, nachdem erst 1978 eine landesweite Pflegekinderaufsicht eingeführt worden ist, nach wie vor keine griffige Kontrolle und Aufsicht der Pflegekinder (vgl. Zimmermann-Jermann 1985). Aufgrund der kleinräumigen und uneinheitlich organisierten Verwaltungsorganisation mit unzähligen kantonalen, regionalen, kommunalen und privaten Instanzen und Akteuren waren die Aufsichtsorgane im gesamten 20. Jahrhundert, soweit sie bestanden, keine auf Missbräuche und deren Verhinderung sensibilisierte unabhängige Kontrollorgane; vielmehr wurden diese Posten oft von lokalen Honoratioren mit spezifischen Geschäftsinteressen eingenommen.

Im Folgenden unterzog Wild (1907) den ersten Entwurf des Zivilgesetzbuches von 1904 einer genauen Kritik und forderte dessen Verschärfung. Insbesondere wandte er sich gegen die Bestimmungen in den Paragraphen 389 und 390 des Entwurfs, wonach, außer bei Vorliegen von Gegengründen, die nächsten Verwandten oder von den Bevormundeten gewünschte Personen zum Vormund ernannt werden sollten. Wild meinte: „Es ist nun aber zum öftern konstatiert worden, dass gerade diese bei Verwandten als Vormündern versorgten unehelichen Kinder schlecht verpflegt waren" (S. 58).

Das 1912 in Kraft tretende Schweizerische Zivilgesetzbuch führte die obligatorische Bevormundung aller unehelich Geborenen ein, was in größeren Städten durch professionelle Amtsvormunde besorgt wurde (vgl. auch Steiger 1948, S. 99 ff.). Amtsvormundschaften ebenso wie als Vormunde fungierende Privatpersonen erhielten sehr weitreichende Kompetenzen zum Entzug der elterlichen Gewalt und zur administrativen Verfügung über die Bevormundeten. In einigen Kantonen wurden diese Kompetenzen noch genauer durch spezifische Gesetze zur administrativen Verwahrung von Menschen geregelt, die von den herrschenden Normen abwichen. Das letzte Gesetz dieser Art wurde noch 1965 in Bern erlassen, nämlich das am 3. Oktober 1965 in einer Volksabstimmung angenommene kantonale Gesetz über Erziehungs- und Versorgungsmaßnahmen (GEV), das laut begleitender Botschaft des Großen Rats gegen „Liederliche, Müßiggänger, Arbeitsscheue und Trinker" gerichtet war. Drei Jahre später, am 27. April 1968, bemerkten die Berner „Tages-Nachrichten" zutreffend: „Man hat da leider 1965 im neuen GEV die Nomenklatur des früheren Armenpolizeigesetzes von 1912 übernommen"[9].

---

[9] Näheres dazu, insbesondere zu den Gegnern des Gesetzes, welche es als „Asozialengesetz" bezeichneten, in Lerch 2001, S. 330–334, 336 f.

3.6 Die Psychiatrisierung der Fürsorge und der zum Außenseiter gemachte Kritiker fürsorgerischer Zwangsmaßnahmen Carl Albert Loosli

In der Schweiz waren neben Jugendlichen und männlichen „Arbeitsscheuen" vor allem auch die unehelichen Mütter durch Kindswegnahmen und Zwangssterilisationen Opfer der administrativen Eingriffe in Familien- und Persönlichkeitsrechte. Dies hat u. a. auch damit zu tun, dass in der Schweiz die Frauen politisch und eherechtlich bis in die 1970er Jahre stark benachteiligt waren; bekanntlich wurde das Frauenstimmrecht auf nationaler Ebene erst 1971, im Kanton Appenzell sogar erst 1999 eingeführt. Das erklärt im Zusammenhang mit der männlichen Definitionsmacht im männerbündlerischen Netzwerk (vgl. Blattmann und Meier 1998) der zuständigen medizinisch-juristischen Gremien, dass in der Schweiz die große Mehrheit der Zwangssterilisierten weiblichen Geschlechts war (vgl. Hauss et al. 2012). Ein konkretes Fallbeispiel einer Zwangssterilisation noch aus dem Jahr 1972 schildert Spirig (2006). Aber auch Männer waren Opfer dieses Systems von Bevormundung und Verwahrung, eben der Administrativjustiz, das auch psychiatrisch abgestützt war. Zwei der bedeutendsten Schweizer Dichter verbrachten Jahrzehnte als Bevormundete in Irrenanstalten, nämlich Robert Walser und Friedrich Glauser, und zwar bei vollem Verstand (vgl. u. a. Saner 1981; Seelig 1957).

Wenn Intellektuelle dieses Formats zu Opfern dieses Systems werden konnten, wird klar, wie wehrlos Kinder, Jugendliche, Familien der Unterschicht und ausgegrenzte Randgruppen wie die Jenischen der Macht dieser Institutionen, Instanzen und Paragraphen ausgeliefert waren. Gelang es einem, sich dem System allen Demütigungen und Erniedrigungen zum Trotz aufrechten Hauptes entgegenzustellen, wurde er zum Außenseiter. So erging es Carl Albert Loosli (1877–1959), seiner schriftstellerischen und intellektuellen Brillanz ungeachtet. Es änderte nichts, dass er der Verfasser einer wegweisenden Monografie zum Werk von Ferdinand Hodler war (Loosli 1921–1924). Seine Kritik am Anstaltswesen und an der Administrativjustiz prallte an deren stabiler, gut vernetzter Behäbigkeit ab, wenn sie nicht auf erboste Häme stieß. Das gilt für seine die eigene Erfahrung als Zögling der Anstalt Trachselwald verarbeitenden Titel[10] ebenso wie sein auf Zuschriften von zahlreichen Betroffenen basierendes Buch „Administrativjustiz und Schweizerische Konzentrationslager" (Loosli 1939). Die Juristin Emma Steiger (1948), die

---

[10] Anstaltsleben. Betrachtungen und Gedanken eines ehemaligen Anstaltszöglings, Loosli 1924; Ich schweige nicht! Erwiderung an Freunde und Gegner auf ihre Äußerungen zu meinem ‚Anstaltsleben', Loosli 1925; Erziehen, nicht Erwürgen! Gewissensfragen und Vorschläge zur Reform der Jugenderziehung, Loosli 1928.

Verfasserin des in seiner 4. Auflage zu einem riesigen Folianten angewachsenen, von Albert Wild (1919, 1933) begründeten „Handbuchs der Sozialen Arbeit in der Schweiz", verteidigt den schweizerischen Anstalts-Archipel und rechnet mit Kritikern wie Loosli folgendermaßen ab: „Die Anstaltsversorgung ist der schärfste fürsorgerische Eingriff, schwer für den Betroffenen, aber auch recht heikel für den, der sie beantragen und durchführen muss. [...] Die Einweisung erfolgt a) in Armenfällen gemäß Armengesetz meist durch die der Armenbehörde übergeordnete 1. Aufsichtsinstanz; b) bei Unmündigen gemäß Art. 294 ZGB; c) bei erwachsenen Bevormundeten gemäß Art. 406 und Art. 421 ZGB. Der Vormund ist nicht selbst versorgungsberechtigt, sondern es ist die Zustimmung der Vormundschaftsbehörde erforderlich." In vielen dokumentierten Fällen wurde diese Zustimmung jedoch erst nachträglich eingeholt, die Organisation der Einweisung erfolgte bereits vorher durch den Vormund selbst. Steiger fährt – im Jahr 1948 eine im 19. Jahrhundert geprägte Begrifflichkeit verwendend – mit diesen Worten fort: „Die Dauer der Versorgung richtet sich nach dem Maß der Arbeitsscheu, der Verwahrlosung oder der Gefährdung. [...] Wo die administrative Anstaltsversorgung derart in den Dienst gestellt wird für die Bekämpfung von Verwahrlosung, Arbeitsscheu und Liederlichkeit oder für die Besserung von Menschen, die einen Hang zu Vergehen oder Verbrechen bekunden, so ist die hartnäckige Opposition, die immer und immer wieder gegen sie erhoben wird, schlechterdings nicht zu begreifen und sind die Behörden gut beraten, wenn sie sich in ihren Entschlüssen durch solche unsachliche Kritik nicht beirren lassen. Wo Bevormundete eingewiesen werden, geschieht dies in Anwendung des ZGB, als dessen oberster Hüter das Bundesgericht wacht. Hier von Administrativjustiz zu reden ist absurd." (ebd., S. 97) Steiger ist der Meinung, es würden sogar zu wenige solcher Zwangsmaßnahmen durchgeführt: Man erlebt es „immer wieder, dass nicht einmal Fälle schwerster Kindsmisshandlung den Behörden gemeldet werden, dass unterlassen wird, Anzeige zu erstatten gegen Jugendliche und Erwachsene, die dem Sumpf und dem Verderben entgegengehen" (ebd., S. 98).

Diese Verteidigungshaltung von Emma Steiger gegenüber Kritikern der schweizerischen Anstalten wie Loosli (1939, S. 186) steht dessen pointierter Einschätzung der Administrativjustiz gegenüber: Die „wirtschaftlich und politisch noch mächtigere Oberschicht bedient sich ihrer als eines Kampf- und Vernichtungsmittels gegen Arme, Enterbte, von ihr Verwahrloste". „Die Administrativjustiz leistet nicht nur nichts dauernd Brauchbares und Nützliches im Hinblick auf Nacherziehung und Wiedereingesellschaftlichung, sondern sie vermindert und verdirbt, wer noch nicht vollends vermindert und verdorben war" (ebd., S. 190).

Erst die Anstrengungen liberaler Kreise zur Ratifizierung der Europäischen Menschenrechtskonvention auch durch die Schweiz führten schließlich zu einem

Ende der Frauendiskriminierung und der administrativen Versorgung, d. h. der Internierung in geschlossenen Anstalten aus vormundschaftlichem Ermessen heraus, ohne gerichtliches Urteil und ohne Möglichkeit, bei einer von der Exekutive unabhängigen Gerichtsinstanz Beschwerde einzulegen. Erst 1981 wurden die kantonalen „Versorgungsgesetze" aufgehoben und durch Regelungen ersetzt, welche unabhängige Rekursinstanzen oder gerichtliche Verfahren vor einem Haftrichter vorsahen.

Ein neues Vormundschaftsrecht, unter Neubenennung der Vormundschaft als Kindes- und Erwachsenenschutz, trat am 1. Januar 2013 in Kraft, so dass die von Wild und anderen gewünschten griffigen Bevormundungs- und Einweisungsparagraphen des Zivilgesetzbuches von 1912 ziemlich genau 100 Jahre lang ihre für viele Betroffene desaströse Wirkung entfalteten[11].

3.7 Fürsorge und „Eugenik" in der Schweiz am Beispiel der Zwangsmaßnahmen gegen Jenische

Ohne auf die Frage einzugehen, inwieweit auch heute noch Missstände im Bereich fürsorgerischer und asylrechtlicher Zwangsmaßnahmen gegenüber Erwachsenen und im Bereich der Fremdplatzierung von Kindern bestehen, und ohne den aktuellen Stand der Anstrengungen zur Prophylaxe von Kindsmisshandlungen gerade auch von fremdplatzierten Kindern näher darzustellen (vgl. Beiträge in diesem Band), möchte ich im folgenden einige Einzelfälle dokumentieren, welche das im Überblick Dargestellte anhand einzelner vormundschaftlicher Zwangsmassnahmen konkretisieren. Dabei werde ich auch auf die Rolle der Ideologeme der „Rassenhygiene" bzw. „Eugenik" im schweizerischen Vormundschaftsbereich eingehen (vgl. Huonker 2003a).

Das erste Beispiel stammt aus dem Wirkungsfeld jenes Mannes, welcher das Titelzitat lieferte. Er hieß Alfred Siegfried, war promovierter Romanist und Französischlehrer am Humanistischen Gymnasium in Basel. Im Jahr 1924 wurde er jedoch aus dem Klassenzimmer heraus in Untersuchungshaft abgeführt. Es war bekannt geworden, dass er auf einer Schulreise einen minderjährigen Schüler sexuell missbraucht hatte. Er wurde zu drei Monaten Gefängnis lediglich bedingt verurteilt

---

[11] Siehe den Beschluss der Bundesversammlung betreffend Änderungen des Schweizerischen Zivilgesetzbuches (Erwachsenenschutz, Personenrecht und Kindesrecht vom 19. Dezember 2008. Laut Medienmitteilung des EJPD vom 12. Januar 2011 tritt das neue Erwachsenenschutzrecht am 1. Januar 2013 in Kraft.).

und zur Begutachtung in die psychiatrische Universitätsklinik Friedmatt eingewiesen. Es hätte sein können, dass er dort, gemäß damals gegenüber Homosexuellen, Exhibitionisten oder Kinderschändern üblicher Praxis, zur Einwilligung in seine Kastration gedrängt worden wäre, verbunden mit der Drohung, er könne ansonsten die Irrenanstalt nie mehr verlassen. Doch er wurde nach eingehenden Gesprächen und seiner Zusicherung, sich künftig zu „beherrschen", freigelassen. Die Behörden vereinbarten Stillschweigen über den Fall. Kaum der Gefahr entronnen, Opfer eines solchen einschneidenden, sozialpsychiatrisch und rassenhygienisch begründeten Eingriffs zu werden, wurde Alfred Siegfried selbst zu einer Instanz, welche als Berufsvormund, wie er sich an seinem nächsten Arbeitsplatz bezeichnete, Hunderte von zerstörerischen staatlichen Eingriffen in Familien und in das Leben der ihm als Mündel Unterstellten organisierte. Dabei entwickelte er eine beträchtliche Eigenmächtigkeit über die staatlichen Zugriffsregeln hinaus. Die neue Stelle, an welcher der vorbestrafte Pädo-Kriminelle über andere „fürsorgende Gewalt" ausüben konnte, war die als Leiter der Abteilung „Schulkind" im Zentralsekretariat der Stiftung Pro Juventute. Zu den Mitbegründern dieser in der schweizerischen Jugendfürsorge sehr einflussreichen Stiftung hatte 1912, neben dem mit Hitler befreundeten hohen Militär Ulrich Wille junior, die Schweizerische Gemeinnützige Gesellschaft mit ihrem Zentralsekretär Pfarrer Albert Wild gehört (Gautschi 1978; Schwarzenbach 2004). Auf Wunsch einflussreicher Kreise, darunter Bundesrat Giuseppe Motta, einem Freund von Mussolini, erweiterte Siegfried das Tätigkeitsfeld der Pro Juventute durch eine Aktion, die in der Jubiläumsschrift zum 20 jährigen Bestehen der Pro Juventute unter dem Titel „Pro Juventute entvölkert die Landstrasse" geschildert wurde. Unter dem wohlklingenden Namen „Hilfswerk für die Kinder der Landstrasse" baute Alfred Siegfried eine Organisation auf, die erklärtermaßen die Zerstörung des gesamten kulturellen und familiären Verbands der so genannten „Vagantenfamilien", die unter sich die jenische Sprache pflegten, zum Ziel hatte. Durch Umfragen bei Polizei und Zivilstandsämtern erfasste Siegfried die meisten jenischen Familien in der ganzen Schweiz, berechnete und schätzte die Zahl ihres gegenwärtigen und kommenden Nachwuchses und machte sich alsdann zielstrebig, unterstützt von Behörden und Polizei, daran, gut die Hälfte der Kinder aus den Familien dieser ethnischen Minderheit zu reißen, und zwar oft sehr gewaltsam. Dies geschah mit dem Ziel, sowohl die einzelnen und von ihren Familien und Geschwistern isolierten, meist in Heimen, Anstalten oder als Verdingkinder ihre weitere Jugend verbringenden übrigen Jenischen, die er als Vormund in seiner Gewalt hatte, als auch die dadurch eingeschüchterten Jenischen durch Zwangsassimilation in die Dominanzkultur einzugliedern. Er und seine Nachfolger – der erste von diesen wurde wegen sexuellen Missbrauchs weiblicher jenischer Mündel 1959 entlassen und gerichtlich verurteilt – trennten insgesamt 586 jenische

Kinder von ihren Familien. Im Jahr 1964 verfasste Siegfried eine schriftliche Bilanz seines Wirkens, worin er die der jenischen Kultur entfremdeten und sesshaft Gemachten unter seinen Mündeln als „Erfolge" verbuchte, gerade auch, wenn sie den Rest ihres Lebens in einer Anstalt verbringen mussten. Jene hingegen, denen es gelang, den Anschluss an die versprengten Reste ihrer Herkunftskultur zu finden und diese nach dem späten Ende des „Hilfswerks" im Jahr 1973 ab 1975 durch Gründung eigenständiger Organisationen auf dem politischen und gesellschaftlichen Feld zu etablieren, bis hin zur Anerkennung des Jenischen als schweizerischer Minderheitssprache im Jahr 1997 und zur Anerkennung der Fahrenden als nationaler Minderheit 1999, rubrizierte Siegfried (1964) als „Misserfolge".

Als Erfolg bewertete er auch die Senkung der Geburtenrate innerhalb der „Vagantenfamilien" durch Eheverbote, Anstaltsinternierung Erwachsener sowie durch behördlicherseits durchgeführte Zwangssterilisationen an Jenischen (Siegfried 1943)[12]. Dass Siegfried die Jenischen als „erblich minderwertig" betrachtete, im Anschluss an den Psychiater Josef Jörger und Robert Ritter, hat er verschiedentlich formuliert (z. B. Siegfried 1964; vgl. auch d'Arcangelis 2004).

Es gab zwar einige Anwälte, die sich für die Jenischen einsetzten, aber gegen die mächtige Koalition von Vormundschaftsbehörden, Polizei, Psychiatrie, Anstaltsleitern und Bundesgericht half das nur in ganz wenigen Fällen. Auch hier schaffte erst der Druck zur Unterzeichnung der EMRK (Europäische Menschenrechtskonvention) eine grundlegende Wende, sowie die unermüdliche Öffentlichkeitsarbeit der Jenischen. Im Jahr 1973 musste sich das 1926 von Siegfried gegründete „Hilfswerk für die Kinder der Landstrasse" auflösen. Vor diesem Hintergrund ist das Titelzitat Alfred Siegfrieds zu verstehen. Der Satz stammt aus dessen Aufsatz „Warum befasst sich Pro Juventute mit den Kindern des fahrenden Volkes" in den „Mitteilungen des Hilfswerks für die Kinder der Landstrasse" vom September 1943. Eine dieser systematischen und gewaltsamen Kindswegnahmen an den schweizerischen Jenischen wird in einer Arbeit einer angehenden Sozialarbeiterin sehr drastisch geschildert:

> Zu Dreien – in Begleitung des Polizisten und des Dorfwächters – begaben wir uns mit Unbehagen auf den Weg. [. . .] Mit klarer Stimme las der Schutzmann den Befehl der Vormundschaftsbehörde vor. Die Kinder brachen in lautes, herzzerreißendes Weinen aus. Die Mutter fluchte. Sie verfluchte und verwünschte die ganze Welt. Aber niemals wollte sie sich gefallen lassen, dass man ihr die Kinder wegnahm. [. . .] Die Kinder verbarrikadierte sie hinter dem Tisch und stellte sich kampfbereit davor, mit einem Stuhlbein bewaffnet. [. . .] Alles gütige Zureden half nichts und so musste es zu einer

---

[12] vgl. Vortrag „Über die Bekämpfung der Vagantität in der Schweiz" vom 9. Juli 1943, online auf www.thata.net/thatabludok10.html Zugegriffen: 1. Januar 2013.

ganz unerfreulichen Szene kommen. Die beiden Männer hatten gerade genug Arbeit, um die wild dreinschlagende Frau zu bewältigen. Hinter der Tür in einem Korb lag das erst drei Monate alte uneheliche Kind der achtzehnjährigen Tochter, das ob dem Krach und Geschrei ängstlich wimmerte. Mitsamt dem nassen und schmutzigen Kissen nahm ich das erbarmungswürdige Geschöpfchen aus dem Korb und trug es in das bereitstehende Auto. Erneutes Lärmen und Toben! Gewaltsam wurde nun noch das zehnjährige Kind in das Auto geführt.
(Schneider 1930, Vorwort. Zu den Kindswegnahmen durch die Pro Juventute vgl. auch Gerth 1981; Huonker 1990; Leimgruber et al. 1998; Galle und Meier 2009).

Auch sonst griffen Amtsvormundschaften gegen ganz normale Schweizer Familien ein, deren Familienleben ihnen „liederlich" oder deren Lebenswandel ihnen „unsittlich" erschienen, selbst dann, wenn es darum ging, die Halbwaisen einzeln möglichst billig zu platzieren, statt den alleinerziehenden Elternteil finanziell zu unterstützen. Dies war bis in die 1970er Jahre übliche Praxis in der Schweiz. Die Fremdplatzierung traf auch Schwererziehbare mit der Begründung, es handle sich um „erblich belastete" Jugendliche. Auch andere Kinder wurden aufgrund solcher biologistischer Lehren diffamiert, abgestempelt und abgeschoben. Das belegen Auszüge aus dem gemeinsamen Gutachten von Professor Eduard Montalta, der als Leiter des Heilpädagogischen Instituts Luzern firmierte, und dem Psychiater Hans Wehrle aus dem Jahr 1967 über ein Adoptivkind, das von seinen Adoptiveltern wieder ins Heim abgeschoben wurde. Von Hans Wehrle sind auch Gutachten für Zwangssterilisationen bekannt. Zusammenfassend konstatieren Montalta und Wehrle sowohl „Erziehungsschäden" als auch einen „Hirnschaden" und „hereditäre Belastung" des untersuchten Knaben: „Wahrscheinlich liegt ein Hirnschaden vor, aber auch Erziehungsschäden im Sinne einer unterschiedlichen Erziehung von Vater und Mutter. Werner [Name geändert, T.H.] ist vermutlich aber auch hereditär belastet mit Haltlosigkeit" (Montalta und Wehrle 1967, S. 4). Sie halten in ihren Schlussfolgerungen zudem an der von einem anderen Arzt erstellten Fehldiagnose „Epilepsie" fest, die – nach intensiven chemischen Behandlungen – später widerlegt wurde: „Sicher handelt es sich um ein erziehungsschwieriges Kind mit seinen Erbanlagen und der epileptischen Charakterveränderung, dessen Führung viel Erfahrung mit solchen Kindern voraussetzt. Vorschlag: Interne Schulung für erziehungsschwierige Spezialklässler" (ebd., S. 6). Damit war der Verweis aus der normalen Schule und aus dem Haus der Adoptiveltern wissenschaftlich legitimiert. Dadurch wurden die Ausbildungschancen des Betroffenen massiv eingeschränkt.

Die umfangreiche Festschrift für Eduard Montalta, die auch im Jahr 1967 im Universitätsverlag Fribourg erschien (Luyten et al. 1967), ist ein informativer Beleg für das katholisch geprägte Netzwerk von Heimen, Ordensgemeinschaften, Bischöfen und Behördenmitgliedern, das seine Auffassungen stützte. Ebenso

legitimierende Netzwerke gibt es in der Schweiz sowohl in staatlich-säkularer Ausprägung, als auch im Umfeld protestantischer, freikirchlicher, anthroposophischer,
jüdischer und genossenschaftlicher Milieus. Die Liste von Montaltas Gratulanten
umfasste hohe Militärs, zahlreiche Heimleiter, seine wissenschaftlichen Wegge-
fährten, darunter den erwähnten Mitgutachter Hans Wehrle sowie den Ex-Nazi
Josef Spieler, ferner die Tiroler Kinderpsychiaterin Maria Nowak-Vogl[13].

3.8 Traumatisierende Fremdunterbringung und deren späte kritische Reflexion

Der Vorsteher der bürgerlichen Armenpflege Zürich, Rudolf Hinder (1917, S. 115),
schrieb: „Bei ganz renitenten Eltern, die zumeist auch die pflichtvergessensten sind,
wird die Wegnahme eines Kindes durch polizeiliche Gewalt nötig oder die Wegnahme aus der Schule und sogar die Flucht mit dem Automobil. Die Überzeugung,
dass alles ja nur zum Wohle der Kinder geschieht, rechtfertigt diese Gewaltanwen-
dung vor dem eigenen Gewissen reichlich". Die traumatischen Folgen gewaltsamer
und serieller Fremdplatzierungen wurden von der Erziehungswissenschaft, Heilpädagogik und Kinderpsychologie bis Ende der 1960er Jahre völlig ausgeblendet
und erst dann von kritisch Forschenden auch empirisch nachgewiesen. Sie stellten fest, dass gerade auch der damalige Normalbetrieb der Heimerziehung mit
seinen standardisierten Abläufen, auf Effizienz und Arbeitsvereinfachung für das
aus Kostengründen möglichst ausgelastete und knapp dotierte Personal ausgerichtet, schädigend auf die Heimkinder wirkte, und zwar auch ohne Übergriffe und
sadistische Brutalitäten. Solche Folgen der Heimerziehung gingen unter dem Begriff „Hospitalismus" in die Forschung ein. Die Schweizer Ärztin Marie Meierhofer
(1909–1998) hat zwischen 1955 und 1957 die in Zürcher Heimen verbreiteten Ste-
reotypien und Defizite bei Säuglingen und Kleinkindern filmisch dokumentiert. Der
Film wurde 1960 unter dem Titel „Frustration im frühen Kindesalter" präsentiert;
eine gleichnamige Publikation folgte (Meierhofer und Keller 1966).
    Die Heimkampagne von 1971/1972 war wichtig für die Sensibilisierung der
Sozialpädagogik hinsichtlich der Grundrechte auch fremdplatzierter Kinder
in der Schweiz (vgl. Tuggener et al. 1989, S. 99–105; Herzog 1991; siehe
auch die Originaldokumente der schweizerischen Heimkampagne online auf

---

[13] Zu deren Theorien und praktischem Wirken vgl. Schreiber 2010, S. 292–316. Zur Geschichte der schweizerischen Heilpädagogik, besonders auch zu Josef Spieler, vgl. Wolfisberg
2002.

http://www.kinderheime-schweiz.ch/de/kinderheime_schweiz_hintergrund.php
Zugegriffen: 1. Januar 2013). Die aktuellen Entwicklungen in der Aufarbeitung
der Schweizer Geschichte der Fremdplatzierung und gegenwärtige Präventions-
bemühungen im Kinderschutz deuten jedoch auf ein erhebliches Konflikt- und
Problempotenzial hin.

3.9   Aktuelle Entwicklungen, persistente Problemfelder und neue Perspektiven

Insgesamt sind im stationären Erziehungsbereich positive Entwicklungen wie z. B.
Professionalisierung und professionelle Standards, kleinere und intensivere Betreu-
ungseinheiten zu konstatieren. Dennoch gibt es viele Themen, die aus historischer
Sicht einer weiteren Bearbeitung und Aufarbeitung bedürfen. Darunter sind – um
nur zwei der zentralen zu nennen – zum einen das nach wie vor immer noch starke, übermächtige Tabu der sexuellen Gewalt in der Heimerziehung, insbesondere
gegenüber sexueller Gewalt durch Professionelle – zum anderen der schwierige
Umgang mit den Opfererfahrungen ehemaliger Fürsorgezöglinge, der sich aktuell als Fortsetzung der Rechtlosigkeit und als Täterschutz darstellt. Es deuten sich
jedoch jüngst erste Schritte in die Richtung einer ernsthaften Aufarbeitung an:
Am 11. April 2013 haben sich, angeführt von Bundesrätin Simonetta Sommaruga,
die Landesregierung und die Kantonsregierungen, die Landeskirchen, der Schweizerische Bauernverband und die großen Heimverbände offiziell bei den Opfern
fürsorgerischer Zwangsmaßnahmen, also insbesondere auch bei den Verding- und
Heimkindern, aber auch bei den administrativ Versorgten und den Zwangssterilisierten, offiziell entschuldigt. Bald darauf folgte zweite Schritt: Am 13. Juni 2013
war die erste Sitzung des „Runden Tischs fürsorgerische Zwangsmaßnahmen", der
paritätisch aus je 11 Vertreterinnen und Vertretern der Opfer- sowie der Täterseite
zusammengesetzt ist und anfänglich vom ehemaligen Regierungsrat und Parlamen-
tarier Hansruedi Stadler, seit Oktober 2013 vom Vizedirektor des Bundesamtes für
Justiz, Luzius Mader, geleitet wird. Der Runde Tisch soll zu Fragen der historischen
und rechtlichen Aufarbeitung sowie der Entschädigung der Opfer Empfehlungen
mit Hinweisen zu deren rascher Umsetzung abgeben[14].

---

[14] Der Autor dieses Beitrags, der Historiker Thomas Huonker, wurde von den Betroffenen-
organisationen als von ihnen nominierter Experte in diesen Runden Tisch delegiert.

Literatur

Blattmann, Lynn, und Irene Meier, Hrsg. 1998. *Männerbund im Bundesstaat. Über die politische Kultur der Schweiz.* Zürich: Orell Füssli.

D'Arcangelis, Rocco Andrew. 2004. *Die Verfolgung der sozio-linguistischen Gruppe, der Jenischen (auch als deutsche Landfahrer bekannt) im NS-Staat 1934 bis 1944.* Online-Dissertation Uni Hamburg, als Buch erschienen 2006. Hamburg: Kovac.

Denzler, Alice. 1925. *Jugendfürsorge in der Alten Eidgenossenschaft.* Zürich: Verlag des Zentralsekretariats Pro Juventute.

Deutsch, Julius. 1907. *Die Kinderarbeit und ihre Bekämpfung.* Zürich: Rascher.

Furrer, Markus, et al. 2012. *Bericht Kinderheime im Kanton Luzern 1930 bis 1970. Schlussbericht zuhanden des Regierungsrats des Kantons Luzern.* Luzern: online auf http://www.disg.lu.ch/schlussbericht_aufarbeitung_kinderheime_120731.pdf. Zugegriffen: 1. Jan. 2013.

Galle, Sara, und Thomas Meier. 2009. *Von Menschen und Akten. Die ,Aktion Kinder der Landstrasse' der Stiftung Pro Juventute.* Zürich: Chronos.

Gautschi, Willi. 1978. Hitlers Besuch in Zürich. *Neue Zürcher Zeitung,* 29. Dezember, Zürich.

Gerth, Edith. 1981. Kinderraubende Fürsorge. Die Umerziehung der Schweizer Jenischen durch die Stiftung Pro Juventute. In *Kumpania und Kontrolle. Moderne Behinderungen zigeunerischen Lebens,* Hrsg. Mark Müntzel und Bernhard Streck, 129–166. Giessen: Focus.

Hafner, Urs. 2011. *Heimkinder. Eine Geschichte des Aufwachsens in Anstalten.* Baden: Seismo.

Hauss, Gisela, et al. 2012. *Eingriffe ins Leben. Fürsorge und Eugenik in zwei Schweizer Städten 1920–1950.* Zürich: Chronos.

Herzog, Fridolin, Hrsg. 1991. *20 Jahre nach der Heimkampagne. Neue Herausforderungen an der Front sozialpädagogischer Arbeit.* Luzern: Verlag der Schweizerischen Zentralstelle für Heilpädagogik.

Hinder, Rudolf. 1917. Aus der Kinderfürsorge der Bürgerlichen Armenpflege der Stadt Zürich. In *Erster Instruktionskurs für Armenpfleger. veranstaltet von der Armen- und Anstaltenkommission der Schweizerischen Gemeinnützigen Gesellschaft und der schweizerischen Armenpfleger-Konferenz in Zürich. 8.–11. Oktober 1917.* Zürich: ohne Verlag.

Huonker, Thomas. 1990. *Fahrendes Volk – verfolgt und verfemt. Jenische Lebensläufe.* Zürich: Limmat. Online im Volltext auf (2. Aufl). http://books.google.ch/books/about/Fahrendes_Volk_verfolgt_und_verfemt.html?hl=de&id=_k9Q9yHR2NUC. Zugegriffen: 1. Jan. 2013.

Huonker, Thomas. 2003a. *Diagnose „moralisch defekt" – Kastration, Sterilisation und Rassenhygiene im Dienst der Schweizer Sozialpolitik und Psychiatrie 1890–1970.* Zürich: Orell Füssli.

Huonker, Thomas. 2003b. *Wandlungen einer Institution. Vom Männerheim zum Werk- und Wohnhaus.* Zürich: ohne Verlag.

Huonker, Thomas, und Peter Niederhäuser. 2008. *800 Jahre Kloster Kappel – Abtei, Armenanstalt, Bildungshaus.* Zürich: Orell Füssli.

Leimgruber, Walter, et al. 1998. *Das Hilfswerk für die Kinder der Landstrasse. Historische Studie aufgrund der Akten der Stiftung Pro Juventute im schweizerischen Bundesarchiv.* Bern: ohne Verlag.

Lerch, Fredi. 2001. *Muellers Weg ins Paradies. Nonkonformismus im Bern der sechziger Jahre.* Zürich: Rotpunkt.

Leuenberger, Marco, und Loretta Seglias, Hrsg. 2008. *Versorgt und vergessen. Ehemalige Verdingkinder erzählen*. Zürich: Rotpunktverlag.

Lienert, Meinrad. 1904. Weihnachtspredigt. *Neue Zürcher Zeitung*, 24. Dezember, Zürich.

Lippuner, Sandra. 2005. *Bessern und Verwahren – die Praxis der administrativen Versorgung von „Liederlichen" und „Arbeitsscheuen" in der thurgauischen Zwangsarbeitsanstalt Kalchrain*. Frauenfeld: Huber.

Loosli, Carl Albert. 1921–1924. *Ferdinand Hodler. Leben, Werk und Nachlass*, 4 Bd. Zürich: Brunner & Cie.

Loosli, Carl Albert. 1924. *Anstaltsleben. Betrachtungen und Gedanken eines ehemaligen Anstaltszöglings*. Bern: Pestalozzi-Fellenberg-Haus.

Loosli, Carl Albert. 1925. *Ich schweige nicht! Erwiderung an Freunde und Gegner auf ihre Äusserungen zu meinem ‚Anstaltsleben'*. Bern: Selbstverlag.

Loosli, Carl Albert. 1928. *Erziehen, nicht Erwürgen!Gewissensfragen und Vorschläge zur Reform der Jugenderziehung*. Bern: Pestalozzi-Fellenberg-Haus.

Loosli, Carl Albert. 1939. *Administrativjustiz und schweizerische Konzentrationslager*. Bern: Selbstverlag.

Meierhofer, Marie, und Wilhelm Keller. 1966. *Frustration im frühen Kindesalter*. Bern: Huber.

Montalta, Eduard, und Hans Wehrle. 1967. Beobachtungsbericht über G. A. Heilpädagogische Beobachtungsstation „Bethlehem", Wangen bei Olten, 15. Mai 1967 (Kopie eines Typoskripts). Privatarchiv Thomas Huonker.

Oelkers, Jürgen. 2011. *Eros und Herrschaft. Die dunklen Seiten der Reformpädagogik*. Weinheim: Beltz.

Platter, Thomas. 2006. *Lebensbeschreibung*. Basel: Schwabe.

Ramsauer, Nadja. 2000. *Verwahrlost. Kindswegnahmen und die Entstehung der Jugendfürsorge im schweizerischen Sozialstaat 1900–1945*. Zürich: Chronos.

Reyer, Jürgen. 2003. *Eugenik und Pädagogik. Erziehungswissenschaft in einer eugenisierten Gesellschaft*. Weinheim: Beltz.

Richter, Martina. 2013. *Die Sichtbarmachung des Familialen. Gesprächspraktiken in der Sozialpädagogischen Familienhilfe*. Weinheim: Beltz.

Rietmann, Tanja. 2013. *„Liederlich" und „Arbeitsscheu". Die administrative Einweisung im Kanton Bern 1884–1981*. Zürich: Chronos.

Rueb, Franz. 2009. *Rübezahl spielte links aussen. Erinnerungen eines Politischen*. Zürich: Edition 8.

Rutschky, Katharina. 1977. *Schwarze Pädagogik. Quellen zur Naturgeschichte der bürgerlichen Erziehung*. Frankfurt a. M.: Ullstein.

Saner, Gerhard. 1981. *Friedrich Glauser. Eine Biographie*. Frankfurt a. M.: Suhrkamp.

Scheibe, Wolfgang. 1967. *Die Strafe als Problem der Erziehung – eine historische und systematische pädagogische Untersuchung*. Weinheim: Beltz.

Schneider, Elisabeth. 1930. *Niedergang und Aufstieg einer Vagantenfamilie. Die Familie Fecco von M*. Diplomarbeit Soziale Frauenschule. Zürich.

Schreiber, Horst. 2010. *Im Namen der Ordnung. Heimerziehung im Tirol*. Innsbruck: Studien Verlag.

Schwarzenbach, Alexis. 2004. *Die Geborene. Renée Schwarzenbach-Wille und ihre Familie*. Zürich: Scheidegger & Spiess.

Seelig, Carl. 1957. *Wanderungen mit Robert Walser*. St. Gallen: Tschudy.

Seglias, Loretta. 2004. *Die Schwabengänger aus Graubünden. Saisonale Kinderemigration nach Oberschwaben.* Chur: Desertina.

Siegfried, Alfred. 1943. Über die Bekämpfung der Vagantität in der Schweiz. Vortrag vom 9. Juli 1943, S. 2. Kopie des Originalmanuskripts online auf. http://www.thata.net/thatabludok10.html. Zugegriffen: 1. Jan. 2013.

Siegfried, Alfred. 1947. *20 Jahre Fürsorgearbeit am Fahrenden Volk.* Zürich: Verlag des Zentralsekretariats der Pro Juventute.

Siegfried, Alfred. 1964. *Kinder der Landstrasse.* Zürich: Flamberg.

Spirig, Yolanda. 2006. *Widerspenstig. Zur Sterilisation gedrängt. Die Geschichte eines Pflegekinds.* Zürich: Chronos.

Steiger, Emma. 1948. *Handbuch der sozialen Arbeit der Schweiz,* 4. Auflage. Zürich: Verlag der Schweizerischen Gemeinnützigen Gesellschaft.

Taube, Max. 1893. *Der Schutz der unehelichen Kinder in Leipzig. Eine Einrichtung zur Fürsorge ohne Findelhäuser.* Leipzig: Veit & Co.

Tuggener, Heinrich, et al. 1989. *Aufwachsen ohne Eltern. Verdingkinder, Heimkinder, Pflegekinder, Windenkinder.* Zürich: Chronos.

Wenger, Lisa. 2010. *Als lebender Besen im Kamin – einer vergessenen Vergangenheit auf der Spur.* Norderstedt: books on demand GmbH.

Wild, Albert. 1907. *Die körperliche Misshandlung von Kindern durch Personen, welchen die Fürsorgepflicht für dieselben obliegt.* Zürich: Rascher.

Wild, Albert. 1910. *Veranstaltungen und Vereine für die soziale Fürsorge in der Schweiz.* Zürich: Leemann.

Wild, Albert. 1919. *Soziale Fürsorge in der Schweiz.* Zürich: Leemann.

Wild, Albert. 1933. *Handbuch der sozialen Arbeit in der Schweiz,* 2 Bd. Zürich: Leemann.

Wilhelm, Elena. 2005. *Rationalisierung der Jugendfürsorge. Die Herausbildung neuer Steuerungsformen des Sozialen zu Beginn des 20. Jahrhunderts.* Bern: Haupt.

Wolfisberg, Carlo. 2002. *Heilpädagogik und Eugenik. Zur Geschichte der Heilpädagogik in der deutschsprachigen Schweiz 1800–1950.* Zürich: Chronos.

Zenz, Gisela. 1979. *Kindesmisshandlung und Kindesrechte.* Frankfurt a. M.: Suhrkamp.

Zimmermann-Jermann, Hanny. 1985. *Die Pflegekinderaufsicht nach dem Inkrafttreten des neuen Kindesrechts am 1.1.1978 und Umfrage über den Stand der Praxis im Kanton Luzern.* Diplomarbeit an der Abendschule für Sozialarbeit. Luzern.

Zyro, Ferdinand Friedrich. 1851. *Antipauperismus oder Principielle Organisation aller Lebensverhältnisses zu Unterstützung der Bedürftigen und zu Verminderung menschlichen Elends.* Bern: Jent und Weinert.

Teil II
Prävention und frühe Hilfen im Kontext der Sozialpädagogik

Frühe Hilfen zwischen (gesundheitlicher) Familienförderung und Kinderschutz

4

Reinhild Schäfer und Alexandra Sann

Zusammenfassung

Seit einigen Jahren gibt es in Deutschland eine intensiv geführte Debatte um die Verbesserung des Kinderschutzes, insbesondere für Kinder im Alter bis zu drei Jahren, die ausgelöst wurde durch gravierende, von den Medien anhaltend skandalisierten Fällen von Vernachlässigung und Misshandlung von Kindern dieser Altersgruppe. Vor diesem Hintergrund legte das deutsche Bundesministerium für Familie, Senioren, Frauen und Jugend 2006 das Aktionsprogramm „Frühe Hilfen für Eltern und Kinder und soziale Frühwarnsysteme" mit der Zielsetzung vor, Säuglinge und Kleinkinder durch präventive Maßnahmen besser vor Gefährdungen zu schützen. Zu den Maßnahmen zählen die Früherkennung möglicher Risiken für das Kindeswohl, präventive Hilfeangebote für psychosozial belastete Familien und die systematischere Vernetzung sozialer Unterstützungssysteme, vor allem des Gesundheitswesens und der Kinder- und Jugendhilfe. Auf diese Weise sollen gleichermaßen der Schutzauftrag der staatlichen Gemeinschaft und elterliche Erziehungskompetenzen gestärkt werden. Sozialpolitisch klingt hier sowohl gesellschaftliche als auch private Verantwortung für das Aufwachsen von Kindern an, allerdings mit einer starken Fokussierung auf Kinderschutz in einem engeren Sinne als Schutz von Kindern vor Gewalt durch ihre Eltern. Um zu verhindern, dass die politisch forcierte und mit Inkrafttreten des Bundeskinderschutzgesetzes zum 1.1.2012 zudem rechtlich

R. Schäfer (✉)
Wiesbaden, Deutschland
E-Mail: Reinhild.Schaefer@hs-rm.de

A. Sann
München, Deutschland
E-Mail: sann@dji.de

B. Bütow et al. (Hrsg.), *Sozialpädagogik zwischen Staat und Familie*,
DOI 10.1007/978-3-658-01400-1_4, © Springer Fachmedien Wiesbaden 2014

verankerte Ausweitung des staatlichen Schutzauftrages nicht nur auf die frei-
gemeinnützigen Träger der Kinder- Jugendhilfe sondern auch auf Institutionen
und Berufsgruppen des Gesundheitssystems zu einer Verschiebung des Hilfeauf-
trags hin zu mehr Kontrolle führt, bedarf es einer kritischen Auseinandersetzung
mit dem Präventionsanspruch Früher Hilfen.

4.1 Einleitung

Seit einigen Jahren gibt es in Deutschland eine intensiv geführte Debatte um die
Verbesserung des Kinderschutzes, insbesondere für Kinder im Alter bis zu drei
Jahren, die ausgelöst wurde durch gravierende, von den Medien anhaltend skan-
dalisierten Fällen von Vernachlässigung und Misshandlung von Kindern dieser
Altersgruppe. Vor diesem Hintergrund legte das deutsche Bundesministerium für
Familie, Senioren, Frauen und Jugend (BMFSFJ) 2006 das Aktionsprogramm „Frühe Hilfen für Eltern und Kinder und soziale Frühwarnsysteme" mit der Zielsetzung
vor, Säuglinge und Kleinkinder durch präventive Maßnahmen besser vor Gefährdungen zu schützen. Zu den Maßnahmen zählen die Früherkennung möglicher
Risiken für das Kindeswohl, präventive Hilfeangebote für psychosozial belastete
Familien und die systematischere Vernetzung sozialer Unterstützungssysteme, vor
allem des Gesundheitswesens und der Kinder- und Jugendhilfe. Auf diese Weise
sollen gleichermaßen der Schutzauftrag der staatlichen Gemeinschaft und elterliche Erziehungskompetenzen gestärkt werden. Sozialpolitisch klingt hier sowohl
gesellschaftliche als auch private Verantwortung für das Aufwachsen von Kindern
an, allerdings mit einer starken Fokussierung auf Kinderschutz in einem engeren
Sinne als Schutz von Kindern vor Gewalt durch ihre Eltern. Die auf Prävention
von Kindesmisshandlung und -vernachlässigung ausgerichtete Konzeption Früher
Hilfen löste eine breite Debatte aus (nachzulesen in den IzKK-Nachrichten 2010
„Frühe Hilfen und Kinderschutz"), die in ein erweitertes Begriffsverständnis mün-
dete (siehe die Begriffsbestimmung des Nationalen Zentrum Frühe Hilfen (NZFH)
2009). Im Mittelpunkt steht nun nicht mehr nur die Gefahrenabwehr durch (in-
dizierte) Prävention bezogen auf Familien mit bestimmten Merkmalen, sondern
es wird auch die Förderung von Entwicklungsmöglichkeiten aller Kinder in Familie und Gesellschaft im Sinne der UN-Kinderrechtskonvention eingeschlossen.
Frühe Hilfen werden als komplexe kommunale Systeme mit Anteilen universeller,
sekundärer und tertiärer Prävention aufgefasst – mit einer Schnittstelle zur Gesundheitsförderung, aber auch einer Schnittstelle zum Kinderschutzsystem. Mit
dem zum 1.1.2012 in Kraft getretenen Bundeskinderschutzgesetz sind Frühe Hilfen

nun auch rechtlich verankert als frühzeitiges, koordiniertes und multiprofesionelles Angebot (BKiSchG, Art. 1, § 1, Abs. 4).

Im vorliegenden Beitrag gehen wir der Frage nach, welche Richtung die Umsetzung Früher Hilfen für Eltern und Kinder nimmt. Setzt sich gut zwei Jahrzehnte nach Inkrafttreten des partizipatorisch ausgerichteten Kinder- und Jugendhilfegesetzes (wieder) ein stärker ordnungsrechtlich orientiertes Hilfe- und Kontrollverständnis in der Politik wie auch in der Fachpraxis durch? Oder erhalten mit Frühen Hilfen (auch, aber nicht nur) belastete Familien niedrigschwellige und nicht-stigmatisierende staatliche Unterstützung, die sie befähigt, Lebenskrisen, die mit der Geburt von Kindern einhergehen, jenseits erzieherischer Hilfen zu bewältigen? Zunächst werden wir aufzeigen, dass das Verständnis Früher Hilfen in der Fachpraxis äußerst heterogen ist und von Familienförderung bis zu Gefahrenabwehr reicht. Eine eindeutige, einheitliche Ausrichtung lässt sich daraus nicht ableiten. Anschließend erfolgt eine kritische Auseinandersetzung mit dem Präventionsanspruch Früher Hilfen, indem zwei Grundthesen des Konzeptes hinterfragt werden. Die These, Frühe Hilfen verbesserten den Kinderschutz, indem Hilfebedarf so früh wie möglich erkannt wird, beförderte Maßnahmen zur Installierung sogenannter Sozialer Frühwarnsysteme wie auch zur Bestimmung von Risikofaktoren, anhand derer „Hochrisikofamilien" (Ostler und Ziegenhain 2007) erkannt werden sollen. Die kritische Auseinandersetzung mit der in dieser These zum Ausdruck kommenden grundlegenden Ausrichtung Früher Hilfen auf Prävention, Hilfe und Kontrolle erfolgt im Rekurs auf das gesellschaftstheoretisch orientierte Konzept der Sicherheitsgesellschaft, welches gegenwärtige Mechanisem sozialer Kontrolle analysiert. Die zweite These – Frühe Hilfen verbesserten den Kinderschutz, indem der Schutzauftrag der staatlichen Gemeinschaft gestärkt wird – begründet eine Ausweitung des Schutzauftrags nicht nur auf die frei-gemeinnützigen Träger der Kinder- und Jugendhilfe sondern auch auf Institutionen und Berufsgruppen des Gesundheitssystems. Diese These beleuchten wir ausgehend von der Frage, wie Politik und Gesetzgeber zu der Auffassung kommen und letzlich legitimieren, dass es einer solchen Stärkung durch Ausdehnung des staatlichen Wächteramtes bedarf. Mögliche Auswirkungen der Ausweitung auf den Auftrag, das professionelle Selbstverständnis und die Außenwahrnehmung betroffener Berufsgruppen werden aktuell insbesondere von Hebammen problematisiert, die sich auch als Familienhebammen primär in einer den Müttern und Kindern helfenden, unterstützenden Funktion sehen und eine Verschiebung ihres Auftrags hin zu mehr Kontrolle befürchten.

4.2 Zum Verständnis Früher Hilfen in der Fachpraxis: Sowohl Familienförderung als auch Gefahrenabwehr

Der Begriff Frühe Hilfen ist noch immer weitgehend offen, er muss in der Regel vor Ort von den beteiligten Akteuren aus unterschiedlichen Institutionen und Professionen interpretiert und auf das eigene fachliche Handeln bezogen werden. Die Auffassungen von „Frühen Hilfen" sind dabei heterogen und ziehen jeweils unterschiedliche praktische Arbeitsansätze nach sich. Eine vom NZFH beauftragte Befragung bei Fachkräften aus Jugend- und Gesundheitsämtern hat gezeigt (vgl. NZFH 2010), dass es *zwei grundlegend verschiedene Auffassungen von Frühen Hilfen* in der kommunalen Praxis gibt. Ein Teil der Befragten versteht Frühe Hilfen eher im Sinne von „Früher Förderung" und somit als ein primär-präventiv ausgerichtetes Unterstützungssystem für *alle* (angehenden) Eltern mit Kleinkindern bis drei Jahren, das die Stärkung der Erziehungskompetenz der Eltern im Fokus hat. Ein anderer Teil interpretiert den Begriff eher im Sinne von „Kinderschutz" und verbindet mit ihm stärker sekundär-präventive bzw. intervenierende Maßnahmen für „Risikogruppen". Diese Befunde spiegeln sich auch in unterschiedlichen Ausprägungen kommunaler Praxis wider: Während Frühe Hilfen mancherorts ein Bestandteil des (intervenierenden) Kinderschutzsystems sind, etikettieren sie anderenorts vorrangig den Ausbau von allgemeinen Förderangeboten für Familien im Sozialraum. Viele Kommunen versuchen aber auch, beide Strategien zu kombinieren (vgl. NZFH 2012a, S. 9).

▶ **These 1** Frühe Hilfen verbessern den Kinderschutz, indem Hilfebedarf so früh wie möglich erkannt wird.

Laut Aktionsprogramm sollen mit den Frühen Hilfen Eltern so früh wie möglich erreicht, Risiken frühzeitig erkannt und Hilfen angeboten werden, damit Schädigungen gar nicht erst entstehen (vgl. BMFSFJ 2006, S. 3 f.). Diesem Denkmuster entsprechend prägt eine innere Gegensätzlichkeit des Präventionsgedankens die Ausrichtung der Frühen Hilfen. Ansätze Früher Hilfen beinhalten – implizit oder explizit – immer einen Doppelauftrag von Prävention/Förderung durch frühzeitige Hilfe *und* Kontrolle (vgl. Helming 2008; Schone 2008). Die Unterstützung, die Familien geboten werden soll, bezieht sich durchgängig auf das, was verhindert werden soll. Das Aktionsprogramm bestimmt als Zielgruppe Früher Hilfen Familien, „bei denen infolge hoher Belastungen und vielfältiger und/oder schwerwiegender Risiken ein erhebliches Gefährdungspotenzial für das Kindeswohl besteht" (BMFSFJ 2006, S. 9). Ob ein solches *Gefährdungspotenzial* vorliegt, soll insbesondere anhand folgender Risikofaktoren erkannt werden:

„Proximale (in der Person zentrierte) Risiken (Traumatisierungen, psychiatrische Erkrankungen, Suchterkrankungen der Eltern) oder soziale, nicht unmittelbar von der Persönlichkeit ausgehende Risiken (z. B. sehr junge Mütter, niedriges Bildungsniveau, Armut, wenig feinfühliges mütterliches Verhalten)". Die sozialen Risikofaktoren seien in ihrer Gefahr geringer als proximale Faktoren zu bewerten. Summierten sich jedoch solche Risiken, so bestehe auch hier ein erhebliches Gefährdungspotenzial. Genannt werden zudem unzureichende Wohnbedingungen, Leben in sozialen Brennpunkten, soziale Isolation (ebd.).

Um zu erkennen, was es möglichst schon im Vorfeld des Sichtbarwerdens abzuwenden gilt, müssen *Schwellenwerte* in Form von *Risikofaktoren* für ein gesundes Aufwachsen definiert werden. Auf diesem Weg kann sich durchaus eine „Kultur der Gefahr" (Foucault 2004, S. 101) im Blick auf Familie durchsetzen. Denn potenziell kommt jede (werdende) Familie als ein das Wohlergehen von Kindern möglicherweise gefährdendes System in Frage. Ansätze wie ein in verschiedenen Geburtskliniken praktiziertes „Screening" aller dort gebärenden Frauen zur systematischen Früherkennung psychosozialer Risiken für ein gesundes Aufwachsen von Kindern (siehe auch das Modellprojekt „Babylotse", Pawils 2011) widerspiegeln dieses Denkmuster. Es zeigt sich aber auch an Maßnahmen zur Erhöhung der Verbindlichkeit der Teilnahme an den Früherkennungsuntersuchungen für Kinder. Dazu wurden in den letzten Jahren in allen Bundesländern Regelungen in Form von Einlade- und Meldesystemen getroffen (vgl. Nothhafft 2009).

4.3 Was aber ist problematisch an der Bestimmung von Risiken?[1]

Dieser Frage möchten wir mit Bezug auf das Konzept der „Sicherheitsgesellschaft" nachgehen, welches die Rechtswissenschaftler Tobias Singelnstein und Peer Stolle (2008) ausgearbeitet haben. Im Rekurs auf das Werk von Michel Foucault bündeln sie theoretische Überlegungen zum Wandel sozialer Kontrolle in der Gegenwart. Ihr Ziel ist es, Auswirkungen jener gesellschaftlichen Transformationsprozesse zu erfassen und zu erklären, die seit Ende des 20. Jahrhunderts stattfinden. Prozesse, in deren Verlauf es unter dem Einfluss neoliberaler Konzepte zu einem Umbau des Wohlfahrtsstaates mit einem Anstieg persönlich-sozialer Risiken und sozialer Unsicherheit gekommen ist. Singelnstein und Stolle zeigen auf, dass und wie diese Entwicklung politisch zur Ausweitung sozialer Kontrolle genutzt wird.

---

[1] Die nachfolgenden Ausführungen greifen zum Teil Überlegungen von R. Schäfer aus einem 2010 veröffentlichten Beitrag auf und führen sie fort.

Eine gesellschaftspolitische Schlüsselstellung messen sie Positionen der Definition von Gefahren, Risiken und Bedrohungen bei, vor denen die Einzelnen zu schützen sind. Besondere Bedeutung kommt der Bestimmung von Ursachen und Lösungsansätzen der jeweils definierten Bedrohungen zu. Der Begriff des Risikos nimmt dabei einen zentralen Platz ein. Das Risiko als kalkulierbarer, technisch zu regulierender Sachverhalt basiert auf der Berechnung von Wahrscheinlichkeiten. Dieser Vorstellung zufolge lassen sich bestimmte Kriterien ausmachen, die das Eintreten unerwünschter, möglicherweise schädigender Geschehnisse statistisch betrachtet wahrscheinlicher werden lassen und daher als Risikofaktoren klassifiziert werden können. So gilt es, Risikofaktoren und -konstellationen möglichst exakt zu bestimmen, um Eintrittswahrscheinlichkeiten mit dem Ziel der Verhinderung aktiv zu steuern.

Der Drang nach möglichst genauer Prognose führt jedoch „zur ‚Entdeckung' täglich neuer Risikofaktoren und bringt so neue Risiken hervor" (ebd., S. 35). Die permanente Suche nach Schutz produziert folglich nicht mehr Sicherheit sondern eher eine prinzipielle Beunruhigung bzw. Verunsicherung. Das „Streben nach Sicherheit" (Castel 2005, S. 12) entwickelt sich damit zu einer grenzenlosen und unabschließbaren gesellschaftlichen Aufgabe. Vor dem Hintergrund einer sich herausbildenden *Risikowirklichkeit* und zunehmender allgemeiner Verunsicherung erlangt der persönliche Schutz vor Bedrohungen eine neue Bedeutung, betonen Singelnstein und Stolle (2008, S. 40): Der Staat greife dies auf und verstärke diese Entwicklung, indem er anbiete, die Bürger vor Bedrohungen zu schützen oder ihnen zumindest ein Gefühl von Schutz zu vermitteln. Auf diese Weise erfolgt eine folgenreiche Verschiebung gesellschaftspolitischer Ziele: An die Stelle des Versprechens sozialer Inklusion tritt das Versprechen individueller Sicherheit. Diese werde immer weniger im wohlfahrtsstaatlichen Sinne als soziale Absicherung gesehen sondern als persönliche Sicherheit vor Bedrohungen (vgl. ebd., S. 41). Der neoliberal ausgerichtete Umbau des Sozialstaats bedeutet also keineswegs, dass der Staat sich zurückzieht. Der Rückzug betrifft neben Privatisierungstendenzen im ökonomischen Sektor zwar den Bereich der sozialen Daseinsvorsorge, jedoch nicht den Bereich der Sicherheit. Hier kommt es im Gegenteil zu einer Vorverlagerung und Ausweitung sozialer Kontrolle. Möglich wird dies, indem statt konkreter Gefahren situations- oder gruppenspezifisch bezogene Risiken definiert werden, die es frühzeitig zu erkennen gilt, um mögliche Schädigungen durch frühes Eingreifen abzuwenden.

Im Kontext der Frühen Hilfen basiert die Risikobestimmung auf klinischen Befunden aus der Forschung zu stattgefundenen Fällen von Kindesvernachlässigung und -misshandlung. Soziale Risiken wie Armut werden zwar benannt, dabei jedoch nicht als Ausdruck sozialer Ungleichheit begriffen, die einen Anspruch auf sozialstaatlichen Ausgleich begründet. Sie fungieren als Risikofaktor zur Einschätzung des individuellen *Gefährdungspotenzials* für das Wohl des Kindes und begründen allenfalls einen individuellen Anspruch auf Frühe Hilfen, etwa auf alltagsnahe Unterstützung und Anleitung durch eine Familienhebamme. Es werden also gesellschaftlich bedingte Risiken zu individuell zu bearbeitenden Belastungen umdefiniert. Ohne den hohen Wert der mit den unterschiedlichen Angeboten Früher Hilfen für die einzelne Familie geleisteten Hilfe schmälern zu wollen, gilt es zu bedenken, dass zwar elterliche Versorgungs- und Erziehungsfähigkeit gefördert werden sollen, damit Mütter und Väter in der Lage sind, die ihnen zustehende Erziehungsverantwortung auch zu übernehmen. Die dafür notwendigen materiellen Voraussetzungen werden jedoch für bestimmte Zielgruppen Früher Hilfen nicht zuletzt durch die Hartz-IV-Regelungen zunehmend beschnitten. Auf der einen Seite werden Familien in prekärer Lebenslage, die auf staatliche Transferleistungen angewiesen sind, Mittel entzogen (bspw. durch Anrechnung von Kindergeld, Elterngeld etc. auf die Transferleistungen), ideologisch verbrämt mit der Forderung bzw. „Ermöglichung" eines Mehr an eigenverantwortlicher Lebensgestaltung. Dass es dadurch zu einer zunehmenden Privatisierung sozialer Risiken und einer Ausweitung prekärer Lebenslagen kommt, die das Familienleben in hohem Maß belasten, wird offenbar billigend in Kauf genommen. Die Teilhaberechte von Kindern und ihr Recht auf Entwicklung und Entfaltung ihrer Persönlichkeit werden im Falle einer möglichen Leistungsverpflichtung des Staates weitgehend negiert.

Auf der anderen Seite werden mit der Etablierung Früher Hilfen zunehmend mehr Institutionen psychosozialer und medizinisch-gesundheitlicher Versorgung aufgefordert, Kinder und deren Familien unter dem Aspekt von Gefährdung und Schutz in den Blick zu nehmen. Schon vergleichsweise geringe Abweichungen von Vorschriften (bspw. Nicht-Teilnahme an einer „freiwilligen" Vorsorgeuntersuchung) können zu Überprüfungen des familiären Umfelds und teilweise auch zu Sanktionen führen. Hier lässt sich eine deutliche Ausweitung sozialer Kontrolle unter den Vorzeichen eines verbesserten Kinderschutzes feststellen.

▶ **These 2** Frühe Hilfen verbessern den Kinderschutz, indem der Schutzauftrag der staatlichen Gemeinschaft gestärkt wird.

Das 2006 auf den Weg gebrachte Aktionsprogramm Frühe Hilfen sieht einen Ansatz zur Verbesserung des Schutzes von Kindern vor Vernachlässigung und Misshandlung in einer Verstärkung des Schutzauftrags der staatlichen Gemeinschaft (= der Staat mit seinen zuständigen Institutionen, also den Jugendämtern und Familiengerichten). Dieser wird sodann auch in dem zum 1.1.2012 in Kraft getretenen Bundeskinderschutzgesetz (Gesetz zur Stärkung eines aktiven Schutzes von Kindern und Jugendlichen – BkiSchG) festgeschrieben. Artikel 1 – Gesetz zur Kooperation und Information im Kinderschutz, in welchem die Frühen Hilfen gesetzlich verankert sind – führt die staatliche Mitverantwortung gleich im ersten Paragraphen auf und weitet den Schutzauftrag deutlich aus.

Mit der Verstärkung des Schutzauftrags adressieren das Aktionsprogramm wie auch der Gesetzgeber die öffentliche Kinder- und Jugendhilfe folglich in besonderem Maß. Dabei hat deren Funktion des „Wächteramtes" bereits mit Inkrafttreten des Kinder- und Jugendhilfeweiterentwicklungsgesetzes (KICK) zum 1. Oktober 2005 eine deutliche Kräftigung erfahren. Mit dem Ziel, den Schutz von Kindern und Jugendlichen bei Gefahren für ihr Wohl zu verbessern, wurde im Kinder- und Jugendhilfegesetz (KJHG) der Paragraph 8a „Schutzauftrag bei Kindeswohlgefährdung" im SGB VIII verankert. Dieser erinnert nicht nur das Jugendamt an seine Pflicht zum Tätigwerden, wenn ihm „gewichtige Anhaltspunkte für die Gefährdung des Wohls eines Kindes- oder Jugendlichen" (SGB VIII, § 8a, Abs. 1) bekannt werden. Er nimmt gleichzeitig die freigemeinnützigen Träger der Kinder- und Jugendhilfe in die Pflicht, die Leistungen nach dem SGB VIII erbringen. Sie müssen sicherstellen, dass ihre Fachkräfte den Schutzauftrag wahrnehmen. Sie sollen „bei den Personensorgeberechtigten oder den Erziehungsberechtigten auf die Inanspruchnahme von Hilfen hinwirken, wenn sie diese für erforderlich halten, und das Jugendamt informieren, falls die angenommenen Hilfen nicht ausreichend erscheinen, um die Gefährdung abzuwenden" (SGB VIII, § 8a, Abs. 2). Bei der Abschätzung eines möglichen Gefährdungsrisikos sollen sie eine „insoweit erfahrene Fachkraft" (ebd.) hinzuziehen, womit eine in der Abklärung von Kinderschutzfällen erfahrene Fachkraft gemeint ist.

Mit dem Paragraphen 8a SBG VIII hat also nicht nur bereits eine Verstärkung des Schutzauftrags der Jugendämter stattgefunden, sondern auch eine Ausweitung, eine „Verlängerung" (Wiesner 2006, S. 7) dieses Auftrags auf die frei-gemeinnützigen Träger der Kinder- und Jugendhilfe, die nun ihrerseits verpflichtet sind, Kinder und deren Familien noch genauer als bisher in den Blick zu nehmen, um erzieherische Hilfebedarfe, aber auch mögliche Gefährdungen aufzuspüren und präventiv tätig zu werden.

Das *Bundeskinderschutzgesetz* weitet den Kreis noch einmal aus auf z. B. Ärztinnen und Ärzte, Hebammen, oder Entbindungspflegerinnen oder Angehörige eines anderen Heilberufes, der für die Berufsausübung oder die Führung der Berufsbezeichnung eine staatlich geregelte Ausbildung erfordert sowie u. a. auf Lehrerinnen und Lehrer an öffentlichen und an staatlich anerkannten privaten Schulen.

Es stellt sich die Frage, warum der Gesetzgeber und mit dem Aktionsprogramm auch die Politik den Schutzauftrag der öffentlichen Kinder- und Jugendhilfe bei Kindeswohlgefährdung verstärkt, zählt dieser doch zu den zentralen Aufgaben der

Jugendämter. In der Begründung des Gesetzentwurfs der Bundesregierung zum Paragraphen 8a SGB VIII aus 2004 (vgl. BT-Drucks 2004, S. 59) wird auf das in den Jahren 1990/1991 in Kraft getretene Kinder- und Jugendhilfegesetz (KJHG) und eine dadurch offenbar ausgelöste *Unsicherheit* der Fachkräfte verwiesen. Tatsächlich fand mit dem KJHG und seiner Einordnung ins Sozialgesetzbuch ein Perspektivenwechsel in den rechtlichen Regelungen der Kinder- und Jugendhilfe statt. Es löste das bis dahin geltende Jugendwohlfahrtsgesetz (JWG) ab, welches noch stark an ein ordnungsrechtliches Hilfe- sowie Kontroll- und Eingriffsverständnis von Jugendhilfe gebunden war (vgl. Helming et al. 1999). Demgegenüber ist das KJHG partizipatorisch und stärker sozialdienstleitungsorientiert ausgerichtet. Statt eines Eingriffs in die Familie, wenn das Kind bereits gefährdet ist, formuliert das KJHG eher einen Familien und die elterliche Erziehungsverantwortung unterstützenden Auftrag. Statt repressiv eingreifender Maßnahmen verstärkt das KJHG den bereits in den 1980er Jahren einsetzenden Trend, vorrangig Beratung, Hilfe und Schutzangebote für Kinder und Jugendliche in Krisen, Gefahren und Notsituationen zur Verfügung zu stellen (vgl. u. a. Smessaert und Münder 2008).

Die Verschiebung der Gewichtung von Kontrolle hin zu erzieherischer Hilfe löste jedoch vor allem im Kontext von Kinderschutzfällen wiederholt Kritik an der Hilfeorientierung des KJHG und der Pflichterfüllung des Jugendamtes aus. Dabei sehen sich VerteidigerInnen einer vorrangigen Hilfeorientierung mit Vorwürfen konfrontiert, etwa einer maßlosen Überhöhung von Elternrecht und Elternautonomie, einer falschen Einschätzung der Grenzen dialogischer Aushandlungsprozesse sowie einem unverantwortbarem Festhalten an systemischen, lebenswelt- und ressourcenorientierten Ansätzen in der Arbeit mit „gefährdenden Familien" (Salgo 2007, S. 17).

Auf der rechtlichen Grundlage des Paragraphen 8a SBG VIII können vor allem jene Kinder und ihre Familien in den Blick genommen werden, die in der öffentlichen Kindertagesbetreuung auftauchen. Aufgrund der geringen Anzahl von Betreuungsplätzen für unter dreijährige Kinder bleibt die Altersgruppe der Allerjüngsten jedoch gewissermaßen „unbeobachtet". Das Aktionsprogramm Frühe Hilfen und das Bundeskinderschutzgesetz schließen diese „Sicherheitslücke" und weiten den Kreis derjenigen, die Verantwortung übernehmen sollen, nochmals aus, indem neben der Kinder- und Jugendhilfe das Gesundheitssystem adressiert wird. Dessen „nahezu lückenloser Zugang" (BMFSFJ 2006, S. 4) zu fast allen Eltern in der Schwangerschaft und in der Phase um die Geburt eines Kindes soll unter Prüfung etwaiger Hindernisse durch datenschutzrechtliche Bestimmungen wie die ärztliche Schweigepflicht genutzt werden, um Risiken früh zu erkennen und Hilfen einleiten zu können. So sind Schwangerschaftsberatungsstellen, GynäkologInnen, Hebammen, Geburts- und Kinderkliniken, Sozialpädiatrische Zentren sowie Kinder- und

JugendärztInnen aufgefordert, in Netzwerken Früher Hilfen eng mit der Kinder-
und Jugendhilfe zu kooperieren. Während das Gesundheitssystem die medizinische Versorgung und Abklärung gesundheitlicher Risiken gewährleistet, sollen die
Kompetenzen der Kinder- und Jugendhilfe zur Erkennung psychosozialer Risiken, zur Abklärung des sich daraus ergebenden Hilfebedarfs und zur Bereitstellung
geeigneter Hilfen einbezogen werden (vgl. ebd., S. 4 f.).

Politik und Gesetzgeber haben sich mit dem Paragraphen 8a SGB VIII und
aktuell mit dem Bundeskinderschutzgesetz (Paragraph 4 KKG, Gesetz zur Kooperation und Information im Kinderschutz) für eine deutlich eingriffsorientierte
Regelung entschieden, um der konstatierten Unsicherheit von Fachkräften abzu-
helfen und klar zu stellen, „ob und wie mit Informationen Dritter über (drohende)
Kindeswohlgefährdung bzw. mit eigenen Wahrnehmungen einschlägiger Sympto-
me umzugehen ist" (BT-Drucks 2004, S. 59). Das Jugendamt müsse entsprechenden
Hinweisen nachgehen, sich weitere Informationen zur Klärung verschaffen und
sodann im Zusammenwirken mehrerer Fachkräfte eine Risikoabwägung über zu
treffende Maßnahmen vornehmen (vgl. ebd.).

Zieht sich hier also vor allem ein „Sicherheits-Netz" immer enger um Familien?
Oder können Familien in schwierigen Lebenslagen auf diese Weise auch leichter
Zugang zu Unterstützung und Hilfen bekommen? Nicht von der Hand zu weisen ist jedenfalls, dass der Gesetzgeber diese Neuausrichtung der Kinder- und
Jugendhilfe in Richtung mehr Kontrolle und Schutz der Kinder gegen Gewalt in
ihrem familiären und sozialen Umfeld mit politischen Programmen flankiert hat,
die zumindest ihrem Ansatz nach auch eine fördernde, befähigende Komponente
enthalten. Im Zuge des Aktionsprogramms von 2006 wurden zunächst modellhaft
präventive Unterstützungsangebote für junge Familien erprobt, die nun mit Mitteln
des Bundes in der „Bundesinitiative Frühe Hilfen" flächendeckend ausgebaut werden sollen. Im Zentrum steht dabei neben der Etablierung kommunaler Netzwerke
Frühe Hilfen die Ausweitung des Einsatzes von Familienhebammen. Aber auch ehrenamtliche Helfer und Helferinnen wie bspw. FamilienpatInnen sollen vermehrt
zum Einsatz kommen, um Familien niedrigschwellig im Alltag zu entlasten.

Die Idee der interdisziplinären Netzwerke stammt bereits aus den Anfängen
der Frühen Hilfen: sie sollen die Fachkräfte aus den unterschiedlichen Sozialleis-
tungssystemen und Professionen an einen Tisch bringen, um die Entwicklung
koordinierter Hilfeangebote vor Ort zu fördern, aber auch um den Familien un-
kompliziert den Zugang zu diesen Hilfen durch Vermittlung über Systemgrenzen
hinweg zu ermöglichen. Leitgedanke ist, die fast 100-prozentige Abdeckung des
Gesundheitssystems rund um die Geburt eines Kindes auch dazu zu nutzen, Eltern schon frühzeitig auf medizinische und soziale Unterstützungsangebote in der

Schwangerschaft und im ersten Lebensjahr aufmerksam zu machen und sie zur Inanspruchnahme zu motivieren. Diese sind in der Regel freiwillig und kostenlos. Einen Sonderfall stellt die Betreuung durch Familienhebammen dar: diese sind staatlich geprüfte Hebammen mit einer Zusatzqualifikation, welche sie in die Lage versetzt, Familien mit psychosozialen Belastungen intensiver und über einen längeren Zeitraum (bis zum Ende des ersten Lebensjahres) zu begleiten, sie bei der Pflege des Säuglings anzuleiten und den Aufbau einer tragfähigen, belastbaren Eltern-Kind-Beziehung zu fördern. Befunde aus der Modellforschung haben gezeigt, dass eine solche Betreuung zur subjektiven Entlastung und psychischen Stabilisierung vor allem der Mütter beitragen kann. Auch das Gedeihen der Kinder wird positiv beeinflusst und die Mütter gewinnen an Sicherheit bezüglich der Versorgung des Babys (vgl. NZFH 2012b, 2012c). Auch Angebote mit Ehrenamtlichen können zur besseren Integration der Familien in ihr soziales Umfeld beitragen und den Eltern Sicherheit in der Auseinandersetzung mit der noch ungewohnten Elternrolle geben (vgl. Liebhardt 2012).

Völlig unklar ist aber nach wie vor, welche Position die Frühen Hilfen in den lokalen Kinderschutzsystemen einnehmen (werden). Befunde aus einer aktuellen Befragung von Jugendämtern (vgl. NZFH 2012a, S. 8) zeichnen nach wie vor ein uneinheitliches Bild: die vom Gesetzgeber gleichermaßen geforderten (aber nicht mit Bundesmitteln geförderten) Netzwerke Kinderschutz sind mancherorts identisch mit den Netzwerken Frühe Hilfen, andernorts handelt es sich um parallele Strukturen. Offen ist jedoch, ob sich die Zielsetzungen und Akteure in beiden Varianten auch tatsächlich unterscheiden. Die Befragten gaben jedenfalls öfter zu Protokoll, dass sie sich unsicher wären, wie die gesetzlichen Bestimmungen zu erfüllen seien. Familienhebammen werden laut derselben Untersuchung ebenfalls in sehr unterschiedlichen Fallkonstellationen eingesetzt: in je ein Drittel der Kommunen kommen sie ausschließlich im präventiven Kontext, aber in einem weiteren Drittel genauso ausschließlich im Kontext erzieherischer Hilfen zum Einsatz, bei einem weiteren Drittel halten sich die Einsatzmodalitäten die Waage. Unter ExpertInnen ist derzeit ein heftiger Diskurs dazu im Gange, ob Familienhebammen auch in Kinderschutzfällen tätig werden können bzw. dürfen oder ob dies à priori auszuschließen wäre. In den Landeshebammenverbänden geht die Sorge um, ob hier nicht der gute Leumund der Hebammen generell zur Disposition steht, wenn sie als verlängerter Arm des Jugendamtes in der Ruf von „Kinderschutzhebammen" geraten. Hier besteht noch ein großer Klärungsbedarf, im Einzelfall sollte sich der Einsatz und Auftrag von sozialpädagogischen wie medizinischen Fachkräften aber vor allem an den Bedürfnissen des Kindes und der Familie orientieren. Am eindeutigsten scheint es sich mit den Ehrenamtlichen zu verhalten: sie können und sollen nicht die fachliche Expertise von sozialpädagogischen Fachkräften ersetzen, sondern ganz klar „nur" im Alltag Entlastung und ein offenes Ohr bieten. Aber auch hier wird es immer Grenzfälle geben, bei denen nur eine gute Begleitung durch die hauptamtlichen Fachkräfte den Ehrenamtlichen Rückhalt geben kann.

Die empirischen Befunde verweisen auf die Notwendigkeit einer Systematisierung und Differenzierung der Begrifflichkeiten im Kontext Früher Hilfen, wie sie aktuell Reinhold Schone anmahnt. Er fordert eine klare Unterscheidung zwischen Frühen Hilfen – verstanden als Förderung sowie Unterstützung von Familien und basierend auf Freiwilligkeit als Grundprinzip und Vertrauen als Handlungsgrundlage – und dem Schutzauftrag bei Kindeswohlgefährdung, dessen Erfüllung auf dem Handlungsprinzip der Kontrolle von Eltern zum Schutz des Kindes basiert (vgl. Schone 2012, S. 159). Schone legt dar, dass eine solche Differenzierung nicht nur zur besseren Verständigung zwischen den Fachkräften verschiedener Disziplinen erforderlich ist, sondern ebenso die Grundlage bildet für eine klare Kommunikation mit den Familien, auf welche die unterschiedlichen Konzepte zielen (vgl. ebd., S. 148).

4.4 Resumee

Sieben Jahre nach Start des ersten Aktionsprogramms scheint sich die Debatte im Kreise zu drehen: Sind die Frühen Hilfen Teil eines auf Risikominimierung geeichten Abwehrsystems zur Vermeidung von Kindeswohlgefährdung (und auch zur Kostenvermeidung bei den teuren erzieherischen Hilfen)? Oder sind sie Ausdruck eines bio-psycho-sozialen Förder- und Befähigungsparadigmas, wie es schon länger die WHO und in der BRD auch der 2009 vorgelegte 13. Kinder- und Jugendbericht (vgl. BMFSFJ 2009) gefordert haben? Zwei gangbare Wege scheint es aus unserer Sicht zu geben, um hier zumindest perspektivisch für mehr Klarheit zu sorgen: Zum einen sollte das Verständnis von Kinderschutz besser expliziert und in Beziehung zum Konzept der Frühen Hlfen gesetzt werden. Dazu kann die von Schone (s. o.) geforderte begriffliche Differenzierung und damit Transparenz hinsichtlich Zielsetzung, Handlungsrahmen und -prinzipien Früher Hilfen einerseits und Schutzauftrag bei Kindeswohlgefährdung andererseits beitragen. Kinderschutz in einem weiteren Sinn bedeutet eben nicht das Ausbalancieren von Risiken hart am Rande von Eingriffsschwellen, Kinderschutz in einem demokratischen Sinne bedeutet das Arbeiten mit den Familien an tragfähigen familiären Beziehungen *und* das Verändern von Lebensumständen, die dies erschweren – ganz so wie es im SGB VIII Paragraph 1 grundgelegt wurde. Der zweite, gesellschaftspolitisch grundierte Teil dieses Auftrags ist aber nicht so eindeutig in die Verantwortlichkeit einzelner Fachkräfte oder Mütter bzw. Väter gelegt, hier bedarf es vor allem einer (fach-)politischen Verantwortungsübernahme, welche Frühe Hilfen in einen erweiterten Kontext von Sozial- und Familienpolitiken stellt. Voraussetzung dafür wäre auch eine Neujustierung der Prämissen und dahinter stehenden sozialpolitischen Leitbilder der Frühen Hilfen. Dazu erlauben wir uns abschließend einen (utopischen?) Ausblick: den Frühen Hilfen liegt ein *Recht* der Eltern auf Befähigung zur Übernahme der Elternverantwortung und ein *Recht* der Kinder auf ein gesundes und gewaltfreies Aufwachsen zugrunde. Die staatliche Gemeinschaft schützt *diese* Rechte und stellt entsprechende Angebote in ausreichender Zahl und Qualität bereit. Diese Angebote sind ganzheitlich ausgerichtet. Mütter und Väter werden bei der Konzipierung mit einbezogen und bringen ihre Bedürfnisse und Vorstellungen ein. Der Erfolg Früher Hilfen bemisst sich nicht nur am Zugewinn von Selbstwirksamkeitserfahrungen bei Müttern, Vätern und Kindern, sondern auch an einer Verbesserung ihrer Teilhabechancen. Dies verweist darauf, dass den Frühen Hilfen auch eine advokatorische Funktion zukommt, indem sie den Zusammenhang zwischen gesellschaftlichen Verhältnissen und dem Aufwachsen von Kindern beachten und entsprechende Politiken zur Verbesserung der Situation vor allem von Familien in prekären Lebenslagen einfordern.

Literatur

BMFSFJ. 2006. Frühe Hilfen für Eltern und Kinder und soziale Frühwarnsysteme. Aktionsprogramm des Bundesministeriums für Familie, Senioren, Frauen und Jugend zum Schutz von Kleinkindern, zur Früherkennung von Risiken und Gefährdungen und zur Implementierung effektiver Hilfesysteme. www.fruehehilfen.de/fileadmin/user_upload/fruehehilfen.pdf. Zugegriffen: 8. Juni 2010.

BMFSFJ. 2009. *Lebenssituation junger Menschen und die Leistungen der Kinder- und Jugendhilfe in Deutschland. 13. Kinder- und Jugendbericht.* Berlin: Bundesministerium für Familie, Senioren, Frauen und Jugend.

Castel, Robert. 2005. *Die Stärkung des Sozialen. Leben im neuen Wohlfahrtsstaat.* Hamburg: Hamburger Edition.

Deutscher Bundestag. 2004. Drucksache 15/3676: Gesetzentwurf der Bundesregierung. Entwurf eines Gesetzes zum qualitätsorientierten und bedarfsgerechten Ausbau der Tagesbetreuung und zur Weiterentwicklung der Kinder- und Jugendhilfe. http://dip21.bundestag.de/dip21/btd/15/036/1503676.pdf. Zugegriffen: 27. März 2014. (Tagesbetreuungsausbaugesetz - TAG)

Foucault, Michel. 2004. *Die Geburt der Biopolitik. Geschichte der Gouvernementalität II.* Frankfurt: Suhrkamp.

Helming, Elisabeth. 2008. Alles im Griff oder Aufwachsen in gemeinsamer Verantwortung? Paradoxien des Präventionsanspruchs im Bereich Früher Hilfen. Schriftliche Fassung des Vortrags auf der Fachtagung „Frühe Hilfen für Eltern und Kinder" der Evangelischen Akademie Tutzing in Kooperation mit dem Nationalen Zentrum Frühe Hilfen vom

18. – 20. 04.2008. www.fruehehilfen.de/fileadmin/user_upload/fruehehilfen.de/pdf/
Helming_Paradoxien_der_Pr_vention_240408_01.pdf. www.fruehehilfen.de/fileadmin/
user_upload/fruehehilfen.de/pdf/Helming_Paradoxien_der_Pr_vention_240408_01.pdf.
Zugegriffen: 16. Juni 2012.

Helming, Elisabeth, Herbert Blüml, und Heinz Schattner. 1999. *Handbuch Sozialpädagogische Familienhilfe. Schriftenreihe Band 182 des Bundesministerium für Familie, Senioren,
Frauen und Jugend.* Stuttgart: Kohlhammer.

IzKK-Nachrichten [Informationszentrum Kindesvernachlässigung Kindesmisshandlung].
Heft 1/2010: Kinderschutz und Frühe Hilfen. München: DJI.

Liebhardt, Hubert. 2012. Frühe Hilfen: gut entlastet durch Ehrenamtliche. Erste Zwischen-
ergebnisse der Evaluation des DCV-Projekts „Frühe Hilfen in der Caritas". *Neue Caritas*
16: 9–11.

Nothhafft, Susanne. 2009. Landesgesetzliche Regelungen im Bereich des Kinderschutzes und
der Gesundheitsvorsorge. Herausgegeben vom Informationszentrum Kindesmisshand-
lung/Kindesvernachlässigung, München. www.fruehehilfen.de/fileadmin/user_upload/
fruehehilfen.de/BewertungLaendergesetzegesamt.pdf. Zugegriffen: 21. Juni 2012.

NZFH [Nationales Zentrum Frühe Hilfen]. 2009. Begriffsbestimmung Frühe Hilfen.
http://www.fruehehilfen.de/fruehe-hilfen/was-sind-fruehe-hilfen/. Zugegriffen: 1. Juli
2013.

NZFH [Nationales Zentrum Frühe Hilfen]. 2010. *Kommunale Praxis Früher Hilfen.
Bestandsaufnahme. Teiluntersuchung 1: Kooperationsformen.* Köln: NZFH.

NZFH [Nationales Zentrum Frühe Hilfen]. 2012a. *Bestandsaufnahme Frühe Hilfen. Dritte
Teiluntersuchung: Kurzbefragung Jugendämter.* Köln: NZFH.

NZFH [Nationales Zentrum Frühe Hilfen]. 2012b. *Frühstart. Familienhebammen im
Netzwerk Frühe Hilfen.* Köln: NZFH.

NZFH [Nationales Zentrum Frühe Hilfen]. 2012c. *Wirkungsevaluation „Keiner fällt durchs
Netz" – Ein Modellprojekt des Nationalen Zentrums Frühe Hilfen.* Köln: NZFH.

Ostler, Teresa, und Ute Ziegenhain. 2007. Risikoeinschätzung bei (drohender) Kindeswohlgefährdung: Überlegungen zu Diagnostik und Entwicklungsprognose im Frühbereich.
In *Kindeswohlgefährdung und Vernachlässigung,* Hrsg. U. Ziegenhein und J. M. Fegert,
67–83. München: Ernst Reinhardt.

Pawils, Silke, und Franka Metzner. 2011. Soziale Frühwarnsysteme: ambulant versus stationär
– oder beides? Evaluationsergebnisse zu „Babylotse Hamburg" und „Mum – Mama und
mehr". *Kindesmisshandlung und -vernachlässigung* 14 (1): 20–33.

Salgo, Ludwig. 2007. § 8a SGB VIII – Anmerkungen und Überlegungen zur Vorgeschichte und den Konsequenzen der Gesetzesänderung. In *Kindeswohlgefährdung und
Vernachlässigung,* Hrsg. U. Ziegenhein und J. M. Fegert, 9–29. München: Ernst Reinhardt.

Schäfer, Reinhild. 2010. Familie in Ordnung bringen – Implikationen des Präventionsanspruchs Früher Hilfen. In *Wohlfahrtsstaatlichkeit und Geschlechterverhältnisse aus
feministischer Perspektive,* Hrsg. R. Dackweiler und R. Schäfer, 208–226. Münster:
Westfälisches Dampfboot.

Schone, Reinhold. 2008. Kontrolle als Element von Fachlichkeit in den sozialpädagogischen
Diensten der Kinder- und Jugendhilfe. Expertise im Auftrag der Arbeitsgemeinschaft für
Kinder- und Jugendhilfe AGJ, Hrsg. AGJ, Berlin: Eigenverlag.

Schone, Reinhold. 2012. „Wenn jeder etwas anderes meint… " Zur Notwendigkeit der
Systematisierung und Differenzierung der Begrifflichkeiten im Kontext „Früher Hil-

fen" und des „Schutzauftrags bei Kindeswohlgefährdung". In *Kindesmisshandlung und -vernachlässigung* 15 (2): 148–165.

Singelnstein, Tobias, und Peer Stolle. 2008. *Die Sicherheitsgesellschaft. Soziale Kontrolle im 21. Jahrhundert.* 2. Aufl. Wiesbaden: VS Verlag für Sozialwissenschaften.

Smessaert, Angelika, und Johannes Münder. 2008. Von der Kinder- und Jugendhilfe zur Kinder-Fürsorge und Kinderbetreuung? *Widersprüche* 28 (109): 25–37.

Wiesner, Reinhard. 2006. Gesetzgeberische Absichten zur Verbesserung des Schutzes von Kindern und Jugendlichen vor Gefahren für ihr Wohl durch das Kinder- und Jugendhilfeweiterentwicklungsgesetz (KICK). *IKK-Nachrichten* 1–2: 4–8.

Die „Adipositas-Epidemie" bei Kindern als Rechtfertigung für Eingriffe in die Ernährung von Familien

5

Friedrich Schorb

Zusammenfassung

Das Thema Ernährung bei Kindern und Jugendlichen hat in den letzten Jahren verstärkt gesellschaftliche Aufmerksamkeit erhalten. Damit stieg auch die staatliche Bereitschaft in die Ernährungsweise von Kindern und Familien einzugreifen. Der Aufhänger für die gegenwärtig zu beobachtenden Eingriffe in die Ernährungsautonomie von Familien ist vor allem der Anstieg des Körpergewichts von Kindern und Jugendlichen. Problematisiert wird die Ernährungsweise von Kindern und Familien daher in Verbindung mit einer äußerst wirkmächtigen gesellschaftlichen Problemwahrnehmung: der „Adipositas-Epidemie".

Vor diesem Hintergrund fragt der Artikel, wie sich die Problemwahrnehmung der „Adipositas-Epidemie" diskursiv durchsetzen konnte, und wie sich die Maßnahmen zu ihrer Bekämpfung in die Prämissen des Aktivierenden Sozialstaats einfügen. Im Fazit werden Alternativen zum gegenwärtigen Umgang mit einem als zu hoch empfundenen Körpergewicht bei Kindern und Jugendlichen diskutiert.

5.1 Einleitung

Deutschland hat die Chance, sich selbst als ein Standort zu positionieren, der eine neue Zivilisationskrankheit, welche die ganze Erde erfassen wird, am ehesten und effektivsten in den Griff bekommen hat. (...). Warum setzen wir uns nicht zum Ziel,

F. Schorb (✉)
Bremen, Deutschland
E-Mail: schorb@uni-bremen.de

B. Bütow et al. (Hrsg.), *Sozialpädagogik zwischen Staat und Familie*,
DOI 10.1007/978-3-658-01400-1_5, © Springer Fachmedien Wiesbaden 2014

jenes Land zu werden, das weltweit führend ist in Fragen der individuellen Gesundheit, das der Epidemie Adipositas ein neues ganzheitliches Konzept entgegensetzt? Wer, wenn nicht wir? (Künast 2004, S. 31)

Das Thema Ernährung bei Kindern und Jugendlichen hat in den letzten Jahren verstärkt Aufmerksamkeit erhalten. Damit stieg gleichzeitig auch die staatliche Bereitschaft in die Ernährungsweise von Kindern und Familien einzugreifen. Die Gründe für diese Entwicklung sind vielfältig: Ernährung wird als wesentliche Quelle von Krankheit und Gesundheit angesehen. Offiziellen Angaben zufolge fallen in der Bundesrepublik Deutschland mindestens dreißig Prozent der Kosten im Gesundheitswesen für ernährungsmitbedingte Krankheiten an und gelten somit grundsätzlich als vermeidbar (vgl. Kohlmeier et al. 1993) – und genau aus diesem Grund erhoffen sich Politik und Gesellschaft durch eine kollektive Veränderung der Ernährungsweise den Rückgang der Prävalenzen von chronischen Krankheiten, eine Reduktion der Kosten im Gesundheitswesen und eine insgesamt höhere Produktivität der Bevölkerung bis hin zur Gewährleistung der Verteidigungsfähigkeit der jeweiligen Nation. Darüber hinaus wird „die richtige" Ernährung und der dazugehörige gesundheitsbewusste Lebensstil immer häufiger auch als Voraussetzung für den individuellen gesellschaftlichen Erfolg von Heranwachsenden angesehen.

War Ernährungspolitik historisch gesehen ein Bereich, in dem sich die familien- und sozialpolitische Aufgabenstellung vor allem darin erschöpfte, für eine Grundversorgung mit Lebensmitteln zu sorgen, so sind in jüngerer Zeit die Themen Über-, und Fehlernährung in den Fokus der öffentlichen Aufmerksamkeit gerückt (vgl. Barlösius 1999). Die sozialstaatliche und damit auch die sozialpädagogische Aufgabe besteht dementsprechend nicht länger darin, für eine ausreichende Versorgung mit Nahrungsmitteln und ihren elementaren Nährstoffen zu sorgen, sondern vielmehr darin zu gewährleisten, dass sich Familien mit den Mitteln, die ihnen zur Verfügung stehen, auch tatsächlich „gesund" ernähren: worunter in erster Linie eine Ernährungsweise verstanden wird, die wenig Fett und Zucker und dafür viel Ballaststoffe und Vitamine enthält.

Der Aufhänger für die gegenwärtig zu beobachtenden Eingriffe in die Ernährungsautonomie von Familien ist aber nicht so sehr die Ernährungsweise von Kindern und Familien selbst, als vielmehr ein Phänomen, das, zumindest in der öffentlichen Wahrnehmung, damit unmittelbar verknüpft ist: der Anstieg des Körpergewichts von Kindern und Jugendlichen.

Problematisiert wird die Ernährungsweise von Kindern und Familien daher hauptsächlich in Verbindung mit einer anderen äußerst wirkmächtigen gesellschaftlichen Problemwahrnehmung: der „Adipositas-Epidemie". Diskursiver

Aufhänger für die Konstitution der Problemwahrnehmung „Adipositas-Epidemie"
ab Mitte der 1990er Jahre war die Feststellung, dass Kinder wie Erwachsene
in Industrie- und Schwellenländern durchschnittlich schwerer sind als noch vor
einigen Jahrzehnten, woraus geschlussfolgert wurde, dass dies dramatische Folgen für die Gesundheits- und Sozialsysteme und damit für die Produktivität und
Leistungsfähigkeit der Bevölkerung insgesamt haben könnte (WHO 2000).

Im Folgenden soll zunächst einmal geklärt werden, was die Problemwahrnehmung der „Adipositas-Epidemie" beinhaltet, wie sie sich von den konkurrierenden
gesellschaftlichen Wahrnehmungen abhebt und warum sie sich im Diskurs durchsetzen konnte. Darauf aufbauend sollen dann die Maßnahmen zur Bekämpfung der
„Adipositas-Epidemie" unter der Fragestellung, wie sich in die Prämissen des
Aktivierenden Sozialstaats einfügen, analysiert werden. Schließlich soll die Kritik
an diesen Programmen vorgestellt werden, um im Fazit Alternativen zum gegenwärtig dominierenden Umgang mit einem erhöhten Körpergewicht bei Kindern
und Jugendlichen erörtern zu können.

5.2 Was ist die „Adipositas-Epidemie" und welche alternativen Problemwahrnehmungen gibt es?

> Die Bäuche haben sich in unseren Alltag gedrängt. Inzwischen verursacht die Fehl-
> ernährung mehr als 70 Milliarden Euro Folgekosten im Jahr. Was wäre wohl los,
> wenn ein Virus oder eine Tierkrankheit derartige Schäden anrichtete? (Künast 2004,
> S. 17)

Adipositas gilt als multifaktorielle Krankheit. Das bedeutet, die Ursachen für
Adipositas werden in so unterschiedlichen Gründen wie Fehlernährung, Bewe-
gungsmangel, genetischen Dispositionen oder psychischen Problemen verortet.
Welche Faktoren im jeweiligen Fall welchen Anteil an der Entstehung einer kindlichen Adipositas haben, lässt sich aber letztlich nur durch eine individuelle
Anamnese feststellen und bleibt auch dann noch dem Interpretationsspielraum
der konsultierten Expertinnen und Experten überlassen. In der öffentlichen Wahrnehmung des Problems stehen jedoch weniger die individuellen genetischen
oder psychosozialen Ursachen für die kindliche Gewichtszunahme im Vordergrund. Hier wird die „Adipositas-Epidemie" bei Kindern vorrangig als Folge
sich verändernder Umweltbedingungen bzw. als Folge einer unzureichenden
Anpassung an diese sich verändernden Umweltbedingungen betrachtet. In der
medizinisch-epidemiologischen Fachsprache werden diese potentiell dickmachen-
den Lebensumstände unter dem Begriff der adipogenen Umwelt (obesogenic

environment) zusammengefasst. Dieser Begriff beschreibt gesellschaftliche Verhältnisse, in denen körperliche Bewegung im Berufsleben und im Alltag überflüssig
bzw. sogar erschwert wird und in der gleichzeitig permanent ein preiswertes und
kalorienreiches Nahrungsmittelangebot zur Verfügung steht (WHO 2000).

Zwar ist diese Entwicklung hin zu einer bewegungsarmen und kalorienreichen
Umwelt kein ganz neues Phänomen, sondern beschreibt einen kontinuierlichen
Prozess, der mindestens seit Ende des Zweiten Weltkriegs in den Industrielän-
dern und seit einigen Jahrzehnten auch in immer mehr Schwellenländern anhält.
Allerdings wird das Phänomen der „Adipositas-Epidemie" in der öffentlichen
Wahrnehmung meist auf die Entwicklung in den letzten drei Jahrzehnten redu-
ziert. Das hängt vor allem damit zusammen, dass in den Jahren nach 1980 in den
USA ein starker Anstieg der Prävalenzen von Übergewicht und Adipositas festge-
stellt wurde. So verdoppelte sich der Anteil der US-Amerikanischen Bevölkerung
mit einem BMI größer 30 zwischen 1980 und 2000. Bei Kindern und Jugendli-
chen verdreifacht sich der Anteil der offiziell als adipös klassifizierten Kinder von
Mitte der 1970er bis Ende der 1990er Jahre sogar (vgl. Flegal et al. 2010). Als
US-Amerikanische Epidemiologinnen und Epidemiologen sich Mitte der 1990er
Jahre erstmals dieses Trends bewusst wurden, etablierte sich dafür die Bezeichnung
„Adipositas-Epidemie".

Zunächst wurde unter der sprachlichen Gleichsetzung von allgemeiner Gewichtszunahme und Infektionskrankheiten noch ein rein numerischer Vergleich
verstanden. Eine Epidemie war Adipositas da vor allem noch im metaphori-
schen Sinn. Später wurde die Analogie zu Infektionskrankheiten auch auf die
Art und Weise der Übertragung des Phänomens bezogen. Anders als klassischen
Infektionskrankheiten lägen der kollektiven Gewichtszunahme zwar keine durch
Viren, Bakterien oder Parasiten ausgelösten Infektionen zugrunde, argumentier-
ten prominente Akteure des „Adipositas-Epidemie"-Narrativs, allerdings bilde die
sogenannte adipogene Umwelt ein Habitat, in dem sich Adipositas mit dem Tempo
einer Infektionskrankheit verbreiten könne.

Vor diesem Hintergrund schien es nur konsequent, dass Adipositas als erste
nichtinfektiöse Krankheit überhaupt von der Weltgesundheitsorganisation WHO
zur Jahrtausendwende ganz offiziell zur Epidemie erklärt wurde, und dass diese Zuschreibung dann auch durch die maßgeblichen Akteure in Wissenschaft, Publizistik
und Politik weitgehend unwidersprochen übernommen wurde (vgl. Schorb 2008).

Allerdings hinkt die Virenanalogie bei genauerer Betrachtung gleich aus mehreren Gründen: Denn erstens wird die als übermäßig definierte Gewichtszunahme
natürlich nicht allein durch eine virengleiche adipogene Umwelt ausgelöst: individuelle biomedizinische aber auch psychosoziale Ursachen bleiben in dieser
Wahrnehmung außen vor. Und zweitens werden auch in einer Gesellschaft, in

der adipogene Umweltbedingungen vorherrschen, längst nicht alle Menschen automatisch auch dick.

Darüber hinaus sind die behaupteten Folgen eines hohen Körpergewichts keine so eindeutige Gefahr für die Gesundheit, wie es in der öffentlichen Debatte dargestellt wird. Insbesondere der BMI-Bereich 25–30, der offiziell als Übergewicht bezeichnet wird, aber auch die „moderate Adipositas", also der BMI-Bereich von 30–35, gelten einer wachsenden Zahl von Epidemiologinnen und Epidemiologen nicht mehr per se als gesundheitsgefährdend (vgl. Flegal et al. 2005; Lenz et al. 2009). Eine steigende Zahl von Medizinerinnen und Medizinern sieht die Risiken, die mit einer forcierten Gewichtsabnahme einhergehen, und die in der Folge häufig zu einem Jo-Jo-Effekt[1] führen, dann auch aus gesundheitlicher Sicht als wesentlich problematischer an, als ein stabiles Übergewicht bzw. eine moderate Adipositas. Den Schwerpunkt der Präventionsmaßnahmen legen sie dementsprechend auf eine Gesundheitsförderung, die nicht länger das Ziel der Gewichtsabnahme in den Vordergrund stellt, sondern ausreichende Bewegung und eine ausgewogene und abwechslungsreiche Ernährung als eigenständige Gesundheitsziele propagiert – und das unabhängig von der Frage, wie diese sich langfristig auf das Körpergewicht auswirken (vgl. Bacon 2008; Gaesser 1996).

Wenn es aber weder als gesichert angenommen werden kann, dass aus einem überdurchschnittlichen Gewicht automatisch eine Gesundheitsgefährdung resultiert, noch, dass die forcierte Gewichtsreduktion den Gesundheitszustand der Betroffen automatisch verbessert, dann stellt sich ganz grundsätzlich die Frage, ob Dickleibigkeit tatsächlich eine Krankheit bzw. ein Risikofaktor für bestimmte Krankheiten ist, oder nicht doch eher ein ästhetisches Phänomen ohne direkten Bezug zu Gesundheitsfragen.

Die Beantwortung dieser Frage hängt vom Standpunkt des Fragenden ab. Die überwiegende Mehrheit der am Diskurs beteiligten Expertinnen und Experten teilt die Ansicht, dass es sich bei der „Adipositas-Epidemie" um eines der dringendsten globalen Gesundheitsprobleme handelt. Außerdem sind sie fest davon überzeugt, dass es sich bei der kollektiven Gewichtszunahme um ein Phänomen handelt, das gesamtgesellschaftlich verursacht wurde und daher auch nur gesamtgesellschaftlich bekämpft werden kann. Weitgehend einig ist man sich zudem darin, dass mit der Bekämpfung der Dickleibigkeit am besten schon im Kindesalter begonnen werden sollte und zwar vor allem deshalb, weil sich der Lebensstil im Kinder- und Jugendalter ihrer Ansicht nach besonders einfach und vor allem nachhaltig beeinflussen lässt.

---

[1] Unter Jo-Jo-Effekt wird das Phänomen verstanden, dass das Körpergewicht bei Diäten häufig zunächst sinkt, um dann nach Beendigung der Diät umso schneller wieder anzusteigen. Am Ende dieses Jo-Jo-Zyklus steht daher häufig ein höheres Gewicht als vor Beginn der Diät.

Neben der Wahrnehmung der „Adipositas-Epidemie" existieren im öffentlichen Diskurs aber noch weitere alternative Wahrnehmungen (vgl. Kwan 2009; Saguy und Riley 2005; Schorb 2008). Etwa die von Adipositas als einem durch individuelles Fehlverhalten verursachten Problems, dem nicht durch eine gesellschaftspolitische Intervention, sondern allein durch die Stärkung der Eigenverantwortlichkeit beizukommen sei (vgl. Basham et al. 2006). Als Argument dafür, dass Adipositas kein gesellschaftliches, sondern ein individuelles Problem ist, gilt den Vertreterinnen und Vertretern dieser Problemwahrnehmung unter anderem die Erkenntnis, dass die „Adipositas-Epidemie" längst nicht alle gesellschaftlichen Gruppen gleichermaßen betrifft, sondern soziale Randgruppen wesentlich stärker als andere[2].

Im Unterschied dazu ist die Fat-Acceptance-Bewegung nicht an einer Lösung des Problems im Sinne des Verschwindens seiner sichtbaren Ausprägung interessiert. Die Anhängerinnen und Anhänger dieses Deutungsmusters setzen sich stattdessen für die gesellschaftliche Akzeptanz abweichender Körperformen ein. Ziel der Fat-Acceptance-Bewegung und ihrer Verbündeten ist es zu erreichen, dass ein überdurchschnittliches Körpergewicht nicht mehr automatisch als defizitär, krankhaft und behandlungsbedürftig angesehen, sondern als Teil der gesellschaftlichen Vielfalt und Diversität respektiert wird (vgl. Rothblum und Solovay 2009).

5.3 Die „Adipositas-Epidemie" bei Kindern

Für die Politik sind auch bei sozial schwachen und Migrantenfamilien die Kinder nach meiner Meinung der entscheidende Schlüssel beim Kampf gegen die Volkskrankheit Adipositas. Die Zeiten, in denen Kleinkinder und Kinder geprägt werden in ihrem Geschmack, ihren Gewohnheiten und ihrem Lebensstil, sind am erfolgversprechenden. Kinder jedoch bedürfen ab den ersten Jahren einer Anleitung. (Künast 2004, S. 222)

---

[2] Aus dieser Sichtweise darf die Lebensmittelindustrie dann auch nicht für das unverantwortliche Verhalten Einzelner bestraft werden. Die Akteure dieser Gruppe sind vor allem darum bemüht, die Lebensmittelindustrie vom Vorwurf, für die „Adipositas-Epidemie" in irgendeiner Form verantwortlich zu sein, freizusprechen. Diese Problemwahrnehmung ist vor allem in den USA in der öffentlichen Diskussion stark vertreten und findet dort sowohl im libertären als auch im konservativen politischen Spektrum viel Zuspruch (Basham et al. 2006).

Bleibt die Frage, wie ein gesundes Gewicht eigentlich definiert wird. Für Erwachsene ist diese Frage 1995 durch die Weltgesundheitsorganisation WHO eindeutig und unmissverständlich beantwortet worden. Die WHO hat damals global für alle über 18-Jährigen festgelegt, dass sie ab einem BMI (kg/m^2) von 25 an als übergewichtig und damit als gesundheitlich gefährdet und ab einem BMI von 30 als adipös und damit als krankhaft fettleibig zu gelten haben. Grundlage für diese Festlegung waren populationsbezogene Studien, mit deren Hilfe eine gesundheitliche Gefährdung von den jeweiligen Werten an abgeleitet wurde (WHO 1995, 2000).

Für Kinder ist es dagegen aus medizinischer Sicht völlig unklar, ab wann ein Körpergewicht gerade noch als tolerabel und ab wann ein Gewicht als gesundheitlich bedenklich einzustufen ist. Ab welchem BMI-Wert ein Kind medizinisch als zu dick gilt, hängt außerdem davon ab, wo es geboren wurde: Denn neben internationalen Grenzwerten gibt es bei Kindern unterschiedliche nationale Referenzwerte, die sich, anders als die Grenzwerte für Erwachsene, an Perzentilwerten[3] orientieren. Diese mathematisch konstruierten Grenzwerte berufen sich nicht auf populationsbezogene Studien zur Ermittlung von Risikofaktoren für chronische Krankheiten, sondern repräsentieren rein statistische Setzungen. Per Definition wird so festgelegt, dass in manchen Ländern zehn, in anderen Ländern 15 % als übergewichtig und jeweils drei bzw. fünf Prozent einer gegebenen Grundgesamtheit als krankhaft dickleibig zu gelten haben. Wie viele Kinder und Jugendliche der jeweiligen Bevölkerung dann tatsächlich als dick bzw. krankhaft dickleibig bezeichnet werden, hängt also letztlich davon ab, wann der jeweilige Datenpool erhoben wurde, anhand dessen die Perzentilen ursprünglich einmal berechnet wurden. Dabei gilt grundsätzlich: umso älter die zugrunde gelegten Daten sind, umso höher ist der Anteil der Kinder, die in einem Land als übergewichtig bzw. als krankhaft dickleibig gelten (vgl. Schorb und Helmert 2011).

Anders als bei Erwachsenen wird bei Kindern und Jugendlichen die Gefährlichkeit einer infantilen Adipositas also nicht aus den Ergebnissen epidemiologischer Studien begründet. Vielmehr wird hier die Gefährdung dicker Kinder ab einem spezifischen, von Geschlecht und Alter abhängigen BMI-Wert damit gerechtfertigt, dass aus dicken Kindern dicke Erwachsene würden, die später einmal von denselben Krankheiten betroffen sein werden. Allerdings entpuppen sich alle populären Aussagen, die die „Adipositas-Epidemie" bei Kindern belegen sollen, bei genauerer Prüfung als wenig verlässlich. Die viel zitierte Behauptung etwa, dicke

---

[3] Perzentile bzw. Hundertstelwerte beschreiben die Aufteilung einer Grundgesamtheit in 100 umfangsgleiche Teile. Das neunzigste Perzentil entspricht dem Wert, den neunzig Prozent der Grundgesamtheit unterschreiten und zehn Prozent überschreiten.

Kinder stürben vor ihren Eltern[4], ist genauso wenig nachgewiesen, wie die Aussage, dass aus dicken Kindern mit hoher Wahrscheinlichkeit dicke Erwachsene würden[5]. Auch über die behauptete exponentielle Zunahme des Körpergewichts von Minderjährigen gibt es in vielen Ländern widersprüchliche Angaben. Nur wenige Staaten verfügen über verlässliche Daten, die ein klares Bild über die Entwicklung des Körpergewichts von Minderjährigen über einen längeren Zeitraum hin geben könnten. Zu diesen Staaten zählen unter anderem die USA, wo sich der Anteil der als übergewichtig klassifizierten Kinder und Jugendlichen seit Mitte der 1970er Jahre tatsächlich mehr als verdreifacht hat (vgl. Flegal et al. 2010). Seit der Jahrtausendwende ist aber in einer wachsenden Zahl von Industrieländern, die USA eingeschlossen, der Anteil der Kinder, die als zu dick klassifiziert werden, rückläufig bzw. stagnierend (für die Schweiz vgl. Aeberli et al. 2010; für Deutschland vgl. Hungerland et al. 2011; international vgl. Rokholm et al. 2010). Nichtsdestotrotz dominiert in der öffentlichen Wahrnehmung unbeirrt die Vorstellung, Adipositas sei eine Epidemie mit stetig weiter steigenden Prävalenzen und fatalen Folgen für Volksgesundheit und Volkswirtschaft.

5.4 Die „Adipositas-Epidemie" und der aktivierende Sozialstaat

Für jede Bürgerin und jeden Bürger ist es in Deutschland grundsätzlich möglich, gesund zu leben, sich insbesondere eigenverantwortlich gesund zu ernähren und ausreichend zu bewegen. Dennoch nehmen in Deutschland und in den meisten Industrienationen Krankheiten zu, die durch eine unausgewogene Ernährung und zu wenig Bewegung begünstigt werden. Das bedeutet, dass nicht alle Menschen in der Lage oder willens sind, diese bestehenden Möglichkeiten zu nutzen. Daher ist es erforderlich, die Kenntnisse über die Zusammenhänge von ausgewogener Ernährung, ausreichender Bewegung und Gesundheit weiter zu verbessern, zu gesunder Lebensweise zu motivieren und Rahmenbedingungen zu schaffen, die die Wahrnehmung der Verantwortung jeder Einzelnen und jedes Einzelnen für die eigene Gesundheit und die der Familie fördern. (BMELV/BG 2008, S. 7)

---

[4] Gemeint ist damit, dass die zukünftige Generation aufgrund von Übergewicht und damit einhergehenden Zivilisationskrankheiten nicht dieselbe Lebenserwartung erreichen wird wie ihre Elterngeneration.

[5] Tatsächlich trifft die Aussage, „aus dicken Kindern werden mit hoher Wahrscheinlichkeit dicke Erwachsene" allenfalls auf Jugendliche in der Pubertät zu, nicht aber auf Babys und Kleinkinder (Schorb und Helmert 2011).

Aus der derzeit dominierenden Problemwahrnehmung der „Adipositas-Epidemie" als einem durch adipogene Umweltbedingungen ausgelösten Effekt geht diskursiv hervor, dass gesamtgesellschaftlich interveniert werden muss. Die Idee einer adipogenen Umwelt beinhaltet grundsätzlich die Möglichkeit, regulierend auf die Lebensmittelindustrie einzuwirken und dabei den Verkauf und die Werbung für bestimmte Produkte einzuschränken bzw. diese sogar vollständig zu verbieten. Umgekehrt lässt sich mit Verweis auf die Problemwahrnehmung der „Adipositas-Epidemie" auch ein stärkeres Eingreifen in die Ernährungsautonomie von Familien begründen, etwa durch die Koppelung von Transferleistungen an den Konsum als gesund geltender Lebensmittel und die Ausübung eines gesundheitsförderlichen Lebensstils oder, als Ultima Ratio, den Sorgerechtsentzug für die Eltern dicker Kinder (vgl. Nuffield Council on Bioethics 2007).

Ob überhaupt und wenn ja, in welcher Weise und mit welchem Schwerpunkt interveniert werden soll – also ob eher die KonsumentInnen oder die ProduzentInnen der als Auslöser der „Adipositas-Epidemie" identifizierten Produkte AdressatInnen der vorgeschlagenen Maßnahmen sein sollen – ist weniger eine Frage der richtigen Studien oder der richtigen Methodik als das Ergebnis eines gesellschaftlichen Aushandlungsprozesses und somit eine explizit politische Frage (vgl. Schorb 2013).

Die Beantwortung dieser Frage lässt sich nicht allein auf den vermeintlichen Gegensatz zwischen grün-sozialdemokratischer Industriekritik auf der einen Seite und (markt-)liberal-konservativer Kritik an mangelnder Eigenverantwortung auf der anderen Seite reduzieren. Das wiedererwachte staatliche Interesse an der „richtigen" Ernährungsweise von Kindern und Familien soll hier deshalb als Teil eines Paradigmenwechsels vom fürsorgenden zum vorsorgenden bzw. vom alimentierenden zum aktivierenden Sozialstaat analysiert werden.

Die Krise des fordistischen Sozialstaats, die seit Mitte der 1970er Jahre alle westlichen Wohlfahrtsstaaten erfasst hat, hatte zunächst vor allem die Kürzung von Sozialleistungen und die Privatisierung bislang staatlich getragener Aufgaben zur Folge. Diese Politik wurde ab den 1990er Jahren durch die vor allem von sozialdemokratischen Regierungschefs konzipierte Politik des „Dritten Weges" fortgesetzt. Die Politik des „Dritten Weges" versteht sich dem eigenen Anspruch nach als Alternative zu Kapitalismus und Sozialismus gleichermaßen – auch wenn sie faktisch exklusiv auf marktwirtschaftlichen Prämissen basiert (vgl. Giddens 2009).

Doch obwohl der „Dritte Weg" auf den ersten Blick als reine Fortsetzung des marktwirtschaftlichen Liberalismus politisch konservativer Prägung erscheinen mag, unterscheidet er sich von der reinen Marktlehre tatsächlich insofern, als in ihm Kürzungen und Privatisierungen staatlicher Leistungen kein reiner Selbstzweck mehr sind. Reformen unter dem Label „Dritter Weg" erfolgten nicht mehr anhand der Frage, wie stark die Aus- und Aufgaben des Staates im Sozialbereich zurückgefahren werden können, sondern anhand der Frage, inwieweit die Reformen in der Lage sind, die Bevölkerung zu unternehmerischem und marktkonformem Verhalten zu aktivieren (vgl. Bröckling 2007; Lessenich 2008).

Diese neuen Anforderungen des aktivierenden Sozialstaates wurden zunächst vor allem auf die Fähigkeit bezogen, sich auf einem deregulierten und zunehmend prekären Arbeitsmarkt möglichst ohne staatliche Hilfe behaupten zu können. Später wurden diese Diskussionen zunehmend auf den Kontext der protektiven Vermeidung gesundheitlicher Risikofaktoren übertragen (vgl. Schmidt 2008).

Ähnlich wie temporäre Arbeitslosigkeit oder Unterbeschäftigung auf einem deregulierten Arbeitsmarkt im Selbstverständnis des aktivierenden Sozialstaates nicht länger Risiken sind, die außerhalb des Einflusses des Einzelnen stehen, sollen auch die KlientInnen eines sozialstaatlich organisierten Gesundheitssystems lernen, chronische Krankheiten durch vorausschauendes und angepasstes Verhalten weitestgehend zu vermeiden. Die Dominanz so genannter chronischer Krankheiten, die in der öffentlichen Debatte als in weiten Teilen verhaltensbedingt gelten, führt dazu, dass die Kosten für die Gesundheitsversorgung insgesamt als überwiegend vermeidbar gelten. Die Finanzierungsprobleme des Wohlfahrtstaates erscheinen so auch im Gesundheitssektor nicht länger als systembedingte Probleme eines krisenanfälligen Wirtschaftssystems, sondern als Folge kollektiven Fehlverhaltens, das durch eine permissive Sozialpolitik überhaupt erst ermöglicht wurde (vgl. Braun et al. 1998; Schmidt 2008).

Auch die Finanzierungsprobleme der neben Arbeitslosen- und Krankenversicherung dritten Säule des Wohlfahrtsstaates, der Altersversorgung, werden nach diesem Muster problematisiert. Sie gelten im gesellschaftspolitischen Diskurs als Folge einer statistischen Entwicklung – zu viele (Früh-)RentnerInnen treffen auf zu wenige ArbeitnehmerInnen –, ohne dabei zu berücksichtigen, dass die Produktivität der Arbeitskräfte schneller gestiegen ist als ihr prozentualer Anteil an der Bevölkerung im selben Zeitraum gesunken ist[6].

Unabhängig davon, ob es sich um die Absicherung im Alter, im Krankheitsfall oder bei Arbeitsplatzverlust handelt, wird in allen drei zentralen Bereichen des Wohlfahrtsstaates kollektives Fehlverhalten aufgrund fehlender bzw. falscher

---

[6] Auch die ehemalige Verbraucherschutzministerin Renate Künast (2004) zieht in ihrem Buch „Die Dickmacher" einen expliziten Vergleich zwischen der Krise des Rentenversicherungssystems und der Krise des Gesundheitssystems: „Bei der Fettleibigkeit ist es eher wie mit der demographischen Entwicklung. Bei diesem Thema haben wir auch die schmerzhafte Erfahrung gemacht, dass es nichts nützt, ein Phänomen einfach übersehen zu wollen. Seit über zwanzig Jahren kennen wir präzise Prognosen. Die Botschaft ist seit den siebziger Jahren klar: Immer weniger Junge können unmöglich das heutige Rentenniveau für immer mehr Alte erwirtschaften, deren Lebenserwartung zügig steigt" (ebd., S. 17).

Verhaltenssteuerung durch die Institutionen des Wohlfahrtsstaates für Finanzierungsprobleme verantwortlich gemacht. Es ist daher nur folgerichtig, dass in der öffentlichen Diskussion um die Reform des Sozialstaates die offensichtliche Tatsache, dass es in einer auf Wachstum als Selbstzweck angewiesenen Ökonomie nie wirklich um Kostensenkungen gehen kann, einfach unterschlagen wird: Denn weder die Ausgaben für Rentenversicherungen noch für Krankenversicherungen, noch die Ausgaben für Gesundheitsdienstleistungen sollen tatsächlich sinken – das wäre auch volkswirtschaftlich gesehen fatal –, vielmehr sollen diese Ausgaben zu immer größeren Teilen individuell getragen werden. Hinter dieser Politik steht die Hoffnung, dass eine zumindest partiell individuell getragene Risikoabsicherung zu einem produktiveren Umgang mit den eigenen Ressourcen veranlasst und gleichzeitig die Teilprivatisierung bislang kollektiv getragener Sicherungssysteme die Staatskasse entlastet und das Wirtschaftswachstum ankurbelt. Die gesellschaftliche Erziehung zu eigenverantwortlichen Verhaltensweisen kann vor diesem Hintergrund dann auch gar nicht früh genug beginnen, und die frühzeitige Erziehung zu einer angepassten sowie gesundheitlich optimalen Ernährungsweise zählt unbedingt dazu.

5.5 Maßnahmen gegen die „Adipositas-Epidemie" bei Kindern

Wir wissen: Fundiertes Wissen über Nahrung, Gesundheit und Ernährung muss zukünftig zum bildungspolitischen Standard gehören. Dieses Wissen muss gesellschaftliche Kernkompetenz sein, die entwickelt und gepflegt werden muss. Die Kinder sollen nicht nur Rechnen, Schreiben und Lesen lernen, sondern auch wissen, wie sie ihr eigenes Wohlbefinden organisieren. (Renate Künast 2004 zit. nach Deutscher Bundestag 2004, S. 10324A)

Anders als bei Erwachsenen, wo die Maßnahmen zur Bekämpfung der „Adipositas-Epidemie" dem Anspruch des liberalen Wohlfahrtsstaates folgend weniger auf Zwang als auf Überzeugung und Überredung basieren sollen, konnten sich, wo es um Familien und Kinder ging, auch Maßnahmen durchsetzen, die stärker in die Privatautonomie der AdressatInnen eingreifen. Kinder gelten als besonders schutzbedürftig, entsprechend seien hier auch Interventionen mit höherem Eingriffspotential zur Bekämpfung der „Adipositas-Epidemie" vorstellbar, argumentieren zum Beispiel die Autorinnen und Autoren des britischen Public Health Think Tanks „Nuffield Council on Bioethics", der die britische Regierung bei der Umsetzung von Public Health Reformen berät (Nuffield Council on Bioethics 2007).

Maßnahmen, die im Kampf gegen die „Adipositas-Epidemie" bei Kindern vorgesehen oder bereits umgesetzt worden sind, konzentrieren sich vor allem auf Kindergärten und Schulen. Häufig gingen diese Interventionen mit der freiwilligen Etablierung einer Verbotskultur einher, bei der der Konsum bestimmter Lebensmittel in Kindergärten oder Schulen durch Beschluss von Pädagoginnen und Pädagogen in Zusammenarbeit mit den Eltern untersagt wurde, ohne dass es dazu gesetzlicher Verordnungen bedurfte. Diese Beobachtung trifft in besonderem Maße für mittelständische Milieus zu, in denen die Vorstellung davon, was eine gesunde Ernährung und einen angemessenen Lebensstil ausmacht, durch alle Beteiligten weitestgehend geteilt wird. Maßnahmen hingegen, die stärker punitiven Charakter haben und erst durch staatlichen Druck eingeführt wurden, finden sich vor allem in solchen Milieus, in denen Kinder aus sozialbenachteiligten Familien leben. Warum Familien aus „schwachen Schichten" hier besonders gefordert sind, erklärte die damalige Verbraucherschutzministerin Renate Künast im Jahr 2004, so:

> Obgleich Übergewicht kein ausschließliches Problem schwacher Schichten ist, haben diese besonders damit zu kämpfen. Denn vom Regelsatz der Sozialhilfe ist eine Ernährung nach den Richtlinien der Deutschen Gesellschaft für Ernährung zwar möglich, erfordert aber Wissen und Konzentration zum Beispiel auf saisonale Produkte, wie diverse Studien Mitte der neunziger Jahre ergaben. Wird ein Großteil des Haushaltsbudgets auch noch für teure Convenience- oder Fast Food Produkte verwendet, sinkt der für gesunde Lebensmittel – besonders für Obst und Gemüse – verfügbare Anteil noch weiter. Es sind hohe Haushaltskompetenzen notwendig, um mit wenig Geld nicht nur viel, sondern auch qualitativ hochwertig einzukaufen. (Künast 2004, S. 213 f.)

Während die Maßnahmen zur Bekämpfung der „Adipositas-Epidemie" bei Kindern in Deutschland bislang noch überwiegend auf Freiwilligkeit setzen, wird in Großbritannien, gerade im Umgang mit marginalisierten Menschen, eine weitaus härtere Gangart an den Tag gelegt. So hält der britische Aktionsplan zur Bekämpfung der „Adipositas-Epidemie" „Healthy Weight, Healthy Lives" Mütter aus sogenannten „at risk families" durch aufsuchende Familienhebammen und/oder MitarbeiterInnen der Sozialbehörden dazu an, ihre Kinder unbedingt zu stillen. Die Eltern dicker Kinder sollen durch regelmäßige Reihenwiegungen und -messungen an Schulen, bei denen der BMI des Kindes und die dazugehörige Klassifizierung sowie Tipps und Einrichtungen zur Gewichtabnahme vermerkt sind, informiert und zur Verhaltensänderung respektive Gewichtsreduktion bewogen werden (Department of Health 2008, S. 14 ff.). In Großbritannien hat sich die Situation mittlerweile soweit radikalisiert, dass Dickleibigkeit bei Minderjährigen immer häufiger mit Kindeswohlmissbrauch gleichgesetzt und der Sorgerechtsentzug für die Eltern dicker Kinder allmählich zur gesellschaftlichen Normalität wird (Nuffield Council on Bioethics 2007, S. xxv).

In den USA soll das mit Abstand am weitesten verbreitete Sozialprogramm – die Verteilung von Lebensmittelgutscheinen an Bedürftige, von denen insgesamt fast 50 Mio. US-Amerikanerinnen und US-Amerikaner abhängig sind – dem Nationalen Aktionsplan „White House Report" von 2010 zufolge stärker an ernährungswissenschaftliche Vorgaben angepasst werden. Überlegungen, zur Bekämpfung der „Adipositas-Epidemie" bestimmte Waren nicht länger auf Lebensmittelgutscheinen auszugeben, sollten 2011 erstmalig in New York getestet werden. Vorgesehen war, den rund drei Millionen Empfängerinnen und Empfängern von Food Stamps in New York City zwei Jahre lang den Bezug von gezuckerten Getränken über Lebensmittelgutscheine zu verunmöglichen. Das US-Amerikanische Landwirtschaftsministerium lehnte das Vorhaben jedoch auf Druck einer ungewöhnlichen Allianz von Lebensmittelkonzernen auf der einen Seite und „Food Justice"-Organisationen auf der anderen Seite, ab (vgl. McGeehan 2011).

5.6 Kollateralschäden der Maßnahmen im Kampf gegen die „Adipositas-Epidemie"

> Dicke Kinder kommen oft aus dicken Familien, die in der Nachbarschaft dicker Familien leben, Die haben eine Familienkultur, die für die Psyche gar nicht schlecht ist. (Kurth 2008 zit. nach Lakotta 2008, S. 150)

Auch Epidemiologinnen und Epidemiologen, die die Deutung von Übergewicht als gravierendes gesundheitliches Problem grundsätzlich teilen, kommen angesichts der zunehmenden Verunsicherung junger Menschen mit ihrem Körper(-gewicht) ins Zweifeln, ob die Kollateralschäden bei der Bekämpfung der „Adipositas-Epidemie" für ein einfaches Weiter so nicht doch zu hoch sind. Die Epidemiologin Bärbel Maria Kurth etwa, die maßgeblich an der Erstellung des Kinder- und Jugendgesundheitssurveys (KIGGS) beteiligt war (vgl. Kurth und Schaffrath Rosario 2007), hat untersucht, wie sich das gefühlte Gewicht von Kindern und Jugendlichen zu ihrem tatsächlichen Gewicht verhält und wie sich das gefühlte Gewicht auf die Lebensqualität von Kindern und Jugendlichen auswirkt. Die Ergebnisse dieser Studie, die sie zusammen mit Ute Ellert im Jahr 2008 veröffentlicht hat, machen deutlich, dass sich wesentlich mehr Kinder zu dick fühlen als nach den bestehenden

Grenzwerten tatsächlich als zu dick klassifiziert wurden (Kurth und Ellert 2008). Wenig überraschend ist dieses Phänomen bei Mädchen besonders stark ausgeprägt. Überraschender ist dagegen, dass die empfundene Lebensqualität der Kinder nicht mit dem tatsächlichen, sondern mit dem gefühlten Gewicht korreliert. Das bedeutet: Kinder, die nach den gegenwärtigen Grenzwerten als übergewichtig oder adipös gelten, sich aber nicht so fühlen, haben eine wesentlich höhere subjektive Lebensqualität als Kinder, die zwar offiziell normalgewichtig sind, sich aber trotzdem als zu dick wahrnehmen (vgl. ebd.; vgl. auch Röhrig et al. 2012).

Bislang werden aus diesen Ergebnissen keine Konsequenzen gezogen: Und solange dick und krank noch als Synonyme gelten, scheint es auch nur schwer vorstellbar, dass die Akteure im Gesundheitswesen, allen bekannten Problemen zum Trotz, freiwillig auf die „Sensibilisierung", Informierung und letztlich auch auf die Behandlung dicker Kinder verzichten werden. Das ist deshalb besonders problematisch, weil dicke Kinder und ihre Familien, anders als andere pathologisierte Gruppen, nicht auf gesellschaftlichen Schutz vor Diskriminierung hoffen können. Dies hängt vor allem damit zusammen, dass, entgegen den dominierenden Ätiologiemodellen der Fachdisziplinen, ein erhöhtes Körpergewicht gesellschaftlich immer noch vorwiegend als eine sichtbare Folge falscher Verhaltensweisen wahrgenommen wird (vgl. Hilbert et al. 2008). Dementsprechend werden ernsthafte Anstrengungen zur Bekämpfung von Gewichtsdiskriminierung auch gar nicht erst unternommen. Zwar wird die Diskriminierung dicker Kinder – meist verharmlosend als Hänseleien bezeichnet – in den regierungsamtlichen und zivilgesellschaftlichen Programmen zur Bekämpfung der „Adipositas-Epidemie" durchaus bedauert, auf die Idee aber, offensiv für die gesellschaftliche Akzeptanz dicker Körper zu werben, kommt bislang keine/r der an der Problemwahrnehmung beteiligten Expertinnen und Experten. Die Verantwortung für die Lösung des Problems der Stigmatisierung dicker Kinder wird letztlich den Kindern selbst bzw. deren Familien aufgelastet. Dicke Kinder müssten abnehmen, dann würden sie auch nicht länger gehänselt, heißt die scheinbar so einfach Lösung.

Aus sozialpolitischer und sozialpädagogischer Sicht tragen die gegenwärtigen Debatten um die „Adipositas-Epidemie" mit dazu bei, dass soziale Probleme zu Fragen einer individual-medizinischen bzw. -psychologischen Compliance uminterpretiert werden können. Auf diese Weise wird etwa die Diskussion darum, ob die gegenwärtigen Hartz-IV-Sätze in Deutschland für eine ausgewogene Ernährung von Familien überhaupt ausreichend sind, pauschal abgewiegelt und disqualifiziert, und das obwohl unabhängige Erhebungen zeigen, dass die gegenwärtigen Hartz-IV-Sätze bei Weitem nicht genügen, um die von der Bundesregierung empfohlene „optimierte Mischkost" zu finanzieren (Kersting und Claussen 2007).

5.7   Fazit

Ob Lebensversicherer, die sich als erste daran machten ein lebensverlängerndes Idealgewicht zu bestimmen und ihre Tarife daran auszurichten; ob private Krankenversicherungen, die ihre Beiträge weltweit nach dem BMI ihrer Kunden staffeln; ob staatliche Arbeitgeber, die ihren Angestellten Verbeamtungen wegen eines zu hohen BMIs vorenthalten; ob Einreisebehörden, die – wie etwa in Neuseeland – dicken ArbeitsmigrantInnen trotz Arbeitserlaubnis die Einreise verweigern; ob japanische Unternehmen, die ihre Arbeitskräfte zu firmeneigenen Abspeckkursen nötigen, weil sie für jeden dickleibigen Angestellten Strafgebühren zahlen müssen; ob kinderlose Paare, bei denen der BMI bestimmt, ob sie Kinder adoptieren dürfen; ob Eltern dicker Kinder, denen das Sorgerecht für ihre Schützlinge entzogen werden soll: Das Überschreiten eines bestimmten BMIs respektive Bauchumfangs führt zu sozialem, ökonomischem und juridischem Ausschluss (vgl. Schorb 2009, S. 9–18).

Im Namen der Gesundheit wird so das westliche Schönheitsideal zum einzig gültigen und eine eurozentrierte und mittelschichtorientierte Ernährungsweise zur einzig legitimen erklärt. Gleichzeitig werden als dick markierte Körper stigmatisiert und pathologisiert.

Einer emanzipativen Gesundheitswissenschaft sollte es aber darum gehen, Bedingungen zu schaffen, in denen es möglich ist, ohne Angst vor Sanktionen verschieden sein zu dürfen. Bedingungen, in denen alternative Orientierungen als die Steigerung der Lebenserwartung und Kosteneinsparungen im Gesundheitswesen legitim sind. Bedingungen, in denen rigide Moralvorstellungen beim Namen genannt werden und sich nicht länger hinter Mortalitäts- und Morbiditätsstatistiken verstecken können. Bedingungen, in denen Empowerment und Gesundheitsförderung nicht länger Euphemismen für die mehr oder weniger sanft angeleitete Übernahme vorgefertigter Verhaltensmuster sind. Und schließlich Bedingungen, unter denen es denkbar wird, als dick markierte Körper nicht länger nur als Belastung und Bedrohung, sondern endlich auch als Bereicherung wahrzunehmen.

Literatur

Aeberli, Isabelle, Rachel S. Ammann, Marisa Knabenhans, Luciano Molinari, und Michael B. Zimmermann. 2010. Decrease in the prevalence of paediatric adiposity in Switzerland from 2002 to 2007. *Public Health Nutrition* 13 (06): 806–811.

Bacon, Linda. 2008. *Health at every size: The surprising truth about your weight.* Dallas: BenBella Books.

Barlösius, Eva. 1999. *Soziologie des Essens: eine sozial- und kulturwissenschaftliche Einführung in die Ernährungsforschung, Grundlagentexte Soziologie*. Weinheim: Juventa-Verl.

Basham, Patrick, Gio B. Gori, und John C. Luik. 2006. *Diet nation: Exposing the obesity crusade*. London: Social Affairs Unit.

BMELV/BG. 2008. IN FORM – Deutschlands Initiative für gesunde Ernährung und mehr Bewegung'. Bundesministerium für Ernährung, Landwirtschaft und Verbraucherschutz; Bundesministerium für Gesundheit. Berlin.

Braun, Bernard, Hagen Kühn, und Hartmut Reiners. 1998. *Das Märchen von der Kostenexplosion – Populäre Irrtümer zur Gesundheitspolitik*. Frankfurt: Fischer.

Bröckling, Ulrich. 2007. *Das unternehmerische Selbst: Soziologie einer Subjektivierungsform*. Frankfurt: Suhrkamp.

Department of Health. 2008. *Healthy weight, healthy lives: A cross government strategy for England*. London: Department of Health and the Department for Children, Schools, and Families.

Deutscher Bundestag. 2004. Stenografischer Bericht. 114. Sitzung. Berlin. http://dip21. bundestag.de/dip21/btp/15/15114.pdf. Zugegriffen: 17. Juni 2004.

Flegal, Katherine M., Barry I. Graubard, David F. Williamson, und Mitchell H. Gail. 2005. Excess deaths associated with underweight, overweight, and obesity. *JAMA: The Journal of the American Medical Association* 293 (15): 1861–1867.

Flegal, Katherine M., Margaret D. Carroll, Cynthia L. Ogden, und Lester R. Curtin. 2010. Prevalence and trends in obesity among US adults, 1999–2008. *JAMA: The Journal of the American Medical Association* 303 (3): 235–241.

Gaesser, Glenn A. 1996. *Big fat lies: The truth about your weight and your health*. New York: Fawcett Columbine.

Giddens, Anthony. 2009. Die Zukunft des Europäischen Sozialmodells. *Sozialwissenschaftlicher Fachinformationsdienst soFid* 2: 9–34.

Hilbert, Anja, Winfried Rief, und Elmar Braehler. 2008. Stigmatizing attitudes toward obesity in a representative population-based sample. *Obesity* 16 (7): 1529–1534.

Hungerland, Eva, Anette Galante-Gottschalk, Jodok Erb, und Susanne Maurer. 2011. Rückgang der Übergewichtsprävalenz bei Kindern zum Zeitpunkt der Einschulung. *Das Gesundheitswesen* 73 (03): N2.

Kersting, Mathilde, und Kerstin Claussen. 2007. Wie teuer ist eine gesunde Ernahrung fur Kinder und Jugendliche? Die Lebensmittelkosten der Optimierten Mischkost als Referenz fur sozialpolitische Regelleistungen. *Ernährungsumschau* 54 (9): 508–513.

Kohlmeier, Leonore, Anja Kroke, und Jutta Pötzsch. 1993. *Ernährungsabhängige Krankheiten und ihre Kosten*. Baden-Baden: Nomos-Verl.-Ges.

Künast, Renate. 2004. *Die Dickmacher*. München: Riemann.

Kurth, Bärbel Maria, und Ute Ellert. 2008. Gefühltes oder tatsächliches Übergewicht: Worunter leiden Jugendliche mehr? *Deutsches Arzteblatt* 105 (23): 406–412.

Kurth, Bärbel Maria, und Angelika Schaffrath Rosario. 2007. Die Verbreitung von Übergewicht und Adipositas bei Kindern und Jugendlichen in Deutschland. *Bundesgesundheitsblatt-Gesundheitsforschung-Gesundheitsschutz* 50 (5): 736–743.

Kwan, Samantha. 2009. Framing the fat body: Contested meanings between government, activists, and industry. *Sociological Inquiry* 79 (1): 25–50.

Lakotta, Beate. 2008. Lieber dick und froh. Der Spiegel 23/2008: 148–150.

Lenz, Matthias, Tanja Richter, und Ingrid Mühlhauser. 2009. The morbidity and mortality associated with overweight and obesity in adulthood: A systematic review. *Deutsches Ärzteblatt* 106 (40): 641–648.

Lessenich, Stephan. 2008. *Die Neuerfindung des Sozialen. Der Sozialstaat im flexiblen Kapitalismus.* Bielefeld: transcript.

McGeehan, Patrick. 2011. US rejects mayors plan to ban use of food stamps to buy soda. *New York Times,* 19. August.

Nuffield Council on Bioethics. 2007. *Public health: Ethical issues.* London: Nuffield Council on Bioethics.

Röhrig, Silke, Katrin E. Giel, und Sven Schneider. 2012. Ich bin zu dick! *Monatsschrift Kinderheilkunde* 160 (3): 267–274.

Rokholm, Benjamin, Jennifer Lyn Baker, und Thorkild Ingvor A. Sørensen. 2010. The levelling off of the obesity epidemic since the year 1999–a review of evidence and perspectives. *Obesity Reviews* 11 (12): 835–846.

Rothblum, Esther D., und Sondra Solovay. 2009. *The fat studies reader.* New York: New York University Press.

Saguy, Abigail C., und Kevin W. Riley. 2005. Weighing both sides: morality, mortality, and framing contests over obesity. *Journal of Health Politics, Policy and Law* 30 (5): 869–923.

Schmidt, Bettina. 2008. *Eigenverantwortung haben immer die Anderen: der Verantwortungsdiskurs im Gesundheitswesen.* Huber: Bern.

Schorb, Friedrich. 2008. Adipositas in Form gebracht. Vier Problemwahrnehmungen. In *Kreuzzug gegen Fette,* Hrsg. H. Schmidt-Semisch und F. Schorb, 57–77. Wiesbaden: Springer.

Schorb, Friedrich. 2009. *Dick, doof und arm?: die große Lüge vom Übergewicht und wer von ihr profitiert.* München: Droemer Knaur.

Schorb, Friedrich. 2013. Fat politics in Europe: Theorizing on the premises and outcomes of European anti-„obesity-epidemic" policies. *Fat Studies* 2 (1): 3–16.

Schorb, Friedrich, und Uwe Helmert. 2011. Kritische Betrachtung zur Verwendung des Body Mass Index und der Gewichtsklassifizierung bei Minderjährigen. In *Übergewicht und Adipositas bei Kindern und Jugendlichen,* Hrsg. M. M. Zwick, J. Deuschle, und O. Renn, 31–48. Wiesbaden: Springer.

WHO. 1995. *WHO expert committee on physical status: The use and interpretation of anthropometry: Report of a WHO expert committee.* Genf: World Health Organization.

WHO. 2000. *Obesity: Preventing and managing the global epidemic: Report of a WHO consultation.* Genf: World Health Organization.

Teil III
Kindeswohlgefährdung – Sozialpädagogische Interventionen in Familien

Das Wissen vom Kind – generationale Ordnung und professionelle Logik im Kinderschutz

6

Doris Bühler-Niederberger, Lars Alberth
und Steffen Eisentraut

Zusammenfassung

Der Beitrag behandelt das Eingreifen im Falle von (vermuteten und beobachteten) Kindeswohlgefährdungen. Er konzentriert sich auf die sozialpädagogischen und sozialfürsorgerischen Interventionslogiken und -verläufe bei Kindern zwischen null und sechs Jahren. Das empirische Material, das diesem Versuch zugrunde gelegt wird, stammt aus dem DFG-Projekt „Sozialsystem, Kindeswohlgefährdung und Prozesse professioneller Interventionen (SKIPPI)". Die professionellen Interventionen werden im Rahmen eines systematisierenden und allgemeinen Ansatzes zum Blick und Zugriff von Experten auf Kinder interpretiert. Was sind die herausragenden Merkmale dieser Interventionen, wenn man sie in einer generationalen Perspektive und im Vergleich zu anderen professionellen Zugriffen auf Kinder analysiert?

D. Bühler-Niederberger (✉) · L. Alberth · S. Eisentraut
Wuppertal, Deutschland
E-Mail: buehler@uni-wuppertal.de

L. Alberth
E-Mail: alberth@uni-wuppertal.de

S. Eisentraut
E-Mail: eisentraut@uni-wuppertal.de

B. Bütow et al. (Hrsg.), *Sozialpädagogik zwischen Staat und Familie*,
DOI 10.1007/978-3-658-01400-1_6, © Springer Fachmedien Wiesbaden 2014

6.1 Einleitung

Der Beitrag skizziert zunächst einen allgemeinen Ansatz zum professionellen Blick und Zugriff auf Kinder. Dies geschieht auf der Basis verschiedener vorliegender Studien sowie historischer Argumentation und beansprucht Geltung für eine Vielzahl von Professionen, die sich mit Kindern und deren Entwicklung befassen: Pädagogen, Psychologen, Kinderärzte, Berufsgruppen des Sozialwesens. In einer generationalen Perspektive, wie sie allen unseren Überlegungen zugrunde liegt, können vier typische Merkmale professioneller Befassung mit Kindern herausgearbeitet werden. Diese Einsichten werden dann im zweiten Schritt angewendet auf die sozialpädagogische/sozialfürsorgerische Interventionslogik im Falle von Kindeswohlgefährdungen. Es wird versucht, diese als *besondere* Form der professionellen Sorge um Kinder zu charakterisieren Wie lässt sich die Eigenart dieser Interventionslogik charakterisieren im Abgleich mit dem Merkmalskatalog, den man als typisch für den Expertenblick auf Kinder bezeichnen kann, der aber in der Interventionslogik des Kinderschutzes – so viel sei hier schon verraten – nur beschränkt zu erkennen ist?

Das empirische Material, auf das sich die Aussagen zur sozialpädagogischen/sozialfürsorgerischen Intervention stützen, stammt aus dem DFG-Projekt „Sozialsystem, Kindeswohlgefährdung und Prozesse professioneller Interventionen (SKIPPI)",[1] das professionelles Handeln in Fällen der Gefährdung des Kindeswohls von kleinen Kindern (null bis sechs Jahre alt) auf der Basis von Interviews mit Angehörigen verschiedener Berufsgruppen rekonstruiert. Davon haben wir für diesen Beitrag die Interviews mit den Sozialpädagogen/Sozialarbeitern ausgewertet.

6.2 Der professionelle Zugang zu Kindern – eine generationale Perspektive

Es sollen also zunächst strukturelle Merkmale professioneller Annäherung an Kinder im Rückgriff auf verschiedene vorliegende Untersuchungen und historische Einsichten skizziert werden. Dabei wird eine *generationale Perspektive* eingenommen, d. h. Kinder werden als gesellschaftliche Kategorie konzipiert, genauer: als Bestandteil eines komplementären Arrangements zweier generationaler Kategorien (Erwachsene und Kinder), denen je andere Bedeutungen, Rechte und Pflichten

---

[1] Das von der DFG geförderte Projekt (2010–2013) wurde in Zusammenarbeit der Universitäten Wuppertal und Kassel durchgeführt.

zugewiesen sind. Dieses Arrangement ist ein zentrales Element der Sozialstruktur (vgl. Qvortrup 1993; Alanen 1994; Bühler-Niederberger 2011). Praktiken im Hinblick auf Kinder, und also auch professionelles Wissen und Handeln, werden in einer generationalen Perspektive immer auch als (Re-)Produktion einer solchen generationalen Ordnung interpretiert. Das sichert Aufmerksamkeit auf Asymmetrie, sowohl im Hinblick auf die zugestandene Teilhabe allgemein als auch insbesondere im Hinblick auf „voice", die Möglichkeit, Situationen mitzudefinieren und eigene Interessen zu formulieren. Asymmetrie besteht nicht nur im Hinblick auf die Zugehörigkeit zur generationalen Gruppe, sie besteht auch zwischen Experten und Laien. Damit gibt es zwischen Kindern und Professionellen ein doppeltes Gefälle, sowohl des anerkannten Wissens resp. der darauf beruhenden Entscheidungsmacht wie der generationalen Wertung. Professionelles Handeln gegenüber Kindern erscheint in einer generationalen Perspektive in einem kritischen Licht. Es soll damit nicht bestritten werden, dass es die Lebensbedingungen der Kinder verbessern kann. Im Mittelpunkt der Aufmerksamkeit stehen in der gewählten Perspektive jedoch die dabei (re-)produzierten Asymmetrien.

Vier Merkmale des professionellen Zugangs zu Kindern lassen sich in einer generationalen Perspektive herausarbeiten (für ihre ausführliche Herleitung vgl. Bühler-Niederberger 2010):

6.2.1 Separierender Blick

Das erste Merkmal sprechen wir mit dem Begriff des „separierenden Blicks" an. Es lässt sich erkennen, wenn man in einer historischen Betrachtung rekonstruiert, wie sich Berufsgruppen rund um Kindheit etabliert haben, indem sie ein besonderes Wissen hinsichtlich Kindern schufen und zum Einsatz brachten. Larson (1977) arbeitet in ihrem professionssoziologischen Ansatz die Vorstellung eines „Marktprojektes" aus, das neue Berufsgruppen realisieren müssen, um andere Personen/Gruppen von wichtigen Entscheidungen und Handlungen im Bereich, für den Expertise beansprucht wird, auszuschließen. Die Berufsgruppen machen im Zuge dieses Projektes ihr besonderes Wissen über einen Gegenstand geltend – und je markanter sich diese neue „professionelle" Sicht von der alltäglichen unterscheidet, umso mehr Erfolg verspricht sie für die Sicherung einer besonderen Zuständigkeit: eines Marktanteils. Im Falle der Experten der Kindheit, die sich gegen Ende des 18. und während des 19. Jahrhunderts als solche zu profilieren versuchten, implizierte dieses neue Wissen zunächst einmal, dass Kinder nicht länger als etwas kleinere und unvernünftigere Wesen zu betrachten waren, wie dies dem Laienblick entsprach (und wie es aber auch in der Medizin über Jahrhunderte praktiziert wurde, indem gemäß der Regel „Je kleiner, desto weniger" lediglich eine geringere Dosierung üblicher Medikation verabreicht wurde; vgl. Beekman 1977; Demaitre 1977). Sie definierten vielmehr eine fundamentale Differenz: So begannen die sich etablierenden Wissenschaften vom Kind – das waren vor allem die Pädagogik, die Entwicklungspsychologie und die Pädiatrie – die Andersartigkeit des Kindes in eine wissenschaftliche Sprache zu übersetzen, und dabei wuchs diese (als solche zu berücksichtigende) Andersartigkeit und war nicht mehr zu bestreiten. Ihr musste mit systematischer Erziehung begegnet werden, die den Expertenratschlägen folgte und ignorierte, was man zu tun geneigt war, wenn man (laienhaft!) davon ausging, das Kind könne ausgehend von den eigenen Gefühlen, Erfahrungen, Bedürfnissen verstanden werden (vgl. Lomax et al. 1978; Hardyment 1983; Cleverley und Phillips 1986; Wiesbauer 1982). Es ist diese wissenschaftliche Kodierung der Andersartigkeit des Kindes, die als „separierender Blick" bezeichnet werden soll.

Ein solch separierender Blick zeichnet auch weitgehend die Kindheitswissenschaften des 20. und beginnenden 21. Jahrhunderts aus. Sie insistieren auf dem Unterschied zwischen Kindern und Erwachsenen; das zeitlich angemessene Überwinden der Differenz zum Erwachsenenzustand wird überwacht, differenzierte Normen einer normalen versus verzögerten, unangemessenen Entwicklung werden definiert. Das in dieser Weise fein gesponnene Netz von Normen kann überdies stets enger geknüpft werden, wenn weitere Spezialisten auf den Plan treten, deren Wissen eine neue Kategorie von Abweichungen von der als normal definierten Entwicklung ins Spiel bringt. Dieses engere Knüpfen des Netzes zeigt sich in der Geschichte und diagnostischen Realität von Kategorien kindlicher Störungen, wie sie seit den 50er Jahren des 20. Jahrhunderts definiert wurden resp. in diagnostische Praxis übersetzt wurden: Lernstörungen, Teilleistungsstörungen, Aufmerksamkeitsdefizitstörung, Hyperkinese, Sprachentwicklungsstörungen etc. Neue Kategorien folgen unweigerlich, sie addieren neue Facetten oder ersetzen „alte" und empirisch falsifizierte Störungsbilder. Eine Studie von Bühler-Niederberger (1991, 2006), in der die allmähliche Durchsetzung solcher Kategorien rund um die für diese Entwicklung ausschlaggebende Kategorie der Legasthenie untersucht wurde, belegt dies. Zum Schluss – und das ist der letzte logische Schritt in einer Abfolge der Separation – sind so viele Normen definiert, denen man Genüge zu tun hat, dass für Kinder eine „Logik des Verdachts" gilt: Verdacht leitet den Blick auf Kinder an, denn irgendetwas könnte abweichend sein, außerhalb des definierten Zeitplans und Entwicklungswegs. Diese Logik des Verdachts, die gegenüber Kindern nun verbindlich gilt, und das damit einhergehende rasche Anwachsen von Fallzahlen, rechtfertigen es von einer Pathologisierung der ganzen Gruppe zu sprechen.

6.2.2   Kinder als Objekte der Besorgnis

Der professionelle Zugriff auf Kinder ist durch die Sorge um die Zukunft der Gesellschaft motiviert; die Interventionen in das Leben der Kinder sind also – so sehr sie den Kindern zugutekommen mögen – meist auch Investitionen in Humankapital oder Disziplinierung der Kinder im Interesse sozialer Ordnung. Dieses zweite Merkmal professioneller Befassung mit Kindern lässt sich gerade auch an der Geschichte der Fürsorge für Kinder und Jugendliche eindrücklich zeigen.

Die Besorgnis um die gesellschaftliche Ordnung findet sich schon am historischen Beginn einer institutionalisierten Jugendfürsorge, etwa in den Motiven für den Aufbau von Kindergärten und Kinderbewahranstalten im 19. Jahrhundert (vgl. Reyer und Kleine 1997; Franke-Meyer 2011). Sie prägte die Jugendfürsorge auch um die Wende zum 20. Jahrhundert, an der eine Kasernierung armer Kinder einsetzte und manche europäischen Staaten eine Flut von Gesetzen erließen, die Interventionen begünstigten und forderten (vgl. Peukert 1986; Mahood 1995). Zeitgenössische Programme sind dadurch jedoch ebenso geprägt. Besonders deutlich erkennbar wird dies in Großbritannien, das für eine neue Strategie der Sozialinvestition als maßgeblich gelten kann und dessen Programme in der Literatur häufig und kritisch diskutiert werden (vgl. z. B. Gillies 2005; Goldson und Muncie 2006; Schütter 2006).

Es können zwei Gründe vermutet werden, warum sich die Professionen dieser Perspektive verschreiben: Einmal weil sie die alltäglichen gesellschaftlichen Ordnungsanliegen als Gesellschaftsmitglieder teilen und zum zweiten, weil sie in dieser Weise die gesellschaftliche Anerkennung ihrer professionellen Tätigkeit sichern können.

6.2.3   Glorifizierung und Unschuld

Glorifizierung meint eine emotionale Höherbewertung der Kinder, die im Laufe der Geschichte und vor allem in der Neuzeit zu beobachten ist (vgl. Tremp 2000). Dabei ist diese emotionale Aufwertung nicht gleichzusetzen mit realen Gefühlen, die für Kinder empfunden werden, es handelt sich hier vielmehr um eine kulturelle Kodierung, an der sich Handeln auszurichten hat, eine nicht zu hinterfragende Vorgabe, dass Kinder „das höchste Gut einer Gesellschaft" seien. Hat sich diese Kodierung öffentlich durchgesetzt, so fällt es schwer, Widerspruch anzubringen, wenn erst mit Anliegen von Kindern argumentiert wird. Dabei ist es insbesondere das Bild des „bedürftigen Kindes", das Erfolg verspricht. Bühler-Niederberger (2005) hat das am Beispiel politischer Verhandlungen in Deutschland belegt, in denen mit Kindern argumentiert wurde. Das Kind, das bedürftig, hilflos und schwach ist, stellt einen höchsten gesellschaftlichen Wert dar. In seiner absoluten Schwäche steht das Kind für eine starke Macht: die Macht der Unschuld. Diese Macht kann eingesetzt werden, um einen Gegner (manchmal auch eine marginale gesellschaftliche Gruppe) anzuklagen und um einen moralischen Sieg für die eigene Position zu erreichen.

Diese emotionale Überhöhung des Kindes ist sicher nur zum kleineren Teil eine Folge von Professionalisierungsbestrebungen; sie hat vielmehr religiöse und politische Wurzeln (vgl. ebd.). Professionelle aber können auf die einmal etablierte „Macht der Unschuld" Bezug nehmen, um ihren Anliegen und ihrer Tätigkeit Gewicht zu geben. Sie tun es besonders dann, wenn es um eine von ihnen identifizierte und behandelte Bedürftigkeit von Kindern geht, so dass wir in dieser Rhetorik ein drittes Merkmal der professionellen Annäherung an Kinder ausmachen können. Es ist oft eine doppelte Argumentation, die angebracht wird: Den Bedürfnissen der Kinder ist durch Expertenintervention Rechnung zu tragen, um eine Gefährdung der sozialen Ordnung abzuwehren; es ist ihnen aber auch Rechnung zu tragen, weil alles Andere einem Verstoß gegen den besonderen Wert der Kinder gleich käme. In etwas anderer Weise sprechen also die Merkmale „Besorgnis" und „Glorifizierung" auch die bekannte These vom „gefährdeten und gefährlichen Kind" als Zielscheibe von Interventionen an (vgl. Ariès 1994).

6.2.4 Absenz realer Kinder und Disqualifizierung ihrer Stimme

In welcher Art werden in der Interaktion mit Professionellen die Anliegen der Kinder definiert und welche Bedeutung kommt der „Stimme" der Kinder zu, den von ihnen selber vorgetragenen Bedürfnissen und Sichtweisen? Mehrere aktuelle Studien untersuchten, wie die Kinder die Interaktionen mit Angehörigen verschiedener Berufsgruppen – Ärzten, Polizisten, Sozialarbeitern, Mediatoren – vor allem rund um häusliche Konflikte, Sorgerechtsentscheidungen und Fremdunterbringung beurteilen. Dabei konstatierten sie übereinstimmend und deutlich, dass die Kinder sich übergangen fühlen. Man kann in eben dieser Disqualifizierung der Stimme der Kinder ein viertes Merkmal der professionellen Annäherung an Kinder identifizieren.

In ihrem Herausgeberband zur Sozialpolitik argumentieren Prout und Hallett (2003, S. 1): „... historically social policy has not thought of children as persons with a voice. Rather they have been seen as objects of concern. Contemporary societies are perhaps more ambiguous on this point, with different visions on childhood coming into play ...". Die von ihnen präsentierten Studien zeigen allerdings,

dass die von einzelnen Kindern artikulierten Sichtweisen (nach wie vor!) wenig
Berücksichtigung finden. Mullender und Mitautorinnen (2003) – eine der Studien
in diesem Herausgeberband – interviewten 1400 Kinder und fragten nach ihrem
Verständnis von häuslicher Gewalt und entsprechenden Erfahrungen. 45 Kinder
mit relevanten eigenen Erfahrungen wurden zusätzlich in einer qualitativen Inten-
sivstudie untersucht. Zwei Befunde sind wichtig: Die Kinder suchten und fanden
Hilfe; sie fanden sie bei anderen Kindern oder bei ihren Müttern. Die Intervention
durch Agenturen und Institutionen der Justiz erlebten sie dagegen negativ. Die
Kinder sagten, dass die Polizei nicht mit ihnen sprach, selbst dann nicht, wenn sie
es gewesen waren, die die Polizei gerufen hatten. Die Kontakte mit Sozialarbeitern,
Ärzten und Wohlfahrtsbeamten des Gerichts beurteilten sie überwiegend als geprägt durch Unverständnis. „I used to not know what to say. I used to think I was
saying the wrong thing" – das ist die Aussage eines 15-jährigen Jungen, der diese
Erfahrung auf den Punkt bringt (Mullender et al. 2003, S. 151).

Eriksson und Näsman (2008) interviewten Kinder in Fällen von Sorgerechts-
auseinandersetzungen, in denen häusliche Gewalt mit im Spiel war. Die Kinder –
so ergaben die Interviews – bezogen gelegentlich explizit Stellung gegen geteiltes
Sorgerecht. Dabei machten sie allerdings die Erfahrung, dass die von ihnen vorge-
brachten Argumente bei den abklärenden Sozialarbeitern keine Beachtung fanden.
Firth et al. (2008) untersuchten die Familienmediation in Großbritannien. In einer
Analyse der Protokolle von Gesprächen, die Mediatoren mit den Eltern führten,
zeigen sie auf, dass reale Kinder darin kaum vorkommen, obschon es gerade um
diese, nämlich um die Sorgerechts- und Besuchsregelungen ging. Vielmehr sprachen die Mediatoren von höchst generellen Kindern, dem „generic child", wie es
Firth und Mitautoren nennen, also von dem, „was ein Kind braucht". Bei der Definition dessen, was für „das Kind" angebracht sei, hingen sie der Ideologie der
gemeinsamen Sorge an: Die Aufrechterhaltung des Kontaktes zu beiden Eltern sei
stets wichtig, man müsse auf die Zukunft sehen und nicht auf die Vergangenheit.
Entsprechend dieser Doktrin wurden auch Fälle gesetzlich bestätigter häuslicher
Gewalt in ihrer möglichen Bedeutung herabgespielt.

Vergleichbares zeigen Studien aus Deutschland. Kotthaus' (2010) Befragung
von Mitarbeitern in Jugendämtern (2010) führt zum Ergebnis, dass im Falle von
Fremdunterbringungen die verantwortlichen Sozialarbeiter mit den Kindern weit
weniger Kontakt haben als mit den Eltern. Pluto (2007) und Lenz (2001) be-
fragten Kinder, die mit Institutionen der Jugendhilfe resp. Erziehungsberatung
Kontakt hatten, nach ihren Erfahrungen. Die Urteile der Kinder waren in der
Tendenz negativ, die Unzufriedenheit der Kinder machte sich an der mangelnden
Aufmerksamkeit fest, die ihren Anliegen und ihrer Sicht geschenkt wurde.

Die Disqualifikation der Stimme der Kinder, die zweifellos im generationalen Gefälle der Alltagswelt schon angelegt ist, hat Vorteile für die Professionellen. Entscheidungen über ein höchst verallgemeinertes Kind, das „generic child", (Firth et al. 2008), sind einfacher zu treffen als solche über höchst individuelle Kinder: Standardisierte Entscheidungsprogramme werden möglich und die Entscheidungen können mit Versatzstücken professionellen Wissens und ohne weitere individuelle Begründungen abgesichert werden.

6.3 Das Projekt „Sozialsystem, Kindeswohlgefährdung und Prozesse professioneller Interventionen" (SKIPPI)

Vor diesem Hintergrund soll nun die Annäherung der Sozialarbeiter und Soziapädagogen an die Kinder in Fällen vermuteter Kindeswohlgefährdung beschrieben werden. wie ist deren Interventionslogik in einer generationalen Perspektive zu beurteilen und was lässt das an Aussagen über das professionelle Projekt dieser Berufsgruppe zu? Diesem Thema wendet sich der nun folgende Teil des Beitrages auf der Basis einer eigenen Studie zu.

6.3.1 Untersuchungsanlage und Methoden

Unser Projekt fragt nach dem Verlauf von Interaktionen mit dem privaten Raum im Falle des Verdachts auf Kindeswohlgefährdung und untersucht, welches Wissen über Kindeswohlgefährdung herangezogen und wie dieses im konkreten Fall ermittelt und relevant wird. Es ist von seiner Anlage her geeignet abzuklären, ob und inwieweit die genannten vier Voreinstellungen professioneller Annäherung an Kinder im Kinderschutz eine Rolle spielen.

Ausgewählt wurden *fünf Untersuchungskontexte*, drei Städte und zwei Landkreise, die – so die Auswahlkriterien – untereinander eine Variation nach mehreren Merkmalen zeigten, insbesondere der sozialen Zusammensetzung der Bevölkerung (Brennpunkt vs. stärker mittelständisch), der geographischen Lage (über ganz Deutschland verteilt) und den organisationalen Bedingungen (Ressourcenlage, Organisationsstruktur des Sozialdienstes, Kooperationsmodelle mit Trägern etc.). In diesen Kontexten wurden Interviews mit den Mitarbeitern resp. Leitern von Institutionen geführt, die maßgeblich in den Kinderschutz involviert sind, vor allem Jugendamt resp. seine Allgemeinen Sozialdienste (ASD), freie Träger und medizinische Einrichtungen. Je nach Größe der Organisation wurden ein bis vier Mitarbeiter interviewt. Insgesamt ergab dies 91 Interviews in den fünf Kontexten sowie weitere 14 Interviews außerhalb dieser Kommunen. Davon entfallen 62 auf Angehörige sozialer Dienste (ASD und freie Träger), deren beruflicher Hintergrund zumeist eine Ausbildung in Sozialer Arbeit oder Sozialpädagogik einschließt. 26 Interviews entfallen auf Berufstätige im Gesundheitswesen, vor allem Ärzte und Hebammen. Ergänzend wurden 17 Gespräche mit Angehörigen von Professionen/Trägern von Funktionen geführt, die punktuell in Fälle involviert sind oder in anderer Weise über Wissen zur Thematik verfügen. Zusätzlich machten wir teilnehmende Beobachtungen bei Fall- und Dienstbesprechungen.

Die insgesamt 105 offenen Interviews von in der Regel 90–100 min Dauer stellten die „letzten Fälle" in den Mittelpunkt. Die Befragten wurden gebeten, ihren letzten Fall einer Misshandlung oder Vernachlässigung eines Kindes – resp. des Verdachts auf solche Vorkommnisse – zwischen null und sechs Jahren zu schildern. Nach der freien Narration wurden präzisierende Nachfragen gestellt zu den Interaktionen mit den Beteiligten, zum Befinden von Kind und Erwachsenen, zur Zusammenarbeit und Kontakten mit anderen Institutionen im Fallverlauf, zur Art und Dauer angeordneter Maßnahmen, zu Kriterien und Begründung von Entscheidungen und schließlich zum letzten Stand des Falls und seiner summarischen Beurteilung durch den Befragten. Im Anschluss an einen ersten geschilderten Fall wurden die Befragten zu einer weiteren Fallerzählung angeregt, die allenfalls abweichende Informationen erbringen sollte. Die Aufforderung zur (kontrastiven) Fallerzählung konnte entsprechend zum Beispiel lauten: „Wir haben jetzt eigentlich immer Fälle gehabt, in denen es tendenziell um überforderte Eltern geht oder Situationen, in denen Kinder einer Vernachlässigung ausgesetzt sind. Gibt es einen Fall, den Sie uns schildern können, wo es um physische Misshandlung ging? Wo die Eltern geprügelt haben?" (Interview mit ASD-Mitarbeiterin, Setting 1, 21.07.10). Mehr als die Hälfte der Interviews wurden von zwei Interviewern durchgeführt, um die Vollständigkeit der Nachfragen zu sichern.

Die Auswertung folgte im ersten logischen Schritt dem Modell des empiriebegründeten Theoretisierens (vgl. Glaser und Strauss 1967). D. h. die Generierung theoretischer Codes und eines diese Codes verbindenden theoretischen Modells begleitete die Datensammlung kontinuierlich. In einem zweiten Schritt wurde über die rein qualitative Datenauswertung hinaus das Material, soweit es im Hinblick auf die so definierten theoretischen Variablen relevant war, systematisch und vollständig den generierten Codes zugeordnet. Benutzt wurde das Auswertungsprogramm MAXQDA. Diese Zuordnung erbrachte keine wesentlichen neuen Einsichten theoretischer Art, erlaubte aber eine einfachere Auszählung, eine Kategorisierung der empirischen Belegqualität für die verschiedenen theoretisch definierten Variablen[2]

---

[2] Wir unterscheiden 1) Variablen, die empirisch durch Frequenzauszählungen belegt werden können, 2) Variablen, für die Listen prägnanter Aussagen erstellt werden, 3) Variab-

und eine handlichere Dokumentation der Ergebnisse. Sie erlaubte auch die systematische Suche nach Abweichungen und Variationen, indem z. b. die Ergebnisse verschiedener Berufsgruppen einander gegenübergestellt werden können.

Die hier präsentierten Resultate beziehen sich auf Fälle und nicht auf Befragte als Aussageeinheit. Den Interviews konnten *157 Fallschilderungen entnommen werden.* *Weitere 15 Fallschilderungen* wurden in Situationen teilnehmender Beobachtung gesammelt. Insgesamt stehen damit 172 Fallschilderungen zur Verfügung; zu all diesen wurden basale Informationen festgehalten (Alter der Kinder, beschlossene Maßnahmen etc.). Davon wurden 93 Fälle feincodiert – d. h. entlang sämtlichen generierten theoretischen Konzepten ausgewertet; deren Auswahl folgte vor allem den Kriterien, dass die Kinder der Zielgruppe (null bis sechs Jahre alt) angehörten und dass hinreichend Informationen zu dem Fall vorlagen. 58 dieser Fälle wurden von Sozialarbeitern/Sozialpädagogen (Jugendamt und freie Träger) geschildert. Auf diese Fälle beziehen sich die folgenden Ausführungen.

6.3.2 Ergebnisse

6.3.2.1 Wissenskategorien zum Kind und Strategien der Wissensbeschaffung

Alltäglichkeit: Als erste Dimension der professionellen Interventionen im Kinderschutz soll das *Wissen vom Kind* betrachtet werden, das die Praktiker der Sozialarbeit/Sozialpädagogik in Anspruch nehmen, um den Fall zu beschreiben und Maßnahmen zu begründen. Hier erstaunt, dass von den sozialarbeitern/Sozialpädagogen ausgesprochen alltägliche Aussagen zu den Kindern gemacht werden. Es handelt sich um Aussagen, die keine professionelle Zugehörigkeit und kein professionelles Wissen vom Kind oder gar vom Kind, das in einer Situation potentieller Kindeswohlgefährdung lebt, erkennen lassen. Weder werden entsprechende Kategorien verwendet, noch Verknüpfungen zwischen Tatbeständen auf der Basis eines spezifischen Wissens vorgenommen, noch Fachausdrücke benutzt. Der einzige Fachterminus ist „verhaltensauffällig", der aber weder begründet, noch in seiner Relevanz thematisiert wird (vgl. dazu auch weiter unten). Die Aussagen sind laienhaft: „... *die konnten auch nicht nur ein Minute mal zuhören*"; „... *die waren wie ein Sack Flöhe... die haben ihren Schaden weg, den wirst du auch nicht rauskriegen... aber weiß der Kuckuck, vielleicht arbeiten die mal in der Landwirt-*

---

len, die durch den Erzählverlauf belegt werden und 4) Variablen, die durch Schlüsselfälle dokumentiert werden.

schaft oder irgendwo und kommen klar" (Fall 6414[3]); „. . . da gab es bei allen Kindern Auffälligkeiten" (Fall 1291); „. . . der Ältere zeigte auch leicht aggressive Züge, also haute zwischendurch seinen kleinen Bruder" (Fall 2151).

Spärlichkeit der Thematisierung: Aussagen zum Kind nehmen einen kleinen Anteil der Erzählung ein. Es scheint den Sozialarbeitern/Sozialpädagogen nicht vorrangig, den Zustand des Kindes zu schildern, um den Fall und seinen Verlauf klar zu machen. Übersicht 6.1 zeigt die Frequenzen von Nennungen zum Kind für die 58 Fälle, die von Sozialarbeitern/Sozialpädagogen geschildert wurden:

Übersicht 6.1: Häufigkeit von Aussagen zum Kind (58 Fälle)

Nennungen zu:

Merkmalen und Zustand des Kindes: in 53 Fällen (91 %), und zwar:

- in 49 Fällen (85 %) Alter
- in 29 Fällen (50 %) Geschlecht
- in 22 Fällen (38 %) „Auffälligkeiten"
- in 16 Fällen (27 %) Pflege-/Ernährungszustand

Erleben und allenfalls Leiden des Kindes: in 22 Fällen (38 %)

Keine Informationen zum Kind: in 5 Fällen (9 %)

Im Fokus des Interesses: Entspricht das Kind institutionellen und alltäglichen Normen? Betrachtet man die Kategorie der in 38 % der Fälle genannten „Auffällig- keiten" näher, so erweisen sich die Aussagen meist als oberflächlich, besagen nicht mehr, als *dass* die Kinder eben auffällig seien. Wird diese Einschätzung differenziert, erkennt man, dass sich „Auffälligkeit" auf normgerechtes oder nicht normgerech- tes Verhalten des Kindes bezieht. Normative Maßstäbe ergeben sich entweder aus den von Schule oder Kindergarten gesetzten Anforderungen oder aus einem alltäg- lichen impliziten Normalitätsverständnis des Interviewten, dem die Kinder nicht entsprechen. Aussagen dazu sind: „. . . sind verhaltensauffällig, weil die eben wirk- lich unruhig sind" (Fall 6141); „. . . die hat ihre Schularbeiten verschlampt" (Fall 3241); „. . . dann kamen immer Meldungen, dass das Mädchen nicht in der Ki- ta angekommen ist und in der Logopädie nicht angekommen ist" (Fall 5241);

---

[3] Die Fallnummern enthalten folgende Informationen: Ziffer 1: 1–6 = Settings; Ziffer 2: 1 = Jugendamt, 2 = freie Träger; Ziffer 3: 1–3 = Leitungsebene; > 3 = übrige Angestellte; Ziffer 4: Nummer des von dieser Person erzählten Falles.

„... *die Kinder auch viel alleine auf der ‚Straße ‚rumstrungern'⁴ „(Fall 2142);"* ...
da sagte auch die Grundschule: ‚der ist ganz schwierig zu ‚handlen'⁵, da müssen wir
überlegen, ob ein Förderschulverfahren eingeleitet wird"' (Fall 2142); „also zwischen
Sohn und Mutter sind ganz viel Eskalationen, Streit ... *er sei aggressiv, schreie rum,*
auch schon in der Schule, würde auffällig sein." (Fall 5241); „... *der Junge sei im*
Kindergarten unauffällig, man sei dort begeistert, wie lieb er sei" (Fall 5941).

 Erhebung von Informationen zum Kind und deren Bedeutung(-slosigkeit) für den
Fallverlauf: Selten wird in den Interviews angesprochen, dass über das Kind gezielt
Informationen gesammelt wurden. Zumeist, und sofern es der Interviewverlauf
zuließ, wurde nach solcher Informationssammlung nachgefragt, etwa zu Gesprächen mit dem Kind und zur Inaugenscheinnahme des Kindes in Abwesenheit der
Eltern. Nur in 29 % der Fälle (*n* = 17) aber gaben die Befragten an, Gespräche mit
dem Kind geführt zu haben, das Kind unabhängig von den Eltern genauer in Augen-
schein genommen zu haben oder in anderer Weise nach irgendeiner Information
zum Befinden des Kindes und seinem Erleben der Situation gesucht zu haben. In
21 % der Fälle (*n* = 12) sagten die Befragten, dass sie das Kind gar nicht oder kaum
gesehen hätten, weil die Mutter es nicht wünschte, das Kind gerade schlief, oder
sie die Mutter besuchten, wenn es im Kindergarten war. Zu den Checklisten und
Ampelkatalogen – deren Verwendung nur viermal spontan genannt wurde – ant-
worteten die Befragten eher ausweichend und mit leicht variierendem Wortlaut in
folgender Art: „... *behalten wir im Hinterkopf. Man kennt die Sachen. Es gibt ja*
immer diese Einschätzungen: ist gut, geht oder geht gar nicht. Diese Sachen hat man
immer im Hinterkopf, sind aber eigentlich täglich Brot, würde ich mal so behaupten"
(Fall 1291).

 So stammen die Informationen zum Kind oft von anderen Institutionen: von
Schule und Kindergarten, wie die Sammlung von Aussagen zur Auffälligkeit bereits
erkennen ließ. Sie stammten auch von Psychologen, Schulpsychologen oder kinder-
psychiatrischen Einrichtungen, die entsprechende Devianzdiagnosen anwenden.
Wir finden das in Aussagen von der Art: „... *bei der war selektiver Mutismus diag-*
nostiziert hinterher, die hat mit Fremden nicht gesprochen" (Fall 2142); „... *es kam*
raus, dass die gesagt haben, dass der Dean Förderschwerpunkt emotionale und soziale
Entwicklung hat. Da gab es dann auch gleichzeitig von der Schule dieses Gutachten
...*" (Fall 2142); „*... *Verdacht auf ADS oder Asperger-Syndrom" (Fall 2151).*

---

⁴ Gemeint: die Kinder treiben sich alleine auf der Straße herum.
⁵ Gemeint: zu handhaben.

Solche Diagnosen blieben in den Fallschilderungen unkommentiert stehen und wurden nicht in die Begründung des weiteren Fallverlaufs einbezogen. In der Erzähllogik diente ihre Aufzählung als Beleg dafür, dass man es mit einem schwierigen Fall zu tun habe; sie geben dem Fall ein bestimmtes Gewicht, aber seinem Verlauf keine bestimmte Richtung. Diese Interpretation deckt sich mit der Frequenzauszählung tatsächlich beschlossener Maßnahmen (vgl. unten).

Beobachtungen zum Erleben und Leiden des Kindes: In einem guten Drittel der Fälle wurden Aussagen zum Erleben der Situation durch das Kind und seiner emotionalen Befindlichkeit gemacht. Zwei Aspekte können dabei hervorgehoben werden: 1) Manche dieser Aussagen sind knapp bis lapidar und beinhalten z. B. lediglich, dass es dem Kind gut gehe, dass es „glücklich" sei, was in der Erzähllogik Entwarnung begründet: *„. . . die Kinder waren trotzdem glücklich und zufrieden. Die liebten ihre Mutter, die Mutter liebte diese Kinder"* (Fall 6141); *„. . . aber die sind glücklich und froh"* (Fall 6141). 2) Die Sozialarbeiter/Sozialpädagogen sind bei ihrer Schilderung des Erlebens und Erleidens des Kindes weitgehend auf eigenes Vokabular und eigene Kategorien angewiesen; sie greifen also – aus welchen Gründen auch immer – nicht auf ein Fachwissen zurück. Das fällt gerade bei differenzierteren Schilderungen auf: *„. . . und die Kinder hatten so viel Angst gehabt vor dieser Frau. Die haben wahnsinnig viel Angst gehabt. Die Kleinen standen so immer da. So viel Angst, dass sie sich vorher nie beschwert haben über die Mutter. Die haben immer, wenn die Mutter den Mund aufgemacht hat, dann haben die Kinder so gemacht (die Hände über den Kopf gehalten)"* (Fall 3241); *„. . . und ich habe aber ganz schnell gemerkt, irgendwie, dass der Junge da sich zu Hause wohl fühlt. . . (der) . . . war immer Laufbursche so, und, aber letztendlich fühlte der sich doch wohl zu Hause und war so Aufpasser für das Mädchen"* (Fall 5241); *„dass sie (gemeint: das Kind) wenn die (gemeint: die Eltern) was sagen, gar nicht wusste, wie sie reagieren soll, ja. Dass sie manchmal gar nicht wusste ‚kann ich jetzt auf meine Mutter zugehen oder nicht, oder mache ich, gehe ich jetzt besser zurück', weil alles für sie ganz neu war und schwierig"* (Fall 2141); *„das Kind auch an der Mama war und volle Breitseite die Brüllerei mitgekriegt hat . . . das Kind zu spielen aufgehört und geguckt hat, ziemlich blass um die Nase"* (Fall 3252); *„. . . das Kind wirkte blass, zurückgezogen, das war ganz schwer einschätzbar"* (Fall 2151).

6.3.2.2 Die Bedeutung der Mutter resp. Familie für den Fallverlauf

Elternzentriertheit: Ist das Kind in den Falldarstellungen der Kinder- und Jugendhilfe eine Nebenfigur, so ist die Mutter eine Hauptdarstellerin. Ihre Eigenschaften, ihre Situation und ihr Verhalten beherrschen die Erzählung. In der Hälfte der Fälle (52 %, $n = 30$) beginnen die Fallerzählungen mit der Formulierung „Da war eine Mutter". In weiteren 21 % ($n = 12$) der Fälle beginnt sie mit der Aussage „Da war eine Familie" und schließlich in den restlichen 27 % ($n = 16$) mit dem Kind, das in der Interviewerfrage immer angesprochen wurde. Eine deutliche Diskrepanz zwischen elternbezogenen Aussagen und kindbezogenen Aussagen in den Erzählungen der Sozialpädagogen ergibt die Auszählung, die wir an einer Zufallsstichprobe von 20 Fällen durchgeführt haben. Ausgezählt wurden alle Wörter, die die interviewten Personen verwendet hatten, um entweder Eltern oder Kinder zu beschreiben: Insgesamt 8691 Wörter beziehen sich auf die Eltern, 4880 auf die Kinder.

Elternzentriertheit belegt auch die Statistik eingeleiteter Maßnahmen (vgl. Übersicht 6.2). Die Auszählung beruht auf 172 Fällen, zu denen Basisinformationen vorliegen. Selbst wenn man die Inobhutnahme als vorrangig kindbezogene Maßnahme betrachten würde – faktisch kann sie genauso gut dem Wunsch oder Befinden der Eltern geschuldet sein, z. B. deren Hospitalisierung, Erschöpfung etc. – würden elternbezogene Maßnahmen überwiegen.

> Übersicht 6.2:   Eingeleitete Maßnahmen (Basisdaten zu 172 Fällen)
>
> 67 Inobhutnahmen (kurzfristig oder als langfristige Fremdplatzierung)
>
> 120 elternbezogene Maßnahmen (z. B. Hilfen zur Erziehung, Vermittlung der Eltern zu Beratungs- und Therapieangebot)
>
> 43 kindbezogene Maßnahmen (z. B. diagnostische Abklärungen, Vermittlung zu Förder- oder Therapieangebot)

Compliance: Man könnte diese Dominanz der Eltern für den Fallverlauf – was Beachtung und beschlossene Maßnahmen betrifft – damit begründen, dass es die Eltern sind, die mit ihrem Erziehungsverhalten die Kindeswohlgefährdung herbeiführen oder nicht. Die Erklärung ist doppelt unbefriedigend: Zum einen wäre dies ein reichlich indirekter Zugang zur Erschließung des kindlichen Befindens und zur Abwendung von Gefährdung, zum zweiten brechen wiederum die Erzählungen der Interviewten selber diese ad-hoc-Erklärung. Untersucht man nämlich, worauf das Interesse der Sozialarbeiter/Sozialpädagogen an den Eltern zielt, so ist es nicht deren Verhalten als Eltern, sondern die innere Bereitschaft, sich vom Besseren überzeugen zu lassen, sich ansprechen zu lassen. Diese innere Bereitschaft wird hier als „Compliance" bezeichnet. Wir orientieren uns damit an Etzioni (1973), der davon ausgeht, dass Organisationen unterschiedliche Einbindungsmuster mit ihren Mitgliedern (und als solche wären in seiner Logik die Klienten zu betrachten) praktizieren. Und zwar erwarten in seiner soziologischen Typologie Organisationen, die einen rein normativen (kulturellen) Zweck verfolgen und die entsprechend auch nur normative Macht einsetzen, auch von Seiten der Mitglieder eine Ausrichtung an diesen Werten, eine Kooperationsbereitschaft auf normativer Basis. Anders ist dies bei Organisationen, die mit Belohnungen arbeiten oder mit Zwang und die dann dementsprechend eine kalkulierende oder eine entfremdete Orientierung ihrer Mitglieder erwarten resp. damit auch funktionsfähig sind. Das Problem von Organisationen der Fürsorge oder Therapie ist nun aber, dass sie immer schon mit mehreren Machtmitteln gleichzeitig arbeiten und demzufolge auch die Orientierung der Mitglieder problematisch ist. In einer früheren Studie in einer Suchteinrichtung (vgl. Bühler-Niederberger 1982) zeigte sich, wieviel Aufmerksamkeit die Verhandlung des Compliance-Musters absorbierte. Die Schwierigkeit, die sie auch in der Interaktion mit den Eltern im Falle der Kindeswohlgefährdung bietet, kommt etwa in folgenden Aussagen zum Ausdruck: *„. . . und dann fing das Katz-und-Maus-Spiel an"* (Fall 5141); *„. . . ja, ich bin einmal rausgeflogen. Da bin ich wirklich rausgeflogen. Je mehr ich auf den Punkt kam, um den es ging, umso mehr hat sie mich da nicht mehr haben wollen"* (Fall 3241); *„. . . die Familie, von der ich gerade den ersten Teil erzählt habe, hat zum Beispiel niemanden anderen reingelassen, selbst unsere Aushilfen nicht"*; *„. . . das reicht nicht aus. Die Mutter ist nicht so zu erreichen, dass die von innen was verändert. Die hält sich an die Maßgaben, aber nur, weil es so in dem Vertrag, den die geschlossen hatten, steht"* (Fall 1213).

Unterteilt man die oben erwähnten knapp 8700 Wörter, die zur Schilderung der Eltern in zwanzig Fällen verwendet werden, entsprechend ihrem Aufmerksamkeitsfokus, so machen Aussagen zur Compliance mehr als die Hälfte aus, nämlich 4770 Wörter. Übersicht 6.3 hält für alle 58 Fälle fest, wie viele Aussagen zu den Eltern gemacht wurden; die jeweils eine Sinneinheit ergeben und also eine Zuteilung zu einem Code verlangten. Auch hier zeigen sich die hervorstechende Bedeutung der Compliance und gleichzeitig eine nachrangige Relevanz des Erziehungsverhaltens.

Übersicht 6.3: Aussagen zu Eltern (Häufigkeit von Aussagen in 58 Fällen):

345 zu Compliance

96 zu Zustand/Merkmalen der Eltern, davon
- 16 zu Alter
- 76 zu psychischer Erkrankung, Belastung oder Überforderung
- 4 zu beruflicher Situation

277 zu Verhalten der Eltern, davon
- 148 zu Lebensführung
- 129 zu Erziehungsverhalten

27 zu Charaktereigenschaften der Eltern

Im Extremfall kann es sein, dass das Etablieren von Compliance gegen den Zustand des Kindes abgewogen werden muss – und als wichtiger befunden wird. Darauf weisen etwa folgende Aussagen: *„… und die Kollegin arbeitet mit der Familie, schafft eine Vertrauensbasis und erreicht Schritt für Schritt kleine Veränderungen. Die Läuse (gemeint: die Läuse des Kindes) aber blieben (…) Meine Kollegin hat gesagt, die Läuse sind das geringste Problem. Natürlich muss das aufhören mit den Läusen. Vielleicht in 3–4 Wochen oder in 5 Wochen … oder man macht mir die Tür gar nicht mehr auf. Die Mutter war sehr depressiv zu diesem Zeitpunkt"* (Fall 1212); *„… deswegen ist uns ganz wichtig, eine Vertrauensbasis zu schaffen. Dazu gehört, dass wir den Müttern auch etwas zutrauen und auch schon mal Dinge laufen lassen"* (Fall 1212).

6.4 Der Blick auf das Kind im Kinderschutz – Fazit und Desiderata

Beim Abgleich der Tätigkeit von Sozialarbeitern/Sozialpädagogen im Kinderschutz mit dem, was wir als allgemeine Merkmale professioneller Annäherung an Kinder in einer generationalen Perspektive herausgearbeitet haben, springen die Unterschiede ins Auge. Nicht einmal in Ansätzen finden wir das, was wir als *separierenden Blick* bezeichnet haben: die Betonung und Kodierung der Andersartigkeit des Kindes und als deren Folge die penible Ermittlung aller möglichen Arten von Normabweichungen und ihre Kategorisierung als Abweichung. Dies wurde als erstes Merkmal professioneller Annäherung an Kinder und als typisch für verschiedene Berufsgruppen rund um Kindheit – vor allem aber Ärzte, Psychologen, spezialisierte Therapeuten – herausgearbeitet (vgl. 2.1). Zwar werden die Devianzkategorien der anderen Berufsgruppen in den untersuchten Fällen sozialfürsorgerischer Intervention gelegentlich übernommen, aber es sind *keine eigenen professionellen Kategorien* aufzufinden, die die Beachtung des Kindes steuern oder gar eine gesteigerte Aufmerksamkeit für ein Kind im Sinne des separierenden Blicks verlangen würden. Sofern Kinder als „auffällig", d. h. der gesteigerten Beachtung oder besonderen Behandlung bedürftig, wahrgenommen werden, liegen die Kriterien und Argumentationen meist im Bereich alltäglichen Wissens, so dass man zum Schluss kommen muss, dass es sich bei dieser Berufsgruppe, ihrem praktizierten Selbstverständnis nach, nicht um eine kindbezogene Profession handelt: Die Berufsgruppe beansprucht kein besonderes, professionsspezifisches Wissen für Kinder, deren erzieherische Ansprüche und (potentizelle) Gefährdung; zumindest trifft das für die Berufsangehörigen zu, die in der Praxis tätig sind. Würde eine solche Expertise beansprucht, so wäre zumindest in Ansätzen ein Fachvokabular für solches Befinden der Kinder anzutreffen. Zwar vermeidet die Sozialpädagogik/Sozialarbeit damit auch die Fallstricke eines separierenden Blicks, ein professionsspezifischer Blick auf die Kinder wäre dennoch dem Tätigkeitsfeld angemessen. Einige Desiderata zur weiteren Professionalisierung sollen weiter unten formuliert werden.

Was nun die Auffälligkeiten betrifft, die in den von uns rekonstruierten Fällen (dennoch) als solche wahrgenommen werden, so lässt sich daraus allerdings auf eine klare Ordnungsorientierung schließen. Kinder sind auch im sozialpädagogischen Kinderschutz *Objekte der Besorgnis in einem Interesse an sozialer Ordnung*: Es sind die Vorgaben von Schule, Kindergarten, eines „normalen" und also nicht störenden Benehmens, die oft als Begründungen für eine wahrgenommene Auffälligkeit angeführt werden. Allerdings ist auch dieses Ordnungsinteresse – auch wenn es dem zweiten herausgearbeiteten Merkmal professioneller Annäherung an Kinder entspricht – in keiner Weise mit einem Expertenwissen zu auffälligen Kindern angefüllt. Ein solches würde sich ja in einem Vokabular und zumindest ansatzweise standardisierten Begründungen niederschlagen und wäre von eigenen professionellen Strategien zum Umgang mit solchen Kindern begleitet. Noch nicht einmal in der Situation der Informationssammlung gibt es solche Strategien – auf den Punkt gebracht: Stört das Kind beim Gespräch mit der Mutter, wird sie eben besucht, wenn das Kind im Kindergarten ist oder schläft.

Da das Kind Nebenfigur in der Geschichte bleibt, lassen sich auch keine Rückgriffe auf eine gesellschaftliche Überhöhung des Kindes, im Sinne einer *Glorifizierung*, zur Rechtfertigung des eigenen Tuns und seiner Relevanz feststellen. Wie die öffentlichen Debatten der vergangenen Jahre gezeigt haben, sind es ja eher die Kritiker der Sozialarbeit/Sozialpädagogik, die auf eine solche Glorifizierung Bezug nehmen; dies zeigt sich in der medialen Berichterstattung, wenn misshandelte Kinder zu Tode kommen und die Jugendämter oder Amtsvormundschaften dafür an den Pranger gestellt werden.

Was nun schließlich das vierte Merkmal professioneller Annäherung an Kinder betrifft: die *Disqualifizierung der Stimme des Kindes*, so trifft es auf die Interventionslogik im Falle der Kindeswohlgefährdung eindeutig zu: Die Entscheidungen stützen sich wenig auf Informationen *über* die Kinder und noch weniger auf Informationen *von* den Kindern ab. Die Eltern und hier vor allem die Mütter sind die relevanten Interaktionspartner, ihr Befinden und vor allem ihre Kooperationsbereitschaft sind ausschlaggebend für das weitere Vorgehen, und die eingeleiteten Maßnahmen beziehen sich wesentlich auf die Eltern.

An diesen Abgleich der Interventionslogik von Sozialarbeit/Sozialpädagogik im Kinderschutz mit den vier typischen Merkmalen professioneller Annäherung an Kinder lassen sich nun zwei Überlegungen anschließen. Es ist zum einen eine etwas spekulative Überlegung zur Sozialarbeit/Sozialpädagogik und der Art, wie sie sich als Berufsgruppe Anerkennung verschafft, wie und ob sie also so etwas wie ein professionelles Marktprojekt unternimmt. Zum zweiten lassen sich Desiderata an die professionelle Ausgestaltung kinderschützererischer Interventionen formulieren.

Die Rekonstruktion der von uns in Erfahrung gebrachten Fälle ließ erkennen, dass sich die Sozialarbeiter/Sozialpädagogen nicht auf ein besonderes, ihre Berufsgruppe auszeichnendes Wissen über die Kinder, deren Ansprüche, Gefährdung, die sich daraus ergebenden Konsequenzen und den möglichen Umgang damit beziehen und sich also auch nicht über diese (übersituativ vorhandenen) Wissensbestände als Berufsgruppe ausweisen. Die Analyse der Erzähllogik, des verwendeten Vokabulars, der angebrachten Begründungen und eingesetzten Maßnahmen haben dies deutlich erkennen lassen. In einer professionssoziologischen Betrachtung – und gestützt auf Ansätze von Larson (1977), Freidson (1986) oder Johnson (1972) zur Beschaffung professioneller Anerkennung – kann dies erstaunen und wirft die Frage auf, wie denn also eine solche Berufsgruppe sich gegenüber anderen behaupten kann. Dazu ist zweierlei zu konstatieren: 1) Die Rekonstruktion der Fälle zeigt, dass ein (übersituativ) kodifizierter Wissensbestand zumindest in Ansätzen durchaus vorhanden ist. Er betrifft aber die Familie und damit – entsprechend den Machtverhältnissen, die Familien mit Kleinkindern nun einmal auszeichnen – die erwachsenen Klienten und äußert sich in familiensystemischem Vokabular von Resilienz, Ressourcen, „systemisch unterwegs sein" etc. und entsprechenden, standardisierten Techniken wie Genogramm oder Ressourcenkarten. Der Wissensbestand betrifft weiter die Beziehung des Professionellen zum erwachsenen Klienten und auch hierfür wurde ein ansatzweise professionelles Vokabular geschaffen, auf das situativ dann zugegriffen wird, von Vertrauensaufbau, „auch einmal etwas zutrauen", „die Dinge auch einmal laufen lassen" usw. Mag dies für die professionelle Durchsetzung einer Berufsgruppe des Kinderschutzes etwas einseitig erscheinen, so kann man dazu nun spekulieren, dass die Sozialarbeit/Sozialpädagogik zumindest im Kinderschutz nicht einem Markt der Professionen gegenüber steht, auf dem sie nun ein Marktsegment erschließen und verteidigen muss: Ihre Berechtigung ist vielmehr über den gesetzlichen Auftrag des Auftraggebers, der Behörde, gesichert und muss nicht über den Markt errungen werden. Sofern Professionalisierungsbestrebungen unternommen werden, betreffen sie vermutlich vielmehr eine gewisse Autonomie, die man gegenüber diesem Arbeitgeber verteidigen möchte. Gerade letzteres könnte unter anderem den Stellenwert, der den Eltern und dem Vertrauensverhältnis zu ihnen zugemessen wird, erklären. Die Arbeit mit dem erwachsenen Klienten bedarf der Abschottung gegen allzu direkte Ansprüche von außen, sie verlangt Zugeständnisse aus der Situation heraus, verträgt keine allzu große Offenlegung – all das, um die innere Zusage des Klienten zu erreichen.

Was sind nun Desiderata an die professionelle Ausgestaltung kinderschützerischer Interventionen, die sich aus unseren Überlegungen ergeben? Dass sich die Sozialpädagogik nicht als kindbezogene Profession entwickelt hat, hat sie zwar geschützt vor den Konsequenzen, die ein separierender Blick nach sich zieht, es schützt sie auch vor der glorifizierenden Argumentation, die als Folge sachbezogene Auseinandersetzungen verunmöglicht. Hingegen zeigen unsere Fallrekonstruktionen, dass die Dominanz von Interessen sozialer Ordnung und die Disqualifizierung der Kinderstimmen – zwei weitere herausgearbeitete Merkmale – durchaus zutreffend sind, um die Interventionslogik zu charakterisieren. Die alltägliche Geltung der generationalen Ordnung reicht offensichtlich aus, um dies zu erreichen. Einfacher ausgedrückt: In alltäglichen Zusammenhängen verdienen Kinder dann Beachtung, wenn sie den Erwartungen nicht entsprechen, während sie ansonsten hinter den Anliegen und der Argumentation der Erwachsenen in den Hintergrund geraten. Wenn diese Voreinstellung nicht im Rahmen professioneller Annäherung explizit thematisiert wird, prägt sie als selbstverständliche Position jegliche Interaktionen zwischen Kindern und Erwachsenen. An diesem Punkt könnte nun der Aufbau eines besonderen Wissensbestandes zum Kind ansetzen. Dass ein solcher Aufbau unabdingbar ist für die zentrale Berufsgruppe des Kinderschutzes, dürfte unbestritten sein. Für die Sozialarbeit/Sozialpädagogik als Berufsgruppe, die auch in anderer Weise unmittelbar gefordert ist, gesellschaftliche Verteilungen zu hinterfragen, hätte die explizite Thematisierung der generationalen Ordnung Ausgangspunkt zu sein. Es ginge also zunächst um eine Suche nach kindgerechten Verfahren, um die Stimme der (selbst noch sehr jungen) Kinder in Erfahrung zu bringen, zu interpretieren und im nächsten Moment innerhalb eines zu entwickelnden Prozederes nachhaltig geltend zu machen. Im Zuge solcher Bemühungen könnten dann über den einzelnen Fall hinaus dringend benötigte Wissensbestände aufgebaut werden über die Bedeutung prekärer familiärer Situationen für die Kinder, über Bedürfnisse der Unterstützung und Entlastung, wie sie für die Kinder bestehen, aber auch über in Rechnung zu stellende Kompetenzen der Kinder in solchen Situationen. Der Aufbau dieses Wissens verlangt sowohl praktische Phantasie und Sensitivität wie auch systematische wissenschaftliche Begleitung und Auswertung.

Ergänzt zu werden hätte eine solche Kooperation von Wissenschaft und Praxis aber auch durch den längst fälligen Aufbau einer Wissenschaftssparte, die man als „Viktimologie von Heranwachsenden" bezeichnen kann, als systematisches Erforschen von Kindern als Opfern von Gewalt und Belastung, als Suche nach Ursachen, Erscheinungen und Verläufen, Therapien und Unterstützungsangeboten. Neu an einer solchen Forschung hätte auch zu sein, dass sie sich nicht an überkommenen Abgrenzungen von Institutionen orientieren sollte, die bisher implizieren, dass Kinder, die Opfer im privaten Bereich werden, von anderen Diensten betreut werden – ja als anderes Problem gelten – als Kinder, die im öffentlichen Bereich Opfer von Delikten werden. Angesichts der überaus häufigen Polyviktimisierung ist eine solche Fragmentierung grundsätzlich nicht kindorientiert. Ebenfalls hätte eine solche Forschung der Bedeutung, die die Taten resp. Gefährdungen für die Kinder selber haben, einen zentralen Stellenwert zuzuschreiben. Eine solche interdisziplinäre Anstrengung wird von Gewaltforschern schon geraume Zeit gefordert (vgl. Finkelhor 2008).

Literatur

Alanen, Leena. 1994. Gender and generation: Feminism and the child question. In *Childhood matters*, Hrsg. J. Qvortrup, et al., 27–42. Aldershot: Avenbury.

Ariès, Philippe. 1994. Das Kind und die Straße – von der Stadt zur Anti-Stadt. *Freibeuter, Vierteljahreszeitschrift für Kultur und Politik*, 60 (Themenheft: Kinder und Umgebung): 75–94.

Beekman, Daniel. 1977. *The mechanical baby*. Westport: Lawrence Hill.

Bühler-Niederberger, Doris. 1982. *Therapie und Zwang. Teilnehmende Beobachtung in einer Suchtkrankenorganisation*. Stuttgart: Enke.

Bühler-Niederberger, Doris. 1991. *Legasthenie – Geschichte und Folgen einer Pathologisierung*. Opladen: Leske & Budrich.

Bühler-Niederberger, Doris. 2005. *Macht der Unschuld. Das Kind als Chiffre*. Opladen: VS.

Bühler-Niederberger, Doris. 2006. Legasthenie – Geschichte einer Pathologisierung. In *Legasthenie Bd. 5*, Hrsg. B. Hofmann und A. Sasse, 20–43. Berlin: Dt. Gesellschaft für Lesen und Schreiben.

Bühler-Niederberger, Doris. 2010. Organisierte Sorge für Kinder, Eigenarten und Fallstricke – eine generationale Perspektive. In *Kindheit zwischen fürsorglichem Zugriff und gesellschaftlicher Teilhabe*, Hrsg. D. Bühler-Niederberger, J. Mierendorff, und A. Lange, 17–42. Wiesbaden: VS.

Bühler-Niederberger, Doris. 2011. *Lebensphase Kindheit*. München: Juventa.

Cleverley, John, und Denis Charles Phillips. 1986. *Visions of childhood*. New York: Teachers College Press.

Demaitre, Luke. 1977. The idea of childhood and child care in medical writings of the middle ages. *Journal of Psychohistory* 4 (4): 461–490.

Eriksson, Maria, und Elisabet Näsman. 2008. Participation in family law proceedings for children whose father is violent to their mother. *Childhood* 15 (2): 259–275.

Etzioni, Amitai. 1973. *Soziologie der Organisationen*. München: 1973, engl. Original 1964.

Finkelhor, David. 2008. *Childhood victimization*. Oxford: University Press.

Firth, Alan, Chris Jenks, and Liz Trinder. 2008. Contesting the vhild: The discursive and rhetorical framing of children in family court mediations. Paper presented to 1st ISA World Forum of Sociology, Barcelona.

Franke-Meyer, Diana. 2011. *Kleinkindererziehung und Kindergarten im historischen Prozess*. Bad Heilbrunn: Klinkhardt.

Freidson, Elliot. 1986: *Professional powers: A study of the institutionalization of formal knowledge*. Chicago: University Press.

Gillies, Val. 2005. Raising the meritocracy. Parenting and the individualization of social class. *Sociology* 39 (5): 835–853.

Glaser, Barney, und Anselm Strauss. 1967. *The discovery of grounded theory*. Chicago: Aldine.

Goldson, Barry, und John Muncie, Hrsg. 2006. *Youth Crime and Justice*. London: Sage.

Hardyment, Christina. 1983. *Dream babies. Child care from locke to spock*. London: Jonathan Cape.

Johnson, Terence James. 1972. *Professions and power*. London: MacMillan.

Kotthaus, Jochem. 2010. *Kindeswohl und Kindeswille in der Jugendhilfe*. Münster: Monsenstein & Vannerdat.

Larson, Magali Sarfati. 1977. *The rise of professionalism*. Berkeley: University of California Press.

Lenz, Albert. 2001. *Partizipation von Kindern in Beratung und Therapie*. Weinheim: Juventa.

Lomax, Elizabeth M.R., Jerome Kagan, und Barbara G. Rosenkrantz. 1978. *Science and patterns of child care*. San Francisco: W. H. Freeman.

Mahood, Linda. 1995. *Policing gender, class and family*. London: UCL Press.

Mullender, Audrey, et al. 2003. „Could have helped but they didn't" – the formal and informal support systems experienced by children living with domestic violence. In *Hearing the voices of children*, Hrsg. C. Hallett und A. Prout, 139–157. London: Falmer Press.

Peukert, Detlef. 1986. *Sozialdisziplinierung*. Köln: Bund Verlag.

Pluto, Liane. 2007. *Partizipation in den Hilfen zur Erziehung*. München: DJI.

Prout, Alan, und Christine Hallett. 2003. Introduction. In *Hearing the voices of children*, Hrsg. C. Hallett und A. Prout, 1–8. London: Falmer Press.

Qvortrup, Jens. 1993. Societal position of childhood: The international project childhood as a social phenomenon. *Childhood* 1 (1): 119–124.

Reyer, Jürgen, und Heidrun Kleine. 1997. *Die Kinderkrippe in Deutschland*. Freiburg: Lambertus-Verlag.

Schütter, Silke. 2006. Die Regulierung von Kindheit im Sozialstaat. Kinder und Kindheit in New Labours Gesellschaftsentwurf. *Neue Praxis* 36 (5): 467–482.

Tremp, Peter. 2000. *Rousseaus Émile als Experiment der Natur und Wunder der Erziehung: ein Beitrag zur Geschichte der Glorifizierung von Kindheit*. Opladen: Leske + Budrich.

Wiesbauer, Elisabeth. 1982. *Das Kind als Objekt der Wissenschaft*. Wien: Löcker.

Sozialpädagogische Krisenintervention bei Kindeswohlgefährdung

7

Marion Pomey

Zusammenfassung

Das Verhältnis von staatlicher Kontrolle und familialer Autonomie spiegelt sich in den Diskursen um Kindheit und Zugriffen auf Kindheit wider. Familien stehen in diesem Spannungsfeld von Öffentlichkeit und Privatheit unter Beobachtung. Im vorliegenden Beitrag geht es nicht um ein schlichtes Nachzeichnen von (staatlichen) Eingriffen in Familien, sondern um kritische wissenschaftliche Reflexion aktueller Interventionspolitiken und um die Rekonstruktion des Erlebens von Betroffenen. Dabei wird auf die Schweizer Gesetze und Studien zu Kindesschutz Bezug genommen. Zudem wird das Interaktionsgefüge zwischen Professionellen und AdressatInnen analysiert, welches reflexives Handeln seitens der Professionellen erfordert. Der Interaktionsraum, in dem Erleben und Erfahrung sowohl der Professionellen als auch der Eltern und nahen Bezugspersonen einfließen, enthält und erhält jeweils spezifische Strukturen und wird durch Handlungen und Interaktionen wiederum weiter strukturiert. Die Betrachtung des Interaktionsraumes als Verschränkung von Struktur und Handlung eröffnet einen Analyseraum, in dem sich Handlungsmuster herauskristallisieren lassen und gesellschaftliche, familiale oder biographische Bedingungen dennoch nicht in Vergessenheit geraten. Diese Handlungsmuster dienen den SozialpädagogInnen als Reflexionsfolie im Interventionsprozess; Handlungen der AdressatInnen können besser nachvollzogen und verstanden werden.

M. Pomey (✉)
Universität Zürich, Zürich, Schweiz
E-Mail: mpomey@ife.uzh.ch

B. Bütow et al. (Hrsg.), *Sozialpädagogik zwischen Staat und Familie*,
DOI 10.1007/978-3-658-01400-1_7, © Springer Fachmedien Wiesbaden 2014

133

7.1 Einleitung

Das Verhältnis von staatlicher Kontrolle und familialer Autonomie spiegelt sich in den Diskursen um Kindheit und Zugriffen auf Kindheit wider. Familien stehen in diesem Spannungsfeld von Öffentlichkeit und Privatheit unter Beobachtung. Kommt der Verdacht einer Gefährdung des Wohls der Kinder auf und erhärtet sich dieser, so werden Maßnahmen zum Schutz der Kinder ausgesprochen und so in die elterliche (Erziehungs)Autonomie eingegriffen. Erst durch einen Obhutsentzug[1] kann ein Kind in Obhut genommen und in einer (sozialpädagogischen) Einrichtung fremduntergebracht werden. An der darauffolgenden Klärungsphase sind verschiedene Professionelle sowie Eltern, nahe Bezugspersonen und das Kind selbst beteiligt. Daher kann gefragt werden wie Interaktionen oder gar (professionelle) Beziehungen in dieser krisenhaften Phase überhaupt denkbar sind. Welche Erfahrungen machen Betroffene und welche damit zusammenhängenden Handlungsmuster zeigen oder aktualisieren sie? Wie wird der Interaktionsraum durch soziale Bedingungen und Handlungen vorstrukturiert und wie kann so etwas wie Beziehungsgestaltung in diesem Raum überhaupt stattfinden?

Im vorliegenden Artikel geht es nicht um ein schlichtes Nachzeichnen von (staatlichen) Eingriffen in Familien, sondern um kritische wissenschaftliche Reflexion aktueller Interventionspolitiken und um die Rekonstruktion des Erlebens von Betroffenen. Dabei wird auf die Schweizer Gesetze und Studien zu Kindesschutz Bezug genommen. Zudem wird das Interaktionsgefüge zwischen Professionellen und AdressatInnen analysiert, welches reflexives Handeln seitens der Professionellen erfordert. Der Interaktionsraum, in dem Erleben und Erfahrung sowohl der Professionellen als auch der Eltern und nahen Bezugspersonen einfließen, enthält und erhält jeweils spezifische Strukturen und wird durch Handlungen und Interaktionen wiederum weiter strukturiert. Die Betrachtung des Interaktionsraumes als Verschränkung von Struktur und Handlung eröffnet einen Analyseraum, in dem sich Handlungsmuster herauskristallisieren lassen und gesellschaftliche, familiale oder biographische Bedingungen dennoch nicht in Vergessenheit geraten. Diese Handlungsmuster dienen den SozialpädagogInnen als Reflexionsfolie im Interventionsprozess; Handlungen der AdressatInnen können besser nachvollzogen und verstanden werden. Dabei ist zu bedenken, dass der Raum, in dem sich Professionelle und AdressatInnen begegnen, mehrfach strukturiert ist. Gesellschaftliche Bedingungen prägen die Organisationsform von Kindesschutz, diese wirkt wiederum auf die einzelne sozialpädagogische Einrichtung (hier eine Krisenintervention)

---

[1] Oder durch das Einverständnis der sorgeberechtigten Person(en), dann braucht es nicht zwingend einen Obhutsentzug nach Zivilgesetzbuch (ZGB) Art. 310.

ein und formt diesen Ort zu einem durch jeweils spezifische Bedingungen geprägten Raum. Zudem sind Subjekte nicht unabhängig ihrer lebensgeschichtlichen Erfahrungen zu denken, die in ihre Wahrnehmung und Handlungsoptionen einfließen. Nach der theoretischen Bestimmung des Gegenstandes sozialpädagogischer Krisenintervention wird auf eine laufende qualitativ-rekonstruktive Untersuchung[2] Bezug genommen. Anhand theoretischer Überlegungen und empirischer Erkenntnisse werden Handlungsspielräume von AdressatInnen rekonstruiert.

In diesem Sinne wird im Folgenden zunächst der Diskurs um prekäre Kindheit skizziert (7.2), um die Frage nach der Bedeutung von Krise und Krisenintervention (7.3) sowie die Strukturierung des Handlungsraumes zu umgreifen (7.4). Vor diesem Hintergrund werden professionelle Handlungsspielräume in der Beziehungsgestaltung ausgelotet (7.5) und anhand der oben erwähnten Studie werden Handlungsmuster von AdressatInnen in diesen sozialpädagogischen Räumen illustriert (7.6). Ein kurzer Ausblick mit der Frage nach impliziten Wissensbeständen von Professionellen über Elternschaft rundet den Artikel ab (7.7).

7.2   Diskurs um prekäre Kindheiten

Das Verhältnis von Staat und Familie weist im Bereich des Kindesschutzes neue Politiken des Eingreifens auf. Staatliche Interventionen in den familialen Raum haben sich verschärft. „Fragen des privaten Lebens werden seit einiger Zeit zunehmend zum Gegenstand öffentlicher Debatten und politischer Steuerungsversuche, und die Familie als gesellschaftliche Institution steht vor dem Hintergrund eines veränderten Wohlfahrtsstaates unter besonderer Beobachtung", so Hünersdorf und Toppe (2011) in einem kürzlich erschienen Artikel zu „Familie im Spannungsfeld zwischen Öffentlichkeit und Privatheit". Die aktuelle Sozialpolitik zielt „auf eine verstärkte Kontrolle der familiären Sphäre" ab (ebd., S. 209), wie dies „insbesondere im Kontext frühkindlicher Erziehung [...] zu erkennen ist" (ebd., S. 210). Auch Hildenbrand (2011, S. 21) beschreibt für die BRD, dass seit Inkrafttreten des § 8a im Kinder- und Jugendhilfegesetz, die gestiegene „Zahl der Inobhutnahmen [...] mit einer gesteigerten öffentlichen Aufmerksamkeit und mit einer verstärkten Bereitschaft der Jugendämter zur Intervention zu tun [hat], nicht mit realen

---

[2] Es handelt sich hierbei um ein Drittmittelprojekt über eine sozialpädagogische Krisenintervention in der Schweiz, die bei Kindeswohlgefährdung die Betreuung der Kleinkinder übernimmt. Die rekonstruktive Studie erforscht im Zusammenhang mit Kindeswohlgefährdung die Zusammenarbeit zwischen SozialpädagogInnen und nahen Bezugspersonen der Kinder.

Veränderungen der Gewaltbereitschaft im familialen Umfeld von Kindern und Jugendlichen". Neben der erhöhten Zahl der Inobhutnahmen ist v. a. die veränderte
Altersstruktur auffallend: Der Anteil der unter Dreijährigen an allen in Obhut ge-
nommenen Minderjährigen hat sich von 5 % im Jahr 2000 auf 10 % im Jahr 2008
verdoppelt. Bei den Drei- bis Achtjährigen stieg der Anteil im gleichen Zeitraum
von 9 auf 14 %. Diese Zahlen deuten darauf hin, dass die Jugendämter verstärkt
den Schutz jüngerer Kinder im Blick haben (Pressemitteilung des Statistischen
Bundesamts Nr. 234 vom 25.6.2009)" (Bohler und Franzheld 2011, S. 248). Im
Vergleich dazu die Zahlen der Schweiz: Im Jahr 2011 standen gesamtschweize-
risch knapp 42.000 Kinder unter einer vormundschaftlichen Maßnahme und es
wurden gut 16.000 Kindesschutzmaßnahmen neu veranlasst.[3] Davon wurden zu
den 2011 bestehenden 3.550 Inobhutnahmen nach ZGB Art. 310 weitere fast 1.000
Inobhutnahmen neu angeordnet. Beide Zahlen, bestehende und neu angeordnete
Inobhutnahmen, sind in den letzten fünf Jahren in etwa gleich hoch geblieben.[4]
Dennoch ist die Thematik auch in der Schweiz hochaktuell. Gegenwärtige juristische Veränderungen haben zum Ziel, den Kindesschutz zu optimieren. Das
Schweizer Kindesrecht wurde 1976 totalrevidiert[5], in Kraft ist es seit 1.1.1978. Seit-
her zieht sich das Kindeswohl wie ein roter Faden durch das Kindesrecht, obwohl
es im Gesetz gar nicht häufig als Begriff erwähnt wird. Den Begriff des Kindeswohls gab es auch schon vorher; das Kindeswohl als Handlungsmaxime gewann
aber mit besagter Revision an Bedeutung. Zum 2012 aktuellen Gesetzestext gab
es in den letzten zehn Jahren keine wesentlichen Änderungen im ZGB der Art.
301 ff. Im Zusammenhang mit dem auf den 1.1.2000 in Kraft gesetzten Schei-
dungsrecht kam es ganz punktuell zu Anpassungen. Im Jahre 2008 wurde das
Vormundschaftsrecht/Erwachsenenschutzrecht schließlich totalrevidiert und trat
auf den 1.1.2013 mit einigen wesentlichen Veränderungen in Kraft. Die Revision
des Vormundschaftsrechtes[6] hat zwar vor allem Veränderungen im Erwachsenenschutzrecht bewirkt, beinhaltete jedoch auch Auswirkungen auf das Kindesrecht;

---

[3] Die Zahlen stammen aus der Schweizerischen Statistik der Massnahmen im Kindes- und
Erwachsenenschutz 2011. http://www.vbk-cat.ch/assets/pdf/de/dokumentationen/statistik/
aktuell/00_Statistik_2011_Details__ZKE_6-2012_.pdf. Zugegriffen: 15. Februar 2013, neuere
Zahlen sind noch ausstehend.

[4] Siehe Konferenz der Kantone für Kindes- und Erwachsenenschutz, Schweizerische Statistik
der Kindesschutzmassnahmen Jahresvergleich 1996-2011. http://www.vbk-cat.ch/assets/
pdf/de/dokumentationen/statistik/aktuell/03_Statistik_1996_-_2011_Kinder_Website.pdf.
Zugegriffen: 28. Januar 2013. Die Zahlen für 2012 stehen noch aus.

[5] Generelle Überarbeitung der Gesetzesartikel.

[6] Siehe http://www.bj.admin.ch/content/bj/de/home/themen/gesellschaft/gesetzgebung/
abgeschlossene_projekte0/vormundschaft.html. Zugegriffen: 28. Januar 2013.

teilweise nur terminologischer, aber auch inhaltlicher Art, insbesondere auf organisatorischer Ebene. Bis Ende 2012 entschied die Vormundschaftsbehörde über Kindesschutzmaßnahmen, seit dem 1.1.2013 hat dieses Mandat die neu gegründeten Kindes- und Erwachsenenschutzbehörden (KESB) inne. Erfährt die KESB von einer potenziellen Gefährdungssituation, muss sie Abklärungen durchführen und ggf. Maßnahmen[7] ergreifen. Neu ist dabei die geforderte Zusammensetzung eines interdisziplinären Teams mit mindestens drei Parteien; in Zürich bspw. je eine Fachperson aus der Sozialen Arbeit, dem Recht und eine aus den Bereichen Pädagogik/Psychologie/Gesundheit/Treuhand.[8] Gemäß bundesgerichtlicher Rechtsprechung liegt eine Kindeswohlgefährdung dann vor, wenn, „das Kind in der elterlichen Obhut nicht so geschützt und gefördert wird, wie es für seine körperliche, geistige und sittliche Entfaltung nötig wäre"[9]. Welche Bedeutung diese rechtlichen Veränderungen tatsächlich haben, wie sich die interdisziplinäre Zusammenarbeit ausgestaltet oder inwiefern sich der Zugriff auf Kindheit verändert, muss sich mit der neuen Praxis erst noch zeigen sowie erforscht werden.

Wenden wir uns nun nochmals dem Fachdiskurs um prekäre Kindheiten zu, so kritisiert z. B. Winkler (2007) für die BRD die „hinterhältigen, die gemeinen Familienfreunde" (ebd., S. 200). „Diese würden die Familie und ihre Leistungen für die Sozialisation des Nachwuchses zwar loben, sie aber notorisch missachten. Anstatt nach einer sozialpolitischen Haltung der Sorge und Anerkennung zu trachten, würden die Familien dem Verdacht ausgesetzt, dass sie ihre Aufgaben nicht wahrnähmen. Diese Haltung des Verdachts führe zu einem immensen Anstieg an Frühinterventionen, Familienunterstützungsmaßnahmen, Elterntrainings etc., die die Familie als Risiko betrachtet. Daher sei sie zu disziplinieren" (Winkler 2007, S. 207).

Mit der Zunahme und Komplexität der frühpädagogischen Fachdiskurse steigt auch die Tendenz, immer mehr Kinder zu beobachten (vgl. Tervooren 2010, S. 269). Dies geschehe mit der Argumentation einer Förderung von Bildungsprozessen, insbesondere potentiell benachteiligter Kinder und Jugendlicher, um ihnen später bessere Teilhabechancen zu ermöglichen. Damit gehe die Implementierung und Normalisierung einer frühpädagogischen Diagnostik bei immer jüngeren Kindern einher (vgl. ebd., S. 253 f.). Dadurch wird ein Teil des „Schutzauftrags Kindern

---

[7] Die vier möglichen Massnahmen *Weisung, Einrichtung Beistandschaft, Obhutsentzug* und *Sorgerechtsentzug* sind dieselben geblieben. http://www.kesb-zh.ch/kindesschutzmassnahmen. Zugegriffen: 09. Juli 2013.

[8] Struktur der KESB http://www.kesb-zh.ch/organisation. Zugegriffen: 28. Januar 2013.

[9] BGE 5C.258/2006, E. 2.1. http://www.rwi.uzh.ch/elt-lst-buechler/famr/kindesschutz/de/html/kindesschutz_glossary.html#d77e1656. Zugegriffen: 28. Januar 2013.

gegenüber auf den Staat übertragen" (ebd., S. 255). Das Verhältnis von familialer Privatheit und öffentlichem Zugriff auf Kindheit verschiebt sich damit weiter in die Familie hinein; woran die Sozialpädagogik nicht unbeteiligt bleibt. Mit dem Verhältnis von Privatheit und Öffentlichkeit befasst sich Tobias Studer und zeigt dies exemplarisch am Bereich des Pflegekinderwesens auf (u. a. i. d. B.).

Die Sozialinvestitionen im Bereich der Früherziehung müssen kritisch betrachtet werden (vgl. Bühler-Niederberger 2010, S. 7). Es ist „Skepsis angebracht, ob hier langfristige Chancen der Teilhabe mit gleichen oder jedenfalls weniger ungleichen Berechtigungen für die nachwachsende Generation eröffnet werden" (ebd.). Die neoliberale Programmatik auch der „Familienaktivierung" (Winkler 2007, S. 202) bewirkt, dass Familien in den Generalverdacht geraten ein Risiko des Aufwachsens darzustellen, welches dieser Logik folgend kontrolliert und eingedämmt werden müsse. Das Fatale daran ist, dass „Familien im Grundsatz mithin als Risiko entdeckt (werden), besonders aber jene, welche unter belasteten Verhältnissen leben" (ebd.). „Familien geraten also in eine ‚squeeze'-Situation. Sie müssen bei zurückgehenden materiellen Möglichkeiten mehr Anforderungen bewältigen, sie sollen hohe Bildungsaspirationen und kulturelle Ambitionen verfolgen, sind dazu materiell aber gar nicht in der Lage. [. . .]. Mit Ratgebern und Training sollen die Familien sich aus dem Sumpf retten, den eine Gesellschaft anrichtet. Weil dies nicht so recht gelingen will, droht man mit Kontrolle und Disziplinierung" (ebd., S. 203). Wie Bühler-Niederberger et al. mit Bezug auf die Studie von Klinkhammer (2010) belegt, erhalten Kinder keine höhere Chancengerechtigkeit, denn einmal mehr wird – auch im Bereich der Früherziehung – nach sozialer Schicht selektiert (vgl. Bühler-Niederberger et al. 2010, S. 12). In dem im vorliegenden Fall untersuchten Feld der sozialpädagogischen Krisenintervention spitzt sich die Situation der Familien, die in prekären Lebenslagen bestehen müssen, noch zu. Es handelt sich meist um Familien, die von mehreren Achsen sozialer Ungleichheit betroffen sind. Diese Familien stehen verschärft im Spannungsfeld zwischen den an sie gestellten gesellschaftlich-normativen Erwartungen und den sozialen Bedingungen, die ihnen eine Erfüllung dieser Erwartungen erschweren; oft in unsicheren und armen Verhältnissen, was zu Prekarisierung von Familien und damit auch zu Prekarisierung von Kindheiten führt.

7.3   Krise und Krisenintervention

Solch belastende und mitunter durch soziale Ungleichheiten verursachte Lebenssituationen können zu Spannungen, Ohnmacht, Überforderung und vermehrten Konflikten innerhalb der Familie und damit zu Krisen führen. Wie die SNF-Studie von Voll et al. (2008) zeigt, sind Konflikte zwischen den Eltern einer der Hauptgründe (71 %) für eine Kindeswohlgefährdung. „Krisen sind einem allgemeinen Sinne nach definiert als bedeutsame Überlastungen von Bearbeitungskapazitäten" (Dollinger 2004, S. 392). Allerdings ist es „nicht plausibel, von einer Unabhängigkeit gesellschaftlicher und individueller Krisen auszugehen. Denn Krisen werden von Menschen erfahren, weil Gesellschaften Krisen zeigen, und ebenso wird nach gesellschaftlichen Krisen gefahndet, weil Individuen Krisen wahrnehmen" (ebd., S. 381). Zentral sei die Frage nach Macht in der Aushandlung dessen, was als Krise definiert wird. Für die Krisenbewältigung wird nun auf die in der Krisendefinition etablierten „impliziten normativen Orientierungen" (ebd., S. 393) Bezug genommen. Auch die als Gefährdung des Kindeswohls verstandene Krise sowie der Begriff der Kindeswohlgefährdung selbst sind durchzogen mit impliziten und expliziten normativen Setzungen.

In diesem normativen Sinne ist Kindeswohl auch Gegenstand des Schweizerischen Zivilgesetzbuches und findet sich in Art. 301 und 302, welche das Wohl des Kindes u. a. folgendermaßen definieren: „Die Eltern leiten im Blick auf das Wohl des Kindes seine Pflege und Erziehung [. . .]" (Art. 301) und „Die Eltern haben das Kind ihren Verhältnissen entsprechend zu erziehen und seine körperliche, geistige und sittliche Entfaltung zu fördern und zu schützen" (Art. 302). Oberste Maxime der elterlichen Sorge bzw. des Kindesrechts ist die Wahrung des Kindeswohls, auch wenn im konkreten Einzelfall nicht immer klar ist, welche Vorgehensweisen und Entscheidungen dem Wohl des Kindes am besten entsprechen (vgl. Sutter-Somm und Kobel 2009, S. 221).

Die Soziale Arbeit bezieht sich sowohl in der Problemdefinition als auch der Bearbeitung des Sozialen auf ebendiese normativen Bezüge. Allerdings wird „die Krise der Gesellschaft [. . .] als Krise des Individuums beschrieben. Da makrostrukturelle Zusammenhänge in der Regel nicht im Wirkungsbereich helfender Einrichtungen liegen, wird auf der Ebene von Lebenswelten, Gruppen und nahräumlichen Strukturen Devianz in der theoretischen Anleitung bearbeitbar" (Dollinger 2004, S. 378). So auch in Institutionen sozialpädagogischer Krisenintervention. Die Krise – hier verstanden als Gefährdung des Kindeswohls – ist mitunter gesellschaftlich bedingt und ruft in Reaktion darauf nach einer juristischen und sozialpädagogischen aber auch sozialpolitischen Bearbeitung. Je nach Auslegung konnte bis Ende 2012 die Vormundschaftsbehörde zur Sicherstellung des Kindeswohls sogenannte Kindesschutzmaßnahmen (ZGB Art. 307 ff.) anordnen. Ihr stehen dabei vier Möglichkeiten zur Verfügung, wobei jede davon die elterliche Sorge in unterschiedlichem Maße einschränkt (vgl. Imthurn 2001, S. 86): Art. 307 Geeignete Massnahme [sic], Art. 308, 309 Beistandschaft, Art. 310 Aufhebung der elterlichen Obhut, Art. 311 und 312 Aufhebung der elterlichen Sorge. Seit 1.1.2013 bestimmt jetzt die KESB über solche Kindesschutzmaßnahmen. Neben der juristischen Definition von Kindeswohl sind für die Sozialpädagogik folgende Begriffsklärungen von Bedeutung: Böllert und Watzlawik (2012, S. 20 f.) besprechen Kindeswohlgefährdung einerseits als Nicht-Gewährleistung seelischer und/oder körperlicher Betreuung durch die Sorgeberechtigten, wobei dies sowohl willentlich als auch unwillentlich eintreten könne. Gefährdet werde das Kindeswohl beispielsweise durch den unangemessenen oder nicht hinreichenden Gebrauch der elterlichen Sorge und/oder durch Handlungen Dritter, die die Unversehrtheit eines Kindes bzw. einer/eines Jugendlichen beeinträchtigen.

Wird eine Krise als solche definiert und damit sichtbar, können Kriseninterventionen aktiviert werden. Wenn Krisen allerdings latent bestehen, ohne entdeckt und sichtbar zu werden, dann existieren sie (offiziell oder explizit, Anm.d.A.) nicht (vgl. Dollinger 2004, S. 384). Genauso wie die Sozialpädagogik „mit Macht ausgestattet [ist], zu intervenieren, zu provozieren, zu kontrollieren und zu zwingen" (Retkowsi und Schäuble 2010, S. 200), kann sie Krisen also auch als illegitim befinden und als Nicht-Krise definieren. Diese Macht besteht darin, „autoritativ die Definition des Gegenübers für ungültig und illegitim zu erklären oder schlicht zu ignorieren" (Baumann 2000, S. 30 zit. nach Retkowski et al. 2010, S. 200). Die Sozialpädagogik hat sowohl an der Definition – und also der Herstellung – einer Krise als auch ihrer Intervention maßgeblich Anteil. Im Anschluss an Allert, Bieback-Diel, Oberle und Seyfrath (1994), welche das sozialpädagogische Handeln darin sehen, dass „familiale und systemisch gewordene Praxis neu strukturiert werden muss" (Allert et al. zit. nach Winkler 2007, S. 217) definiert Winkler (sozialpädagogische) Intervention folgendermaßen: „Interventionen gelten also einer – gewachsenen und als Familiengeschichte zuweilen unbewusst verdichteten – Praxis im Kontext; Handeln richtet sich auf strukturiertes Handeln" (Winkler 2007, S. 217). Kindeswohlgefährdung ist die krisenhafte Situation, auf die mit sozialpädagogischer Krisenintervention reagiert wird, im Versuch einer Neustrukturierung sozialen Handelns einer Familie.

7.4 Struktur und Handlung

An dieser Stelle lässt sich fragen, wie genau dieses Handeln im Rahmen einer sozialpädagogischen Krisenintervention denn aussieht. Wie interagieren verschiedene Personengruppen miteinander, wie sprechen sie mit- und übereinander, auf welche impliziten und expliziten Normen referieren sie und wie legitimieren sie ihr Tun im Feld? Diese Frage verweist direkt auf den Begriff der Handlungs(spiel)räume. Diese sind zu verstehen als strukturierte Räume, die Handlungen und Verhalten ermöglichen, lenken und auch verunmöglichen, während diese Handlungen zugleich auf den Raum zurückwirken und ihn erneut strukturieren. Räume, in dem hier verstandenen Sinne, sind „relationale Anordnungen, die als gesellschaftliche Strukturen sowohl dem Handeln vorgängig sind als auch eine Folge des Handelns darstellen" (Kessl und Otto 2007, S. 12). Dieser theoretische Blick eröffnet die Analyse des ethnographischen Feldes sozialpädagogischer Krisenintervention als Handlungsraum. Das Handeln wird zum Bindeglied „zwischen materiell wahrnehmbaren Aspekten der Räume und den sozialen Folgen räumlicher Strukturen" (Löw 2007, S. 90). Die Doppelexistenz jedes Raumes zeigt sich darin Handlungselement und strukturierende Anordnung zugleich zu sein (vgl. ebd., S. 81); so auch der Raum sozialpädagogischer Krisenintervention.

Mit Bezug zu Giddens „Dualität von Struktur und Handeln" entfaltet Löw eine handlungstheoretische Raumsoziologie. Strukturen werden verstanden „im Sinne von Regeln und Ressourcen, die rekursiv in Institutionen eingelagert sind. Regeln beziehen sich dabei auf die Konstitution von Sinn oder auf die Sanktionierung von Handeln. Sie benennen Verfahrensweisen von Aushandlungsprozessen in sozialen Beziehungen" (ebd., S. 90). Eine sozialpädagogische Krisenintervention lässt demnach einen strukturierten Raum erwarten, der Sinnherstellung sowie Handlungsoptionen gleichzeitig eröffnet und begrenzt. Die Verschränkung von Raum und Ort, von Struktur und Handlung bringt Handlungskontexte hervor, in denen Interaktion bzw. Beziehungsgestaltung zugleich befähigt und verunmöglicht werden. Dieses Feld der Sozialen Arbeit ist diesbezüglich durch spezifische, relationale Bezüge strukturiert, die wir nun näher in den Blick nehmen wollen.

7.5 Handlungsspielräume der Beziehungsgestaltung

Als Aufgabe professioneller Sozialer Arbeit benennt Oevermann (2009, S. 113) die „stellvertretende Krisenbewältigung": Darunter versteht er „[...] die schlichte These, wonach alle professionalisierungsbedürftigen Berufspraxen im Kern mit der Aufgabe der stellvertretenden Krisenbewältigung für einen Klienten auf der Basis eines explizit methodisierten Wissens beschäftigt sind und die manifeste Professionalisierbarkeit dieser Berufe an die Bedingung der bewussten Wahrnehmung dieser stellvertretenden Krisenbewältigung gebunden ist. Auf die Sicherstellung dieser Funktion hin sind alle institutionellen Ausprägungen von Professionen ausgerichtet". Doch kann im Rahmen einer stellvertretenden Krisenbewältigung im Kontext von Kindeswohlgefährdung überhaupt von Arbeitsbündnissen ausgegangen werden? Dieser von Oevermann (2009) an die Psychoanalyse angelehnte

Begriff beinhaltet ein spezifisches Verständnis des Professionellen-AdressatInnen-Verhältnisses. Kritisiert daran wird mit Rückgriff auf strukturtheoretische Überlegungen, dass ein Arbeitsbündnis unter Hilfe-Kontroll-Aspekten unmöglich sei (vgl. Becker-Lenz 2005). Dieser Kritik folgt Köngeter (2009, S. 57) und spricht anstelle von Arbeitsbündnissen von Arbeitsbeziehungen[10], da es für professionelles Handeln passender sei, „einen weicheren und weiteren Begriff von Arbeitsbündnis anzulegen". Er plädiert für eine „schwächere Kooperationsform als das von Oevermann anvisierte Arbeitsbündnis" (Retkowski und Schäuble 2012, S. 239) und geht davon aus, dass es eine relationale Professionalität brauche. Retkowski et al. (2010, S. 199) sprechen von „relationale(r) Involviertheit" und rekonstruiert das an der Aussage eines Professionellen ‚wir sind in der Familie drin'. Mit Bezug auf den frühpädagogischen Bereich kritisiert und dekonstruiert Kuhn (2013, S. 125) Oevermanns Vorstellung der Unmöglichkeit ein Arbeitsbündnis mit Kindern unter fünf Jahren einzugehen. Diese Kritik wirft für das Feld der Krisenintervention bei Kleinkindern die Frage auf, ob nicht dennoch mit den Kindern und den Bezugspersonen ein Arbeitsbündnis eingegangen werden kann. Allerdings bleibt auch beim Verwerfen dieser unteren Altersgrenze der Zwangscharakter einer Krisenintervention bestehen. Wigger (2009) stellt die Begriffe „Beziehung" und „Beziehungsaufbau" in sozialpädagogischen Zwangskontexten – und Krisenintervention mit Inobhutnahme der Kinder ist sicherlich als Zwangskontext zu verstehen – gänzlich in Frage und spricht eher von einer „irgendwie gearteten Beziehung" (Wigger 2009, S. 143 f.):

> In sozialpädagogischen Settings, in denen die Hilfe von den Betroffenen nicht frei gewählt wird, kann man feststellen, dass häufig keine Koproduktion im Sinne einer an einem gemeinsamen Ziel ausgerichteten Kooperation zwischen Expertinnen/Experten und Klientinnen/Klienten zustande kommt. Vielmehr scheint es sich eher um eine Art Kampf zu handeln, in dem es darum geht, die jeweils eigene Problembewältigungsstrategie gegenüber dem Anderen durchzusetzen.

Im Anschluss an die Überlegungen zu Struktur und Handlung sowie Krisenintervention als Raum lässt sich nun fragen, ob und wie diese Art „Kampf" um Handlungsstrategien aussehen könnte. Der Begriff der Handlungsmuster ist wohl passender, da Handlungsstrategie Bewusstheit unterstellt, während in Handlungsmustern auch unbewusste, nicht intendierte Momente einfließen können. So greifen auch Retkowski und Schäuble (2012, S. 239) auf Wiggers „irgendwie geartete Beziehung" zurück, da im Kinderschutz stark asymmetrische und unfreiwillige Be-

---

[10] Köngeter (2009, S. 57) spricht von Arbeitsbeziehungen, wenn AdressatInnen und Professionelle sich informell oder formal darauf einigen, eine Erziehungshilfe zu initiieren, also eine Koproduktion eingehen. Ob sich diese Arbeitsbeziehung nun zu einem Arbeitsbündnis entwickelt, bleibt allerdings vorerst offen.

ziehungen eingegangen werden und es zudem kaum die Option gibt, die Beziehung aufzukündigen. Für die Soziale Arbeit bliebe nur die Möglichkeit der Delegation an eine andere Institution; für die AdressatInnen wohl nur, sich in irgendeiner Form zu widersetzen, was möglicherweise zu Sanktionen führen würde. Der Raum einer sozialpädagogischen Krisenintervention ist also meist durch Unfreiwilligkeit, Unaufkündbarkeit und Asymmetrien gekennzeichnet.

Im Bereich der Krisenintervention bei Kindeswohlgefährdung ist zudem von Verflechtungen der Beteiligten auszugehen, die sich in spezifischen Machtdiskrepanzen äußern (vgl. dazu die generationale Ordnung und das doppelte Gefälle zwischen Professionellen und Kindern von Bühler et al. in diesem Bd.). Kinder werden bei Verdacht auf Gefährdung ihres Wohls durch die Vormundschaftsbehörde in Obhut genommen und vorübergehend z. B. in einer Krisenintervention betreut. Dies ist bereits ein massiver Eingriff in die Eltern- und Kinderrechte und strukturiert damit die Beziehungsdynamiken zwischen Professionellen und AdressatInnen stark mit. In der folgenden Phase der Unentschiedenheit kann sich diese Asymmetrie verändern, sich zuspitzen oder abschwächen und zwar abhängig davon, wie sich die Interaktionen zwischen den Beteiligten ausgestalten. Diese Beziehungsverflechtungen der beiden Gruppen (Professionelle und AdressantInnen) lassen sich mit Elias und Scotsons Konzept der Figuration (1990, S. 27) fassen:

> Ausschlaggebend für ihre Beziehung ist, dass sie in einer Weise aneinander gebunden sind, die der einen Gruppe sehr viel grössere Machtmittel zuspielt und sie befähigt, die Mitglieder der anderen von den Bastionen dieser Macht auszuschliessen und ihnen den engeren Verkehr mit ihren eigenen Mitgliedern zu verweigern, was die anderen in die Position von Aussenseitern verbannt. [...] die Sozialdynamik der Beziehung zwischen Gruppen, die als Etablierte und Aussenseiter miteinander verflochten sind, [wird] durch die Art ihrer Verflechtung bestimmt und nicht durch irgendwelche davon unabhängigen Merkmale ihrer Angehörigen.

Neuste Studien rekonstruieren den Bereich des Kindesschutzes selbst als „Neufiguration der Familie" (Retkowski et al. 2013) und zeigen Lösungen und Herausforderungen der Sozialpädagogik bei familialen Gewaltpraxen auf. Auch das Schweizer Nationalfondprogramm NFP52 (Peter Voll et al. 2008) untersucht die Akteure, Prozesse und Strukturen im zivilrechtlichen Kindesschutz auf verschiedenen Ebenen. In einem Forschungsprojekt des NFP52 rekonstruiert Mey (2008, S. 166) in qualitativen Fallanalysen die „Dynamik der doppelten Ohnmacht": Eltern wie Sozialarbeitende reagieren auf „enttäuschte Erwartungen, Unklarheiten bei der Zuweisung von Verantwortung und Zeitmangel bzw. Ressourcenknappheit zu einem wechselseitigen und sich wechselseitig verstärkenden Rückzugsverhalten" (ebd., S. 143). Folge davon ist eine weitere Einengung der Handlungsmöglichkeiten (vgl. ebd., S. 167). „Mit der versiegenden Kommunikation nimmt auch die Steuerbarkeit im Fall zusehends ab: Der Kontrollverlust der Eltern wird mit der Maßnahme nicht durchbrochen, vielmehr wiederholt er sich auf der Ebene der Mandatsträger [Sozialarbeitende, Anm.d.A.]. Für die analysierten Fälle zeigten sich nur wenig Ansatzpunkte für eine Korrektur dieser Dynamiken seitens der Behörden" (ebd., S. 143). Diese Problematik des Kontrollverlustes und der Fremdbestimmung reproduziert sich auch in der hier untersuchten sozialpädagogischen Krisenintervention.

7.6 Empirischer Einblick in ein Forschungsprojekt

Vor dem Hintergrund der oben umrissenen Debatte um Kindeswohl und Zugriff auf Kindheit interessiert dieser Aushandlungsprozess zwischen Professionellen und AdressatInnen in der Phase der Unentschiedenheit über die weitere Unterbringung eines Kindes. Und zwar insbesondere da, wo bereits eine Fremdunterbringung stattfindet (Inobhutnahme) und somit eine sozialpädagogische Institution aktiv ist, jedoch (vorläufig) noch keine definitive Fremdunterbringung gefunden ist. Im Fokus steht exemplarisch das Feld einer sozialpädagogischen Krisenintervention in der Schweiz, die sich auf Kleinkinder von null bis fünf Jahren spezialisiert hat. Das qualitativ-rekonstruktive Forschungsprojekt[11] sucht u. a. Antworten auf die Fragen: Wie verlaufen Entscheidungsprozesse bei Fremdunterbringung, wie sehen diese Beziehungsverflechtungen von Eltern und nahen Bezugspersonen aus, wie werden Figurationen erlebt und welche Handlungsmuster und -typen resultieren

---

[11] Der Feldzugang gestaltete sich ethnographisch (Heinzel et al. 2010; Rosenthal 2011; Friebertshäuser et al. 2012) über eine Kriseninterventionsstelle in der Schweiz. Kriseninterventionen sind deshalb besonders geeignet, weil hier de jure eine Aushandlungsphase von max. drei Monaten (de facto öfter länger) besteht und daher der Prozess der Fallkonstruktion (von Eingang einer Kindeswohlgefährdungsmeldung bis Entscheid) untersucht werden kann. Die Datenerhebung erfolgte über teilnehmende Beobachtung, Gespräche im Feld, narrative Interviews sowie Audioaufnahmen von vers. Sitzungstypen, weil hier im Rahmen eines professionellen Settings Handlungen sichtbar und Wissensbestände aktualisiert werden. Nach der einjährigen Feldphase dienen mir für den hier vorliegenden Artikel neben diversen Sitzungsmitschnitten insbesondere Beobachtungsprotokolle der Besuchsnachmittage sowie neun thematisch fokussierte narrative Interviews mit Eltern und anderen nahen Bezugspersonen der Kinder zur Analyse der Erfahrungen und Handlungsmuster. Die Auswertung des umfangreichen Datenmaterials erfolgte einerseits durch kodierende Verfahren einer reflexiven Grounded Theory (Breuer 2010) und andererseits durch sequenzielle Feinanalyse (Rosenthal 2011) einzelner dichter Textstellen. Damit konnten neben expliziten auch implizite Sinngehalte des Erlebens und Handelns ausgewertet und verdichtet werden.

aus diesbezüglichen Erfahrungen? Es interessieren Einblicke und Erkenntnisse in komplexe Aushandlungsprozesse während einer (vermeintlich) formalen Phase der wiederholten Unentschiedenheit. Metzger (2011, S. 58) beschreibt sie auch als „Entscheidung unter doppelter Unsicherheit", da es einerseits um die Unsicherheit in der weiteren Entwicklung des Kindes geht und andererseits um die Unsicherheit bezüglich der Folgen der Intervention. Im Zusammenhang mit Fremdunterbringung in einer Krisenintervention ist die Dauer von maximal neunzig Tagen vorgesehen. Ein längerer Aufenthalt würde als Heimaufenthalt deklariert und nicht mehr als Krisenintervention. Diese Zeitspanne und die formale Offenheit der Entscheidung bedingen, dass in absehbarer Zeit ein Entscheid über die weitere Unterbringung eines Kindes gefällt werden muss und diesbezügliche Handlungspraxen sichtbar werden. Zur Rekonstruktion darüber wie Sozialarbeitende solche Entscheidungen treffen und plausibilisieren, wie Fälle erzeugt und verkettet werden, braucht es ethnographische Analysen (vgl. dazu Ackermann 2012 und 2013in diesem Bd.). Wie dargestellt, sind die sozialen Praxen durch relationale Bezüge mit ungleichen Machtanteilen zwischen Professionellen und AdressatInnen gekennzeichnet, denn „fluktuierende Machtbalancen [...] gehören zu den Struktureigentümlichkeiten jedes Figurationsstromes" (Elias 2009, S. 142). Für den vorliegenden Artikel greife ich nun eine Frage, nämlich die der Handlungen der AdressatInnen bzw. der Handlungsmuster der Beziehungsgestaltung heraus. Wie lassen sich Handlungen der AdressatInnen im so strukturierten Raum verstehen und beschreiben?

7.7 Rekonstruktion von Handlungsmustern der Beziehungsgestaltung

Die vielfältigen Erfahrungen von AdressatInnen der sozialpädagogischen Krisenintervention führen zu ebenso verschiedenen und individuellen Handlungsweisen. In der Auswertung der Daten konnten nicht nur explizite, sondern auch implizite Sinngehalte von Handlungsvollzügen rekonstruiert werden. So führt bspw. die wiederholte Erfahrung von Fremdbestimmung, Kontrolle und Intervention zu einem daraus resultierenden Handlungsmuster der Suche nach Räumen und Möglichkeiten der Mitbestimmung innerhalb und außerhalb der Institution. Eine andere Form der Erfahrung zeigt sich in der Veröffentlichung von Privatem, die für den Eingriff in die Privatsphäre einer Familie typisch ist. Die Entblößung oder Aufdeckung, das Eindringen in private Räume der AdressatInnen im Falle von Kindeswohlgefährdung führt bei den Eltern/Bezugspersonen zu Handlungsmustern der erneuten Privatisierung des Veröffentlichten. Ein weiteres Handlungsmuster zeigte sich in der Inszenierung von „guter Elternschaft". Vor dem Hintergrund des Eingriffs in die familiale Autonomie und der damit zusammenhängenden Gefährdungszuschreibung an Eltern kommt es zu strategisch eingesetzten sowie unbewussten Inszenierungen. Eltern berichten vom eigenen „Theater spielen" und Scheinanpassungen, um die Professionellen von ihren Erziehungsfähigkeiten und ihrem Willen zu überzeugen. Damit antworten sie auf implizite Wissensbestände der Professionellen über ebendiese „gute Elternschaft", was auch als Herstellung von Autonomie gelesen werden kann. Ein anderes Handlungsmuster findet sich im Versuch gegen die Angst vor Entfremdung des eigenen Kindes durch die fremde Betreuung anzukämpfen. Dabei wird nach unterschiedlichen Strategien gesucht, den Bezug zum Kind auch bei eigener Abwesenheit zu halten.

Die feinanalytische Auswertung des Materials und die Verdichtung der Handlungsmuster führten zu einer quer zu den einzelnen Fällen liegenden thematischen Gruppierung (vgl. Kelle und Kluge 2010). Relevante Vergleichsdimensionen ermöglichten die Typisierung von Handlungsmustern und das Herausarbeiten inhaltlicher Sinnzusammenhänge. Die gebildeten Handlungsmuster lassen sich charakterisieren als 1) Herstellen von Alltäglichem, 2) Herstellen von Unterstützung und Halt, 3) Herstellen von (Selbst-)/Mitbestimmung, 4) (Wieder-)Herstellen von Kontrolle und Macht, 5) Herstellen von Anerkennung als legitime Bezugsperson. Im Folgenden werde ich auf das erste Handlungsmuster näher eingehen und daran exemplarisch illustrieren, welche Bedeutung das Handeln von AdressatInnen hat und wie es im Raum einer Krisenintervention zu verorten ist.

In der krisenhaften Situation des Eingriffs in eine Familie, dem Brüchigwerden des Normalen und dem Abweichen vom gewohnten Alltag verortet sich die Suche und das Wiedererlangen nach genau diesem Gewohnten, dem Alltäglichen. Die Krise wird weniger als Bearbeitungsmodus verstanden, in dem Alltägliches in Frage gestellt und neu bearbeitet wird; Viel eher wird versucht der Krisenhaftigkeit Alltäglichkeit gegenüberzustellen. Man kann von einer dialektischen Verschränkung von Alltäglichem und Außeralltäglichem, von Routine und Krise sprechen, wobei die Suche nach Alltäglichkeit mit dem Wunsch nach Berechenbarkeit und Sicherheit, nach dem Gewohnten, Vertrauten zusammenhängt. Es lässt sich fragen, woran sich diese Suche nach Alltäglichem, dem ‚Normalen' orientiert, welcher Maßstab für ‚das Normale' angelegt wird, wie es normativ gefüllt wird. Dabei zeigt sich in der Analyse, dass (sowohl von Professionellen als auch von AdressatInnen) auf eine heteronorme, an die Mittelschicht angelehnte Normalität eines Familienalltags rekurriert wird, wie dies bspw. auch Richter (2013, S. 17 ff.) in ihrer Studie rekonstruiert. Der heteronorme Familienalltag wird als „guter Ort des Aufwachsens" konstituiert, adressiert, vertreten und dient als steter Vergleichshorizont.

Dabei lässt sich das „Herstellen von Alltäglichem" in den Dimensionen erfassen: a) den Familienalltag als ‚Normalität' außerhalb der Krisenintervention herstellen, veröffentlichtes Privates wieder privatisieren; b) die alltäglichen Aufgaben in der Krisenintervention übernehmen; c) den Familienalltag in der Krisenintervention herstellen mangels Familienort außerhalb der Institution; somit wird der öffentliche Raum partiell privatisiert. In fast allen Interviews zeigen sich Handlungsversuche der AdressatInnen, in der (andauernd) krisenhaften Situation möglichst viele all-tägliche Situationen herzustellen. Dies kann einerseits in der Krisenintervention selber geschehen, indem der Alltag und das Alltägliche bewusst gelebt werden, andererseits aber auch durch Momente außerhalb der Krisenintervention. In der Beziehungsdynamik von Professionellen und AdressatInnen antwortet die Krisen-intervention auf dieses Herstellen von Alltäglichem, indem sie den dazu nötigen Raum schrittweise – abhängig von der Vertrauensbeziehung – gewährt.

Einige AdressatInnen suchen den Alltag, indem sie mit dem Kind möglichst oft die Krisenintervention verlassen und sich im familialen Umfeld bewegen.

> Wir schauen eigentlich möglichst schnell wieder raus zu kommen@ dass wir eh die kostbare Zeit nutzen können (I2, Z 81)[12]
> Mir war das wichtig, dass Ana (.) ehm das familiäre ja das Umfeld von zuhause wo wo wir uns bewegen so viel wie möglich hat. (I5 Z18).
> Ich gehe immer mit ihr nach Hause, also ich gehe mit ihr zum Beispiel einkaufen aber ganz normal Lebensmittel einkaufen. Wo sie mit mir durch den Laden läuft, da darf sie sich ihr Joghurt auswählen, und dann gehen wir heim, packen aus, dann kann sie Zviri essen. Manchmal mache ich sogar noch einen Teil vom Haushalt wenn sie dabei ist. und sie hilft mir. Und dann reden wir und singen und machen und tun miteinander, und dann kommt sie wieder da hin [in Krisenintervention Anm.d.A.]. Wie wenn ein normaler Tag wäre, wenn ich sie, wenn wenn sie bei mir aufwachsen würde. So handle ich das. Also ich mach kein riesen Ding. (I5 Z20)

Andere AndressatInnen stellen die normativ erwartete ‚Normalität' anders her. Sie versuchen sich innerhalb der Einrichtung einen Platz zu suchen, an dem sie ungestört und wie im eigenen Zuhause sind. Der Ort des Rückzugs, der die Kri-senintervention offenbar gewährt, gibt die Möglichkeit, unter sich zu sein, ohne die Anwesenheit von Professionellen. Eine Deutungsweise wäre, dass dies so den Rahmen des ursprünglichen, gewohnten Familienortes simuliert.

> Wir haben dann die ganzen anderen Räume eigentlich für uns gehabt. [...] Quasi wie die Wohnung dort. Oder. Ich hab eifach- ich hab einfach gefunden ich möchte eh eh den Tag wirklich mit den Jungs haben. (1) Ehm::: Ohne jetzt siebentausend anderen Leuten um mich rum. (I1 Z 81–83, Z87)
> Und wir haben uns total verkrochen am Anfang, also wir sind wirklich bis um vier glaub ich auf dem Sofa gelegen, alle beide. (I1 Z29)

---

[12] Die Zitate wurden für diesen Artikel aus dem Schweizerdeutschen übersetzt.

Das bewusste Erleben des Alltags kann auch Normalität vermitteln. Dies geschieht beispielsweise, indem ein völlig unspektakulärer Alltag gelebt wird, in der
Schilderung eines ,normalen' Tages in der Krisenintervention:

> Ehm, ja am Morgen aufgestanden, sie bereit gemacht: Haare kämmen, Gesicht putzen,
> ehm, anziehen, einfach die Hygiene. und dann angefangen zu spielen, und kurze
> Zeit später angefangen das Mittagessen vorzubereiten. Frühstück haben wir natür-
> Frühstück gegessen haben wir natürlich auch zusammen, einfach einen Tagesablauf
> wie man ihn eben hat. Und dann kochen, dann bin ich in die Pause, hin und wieder
> hab ich ihr das Mittagessen gegeben, manchmal auch nicht. ja und dann einfach
> mit ihr den Tag verbringen, einen Spaziergang machen, eh wieder zurück kommen,
> kleine Zwischenmahlzeit essen, zwischendrin hat sie noch geschlafen (2) einfach
> vollumfänglich sich um sie sorgen. (I6 Z38)

Das Herstellen von Alltäglichem hängt mit der Normativität der Normalität, also
bereits mit der Krisenintervention zusammen, da die Übernahme alltäglicher Aufgaben gerade erwartet und auch beurteilt wird, was den Handlungsraum bereits
stark strukturiert, eine selbstbestimmte Ausübung jedoch verunmöglicht. Krisenintervention ist eben kein Alltag. Denn die Krise steht dem routinierten Alltag
diametral entgegen. Die Suche und Versuche, Alltag innerhalb der strukturierten Räume der Krisenintervention dennoch herzustellen, führen zur Veränderung
des Handlungsspielraumes. Je nach Vertrauen der Professionellen in die Adressat-
Innen kommt es zu einer Verengung oder Erweiterung. Konnten AdressatInnen
eine vertrauensvolle Beziehung zu Professionellen herstellen, so genießen sie mehr
Mitbestimmungsrechte und größere Freiheiten. Ist dies nicht der Fall, dann wird
ihr Handlungsraum eingeschränkter sein und stärker der Kontrolle unterliegen.
Zudem könnte von einem „repetitiven Alltag" (Löw 2012, S. 161) gesprochen werden, da AdressatInnen (und Professionelle) wohl Routine darin haben, wo sie sich
mit dem Kind platzieren, wie sie miteinander sprechen, kurz wie sie handeln. Einen
solchen durch Routinen geprägten repetitiven Alltag macht „ein Set von gewohn-
heitsbedingten Handlungen [aus], welches ihnen hilft ihren Alltag zu gestalten"
(ebd.). Darüber hinaus werden gerade in institutionellen Settings durch wiederholte soziale Praktiken (An)Ordnungen von Menschen im Handeln reproduziert (vgl.
ebd., S. 163). Dabei sind Strukturen eben rekursiv in Institutionen eingelagert, wobei die Analyse von solchen Routinen zur Schlüsselkategorie im Verstehen sozialer
Prozesse werden kann (vgl. ebd., S. 167). Ebenso routiniert wie Handlungsmuster
sind auch implizite Wissensbestände über „gute Elternschaft", und zwar sowohl auf
Seiten der Professionellen als auch der AdressatInnen.

7.8 Ausblick

Wie das letzte Zitat zum Ausdruck bringt, ist implizit erkennbar, an welchen Normativen von als gut markierter Elternschaft sich diese Mutter orientiert (allgemeine Hygiene, gemeinsames Spiel, Essen zubereiten, Mittagsschlaf, Spaziergang und gemeinsame Zwischenmahlzeit). Daran anschließend stellt sich die Frage nach den impliziten Wissensbeständen auch auf Seite der SozialpädagogInnen: Wie wird eine ‚professionelle' Sicht auf AdressatInnen – insbesondere im Bereich von Kindeswohl und Kindesschutz – als Normativ von „guter Kindheit", „guter Familie" und „guter Orte des Aufwachsens" konstituiert und handlungsleitend? Auf welche impliziten und expliziten Wissensbestände über „gute Eltern" greifen Professionelle in der Entscheidungsfindung über die weitere Unterbringung eines Kleinkindes zurück und inwiefern werden sie reflektiert? Erste diesbezügliche Erkenntnisse beziehen sich auf unsichtbare routiniert-handlungsleitende Normative der Professionellen und auf die Frage, wie gesellschaftliche Normierungen im komplexen und widersprüchlichen Raum einer solchen Krisenintervention wirken. Dabei ist eine Analyse der Struktur und Handlung entlang einer handlungstheoretischen Raumsoziologie (Löw 2012) für das Feld theoretisch und methodologisch vielversprechend und ermöglicht die Analyse der Beziehungsherstellung zwischen AdressatInnen und Professionellen und derjenigen zwischen den Eltern/Bezugspersonen und dem Kind.

Literatur

Ackermann, Timo. 2012. Wie kommt man ins Heim? Oder: Wie SozialarbeiterInnen Plausibilität für/gegen Fremdunterbringungen herstellen. *Sozial Extra* 7 (8/12): 32–36.

Ackermann, Timo. 2013. Entscheiden über Fremdunterbringungen. Praktiken der Fallerzeugung/-erzählung. In *Sozialpädagogik zwischen Staat und Familie – alte und neue Politiken des Eingreifens,* Hrsg. B. Bütow, M. Pomey, M. Rutschmann, C. Schär und T. Studer. Wiesbaden: Springer (In diesem Bd.).

Allert, Tilmann, Liselotte Bieback-Diel, Helmut Oberle, und Elisabeth Seyfarth. 1994. *Familie, Milieu und sozialpädagogische Intervention.* Münster: Votum.

Baumann, Zygmunt. 2000. Alte und neue Gewalt. *Journal für Konflikt- und Gewaltforschung* 2 (1): 28–42.

Becker-Lenz, Roland. 2005. Das Arbeitsbündnis als Fundament professionellen Handelns. Aspekte des Strukturdilemmas von Hilfe und Kontrolle in der Sozialen Arbeit. In *Professionelles Handeln,* Hrsg. M. Pfadenhauer, 87–104. Wiesbaden: VS Verlag für Sozialwissenschaften.

Bohler, Karl Friedrich, und Tobias Franzheld. 2011. Kindeswohlgefährdung zwischen Jugendhilfe und Schule – statistische Befunde und qualitative Analysen. In *Kinderschutz in gemeinsamer Verantwortung von Jugendhilfe und Schule*, Hrsg. J. Fischer, T. Buchholz, und R. Merten, 243–268. Wiesbaden: VS Verlag für Sozialwissenschaften.

Böllert, Karin, und Martin Wazlawik. 2012. Kinderschutz als Dienstleistung für Kinder und Jugendliche. In *Sorgende Arrangements. Kinderschutz zwischen Organisation und Familie*, Hrsg. W. Thole, A. Retkowski, und B. Schäuble, 9–15. Wiesbaden: Springer VS.

Breuer, Franz. 2010. *Reflexive grounded theory*. Wiesbaden: VS Verlag für Sozialwissenschaften.

Bühler-Niederberger, Doris. 2010. *Kindheit zwischen fürsorglichem Zugriff und gesellschaftlicher Teilhabe*. Wiesbaden: VS Verlag für Sozialwissenschaften.

Dollinger, Bernd. 2004. Krisenintervention als Aufgabe der Sozialen Arbeit. Anmerkungen zu einer sozialpädagogischen Krisentheorie. *Zeitschrift für Sozialpädagogik* 4:377–396.

Elias, Norbert, und John L. Scotson. 1990. *Etablierte und Aussenseiter*. Frankfurt a. M.: Suhrkamp.

Elias, Norbert. 2009. *Was ist Soziologie?* Weinheim: Juventa.

Friebertshäuser, Barbara, Helga Kelle, Heike Boller, Sabine Bollig, Christina Huf, Antje Langer, Marion Ott, und Sophia Richter. 2012. *Feld und Theorie. Herausforderungen erziehungswissenschaftlicher Ethnographie*. Leverkusen: Budrich.

Heinzel, Friederike, Werner Thole, Peter Cloos, und Stefan Köngeter. 2010. *Auf unsicherem Terrain: Ethnographische Forschung im Kontext des Bildungs- und Sozialwesens*. Wiesbaden: VS Verlag für Sozialwissenschaften.

Hildenbrand, Bruno. 2011. Welches sind günstige Rahmenbedingungen für die ersten Jahre des Aufwachsens? Wie können diese in Einrichtungen öffentlicher Sozialisation gefördert werden? Überlegungen auf der Grundlage eines laufenden Forschungsprojekts. In *Aufwachsen in Dialog und sozialer Verantwortung. Bildung – Risiken – Prävention in der frühen Kindheit*, Hrsg. G. Robert, K. Pfeifer, und T. Drössler, 21–47. Wiesbaden: VS Verlag für Sozialwissenschaften.

Hünersdorf, Bettina, und Sabine Toppe. 2011. Familie im Spannungsfeld zwischen Öffentlichkeit und Privatheit. Gesellschaftlicher Kontext und Strategien der Sozialen Arbeit zur „Effektivierung" (?) der Familie. In *Bildung des Effective Citizen – Sozialpädagogik auf dem Weg zu einem neuen Sozialentwurf*, Hrsg. DGfE-Kommission Sozialpädagogik, 209–226. Weinheim: Juventa

Imthurn, Veronika. 2001. *Die Rechte von Eltern und Kind: von der Schwangerschaft oder Adoption bis zur Mündigkeit, von der Kinderzulage bis zum Lehrlingslohn*. Zürich: Consuprint.

Kelle, Helga, und Susann Kluge. 2010. *Vom Einzelfall zum Typus: Fallvergleich und Fallkontrastierung in der qualitativen Sozialforschung*. Wiesbaden: VS Verlag für Sozialwissenschaften.

Kessl, Fabian, und Hans-Uwe Otto. 2007. *Territorialisierung des Sozialen: Regieren über soziale Nahräume*. Opladen & Farmington Hills: Barbara Budrich Verlag.

Klinkhammer, Nicole. 2010. Frühkindliche Bildung und Betreuung im ‚Sozialinvestitionsstaat' – mehr Chancengleichheit durch investive Politikstrategien? In *Kindheit zwischen fürsorglichem Zugriff und gesellschaftlicher Teilhabe*, Hrsg. D. Bühler-Niederberger, J. Mierendorff, und A. Lange, 205–228. Wiesbaden: VS Verlag für Sozialwissenschaften.

Köngeter, Stefan. 2009. *Relationale Professionalität: eine empirische Studie zu Arbeitsbeziehungen mit Eltern in den Erziehungshilfen.* Baltmannsweiler: Schneider Verlag Hohengehren.

Kuhn, Melanie. 2013. *Professionalität im Kindergarten. Eine ethnographische Studie zur Elementarpädagogik in der Migrationsgesellschaft.* Wiesbaden: VS Verlag für Sozialwissenschaften.

Löw, Martina. 2007. Zwischen Handeln und Struktur. Grundlagen einer Soziologie des Raumes. In *Territorialisierung des Sozialen. Regieren über soziale Nahräume,* Hrsg. F. Kessl und H.-U. Otto, 81–100. Leverkusen: Budrich.

Löw, Martina. 2012. *Raumsoziologie.* Frankfurt: Suhrkamp.

Metzger, Marius. 2011. Entscheidungsprozesse in Kinderschutzgruppen. *VHN Vierteljahresschrift für Heilpädagogik und ihre Nachbargebiete,* vol. 1/11, 57–66. München: Reinhardt.

Mey, Eva. 2008. Prozesse: Die Zusammenarbeit im Dreieck Eltern-Behörden-Mandatsträger. In *Zivilrechtlicher Kindesschutz: Akteure, Prozesse, Strukturen. Eine empirische Studie mit Kommentaren aus der Praxis,* Hrsg. P. Voll, A. Jud, E. Mey, C. Häfeli, und M. Stettler, 143–169. Luzern: Interact.

Oevermann, Ulrich. 2009. Die Problematik der Strukturlogik des Arbeitsbündnisses und der Dynamik von Übertragung und Gegenübertragung in einer professionalisierten Praxis von Sozialarbeit. In *Professionalität in der Sozialen Arbeit,* 2. Aufl., Hrsg. R. Becker-Lenz et al., 113–142. Wiesbaden: VS Verlag für Sozialwissenschaften.

Retkowski, Alexandra, und Barbara Schäuble. 2010. Relations that matter. Kinderschutz als professionelle Relationierung und Positionierung in gewaltförmigen Beziehungen. *Soziale Passagen* 2 (2): 197–213.

Retkowski, Aleksandra, und Barbara Schäuble. 2012. Inszenierung kindlicher Lebensräume – Beziehungen im Kinderschutz. In *Sorgende Arrangements. Kinderschutz zwischen Organisation und Familie,* Hrsg. W. Thole, A. Retkowski, und B. Schäuble, 237–247. Wiesbaden: Springer VS Verlag für Sozialwissenschaften.

Retkowski, Alexandra, Barbara Schäuble, und Werner Thole. 2013 i.E. *Kinderschutz als Neufiguration von Familie. Eine Ethnographie des Handlungsfelds Kinderschutz in öffentlich-privater Partnerschaft zwischen Jugendamt und Familien.* Wiesbaden: VS Verlag für Sozialwissenschaften.

Richter, Martina. 2013. *Die Sichtbarmachung des Familialen. Gesprächspraktiken in der sozialpädagogischen Familienhilfe.* Weinheim: Beltz.

Rosenthal, Gabriele. 2011. *Interpretative Sozialforschung: Eine Einführung.* Weinheim: Juventa.

Sutter-Somm, Thomas, und Felix Kobel. 2009. *Familienrecht.* Zürich: Schulthess.

Tervooren, Anja. 2010. Expertendiskurse zur Schulfähigkeit im Wandel. Zur Ausstreuung von Diagnostik. In *Kindheit zwischen fürsorglichem Zugriff und gesellschaftlicher Teilhabe,* Hrsg. D. Bühler-Niederberger, J. Mierendorff, und A. Lange, 253–271. Wiesbaden: VS Verlag für Sozialwissenschaften.

Voll, Peter, Andreas Jud, Eva Mey, Christoph Häfeli, und Martin Stettler. 2008. *Zivilrechtlicher Kindesschutz: Akteure, Prozesse, Strukturen. Eine empirische Studie mit Kommentaren aus der Praxis. Eine empirische Studie mit Kommentaren aus der Praxis.* Luzern: interact.

Wigger, Annegret. 2009. Der Aufbau eines Arbeitsbündnisses in Zwangskontexten – Professionstheoretische Überlegungen im Licht verschiedener Fallstudien. In *Professionalität in der Sozialen Arbeit*, Hrsg. R. Becker-Lenz, S. Busse, G. Ehlert, und S. Müller, 143–158. Wiesbaden: VS Verlag für Sozialwissenschaften.

Winkler, Michael. 2007. Familienarbeit in der Heimerziehung – Überlegungen zu einer Theorie in kritischer Absicht: da werden Sie geholfen! In *Elternarbeit in der Heimerziehung*, Hrsg, H. G. Homfeldt und J. Schulze-Krüdener, 196–233. München: Ernst Reinhardt.

Entscheiden über Fremdunterbringungen. Praktiken der Fallerzeugung

8

Timo Ackermann

Zusammenfassung

Jede Entscheidung für oder gegen eine Fremdunterbringung ist mit dem Risiko verbunden, „zu früh zu viel" oder „zu spät zu wenig" (Anna Freud) zu tun. Die Unterbringung außerhalb der Familie bleibt allerdings nach wie vor eine der wichtigsten Interventionsformen des Jugendamtes. Der Autor geht der Frage nach, *wie es SozialarbeiterInnen der Jugendämter gelingt, Entscheidungen über Fremdunterbringung zu treffen.* Herausgearbeitet wird, *wie SozialarbeiterInnen in Falldarstellungen den Fall – über den sie entscheiden – erst konstruieren.* Dabei wird Plausibilität für/gegen Fremdunterbringung erreicht. Es wird verständlich gemacht, warum eine Fremdunterbringung – in der Logik der jeweiligen Situation – angebracht scheint, eine alternative Interventionsform gewählt wurde bzw. künftig gewählt werden könnte. Auf Grundlage ethnographisch erhobener Daten werden drei Gruppen von Praktiken herausgearbeitet, die für die Entscheidungspraxis sowie die Fallkonstruktion zentral sind: *Das Abwägen beruhigender und beunruhigender Beobachtungen (1.), der Einsatz von Neutralisierungstechniken (2.) sowie die Herstellung des Falls über Referenzverkettungen (3.).* Es handelt sich hierbei um Praktiken, die dazu geeignet sind, Fremdunterbringungen zu (de-) plausibilisieren, zu befördern bzw. zu „behindern."

T. Ackermann (✉)
Universität Hildesheim, Hildesheim, Deutschland
E-Mail: ackerman@uni-hildesheim.de

B. Bütow et al. (Hrsg.), *Sozialpädagogik zwischen Staat und Familie*,
DOI 10.1007/978-3-658-01400-1_8, © Springer Fachmedien Wiesbaden 2014

8.1 Einleitung

Jede Entscheidung für oder gegen eine Fremdunterbringung ist mit dem Risiko verbunden, „zu früh zu viel" oder „zu spät zu wenig" (Anna Freud) zu tun. Zugleich stellt die Fremdunterbringung eine alltägliche Option in der Bearbeitung kritischer Fälle dar. Sie muss von den SozialarbeiterInnen des Jugendamtes als Alternative zu ambulanten Formen der Hilfen zur Erziehung berücksichtigt werden, wenn es darum geht das Wohl des Kindes zu schützen. Die Herausnahme eines Kindes stellt andererseits einen schweren Eingriff in die Familie, das Leben und in die Rechte von Eltern und Kindern dar. SozialarbeiterInnen entscheiden in der Regel daher nicht leichtfertig über Fremdunterbringungen, ja schrecken mitunter sogar vor einem derartigen Eingriff zurück. Nicht zuletzt stellen Maßnahmen der Heimerziehung, eine der ökonomisch aufwendigsten Interventionsformen dar, die vom Jugendamt gewählt werden kann. Die Unterbringung außerhalb der Familie bleibt dennoch nach wie vor, so zeigt ein Blick in die Statistik, eine der wichtigsten Interventionsformen des Jugendamtes. Die Zahl der Kinder und Jugendlichen, die in der BRD in Formen der Heimerziehung bzw. in Pflegefamilien untergebracht sind, erhöhte sich im Zeitraum der Jahre 2000 bis 2011 um 10 % auf insgesamt 127.261. Nahezu jede(r) 100. Minderjährige (0,92 %) lebt demnach in einer Form der Heimerziehung bzw. in einer Pflegefamilien (vgl. für alle Zahlen das Statistische Bundesamt 2012, sowie eigene Berechnungen).[1]

Sozialwissenschaftliche und sozialpädagogische ForscherInnen haben sich vor diesem Hintergrund, aber auch angesichts massenmedialer Kritik, zunehmend für das Handeln von SozialarbeiterInnen in Fällen des Kindeswohlschutzes interessiert.[2] Im Hinblick auf die Bearbeitung schwieriger Fälle in der Kinder- und Jugendhilfe wurden z. B. Handlungsmodi und Selbstverständnisse (vgl. Alberth et al. 2010; Retkowski und Schäuble 2010; Biesel 2011; Wolff et al. 2013a), Partizipationsmöglichkeiten (z. B. vgl. Pluto 2007; Wolff et al. 2013b), Verfahren der Hilfeplanung (vgl. Urban 2004, Hünersdorf 2009, Hitzler 2012), aber auch Prozesse der Fallkonstitution (vgl. Ahmed und Bauer 2012) sowie institutionelle Bedingungen (vgl. Thole et al. 2012; Marthaler et al. 2012; Wolff et al. 2013a) untersucht.

---

[1] Relativierend sei noch angemerkt, dass die stationären Hilfen nicht so stark anstiegen wie die ambulanten Hilfeformen (z. B. Sozialpädagogische Familienhilfe), die sich in den letzten zehn Jahren mehr als verdoppelten. Dies ändert aber nichts daran, dass die Fremdunterbringung eine zentrale Interventionsform darstellt, von der in den letzten Jahren zunehmend Gebrauch gemacht wurde.

[2] Man könnte auch davon sprechen, dass Jugendämtern unter „vielfacher Beobachtung" stehen und so selbst zunehmend zu (fehler-)gefährdeten Organisationen werden (vgl. Ackermann 2010).

Dennoch ist bislang wenig darüber bekannt, wie SozialarbeiterInnen eigentlich die Entscheidung treffen, ob ein Kind in einer Einrichtung der stationären Jugendhilfe bzw. in einer Pflegefamilie untergebracht wird.

Vor diesem Hintergrund wird im Folgenden der Frage nachgegangen, *wie es SozialarbeiterInnen gelingt zu entscheiden, ob eine Fremdunterbringung notwendig ist – oder ob doch eine andere Interventionsform ausreicht.* Herausarbeiten möchte ich hierzu, *wie SozialarbeiterInnen Optionen in der Fallarbeit über die Praktik der Falldarstellung herstellen bzw. wie sie Plausibilität für/gegen eine Fremdunterbringung erreichen, d. h. wie sie sich und anderen verständlich machen, warum sie sich für oder gegen eine Fremdunterbringung entschieden haben (bzw. dies noch tun könnten).* Auf der Grundlage ethnographisch erhobener Daten möchte ich drei Gruppen von Praktiken herausarbeiten, die es erlauben die Fremdunterbringungen als Option der Fallbearbeitung zu behandeln, zu befördern bzw. auch zu verhindern: Das Abwägen beruhigender und beunruhigender Beobachtungen (1.), den Einsatz von Neutralisierungstechniken (2.) sowie die Herstellung des Falls über Referenzverkettungen (3.).

8.2 Ausgangspunkte der Analyse

Für meine Analyse greife ich auf Ergebnisse ethnographischer Forschungsarbeit zurück.[3] Die Untersuchung wurde durchgeführt, um amtliche Entscheidungsprozesse „aus der Nähe" (Knorr-Cetina 1984) verfolgen zu können. Die Studie ist dabei insofern „fokussiert" (Knoblauch 2001), als dass nie eine allgemeine Ethnographie des Jugendamtes angestrebt wurde. Das Interesse richtete sich von Beginn an auf Fallarbeits- und Entscheidungsprozesse. Hierzu wurden ausgewählte Situationen beobachtet und SozialarbeiterInnen in ihrer Fallarbeit, aber auch einzelne Fälle über längere Zeiträume begleitet. Zum Datenkorpus der Ethnographie gehören teilnehmende Beobachtungen mit den entsprechenden Protokollen, „ethnographische Interviews" sowie Dokumente (insbesondere Akten, Protokolle und Risikoeinschätzungsbögen). In meiner Analyse fokussiere ich primär die Perspektive der SozialarbeiterInnen sowie die Frage, wie sie mit der Frage umgehen, ob einer „ihrer" Fälle ein Fall für eine Fremdunterbringung sein könnte – oder gar müsste.

---

[3] Der Beitrag beruht auf der Überarbeitung einer ersten Formulierung des Themas (vgl. Ackermann 2012). Ich danke allen Beteiligten des Promotionsprogramms „Soziale Dienste im Wandel" der Universität Hildesheim für ihre Unterstützung, insbesondere auch Stephan Wolff für die „Supervision" des Schreibprozesses.

Während meines Feldaufenthaltes[4], bat ich die SozialarbeiterInnen, die mich in ihrer alltäglichen Arbeit mitnahmen, mich wie einen „Praktikanten" zu behandeln, der den Arbeitsalltag kennenlernen möchte – und von dem mit „dummen", bzw. naiven Fragen zu rechnen sei. An das Rollenprofil des Praktikanten angelehnt konnte ich „einfach mitlaufen" ohne selber zu sehr aktiv werden zu müssen. Ich beteiligte mich z. B. nicht selbst an Fallbesprechungen, sondern beschränkte mich auf das Beobachten der Interaktionen zwischen den Teilnehmenden sowie auf narrativ angelegte Interviews. „Naives" Nach-Fragen und zurückgenommenes Beobachten waren für mich, wie das detaillierte Protokollieren methodische Möglichkeiten der „Befremdung" (Amann und Hirschauer 1997). Derartige Befremdungsstrategien benötigte ich insbesondere deshalb, da ich als ausgebildeter Sozialarbeiter/Sozialpädagoge selbst im Feld der Kinder- und Jugendhilfe gearbeitet habe und sogar, allerdings vor etwas mehr als zehn Jahren, ein Praktikum im Jugendamt absolvierte. Dieser Hintergrund war mir einerseits nützlich, um mich sicher im Feld bewegen zu können, sowie um feldbezogene Gewohnheiten und Logiken aus einer Feldperspektive zu verstehen. Andererseits benötigte ich Strategien der Befremdung und des Heraustretens. In der Analyse des Materials waren hierzu auch regelmäßige Interpretationsgruppen mit wechselnden WissenschafterInnen, sequenzielle Analysen sowie ein offenes, extensiv betriebenes „line-by-line [coding]" (Charmaz und Mitchell 2001, S. 162) hilfreich.

8.3 Entscheidungs-Realitäten als Produkte ihrer fortwährenden Herstellung

Methodisch gehe ich von der Annahme aus, dass (soziale) Realität in Interaktionen aufrechterhalten und immer wieder neu hergestellt bzw. vollzogen werden muss (und folge damit ethnomethodologischen und symbolisch-interaktionistischen Autoren wie Harold Garfinkel, Erving Goffman, Harvey Sacks oder Anselm Strauss). Diese methodische Orientierung impliziert, sich über das Normale zu wundern und immer die heuristische Frage zu stellen: „Wie gelingt es den Beteiligten diese Normalität (als plausible) herzustellen bzw. aufrechtzuerhalten?" (vgl. Sacks 1984). Die Praktiken und Strategien, die bei diesen Herstellungsprozessen zum Einsatz kommen, müssen den Beteiligten nicht immer voll bewusst sein. Ihre Verwendung gleicht eher der Umsetzung einer Grammatik, der man folgt, von der aber auch aus gegebenem Anlass Ausnahmen erlaubt sind, die je nach den praktischen Umständen sogar angemessen und vernünftig erscheinen.

---

[4] Das Forschungsfeld verstehe ich nicht als festen Ort, sondern als Feld, dass ich in der Interaktion mit den von mir begleiteten SozialarbeiterInnen mithergestellt habe (vgl. Wolff 2008).

Bezogen auf das hier untersuchte Themenfeld lässt sich insofern annehmen, dass Entscheidungen über Fremdunterbringungen, wie auch andere Maßnahmen der Fallarbeit, im Hinblick auf aktuelle praktische Umstände erfolgen, und dass sie danach verlangen situationsbezogen mit Sinn ausgestattet, d. h. plausibel gemacht zu werden. Eine solche „Ausstattung mit Sinn" ist umso notwendiger (und schwieriger), weil die stationäre Unterbringung eines Minderjährigen ein hochproblematisches Unterfangen darstellt, führt es doch zur Trennung eines Kindes von seiner Familie (insbesondere der Mutter). Plausibilität für derartige Festlegungen herzustellen ist insofern schwierig und notwendig zugleich. Auf die Option der Fremdunterbringung zu verzichten, wäre gleichfalls problematisch. Es wäre in solchen Fällen kaum zu erklären, warum nicht wenigstens die Möglichkeit mitbedacht wurde, das Kind außerhalb der Familie (besser) zu schützen. Die Entscheidung über die Fremdunterbringung bildet insofern, einen Fluchtpunkt in der Bearbeitung schwieriger Fälle, einen „unnormalen" Fall sozialer Normalität (Sudnow 1965).

Die SozialarbeiterInnen müssen vor diesem Hintergrund „gute Gründe" (Garfinkel 1967) dafür finden, warum es notwendig war und ist, einer Mutter, einem Vater oder beiden ihr Kind „wegzunehmen". Dies gilt für die Aktenführung, aber auch, wie ich zeigen möchte, darüber hinaus in verbalen Äußerungen: Die MitarbeiterInnen der Jugendämter sind in der Darstellung des Falls immer wieder bemüht, die Vernünftigkeit, d. h. zumindest *eine* Rationalität für ihre Entscheidung bereitzustellen. Dazu müssen sie einerseits *im Vorhinein* einer Entscheidung argumentativ deutlich machen können, warum es unumgänglich ist das Kind aus einer Familie herauszunehmen bzw. warum sie es – trotz allem und für den Moment – für richtig halten, dies *nicht* zu tun. Die Fachkräfte müssen immer damit rechnen, dass ihr Handeln generell, d. h. ob intendiert oder nicht, *im Nachhinein* als Entscheidung verstanden und ihnen persönlich zugerechnet wird („Wieso haben Sie entschieden, das Kind in der Familie zu lassen bzw. es herauszunehmen?"). Sie müssen auch dann in der Lage sein, die Normalität, die Vernünftigkeit und die Angemessenheit ihres Tuns plausibel nachweisen zu können. *Herausarbeiten möchte ich nun, wie es SozialarbeiterInnen gelingt, alltäglich die Frage nach der Fremdunterbringungen im Rahmen feldtypischer Akzeptabilität (vgl. Fußnote 6) zu bearbeiten.*

8.4   Praktiken des Abwägens

Ob nun eine Fremdunterbringung erfolgen ‚muss' oder nicht in Frage kommt, das ist – so lässt sich zeigen – abhängig von dem Räsonieren der SozialarbeiterInnen. Mit Räsonieren meine ich einen Prozess des Abwägens und des Suchens nach Möglichkeiten „vernünftigen" Handelns (vgl. Knorr-Cetina 1984).[5] Ein solches Hin-und-Her-Bewegen von Beobachtungen, Problemen, Lösungen, Fristen und lokalen Möglichkeiten erfolgt zunächst auf mentaler Ebene (und ist insofern nur indirekt über ‚lautes Denken' bzw. narrative oder episodische Interviews und die Analyse von Aktenaufzeichnungen methodisch zugänglich). Gleichzeitig sind solche Prozesse des Abwägens aber auch auf sozialer Ebene beobachtbar, worauf nicht zuletzt Cohen et al. (1972) mit ihrer Garbage-Can-Theorie des Entscheidens verweisen. Das Modell bietet an, Entscheidungen als Ergebnis der mehr oder weniger zufälligen Ansammlung von Akteuren, Lösungen und Gelegenheiten zu verstehen. Im Unterschied dazu geht es mir nicht nur um die Beschreibung von Konstellationen, sondern darüber hinaus darum, die SozialarbeiterInnen bei der Herstellung von Optionen, Akteuren und Gelegenheiten zu beobachten. Dazu werden insbesondere Prozesse des Abwägens anhand von erzählenden und zugleich erklärenden Darstellungen, sog. „accounts" in den Blick genommen.

Der Begriff des „Accounts" wurde in der soziologischen Diskussion wesentlich von Scott und Lyman (1968) geprägt. Ich beziehe mich allerdings eher auf Garfinkels (1964) Verständnis des Account-Begriffs, demzufolge *accounts selbstverständlicher* Teil des gesellschaftlichen Alltags sind – ohne dass sie als ausdrückliche Rechtfertigung oder Entschuldigung verstanden werden müssten – wie dies bei Scott und Lyman gefasst wird. Nach Garfinkel sind accounts eher Darstellungen, immerwieder-notwendige Versuche zu plausibilisieren, also Verständnis für die eigenen Handlungen und Vorstellungen beim Gegenüber zu erreichen.[6] Auch die von mir begleiteten SozialarbeiterInnen waren vielfältig damit beschäftigt sich ihr „Tun",

---

[5] Vernünftigkeit ist hier nie im Sinne einer universalistischen Rationalität gedacht. Gemeint sind eher Formen systembezogener und situierter Rationalität, aus denen sich feldtypische Erwartungen bzw. Akzeptabilitätsbedingungen ergeben (vgl. Haraway 1988; Luhmann 1984). Mit Garfinkel (1964, 1967) gehe ich zudem davon aus, dass sich die Akteure im Rahmen alltäglichen Handelns die Vernünftigkeit ihres Tuns ständig nachweisen, sich ihr Handeln laufend neu verständlich machen (es „accountable" halten). Rationalität verstehe ich insofern nicht als normative (z. B. fachliche) Forderung, sondern als Erwartung, die Mitglieder eines sozialen Feldes gegenseitig aneinander richten (vgl. Luhmann 1984), sowie als Produkt situierter Herstellung (vgl. Haraway 1988). Man kann in diesem Sinne auch von einem situativen, lokalen und „interaktiven Ringen[] um Rationalität" (Treutner et al. 1978, S. 162) sprechen. Konzepte übergreifender, universalistischer Rationalität (z. B. der „Fachlichkeit") können hierbei jedoch von den Teilnehmenden als Ressource zur Herstellung von Rationalität genutzt werden.

[6] „Ein Soziologe von einem anderen Planeten, der sich auf einer Feldforschungsreise zur Erde befindet, würde wohl schnell erkennen, daß (...) die Eingeborenen unablässig damit beschäftigt sind, sich gegenseitig zu beschreiben und zu erklären, was sie in der Vergangenheit getan haben, in der Gegenwart gerade tun und in der Zukunft tun wollen" (Wieder und Zimmerman 1976, S. 105). Solche Darstellungen können im Sprechen und Tun erfolgen, wobei das Sprechen selbst „Tun" ist (Garfinkel 1967).

insbesondere in ihrer Bearbeitung von Fällen, gegenseitig verständlich zu machen. Sie erzählten z. B. zwischen Tür und Angel, auf Besprechungen mit Kollegen oder auch im Beisein von Eltern und Kindern von ihrer Sicht auf den Fall. Dabei sprachen (und räsonierten) sie darüber, welche Hilfe angemessen und machbar wäre bzw. ob ggf. auch eine Fremdunterbringung nötig sein könnte. In diesen Darstellungen nehmen sie, wie ich zeigen möchte, situationsbezogene Abwägungen beruhigender und beunruhigender Beobachtungen vor.

8.4.1   Beruhigende und Beunruhigende Beobachtungen: Stationäre Unterbringung oder nicht?

Wie eine solche Relationierung erfolgt, das möchte ich anhand einer Schilderung verdeutlichen, die ein Sozialarbeiter, ich nenne ihn hier Herrn H., mir gegenüber vornahm. Herr H. und ich waren zu einem Interviewtermin verabredet. Er kam gerade von einem Hausbesuch und sagte er wolle sich erst einmal die Hände waschen. Er sei gerade in einem Haushalt gewesen, dort sei es „schmierig, schlierig DRECKIG gewesen", es habe „schrecklich" nach Kot und Urin von Katzen und Hunden gestunken. Etwas später erzählte er mir, dass er in derselben Woche einmal in dem betreffenden Haushalt gewesen sei.

> also als ich aus dem haushalt am montag kam, da war das so, dass ich schon SEHR bedrückt war, (. . .) dann habe ich gedacht, noch mal extra kritisch, oder sehr kritisch noch mal angeguckt, was war da alles//mhm// hätte ich das kind rausnehmen müssen oder so?

Herr H. räsoniert hier darüber, ob nicht doch Gründe vorgelegen haben, die eine Unterbringung vernünftig hätten erscheinen lassen bzw. ob für ihn nicht sogar die Pflicht bestanden hätte, das Kind aus der Familie herauszunehmen. Er unterzieht sich selbst, „extra kritisch, oder sehr kritisch", einer Prüfung. Eine mögliche Kritik seines Handelns nimmt er darin vorweg. Er zeigt zugleich, dass er diese – von ihm als Professionellem erwartbare – Überlegungen angestellt hat, dass er also sich nicht nur „einfach so" für eine der Optionen entschieden, sondern die verschiedenen Optionen sehr wohl bedacht und abgewogen hat. Bevor er aber in seiner Darstellung zu einem Ergebnis kommt, nimmt er eine abwägende Darstellung vor, die ich im Folgenden zur Veranschaulichung zitiere. Sie zeigt einige typische Aspekte dessen, was das Räsonieren und das Entscheiden über Fremdunterbringungen im Jugendamt ausmacht.

Herr H. nimmt zunächst Bezug darauf, dass ein Kollege die Fremdunterbringung als mögliche Option der weiteren Bearbeitung thematisiert habe:

äh, weil das so/in der richtung kam da so zu mir rüber von dem kollegen, also hier
kann man es gar nicht aushalten, ne? so ER konnte es nicht aushalten und dachte
ich ja (…), also was ist tatsächlich mit dem jungen los, also der wird also, (…),
VERSORGT der ist/der ist von ernährung her müsste man gucken dass der noch
gesünder ernährt wird, aber ansonsten hungert der nicht, die großen spielen mit ihm,
die eltern sind auch immer wenn man da ist gucken die auch nach dem jungen, so
dass er/ja (,) er wird versorgt und wird auch betreut und der hat auch nen normalen
zugang so, wird nicht irgendwie in ein zimmer eingesperrt oder so was, er kriegt
denke ich öfter mal streit der eltern mit, hat dann aber wieder die zusicherung die
großen sind ja da. also, ich lass ihn DRIN. ich nehm ihn auf KEINEN fall raus. (…)
ich habe gedacht: die können das gar nicht verstehen, die wissen gar nicht warum ich
den hier rausnehme, warum soll ich ihn eigentlich rausnehmen? bloß weil er nicht in
die kita kommt? dafür können die eltern nichts! (…).

Aus den Formulierungen am Ende des zitierten Abschnitts wird zunächst der
Plausibilisierungszwang deutlich, dem sich die Sozialarbeiter in den Jugendämtern
gegenüber sehen: Sie müssen sich selbst, den Eltern und anderen Professionellen
verständlich machen, warum eine Fremdunterbringung erfolgen muss – oder eben
nicht. Herr H. kommt hier zu dem Schluss, dass er eine Fremdunterbringung den
Eltern nicht hätte plausibel machen können. Der fehlende KiTa-Platz allein rechtfertigt diesen Schritt aus seiner Sicht nicht. Auch im weiteren Räsonieren über die
familiäre Situation finden sich keine handfesten Gründe zum Eingreifen.

Seine Position, nämlich das Kind in der Familie zu belassen, veranschaulicht
und begründet Herr H. in der direkt folgenden Passage mit einer additiven Aufzählung von verschiedenen, voneinander unabhängigen, aber in dieselbe Richtung
weisenden Beobachtungen. Verschiedenste Aspekte einer Fallkonstellation werden
von Herr H. knapp abwägend miteinander in Verbindung gebracht:

und dass er nicht entsprechend gefördert wird, so die ham ihre GRENZEN und da
MUSS kita rein, und dann ist es eigentlich/dann IST ES SO. ich kann das kind nicht
ins gymnasium führen, bloß weil ich's rausnehme oder so. da brauchts auch eine
verbindung/der hat eine beziehung zu den eltern, der hat eine bindung, der ist in dem
milieu. kinderbett ist in ordnung so, ist DA. kleidung ist da, so angemessen//mhm//
sonst ist auch nicht verdreckt der junge also so.

Die hier zitierte Darstellung ist ein Beispiel dafür, wie es SozialarbeiterInnen gelingen kann, komplexe familiäre Konstellationen überhaupt in kurzer Form zu einer
brauchbaren Grundlage von Entscheidungen zu formen. Sie bringen die Fallkom-
plexität in die Form der Aufzählung von Beobachtungen und reduzieren dabei die
Komplexität derart, dass sie für die Plausibilisierung von Entscheidungen bearbeitbar bleibt (wobei betont sei, dass es sich hier nur um einen Ausschnitt der Erzählung
handelt). Allerdings kommt es bei der Einschätzung eines Falls nicht auf die einzelnen Beobachtungen oder die bloße Anzahl der beobachteten Aspekte an. Die

Fachkräfte stellen die einzelnen Beobachtungen im Sinne einer Aufzählung nicht bloß nebeneinander, sondern sie bringen sie miteinander in Verbindung. Sie relationieren beruhigende und beunruhigende Beobachtungen. Herr H. versucht auf diese Weise zu zeigen, dass der dreckige Haushalt allein (so bedenklich er erscheinen mag), in der professionellen Abwägung nicht notwendig dazu führen muss, eine Unterbringung plausibel erscheinen zu lassen. Hierfür hätte es eine Mehrzahl von beunruhigenden Aspekten gebraucht bzw. eine andere Form des Zusammenspiels beunruhigender und den Mangel beruhigender Aspekte. So hätte z. B. eine Zunahme beunruhigender Beobachtungen, gewissermaßen eine Verschlimmerung im zeitlichen Verlauf, möglicherweise mehr Anlass zur Beunruhigung gegeben.

Mit dem Hinweis, dass der Junge nicht *„völlig"* verdreckt" war, zeigt Herr H., über die Negation, was seine Entscheidung zum Kippen hätte bringen können. Nämlich, wenn nicht nur die Wohnung in schlechtem Zustand, sondern auch der Junge – völlig – verdreckt gewesen wäre (eventuell sogar noch ‚zunehmend'), so wie das Herr H. in anderen Fällen offenbar schon erlebt hat. Auch die Formulierung, dass der Junge nicht eingesperrt war, markiert, dass hierin ein solcher Kipppunkt vorliegt, der Herrn H. dazu veranlasst haben würde eine andere Entscheidung zu treffen.

Zur Veranschaulichung der komplexen relationierenden Abwägung, wie sie Herr H. vornimmt, mag die Tab. 8.1 dienen, in der die eher beunruhigenden und beruhigenden Beobachtungen gegenüber gestellt sind. Ich habe den jeweiligen Äußerungen Gesichtspunkte zugeordnet, die Herr H. mit seinen Formulierungen impliziert.

Mit Blick auf die Tabelle wird zunächst die enorme Komplexität deutlich, die Herr H. mit seiner kurzen Darstellung berücksichtigt bzw. verarbeitet. Es zeigt sich, dass es ihm in seiner Abwägung nicht nur um die Absicherung einer Minimalversorgung des Kindes geht („ansonsten hungert der nicht", „der wird versorgt"). Er verhandelt darüber hinaus Fragen der ausgewogenen Ernährung, der Bildung, der Fürsorge, der elterlicher Kompetenzen wie auch die häusliche Situation, die familiären Beziehungskonstellationen respektive der Geschwisterbeziehungen. Natürlich muss selbst eine derart umfangreiche Aufzählung die ganze Komplexität des Falls verfehlen. Die Beobachtung, „immer wenn man da ist, gucken die auch nach dem jungen", dient als Hinweis auf fürsorgliches Verhalten. Dass sie hier alleine steht zeigt, dass Herr G. vorgeht, wie es Garfinkel (1967) mit dem Konzept der „Et Cetera-Regel" beschreibt: Angesichts ständiger Vagheit sprachlicher und nichtsprachlicher Zeichen setzten Alter und Ego voraus, dass das jeweilige Gegenüber dieselben Typisierungen zur Anwendung bringt wie sie selbst es tun – und halten sich nicht mit endlosen Nachfragen oder Erklärungen auf (vgl. auch Cicourel 1973). Es wird gewissermaßen vorausgesetzt, dass das Gegenüber schon versteht,

Tab. 8.1 „Beruhigende" und „Beunruhigende" Beobachtungen sowie implizite Gesichtspunkte des Entscheidens

Beruhigende Beobachtungen	Beunruhigende Beobachtungen	Implizite Gesichtspunkte plausiblen Entscheidens
„hat dann aber wieder die zusicherung die großen sind ja da"	„er kriegt denke ich öfter mal streit der eltern mit"	*Familiäre Beziehungskonstellationen (Partnerschaftskonflikte, Geschwisterbeziehungen)*
„ansonsten hungert der nicht"	„müsste man gucken dass der noch gesünder ernährt wird"	*Ernährung*
„normaler zugang", „nicht eingesperrt"		*Zugang zur Sozialen Umwelt*
„dafür können die Eltern nichts" (Ent-Personifizierung)	Kein KiTa-Platz	*Einbindung in institutionelle Betreuung*
„ER konnte es nicht aushalten", eine andere Person vielleicht schon (Personifizierung), „kinderbett ist in ordnung"	Kollege kann es dort nicht aushalten, „schmierig, schlierig DRECKIG gewesen", Zustand der Wohnung	*Wohnsituation und Schlafplatz für das Kind*
„ist auch nicht verdreckt der junge", „kleidung ist (...) angemessen",	Wohnung war „schmierig, schlierig DRECKIG"	*Hygienische Versorgung und Kleidung*
„die großen spielen mit ihm"	„dass er nicht entsprechend gefördert wird"	*Beschäftigung und Förderung*
„da muss kita rein"	„die eltern haben ihre Grenzen"	*Erzieherische Kompetenzen der Eltern*
„ich kann das kind nicht ins gymnasium führen, bloß weil ich es rausnehme", Kind ist mit dem Milieu seiner Eltern verbunden „der hat eine bindung, der ist in dem milieu"	Schlechte Bildungsaussichten, „dass er nicht entsprechend gefördert wird"	*Bildung*
„der hat eine beziehung zu den eltern, der hat eine bindung", „immer wenn man da ist gucken die auch nach dem jungen", „der hat eine bindung"		*Eltern-Kind-Bindung, Fürsorge*

welcher umfassendere Zusammenhang mit der Nennung eines begrenzenden Zusammenhangs oder auch mit dem Aufrufen nur einer Kategorie gemeint ist. Die Unterstellung, dass indexikale Äußerungen verstanden werden ist mit Garfinkel (1967) eine Voraussetzung alltagsweltlicher Verständigung überhaupt. Hier setzt Herr H. voraus, dass ich als Forscher (bzw. als studierter Sozialarbeiter) verstehen werde, wovon er spricht, dass er kurze Beobachtungen und Kategorien aneinanderreihen kann, ohne dass zur Verständigung im Moment weitere Erläuterungen notwendig wären. Er bleibt am Thema, an der Darstellung des Falls. Die kurze Erwähnung seiner Beobachtung („gucken die auch nach dem jungen") reicht aus, um die Eltern als verantwortlich-fürsorgend, als in Beziehung zu ihrem Kind stehend zu kennzeichnen, insofern einen beruhigenden Aspekt des Falls herzustellen.

8.4.2 Neutralisierungstechniken

Herr H. kann in seiner Erzählung beunruhigende Beobachtungen in ihrer Bedeutung für die Beurteilung der Konstellation abschwächen. Er tut dies z. B. indem er ihnen beruhigende Beobachtungen gegenüberstellt. Es handelt sich dabei um eine Variante von „Neutralisierungstechniken" bzw. Akkommodationspraktiken (vgl. Sykes und Matza 1957; Lynch 1983). Bei beiden Ansätzen handelt es sich um Versuche unter Anwesenden, deviantes Verhalten aushaltbar zu machen: Während Neutralisierungstechniken, wie von Sykes und Matza (1957) beschrieben, zur Akzeptanzgewinnung bei Straftaten eingesetzt werden, handelt es sich bei den „accomodation practices" um Versuche, den Umgang mit als problematisch angesehen Personen, die als „persistent sources of trouble" (Lynch 1983, S. 152) erscheinen, etwa den Kontakt zu „verrückten" Freunden oder Verwandten annehmbar zu gestalten (vgl. ebd.). Ähnlich geht in diesem Beispiel Herr H. vor, er bezieht sich nicht auf eine problematische Person, aber auf ebensolche Beobachtungen: Einerseits berichtet er, dass sein Kollege es in dem besprochenen Haushalt kaum habe aushalten können. Andererseits betont er, dass „ER" (der Kollege) diese Empfindung gehabt hat, dass also eine andere Person auch eine andere Empfindung hätte haben können. Die Beobachtung des Kollegen wird damit in ihrer Dramatik relativiert. Herr H. bindet die Beobachtung *an die Person* des Kollegen (und eben nicht bzw. nicht nur an den Fall). Die berichteten Beobachtungen erhalten so einen subjektiven, weniger bedrohlichen Charakter.

Auch die Implikationen der Beobachtung, dass die Eltern es bisher nicht geschafft haben, einen KiTa-Platz für ihr Kind zu organisieren, entschärft bzw. neutralisiert Herr H. Er tut dies, indem er darauf verweist, dass der nicht vorhandene KiTa-Platz außerhalb der Verantwortung der Eltern läge. Der KiTa-Platzmangel sei ein generelles Problem – und eben nicht (nur) Ergebnis mangelnden Engagements der Eltern bzw. Zeugnis ihrer mangelhaften Fähigkeit zur Alltagsbewältigung. Herr H. entzieht die Problematik dem Verantwortungsbereich der Eltern; er entpersonifiziert das Problem und macht es zu einem strukturellen. Es handelt sich insofern um eine De-Responsibilisierung, die Verständnis dafür erzeugt, dass die Eltern bislang keinen KiTa-Platz für ihr Kind organisierten.

Eine weitere Variante der De-Responsibilisierung setzt Herr H. ein, wenn er argumentiert, dass die Eltern „ihre Grenzen" haben und daher von ihnen eine verbesserte Fürsorge nicht erwartet werden kann (bzw. darf): Die Eltern können in der Darstellung von Herrn H. nicht für die Grenzen verantwortlich gemacht werden, die als nicht-veränderlich erscheinen (vgl. „die *haben* ihre grenzen"). Problematischer wäre es, wenn die Eltern sich besser um ihre Kinder kümmern *könnten*, dies aber z. B. aus mangelnder Einsicht nicht täten. Herrn H. geht es aber eher darum, dass anerkannt werden sollte, dass die Eltern in Bezug auf die Ausfüllung ihrer Elternrolle spezifischen Beschränkungen unterliegen, für die sie nicht verantwortlich gemacht werden können. Dieses Aus-der-Verantwortung-Nehmen der Erziehungsberechtigten kann jedoch keine *derart* neutralisierende Wirkung entfalten, wie die De-Resposibilisierung in Bezug auf den nicht vorhandenen KiTa-Platz: Während das Problem des Kita-Platzes als rein strukturelles Problem behandelt (und gelöst) werden kann, liegt die mangelnde Fürsorge zwar nicht *direkt* in der *Verantwortung* der Eltern. Die begrenzten elterlichen Kompetenzen bleiben aber *dennoch* problematisch: Es ist zwar nicht die Verantwortung der Eltern. Aber andererseits brauchen die Kinder auch in Zukunft weiter bessere Fürsorge, mit der aufgrund der mangelnden Kompetenz der Eltern nur eingeschränkt gerechnet werden kann. Die Neutralisierung kann in diesem Punkt daher nicht zur Gänze gelingen.

8.5 „Bindung" als generalistische Neutralisierungstechnik

Die Beobachtung, dass der Junge an seine Eltern „gebunden" ist, scheint hier die Funktion einer generalistischen Neutralisierung einzunehmen. Dass der Junge „eine Beziehung zu den Eltern, der eine bindung [hat]", macht es für den Sozialarbeiter schwerer zu begründen, warum eine Unterbringung *gegen* die bestehende „Bindung" des Kindes erfolgen sollte – und wie sie den Eltern begründbar sein könnte. Die Feststellung der Gebundenheit erschwert die Trennung. Die Beobachtung einer intakten „Beziehung" (bzw. „der hat eine bindung") wiegt dabei schwerer, als die übrigen beunruhigende Beobachtungen, z. B. die mangelnde Kompetenz der Eltern das Kind in seiner Entwicklung zu fördern. Dadurch, dass Herr H. hier von

„Bindung" sprich und nicht zum Beispiel von „gern haben", „sich gut verstehen" oder ähnlichem, deutet er die wissenschaftliche Bindungstheorie als Referenzrahmen an (vgl. Hopf 2005). Die Entscheidung, das Kind in der Familie zu belassen, wird durch die Bezugnahme auf wissenschaftliche Theorien untermauert. Die Referenz auf vorhandene „Bindung" stellt dabei, wie in vielen weiteren Fällen, eine argumentative Figur dar, die dazu in der Lage ist, Fremdunterbringungen als eher unwahrscheinliche Option der Entscheidung erscheinen zu lassen, sie möglicherweise sogar zu verhindern. Dies erinnert wiederrum an die „accommodation practices", denen nachgesagt wird, dass sie in der Lage sind, normalisierende und sanktionierende Interventionen zu stoppen oder zumindest zu verzögern (Lynch 1983, S. 153).

8.6 Herstellung von Akzeptabilität bei abweichenden Konstellationen

Bei diesen Formen der Akkommodation bzw. Neutralisierung handelt es sich um Vorgehensweisen, die von SozialarbeiterInnen, wie sich in der Analyse weiterer Materialien zeigte, häufig bei Fallbesprechungen nutzen. Interessanterweise sind Neutralisierungstechniken bereits früh in der Kriminalsoziologie bzw. in der Soziologie abweichenden Verhaltens beschrieben worden. Hier stehen sie für die Erklärungen/Rechtfertigungen abweichenden Verhaltens durch straffällig gewordene Menschen. Z. B. wurden typische Rechtfertigungsmuster herausgearbeitet, die das Erklären einer Tat (im Nachhinein) erleichtern können, die aber auch als Rechtfertigungen abweichenden Verhaltens dieses erst ermöglichen: „We call these justifications of deviant behavior techniques of neutralization; (. . .) It is by learning these techniques that the juvenile becomes delinquent, rather than by learning moral imperatives, values or attitudes stand-ing in direct contradiction to those of the dominant society." (Sykes und Matza 1957, S. 667) Die Autoren nennen (1.) The Denial of Responsibility, (2). The Denial of Injury, (3.) The Denial of the Victim 4. The Condemnation of the Condemner and the (5.) The Appeal to Higher Loyalties (vgl. ebd., S. 667 ff.). Sie argumentieren, dass diese Muster der Rechtfertigung bzw. Techniken der Neutralisierung geeignet sind, Straftaten im Einklang mit allgemeinen Wertgefüge zu rechtfertigen, ohne dass hierzu, wie zuvor angenommen, Rückgriffe auf parallele Wertgefüge (z. B. eines ‚kriminellen Milieus) notwendig wären.

Mit der obigen Analyse wird deutlich, dass auch SozialarbeiterInnen ähnliche Techniken der Neutralisierung einsetzen, wie sie von Straftätern zur Rechtfertigung ihres eigenen Verhaltens erlernt und genutzt werden (Sykes und Matza 1957, S. 667). Während im einen Fall eigenes deviantes Verhalten die Brisanz genommen wird, geschieht dies hier in Bezug auf das Verhalten Dritter bzw. in Bezug auf den devianten Charakter der Konstellation. Im obigen Beispiel unternimmt Herr H. eine solche Neutralisierung, in dem er der „schmierig, schlierigen Wohnung" die „Bindung" der Eltern zu den Kindern sowie die Ent-Personalisierung des KiTa-Platz-Problems als auch die „Grenzen" der Eltern gegenüberstellt. Dass er z. B. das KiTa-Problem als strukturelles beschreibt, ähnelt der von Skykes und Matza (ebd.) zuerst genannten Typik: „The Denial of Responsibility". Während im ersten Fall die eigene Verantwortung abgelehnt wird, entlässt Herr H. hier in seiner Erzählungen die Eltern aus der Verantwortung. Insgesamt gesehen kann Herr H., in der Relationierung dieser Aussagen, die Fall-Gestalt einer-gerade-noch-akzeptablen Konstellation herstellen. Er kann plausibel machen, dass eine Unterbringung (noch) nicht unbedingt notwendig erscheint. Ähnlich wie in der Rechtfertigung von Straftaten durch den Straftäter geht es in der Neutralisierung der Sozialarbeiter insofern darum, eine Konstellation als akzeptabel zu beschreiben, die einer allgemeinen Erwartung entgegensteht.

Zur Wirkungsweise der Neutralisierungstechniken sei noch gesagt, dass die Beobachtung selbst *nicht* gelöscht oder aufgelöst wird. Sie bleibt in ihrer Bedeutung für kommende Entscheidungen bestehen und kann – unter veränderten praktischen Umständen bzw. wenn neue Entwicklungen bekannt werden – durchaus wieder aktiviert werden. Es scheint z. B. wichtig, später ggf. zeigen zu können, dass die Beobachtung nicht gelöscht, sondern im Gegenteil im Prozess der Abwägung berücksichtigt wurde, dass sie allerdings im Moment der Einschätzung durch andere Beobachtungen *unter den gegebenen Umständen* neutralisiert wurden. Andererseits können die zwischenzeitlich neutralisierten Beobachtungen auch von den SozialarbeiterInnen selbst zu einem anderen Zeitpunkt immer wieder zum Ausgangspunkt neuer Entscheidungen gemacht werden. Aufgeboben wird lediglich die beunruhigende Kraft der Beobachtung, bezogen auf die Einschätzung der *aktuellen* Situation. Die abweichenden Verhältnisse (im obigen Beispiel die schmutzige Wohnung, mangelhafte Ernährung, kein KiTa-Platz) werden durch relationierte Beobachtungen neutralisiert. Der Handlungsdruck zu intervenieren sinkt. Der Einsatz der Neutralisierungstechnik könnte insofern ein Hilfsmittel sein, mit dem SozialarbeiterInnen verhindern, dass beunruhigende Beobachtungen überschätzt werden und dann Fremdunterbringungen vorgenommen werden, obwohl diese nach Einschätzung der Gesamtsituation nicht unbedingt notwendig gewesen wären.

8.7 Das Herstellen des Falls über die Verkettung von Referenzen

Während im obigen Beispiel Herr H. auf seine eigenen Beobachtungen zurückgreift, erfordert die Falleinschätzung bzw. Herstellung im Alltag des Amtes häufig das Zusammenfügen und Verbinden verschiedener eigener und/oder Aussagen Dritter. Die SozialarbeiterInnen beziehen sich u. a. auf Akteneinträge anderer Fachkräfte, auf Berichte von Familienhelfern, auf die dokumentierten Anrufe eines Lehrers, die Aussagen eines Kindes oder Elternteils. Dabei stehen sie vor der Problematik in der Vielzahl der Informationen besonders relevante auszuwählen bzw. das dahinterliegende Muster erkennbar zu machen: Was ist als Information zu behandeln und was kann als „Lärm der Umwelt", also bloße ‚Rauschen' behandelt und außer Betrachtung gelassen werden?

Diese Form der Fall-Herstellung demonstriert die folgende Sequenz aus einer „Fallteam-Sitzung":

> außerdem wolle sie, sagt frau x., „auflagen durch das gericht". sie könne ja mal sagen, was das jugendamt blumenberg für auflagen vorgeschlagen und auch an das familiengericht gegeben habe. sie senkt den blick und liest die auflagen aus der akte vor. es geht dabei um einen regelmäßigen schulbesuch, die entschuldigung von fehltagen sowie um die „zusammenarbeit der kindeseltern insbesondere der alleinsorgeberechtigten mutter mit der schule" (. . ..).

Frau X. nimmt zunächst Bezug auf Auflagen des Gerichts, wie sie durch die SozialarbeiterInnen eines anderen Amtes vorgeschlagen und dokumentiert wurden. Durch das Vorlesen der Passage macht sie diese Vorschläge zu einem relevanten Gesichtspunkt der aktuellen Entscheidungssituation, zum Gegenstand der Besprechung im Fallteam. Für die Bestimmung, was der Fall „ist", nimmt sie Referenz auf ein Protokoll, das gleichzeitig Inskription, also eine Niederschrift und eine Transformation, eine Umwandlung oder Übersetzung ist (vgl. Latour 2000). Frau X. kann anhand des Protokolls, mit Hilfe der Inskription gewissermaßen Raum und Zeit überbrücken. Das, was zu einer anderen Zeit, an einem anderen Ort geschrieben wurde, macht sie im Hier und Jetzt geltend. Frau X. greift insofern auf die bereits unternommene Arbeit, auf bereits investierte Arbeitszeit, aber auch auf einen amtlichen Vorgang zurück. Sie muss nicht mehr selber Stunden an Arbeitszeit investieren, sondern kann auf die Arbeit der vorherigen Sachbearbeiterin, auf das Kondensat in Form der dokumentierten Auflagen zurückgreifen. Auch argumentativ kann (und muss) der aktuelle Vorschlag von Frau X. (vgl. „Auflagen durch das Gericht") auf den Vorarbeiten der ehemals zuständigen Sozialarbeiterin aufsetzen: Auch diese hatte bereits „Auflagen" vorgeschlagen! Abbildung 8.1 soll dies verdeutlichen.

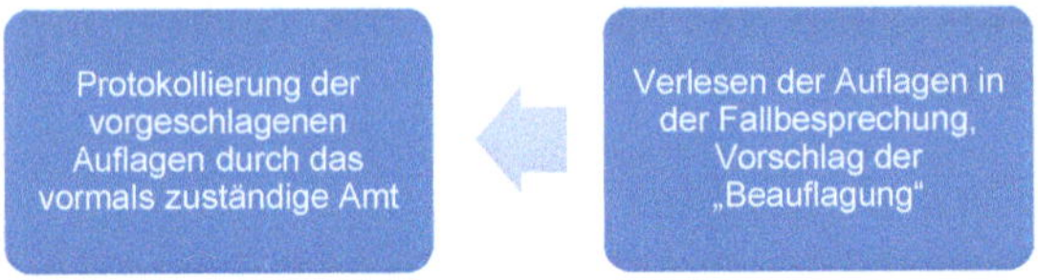

Abb. 8.1 Verkettung von Referenzen

Frau X. stützt ihren Vorschlag die Familie zu „beauflagen" in der *aktuellen* Situation durch das Verlesen der „Auflagen", die zuvor durch die ehemals zuständige Sozialarbeiterin protokolliert wurden. Sie setzt mit ihrer Fallbearbeitung insofern an der dokumentierten Argumentation, der kondensierten Arbeit sowie an dem vorhergegangenen amtlichen Vorgang an. Frau X. führt den Prozess der Fallarbeit fort, in dem sie im Hier und Jetzt an ein vergangenes, aber nun wieder relevantes Ereignis der Fallarbeit anknüpft, gewissermaßen „trans-sequentiell" arbeitet (vgl. Scheffer 2008).

Die oben zitierte Sequenz zeigt darüber hinaus, dass und wie Frau X., angesichts der Zeitknappheit in der Situation der Fallpräsentation, eine (notwendige) Reduzierung vornimmt. Sie wählt aus der Vielfalt der Akte aus, liest z. B. gerade *diese* Auflagen, nicht einen anderen Vermerk; nicht alle Auflagen, sondern nur ausgewählte Passagen und Formulierungen vor. Sie kondensiert das Kondensat der Akte bzw. bereichert es zugleich, in dem sie es der aktuellen Situation anpasst und ihnen, den Auflagen, einen „neuen, aktuellen Sinn" gibt, mit ihnen einen neuen und aktuellen Blick auf den Fall ermöglicht.[7]

Die Kunst der SozialarbeiterInnen besteht insofern darin sich über Ketten von Repräsentationen (vgl. Latour 2000) der Welt der Familie zu entfernen, aber gleichzeitig ein aktuelles und genügend scharfes Bild von ihr zu gewinnen, so zu einer bearbeitbaren Fallkonstellation zu gelangen. Betrachtet man noch einmal die kurze Schilderung weiter oben, wird deutlich, dass die Protokollierung der Auflagen durch das vorher mit der Familie befasste Amt ihrerseits eigene Referenznahmen voraussetzt. Herangezogen werden z. B. „Fehltage", die in der Regel nicht durch die SozialarbeiterInnen selbst, sondern von Akteuren aus dem Kontext der Schule beobachtet werden. Die Rede von „der Entschuldigung von Fehltagen" zielt aber auch auf das Verhalten von Kindern, dessen Bewertung durch diagnostizierende Instanzen sowie das Verhalten der Eltern (nämlich zu entschuldigen bzw. dies in der Vergangenheit nicht ausreichend getan zu haben). Beachtet man, dass ein

---

[7] Das Vorgehen, wie es hier beispielhaft Frau X. in dieser Situation entwickelt, hat Ähnlichkeiten mit der forscherischen Arbeit, wie sie Latour (2000) beschreibt.

Abb. 8.2 Erweiterte Kette von Referenznahmen

eingehender Fall, wie der Fall von Frau X., oft zunächst von einem Beratungs-
dienst aufgenommen und dokumentiert wird, ergibt sich – wie Abb. 8.2 zeigt – eine
*Verkettung von Referenznahmen, die sich noch erweitern ließe und hier nur einen
Ausschnitt abbilden kann.*

Auffällig ist an dieser Verkettung, dass die Einschätzung des Falls von Referenznahmen Dritter abhängt, die ihrerseits über weitere Bezugnahmen und
Inskriptionen sukzessive re-konstruiert und verstetigt wurden (vgl. Scheffer 2008).
Die Erkenntnisproduktion zur Frage „was ist der Fall im Fall", ist also offensichtlich auch als *Prozess der Bezugnahme auf Bezugnahmen* sowie der Profilierung und
Verstetigung von Themen und Gehalten über verschiedene Kontexte hinweg zu
sehen. Die einstweilige Feststellung dessen, was der Fall ist, ist dabei sicher nicht
als bloßes Abbild der Realität, sondern eher als ein *Prozess* der Herstellung von
Realität zu sehen.

Mit dieser Form der Herstellung von Wissen im Fall mit seiner Konstruktivität,
zeigt sich einerseits die Kontingenz der Falleinschätzung: Es wären auch noch
ganz andere Referenznahmen, Selektionen und Aufschriebe möglich gewesen. Die
Kunst der SozialarbeiterInnen besteht vor diesem Hintergrund darin, mit dieser
Kontingenz umzugehen, d. h., sie nicht zu sehr durchscheinen zu lassen, sich aber auch
nicht zu sehr damit aufzuhalten, was alles noch hätte gewesen sein können, sondern
„einfach" mit dem Material (weiter) zu arbeiten, das ihnen in der Fallarbeit aktuell
zur Verfügung steht – oftmals eben vorliegende Beobachtungen, Bewertungen und
Aufschriebe dritter Personen und Einrichtungen. Einerseits geht es insofern darum,
dass die bereits getroffenen Selektionen nicht immer alle in Frage gestellt werden
können und dürfen (vgl. Luhmann 1997, S. 838 f.), andererseits auch darum, dass
Beste aus dem vorliegenden Materialien zu machen, um sich „dem Fall" zu nähern
(Karl et al. 2011).

Diese Konstrukthaftigkeit der Fallarbeit als Beliebigkeit oder als opportunisti-
sche Situationsdefinition misszuverstehen, würde der Arbeit der SozialarbeiterInnen nicht gerecht. Vielleicht wäre dies die tiefe Grube, von der Latour (2000) spricht
und von der er meint, dass Konstruktivisten immer wieder in sie hineinfallen. Es
stimmt: Einerseits ist die Auswahl der gemachten Beobachtungen selektiv, anderer-

seits ermöglicht aber gerade erst die gekonnte Arbeit an und mit den verschiedenen Referenzen das Überbrücken der „Kluft zwischen Welt und Worten" und damit überhaupt erst den Zugriff zur Welt. Erst durch die Herstellung des Falles wird dieser zugänglich für die professionelle Bearbeitung. Die von den SozialarbeiterInnen verwendeten Repräsentationen sind Repräsentationen des Amtes und der an der Herstellung beteiligten Akteure. Sie behandeln nicht „die" Realität des Falls, sondern produzieren eine „amtliche Realität". Diese beruht, wie oben gezeigt, z. B. auf der Kontrastierung von unterschiedlichen Beobachtungen und der Verkettung von Referenzen. Aber gerade über die Arbeit mit den bereits vorhandenen Verdichtungen gelingt es der Sozialarbeiterin, „dem Fall" wieder näher zu kommen bzw. ihn grundsätzlich lösbar zu halten.

8.8 Fazit

Ob eine stationäre Unterbringung erfolgt, ob „man ins Heim kommt" oder nicht, das hängt wesentlich vom Räsonieren der zuständigen SozialarbeiterInnen ab. In den exemplarisch untersuchten Falldarstellungen haben wir gesehen, dass und wie dabei die Komplexität familiärer Lebenswelten verarbeitet und im Hinblick auf verwaltungsmäßige Erfordernisse neu gefasst wird. SozialarbeiterInnen relationieren beunruhigende und beruhigende Beobachtungen und bereiten den Fall in der Verkettung von Referenzen auf. Dabei erhöhen und reduzieren sie gleichzeitig die Komplexität des Falles auf ein handhabbares Maß.

Derartige Falldarstellungen erlauben es den SozialarbeiterInnen Dritten gegenüber einen Eindruck von einem Fall und seiner, den institutionalisierten Erwartungen entsprechenden, Bearbeitung zu vermitteln. Sie können so mögliche Entscheidungen, z. B. die Fremdunterbringung oder die weitere ‚Beobachtung auf Bewährung', als ‚logische' Problembewältigung in der relevanten Öffentlichkeit plausibel machen. Die Erzählung selbst ist dabei (z. B. in der Auswahl bestimmter Beobachtungen als beruhigend bzw. beunruhigend) ein Prozess der Selektion. Ähnliches gilt für die Verkettung der Aussagen Dritter wobei es zur Bildung regelrechter Repräsentationsketten kommen kann. Diese sind einerseits einfacher, aber auch komplexer als die darin verarbeiteten Einzelinformationen und damit gewissermaßen brauchbarer für die Entscheidungen, die es zu treffen gilt. Eine besondere Rolle kommt den beschrieben Neutralisierungstechniken zu. Sie werden von SozialarbeiterInnen eingesetzt, um Interventionsdruck, der aus abweichendem Verhalten bzw. abweichenden Verhältnissen resultiert, zu neutralisieren und derart Fremdunterbringungen zu verhindern oder zumindest zeitweilig aufzuschieben.

Es wäre insofern treffender in Bezug auf die Realität des Falls (als Entscheidungsgrundlage) *nicht von Abbildungs-, sondern von „Fabrikationsprozessen"* (Knorr-Cetina 1984) zu sprechen. Die Darstellung bildet den Fall nicht ab, sondern bringt ihn als Bestandteil „amtlicher Wirklichkeit" erst hervor (vgl. Wolff 1995). Die Erzählung des Falls ist insofern mitnichten „bloße Erzählung", sondern sie ist, als *Begründung* vergangener, gegenwärtiger und *Vorbereitung* zukünftiger Entscheidungen, selbst eine Praktik, die soziale Realität schafft.

Literatur

Ackermann, Timo. 2010. Über Krisen, Risiko und Selbstschutz im Kinderschutz. *Standpunkt: sozial* 2:53–60.

Ackermann, Timo. 2012. Wie kommt man ins Heim? Oder: Wie SozialarbeiterInnen Plausibilität für/gegen Fremdunterbringungen herstellen. *Sozial Extra* 36 (7/8): 32–36.

Ahmed, Sarina, und Petra Bauer. 2012. Zwischen Organisation und Profession – Fallkonstitution in Einrichtungen der Erziehungshilfe. In *Sorgende Arrangements*, Hrsg. Werner Thole, Alexandra Retkowski, und Barbara Schäuble, 107–120. Wiesbaden: VS Verlag für Sozialwissenschaften.

Alberth, Lars, Ingo Bode, und Doris Bühler-Niederberger. 2010. Kontingenzprobleme sozialer Interventionen. *Berliner Journal für Soziologie* 20 (4): 475–497.

Amann, Klaus, und Stefan Hirschauer. 1997. Die Befremdung der eigenen Kultur. Ein Programm. In *Die Befremdung der eigenen Kultur*, Hrsg. von ebendiesen, 7–52. Frankfurt a. M.: Suhrkamp.

Biesel, Kay. 2011. *Wenn Jugendämter scheitern: Zum Umgang mit Fehlern im Kinderschutz.* Bielefeld: Transcript.

Charmaz, Kathy, und Richard Mitchell. 2001. Grounded theory in ethnography. In *Handbook of ethnography*, Hrsg. Paul Atkinson et al., 160–174. London: SAGE.

Cicourel, Aaron V. 1973. Basisregeln und normative Regeln im Prozeß des Aushandelns von Status und Rolle. In *Alltagswissen, Interaktion und gesellschaftliche Wirklichkeit*, Hrsg. Arbeitsgruppe Bielefelder Soziologen, 147–188. Reinbek: Rowohlt.

Cohen, Michael D., James G. March, und Johan P. Olsen. 1972. A garbage can model of organizational choice. *Administrative Science Quarterly* 17:1–25.

Garfinkel, Harold. 1964. Studies of the routine grounds of everyday activities. *Social Problems* 11 (3): 225–250.

Garfinkel, Harold. [1967] 2008. *Studies in ethnomethodology.* Bodmin: MPG Books.

Haraway, Donna. 1988. Situated knowledge. The science question in feminism and the privilege of partial perspective. *Feminist Studies* 14 (3): 575–599.

Hitzler, Sarah. 2012. *Aushandlung ohne Dissens? Praktische Dilemmata der Gesprächsführung im Hilfeplangespräch.* Wiesbaden: VS.

Hopf, Christel. 2005. *Frühe Bindungen und Sozialisation: Eine Einführung.* Weinheim: Juventa-Verl.

Hünersdorf, Bettina. 2009. *Der klinische Blick in der sozialen Arbeit. Systemtheoretische Annäherungen an eine Reflexionstheorie des Hilfesystems.* Wiesbaden: VS Verl. für Sozialwiss.

Karl, Ute, Hermann Müller, und Stephan Wolff. 2011. Gekonnte Strenge im Sozialstaat. Praktiken der (Nicht-) Sanktionierung unter-25-Jähriger in Jobcentern. *Zeitschrift für Rechtssoziologie* 32 (1): 2–30.

Knoblauch, Hubert. 2001. Fokussierte Ethnographie. *Sozialersinn* 2 (1): 123–141.

Knorr-Cetina, Karin. [1984] 2002. *Die Fabrikation von Erkenntnis: Zur Anthropologie der Naturwissenschaft.* Frankfurt a. M.: Suhrkamp.

Latour, Bruno. 2000. *Die Hoffnung der Pandora: Untersuchungen zur Wirklichkeit der Wissenschaft.* Frankfurt a. M.: Suhrkamp.

Luhmann, Niklas. 1984. *Soziale Systeme.* Frankfurt a. M.: Suhrkamp.

Luhmann, Niklas. 1997. *Die Gesellschaft der Gesellschaft.* Frankfurt a. M.: Suhrkamp.

Lynch, Michael. 1983. *Accommodation practices: Vernacular treatments of madness. Social Problems* 31 (2): 152–164.

Marthaler, Thomas, Pascal Bastian, Ingo Bode, und Mark Schrödter, Hrsg. 2012. *Rationalitäten des Kinderschutzes. Kindeswohl und soziale Interventionen aus pluraler Perspektive.* Wiesbaden: VS.

Pluto, Liane. 2007. *Partizipation in den Hilfen zur Erziehung: Eine empirische Studie.* München: Dt. Jugendinst.

Retkowski, Alexandra, und Barbara Schäuble. 2010. Relations that matter: Kinderschutz als professionelle Relationierung und Positionierung in gewaltförmigen Beziehungen. *Soziale Passagen* 2 (2): 197–213.

Sacks, Harvey. 1984. On doing „being ordinary". In *Structures of social action*, Hrsg. John M. Atkinson und John Heritage, 413–440. Cambridge: Cambridge University Press.

Scheffer, Thomas. 2008. Zug-um-Zug und Schritt-für-Schritt. Annäherungen an eine transsequentielle Analytik. In *Theoretische Empirie*, Hrsg. Herbert Kalthoff et al., 368–398. Frankfurt a. M.: Suhrkamp.

Scott, Marvin B., und Stanford M. Lyman. 1968. Accounts. *American Sociological Review* 33 (1): 46–62.

Statistisches Bundesamt. 2012. Kinder und Jugendhilfe. https://www.destatis.de/DE/ZahlenFakten/GesellschaftStaat/Soziales/Sozialleistungen/KinderJugendhilfe/KinderJungedhilfe./KinderJungedhilfe.html. Zugegriffen: 4. Jan. 2013.

Sudnow, David. 1965. Normal crimes: Sociological features of the panel code in a public defender office. *Social Problems* 12 (3): 255–276.

Sykes, Gresham M., und David Matza. 1957. Techniques of neutralization: A theory of delinquency. *American Sociological Review* 22 (6): 664–670

Thole, Werner, Alexandra Retkowski, und Barbara Schäuble, Hrsg. 2012. *Sorgende Arrangements: Kinderschutz zwischen Organisation und Familie.* Wiesbaden: VS.

Treutner, Erhard, Stephan Wolff, und Wolfgang Bonß. 1978. *Rechtsstaat und situative Verwaltung: zu einer sozialwissenschaftlichen Theorie administrativer Organisationen.* Frankfurt a. M.: Campus.

Urban, Ulrike. 2004. *Professionelles Handeln zwischen Hilfe und Kontrolle. Sozialpädagogische Entscheidungsfindung in der Hilfeplanung.* Weinheim: Juventa.

Wieder, Lawrence D., und Don H. Zimmerman. 1976. Regeln im Erklärungsprozess: Wissenschaftliche und ethnowissenschaftliche Soziologie. In *Ethnomethodologie*, Hrsg. Elmar Weingarten, 105–129. Frankfurt a. M.: Suhrkamp.

Wolff, Stephan.1995. *Text und Schuld. Die Rhetorik psychiatrischer Gerichtsgutachten.* Berlin: de Gruyter.

Wolff, Stephan. 2008. Wege ins Feld: Varianten und ihre Folgen für die Beteiligten und die Forschung. In *Qualitative Forschung*, Hrsg. Uwe Flick, Ernst v. Kardorff, und Ines Steinke, 334–349. Reinbek: Rowohlt.

Wolff, Reinhart, Uwe Flick, Timo Ackermann, Kay Biesel, Felix Brandhorst, Stefan Heinitz, Mareike Patschke, und Gundula Rönsch. 2013a. *Aus Fehlern Lernen. Qualitätsmanagement im Kinderschutz.* Leverkusen: Barbara Budrich.

Wolff, Reinhart, Uwe Flick, Timo Ackermann, Kay Biesel, Felix Brandhorst, Stefan Heinitz, Mareike Patschke, und Pierrine Robin. 2013b. *Kinder im Kinderschutz. Eine explorative Studie.* Köln: Schriftenreihe des NZFH.

Das KJHG und der Kinderschutz: Eine verpasste Professionalisierungschance der Sozialpädagogik

9

Bruno Hildenbrand

Zusammenfassung

Mit dem Kinder und Jugendhilferecht (KJHG) sollte ein Paradigmenwechsel im Umgang mit der Jugendhilfeklientel eingeleitet werden: Betroffene sollten die Chance erhalten, im Hilfeprozess eine Stimme zu bekommen. Manche verbanden damit die Hoffnung auf einen Durchbruch auf dem langen Weg der Sozialpädagogik zur Professionalisierung: in Gestalt der Überwindung des sogenannten Hilfe-Kontrolle-Dilemmas. In diesem Beitrag wird die Auffassung vertreten, dass der § 8a die Sozialpädagogik mit aller Deutlichkeit daran erinnert hat, dass die Aufgabe, eine tragfähige Haltung zum sogenannten Hilfe-Kontrolle-Problem aus eigener fachlicher Autonomie heraus zu entwickeln, nach wie vor nicht erledigt ist. Wenn die Sozialpädagogik das Hilfe-Kontrolle-Problem lösen will, muss sie sich zuallererst – insbesondere im Bereich der Kinder- und Jugendhilfe – klarmachen, dass sie einen Schutzauftrag bzw. ein Wächteramt wahrzunehmen hat, was ohne Kontrolle, d. h. Verantwortungsübernahme, nicht zu bewältigen ist, und die Rechtslage muss ernst genommen werden.

Wir werden uns nicht in die Debatte um die angemessene Denomination, ob es Sozialarbeit oder Sozialpädagogik heißen soll, einschalten. Einstweilen begnügen wir uns mit der Definition von C. J. Klumker. Demnach geht es bei der Sozialpädagogik um „Erziehungsarbeit gesellschaftlicher Gebilde" (Klumker in einem Diskussionsbeitrag zum Vortrag von Gertrud Bäumer, Nachweis siehe dort, S. 103). Der Begriff „gesellschaftliche Gebilde" kam nach 1930 aus der Mode, ihm folgten: Gemeinwesenarbeit, Lebensweltorientierung, Sozialraum, aktuell: Netzwerk. Die Begriffe wechseln grosso modo alle zehn Jahre, und damit ändert sich jeweils die Definition des Selbstverständnisses des Fachs.

B. Hildenbrand (✉)
Jena, Deutschland
E-Mail: bruno.hildenbrand@uni-jena.de

B. Bütow et al. (Hrsg.), *Sozialpädagogik zwischen Staat und Familie*,
DOI 10.1007/978-3-658-01400-1_9, © Springer Fachmedien Wiesbaden 2014

9.1 Der Kinderschutz als Professionalisierungsmotor der Sozialpädagogik: Eine verpasste Chance

9.1.1 Das KJHG als Paradigmenwechsel?

Mit dem KJHG sollte ein Paradigmenwechsel im Umgang mit der Jugendhilfeklientel eingeleitet werden: Betroffene sollten die Chance erhalten, im Hilfeprozess eine Stimme zu bekommen. Manche verbanden damit die Hoffnung auf einen Durchbruch auf dem langen Weg der Sozialpädagogik zur Professionalisierung: in Gestalt der Überwindung des sogenannten Hilfe-Kontrolle-Dilemmas. Hier zwei Positionen:

> Mit der Einführung des Achten Sozialgesetzbuches (SGB VIII) im Jahr 1990/91 schien die Sozialpädagogik auch rechtlich den Paradigmenwechsel von einer fürsorgenden und kontrollierenden hin zu einer primär unterstützenden, präventiven Institution vollzogen zu haben. Diese pädagogisch bereits erprobte Neuausrichtung erwies sich in mancherlei Hinsicht als problematisch. Insbesondere die postulierte Freiwilligkeit von Hilfeangeboten führte, wenn nicht eine offensichtliche Gefährdung des Kindeswohles im Sinne des § 1666 BGB vorlag, in ein Gestrüpp aus unklaren Verhaltensanweisungen, pädagogischem Anspruch und krisenhafter Realität. (Kotthaus 2007, S. 87)

Anders schätzt Reinhard Wolff (2007, S. 37) die mit dem KJHG eröffneten Möglichkeiten ein:

> Schließlich gelang mit dem neuen Kinder- und Jugendhilfegesetz eine durchgreifende demokratische und fachliche Reform des gesamten Hilfesystems. Damit wurde eine größere Offenheit für Begegnung und Kooperation im Hilfeprozess erreicht. Seither sind Partizipation und Wahlrecht der Nutzer sozialer Dienste zur strategischen Orientierung für multiperspektivische Hilfen geworden, die ambulant und stationär, vorbeugend und konkret bei aktueller Gefährdung des Kindeswohls, Hilfe und Nothilfe verbindend, angeboten werden. Vor allem aber wurden die alten obrigkeitlichen Eingriffsrechte beseitigt. Im Konflikt um die Wahrnehmung des staatlichen Wächteramts für die Gewährleistung des Kindeswohls sollte allein das unabhängige Familien- und Vormundschaftsgericht das letzte Wort haben, und auch dies nur auf Zeit. Inzwischen ist diese Grundorientierung durch weitere Novellierungen, die Qualitätsentwicklungen als Leitlinie betonen (s. die §§ 78a–g KJHG) bzw. das staatliche Wächteramt präzisieren (§ 8a KJHG), noch gestärkt worden.

Maria Kurz-Adam (2011, S. 100 f.), eine Praktikerin, stellt fest: „Seit der Einführung des § 8a im Zuge der Novellierung des SGB VIII ist die Kinder- und Jugendhilfe erheblich in Unruhe geraten." Diese Unruhe habe die Praxis erreicht. Und weiter unten heißt es, die „mühsame Balance" zwischen dem sozialpädagogischen Dienstleistungsauftrag und Schutzauftrag gerate – so die fachpolitische Meinung – ins Wanken.

In seinem oben erwähnten Zitat sieht Reinhard Wolff (2007) das anders: Mit dem KJHG sei das Hilfe-Kontrolle-Dilemma („doppeltes Mandat") erledigt. Kurz-Adam (ebd.) bezieht sich vor allem auf den schon genannten Beitrag von Kotthaus (2007, S. 87 ff.) und schreibt weiter, dass diese ‚mühsame Balance' zwischen Dienstleistungscharakter und Schutzauftrag mehr ist als eine allererst diskursiv vorgetragene Neuauflage der Debatte eines professionellen Selbstverständnisses Sozialer Arbeit zwischen Hilfe und Kontrolle. Vielmehr wirft sie eine substantielle Frage an die sozialen Institutionen und Leistungssysteme auf (Kurz-Adam 2011, S. 101).

Wir[1] vertreten in diesem Aufsatz die Auffassung, dass der § 8a die Sozialpädagogik mit aller Deutlichkeit daran erinnert hat, dass die Aufgabe, eine tragfähige Haltung zum sogenannten Hilfe-Kontrolle-Problem aus eigener fachlicher Autonomie heraus zu entwickeln, nach wie vor nicht erledigt ist. Wenn die Sozialpädagogik das Hilfe-Kontrolle-Problem lösen will, muss sie sich zuallererst – insbesondere im Bereich der Kinder- und Jugendhilfe – klarmachen, dass sie einen Schutzauftrag bzw. ein Wächteramt wahrzunehmen hat, was ohne Kontrolle, d. h. Verantwortungsübernahme, nicht zu bewältigen ist, und die Rechtslage muss ernst genommen werden (mehr dazu weiter unten).

Zurück zum Professionalisierungsgedanken und zum Begriff der „Profession". Wir vertreten hier einen engen Professionsbegriff. Professionen sind nach Niklas Luhmann (1991, S. 29) Berufe, die um menschliches Leiden herum organisiert sind und gesellschaftliche Zentralwerte betreffen:

> Die *alten* Professionen haben sich gebildet zur Hilfe bei ungewöhnlichen Lagen, vor allem Lebensrisiken, angesichts von Tod, nicht eindämmbarem Streit. Sie beschaffen Sicherheit und Problemlösungen durch spezialisierte Techniken des Umgangs mit solchen Problemen.

Professionen werden tätig, wo Krisen entstehen. Bei der Bewältigung dieser Krisen ist zentral, dass Angehörige solcher Professionen die Strukturlogik des Arbeitsbündnisses beherrschen: Das ist „der Vollzug einer lebendigen, zukunftsoffenen Beziehung in einem Arbeitsbündnis zwischen ganzen Menschen" (Oevermann 1996, S. 122). Zur Erläuterung:

---

[1] Ich habe es mir angewöhnt, in Texten, die im Zuge einer Projektarbeit entstanden sind, von „wir" zu sprechen. Nur dort, wo es um mich persönlich geht, verwende ich das Personalpronomen „ich". Im vorliegenden Fall schließt „wir" folgende Personen ein: PD Dr. Karl-Friedrich Bohler, Tobias Franzheld M. A., Anja Schierbaum M. A., Dr. Anna Engelstädter. Für alle Fehleinschätzungen bin ich natürlich selbst verantwortlich. Für sorgfältiges Lektorieren danke ich meiner Frau, Astrid Hildenbrand M. A.

- *Zukunftsoffen* heißt, dass Lösungen der Krise nicht einem expertokratisch vor-
  gefertigten Programm entnommen werden [auch wenn Luhmann (1991) von
  „Techniken" schreibt], sondern im Sinne einzelfallbezogener, maßgeschneider-
  ter Lösungen, die mit den Klienten ausgehandelt werden, falls die Klienten
  als autonome Subjekte ernst genommen werden. Lange vor dem Beginn der
  Hilfeplandiskussion fordert Gertrud Bäumer (1931, S. 80) die „Fantasie des
  Erziehungsplans".

- *Arbeitsbündnis* bedeutet, dass der in einer Krisensituation befindliche Klient[2] sich aus freien Stücken dazu bereit erklärt, mit einer Sozialpädagogin
  im Sinne einer Krisenbewältigung zusammenzuarbeiten. An dieser Stelle zeigt
  sich die Sozialpädagogik – indem sie schlicht verweist auf die bestehenden
  Hilfe-Kontrolle-Dilemmata – mitunter als nicht professionalisierungsfähig.

- *Zwischen ganzen Menschen*: Der Klient ist nicht auf eine Rolle reduziert. Er kann
  im Reichtum seiner persönlichen Facetten in die Arbeitsbeziehung eintreten.

Wir haben diesen Vorgang andernorts „Fallverstehen in der Begegnung" genannt
(Welter-Enderlin und Hildenbrand 2004).

9.1.2 Der Kinderschutz als Grenzobjekt: Die Bedeutung der Arena als Bewährungsort der Sozialpädagogik

In einem Aufsatz schlägt Thomas Klatetzki (2013) vor, Fallgeschichten im Bereich des Kinderschutzes als Grenzobjekte zu behandeln. „Grenzobjekte" deshalb,
weil der Kinderschutz eine fachliche Aufgabe ist, an deren Bewältigung mehrere Disziplinen beteiligt sind, die aus unterschiedlichen Perspektiven und mit
unterschiedlichen Ressourcen an ihre Aufgabe herangehen. Eine unzweifelhafte
Bestimmung dessen, was Kinderschutz sein soll, liegt also fallspezifisch nicht vorab
fest, sondern muss im jeweiligen Fall zwischen den beteiligten Disziplinen ausgehandelt werden. Damit stellt sich allen Beteiligten die Aufgabe der Verschränkung
der unterschiedlichen Perspektiven der am Kinderschutz beteiligten Akteure.

Klatetzki (ebd., S. 119–122) entfaltet sein Argument an folgendem Fallbeispiel:
Eine Kindergärtnerin meldet dem zuständigen Jugendamt ein Mädchen mit dem
Verdacht auf Misshandlung. Das Jugendamt stellt das Mädchen in der zuständigen
Kinderschutzambulanz einer medizinischen Klinik vor, die ihrerseits Hämatome
erkennt, die nach ärztlicher Einschätzung nicht vom Sturz des Kindes von einer
Schaukel herrühren können, wie die Mutter angibt, sondern von einer Misshand-
lung stammen müssen. Daraufhin erstattet die Kinderschutzambulanz gegen den

---

[2] Wo die männliche Form benutzt wird, ist die weibliche mitzudenken, und umgekehrt.

Lebensgefährten der Mutter Anzeige. Damit kommen weitere Instanzen ins Spiel: die Polizei und die Justiz. Als das Jugendamt von der Mutter fordert, das Kind täglich im Kindergarten vorzustellen, beauftragt die Mutter ihrerseits einen Anwalt. Dieser teilt dem Jugendamt mit, dass das Jugendamt kein Recht habe, Eltern vorzuschreiben, wie sie ihre Kinder zu erziehen hätten, und damit bekommt die Mutter vor dem Familiengericht Recht, und der Fall ist beendet. Die Beziehung des Jugendamts zur Mutter allerdings auch.

Dieses Fallbeispiel, das Klatetzki (ebd.) dem Fundus unseres Forschungsprojekts (vgl. Bohler und Franzheld 2010) entnommen hat, taugt nur bedingt zu einer Kritik an der Sozialpädagogik; denn das fragliche Jugendamt, in dem die verhandelte Fallgeschichte ab dem Jahr 2007 generiert wurde, weist im Transformationsprozess nach der Wende, im Vergleich zu anderen ostdeutschen Jugendämtern, eine Verzögerung von rund zehn Jahren sowie einen mageren Professionalisierungsgrad im Allgemeinen Sozialen Dienst (ASD), nämlich um die 20 % (damals) auf.

Zwischen 2001 und 2011 untersuchten wir im Rahmen des an den Universtäten Halle und Jena lokalisierten Sonderforschungsbereichs 580: „Gesellschaftliche Entwicklungen nach dem Systemumbruch. Diskontinuität, Tradition, Strukturbildung" die Transformation der Jugendhilfe nach der Einführung des KJHG in Westdeutschland sowie die Transformation der Jugendhilfe in Ostdeutschland nach der Wende (Bohler et al. 2012).

Die Fragestellung war, ob die Sozialpädagogik dafür gerüstet ist, die mit dem KJHG verbundenen Anforderungen (Klientenorientierung) anzunehmen, anders gesprochen: ob ihre Professionalität dazu ausreicht, den mit dem KJHG verbundenen Erwartungen zu entsprechen. In Ostdeutschland kommt die zusätzliche Herausforderung dazu, dass die DDR-spezifische Logik der Kinder- und Jugendhilfe von einem Tag auf den anderen durch ein anderes System abgelöst wurde. Wir sind hinsichtlich der Bewältigung der mit dem KJHG einhergehenden Professionalisierungserfordernisse skeptisch, meinen aber, dass die Sozialpädagogik aufgrund ihrer Geschichte über Ressourcen verfügt, die es zu nutzen (oder unter Umständen wieder auszugraben) gilt (hier vgl. Artikel Note).

Die letzte Phase unseres oben erwähnten Projekts von 2008 bis 2011 war auf Wunsch der vier beteiligten Jugendämter dem Umgang mit dem Schutzauftrag der Jugendhilfe gewidmet, der eigentlich kein Problem darstellen sollte, weil die Wahrnehmung des staatlichen Wächteramts Monopol des Jugendamts ist. Anlass für diese Schwerpunktsetzung waren Fälle wie Kevin in Bremen (2006) und Lea-Sophie in Schwerin (2007), die der Jugendhilfe eine unerwünschte mediale Aufmerksamkeit verschafft haben, mit der Folge einer entsprechenden Verunsicherung in den Jugendämtern. Mit besagtem Wunsch befanden wir uns wieder bei der Professionalisierungsfrage der Sozialpädagogik.

Tab. 9.1 Am Kinderschutz beteiligte soziale Welten

	Juristen	Mediziner	Polizei
Kommunikationsformel (Unterscheidungen)	Recht/Unrecht	Gesund/Krank	Ordnung/Unordnung
Aktivitäten	Fall präparieren, plädieren, Recht sprechen, für Recht erkennen	Differentialdiagnostik betreiben, Anamnese erheben, untersuchen	Situationen in Augenschein nehmen, Ordnung (wieder) herstellen
Ressourcen	Gesetz und Kommentare	Diagnostische Manuale, Leitlinien	Ordnung als ausgehandelte Kategorienschemata
Status von Wirklichkeit	Recht haben vs. Recht bekommen In Verfahren „verhandelte" Wirklichkeit	Diagnosen stellen Durch Diagnosen „präformierte" Wirklichkeit	Situationen bereinigen In Situationen ausgehandelte Wirklichkeit
Kompetenzen	Verfahrenskompetenz	Expertenkompetenz	Situationskompetenz

Tabelle erstellt mit Unterstützung durch Tobias Franzheld (vgl. 2013). Es handelt sich um einen ersten Entwurf, der noch der Ausarbeitung bedarf

Der in der Kapitelüberschrift erwähnte Begriff des Grenzobjekts stammt aus der Arbeitsgruppe um Anselm Strauss (1993) und impliziert: Soziale Ordnung ist interaktiv und muss situativ ausgehandelt werden. Nach Susan Star und James Griesemer (1989, S. 393) können Grenzobjekte recht vage sein und in unterschiedlichen sozialen Welten unterschiedliche Bedeutungen haben, ihre Struktur sei aber allgemein genug für mehr als eine Welt, um sie wiedererkennbar zu machen.

Setzt man den Begriff Grenzobjekt in einen Bezug zu den Begriffen der sozialen Welt und der Arena, dann ist er hervorragend geeignet, um unser Thema zu bearbeiten.

> Bei sozialen Welten handelt es sich um Gruppen, die in gemeinsamen Aktivitäten verbunden sind und gemeinsame Ressourcen haben, um ihre Ziele zu erreichen, und gemeinsame Vorstellungen entwickeln, wie ihre Aufgaben zu erledigen sind. (Strauss 1993, S. 212)

Der Tab. 9.1 kann entnommen werden, welche sozialen Welten mit je eigenen Perspektiven am Kinderschutz beteiligt sind und als Teilnehmer an einer Arena im jeweiligen Fall zusammenkommen.

Der zugehörige Begriff der Arena hat forschungsstrategisch eine zentrale Bedeutung: Zuallererst fordert er, vorliegende Forschungsfelder in ihrer Strukturiertheit nicht vorab durch Rückgriff auf vorhandene Theorien begrifflich einzuschnüren, sondern dorthin zu gehen, „wo was los ist" („Where the action is"). Erving Goffman

(1975, S. 164) leitet diesen berühmten Aufsatz mit folgendem Zitat eines Seiltänzers ein, der nach einem Unfall in seiner Truppe gesagt haben soll: „Auf dem Seil sein ist Leben, der Rest ist Warten". Arenen sind nicht vorab gegeben, sondern müssen gefunden werden. Das erfordert Präsenz der Forscher im Feld.

> Arenen existieren auf jeder Ebene der Handlung von Organisationen, sie erstrecken sich vom mikroskopischen zum makroskopischen Bereich. Als Strudel argumentativer Verhandlungen liegen sie im Kern von Dauer und Wandel jeder sozialen Welt. Mit demselben Argument: Arenen sind zentral für das Erschaffen und Aufrechterhalten von sozialen Ordnungen, im traditionellen Sinn dieses soziologischen Konzepts. (Strauss 1993, S. 227)

Bleiben Forscher strikt am Konzept der Arena orientiert, ist ihnen der Blick auf die Interaktionszusammenhänge in der Arena geöffnet, und der sozialpädagogische Lieblingsfluchtort zu den gerade gängigen philosophischen oder soziologischen Makrotheorien („Anerkennungstheorien", „Theorien der Gerechtigkeit", „das erschöpfte Selbst", wahlweise auch die „erschöpfte Gesellschaft") ist ihnen verwehrt.

Klatetzki (2013) deutet obigen Fall unseres Erachtens zutreffend so, dass die Sozialpädagogik an kaum einer Stelle in diesem Fallverlauf ihre eigene Perspektive in Form einer eigenen Falldeutung, welche gemeinhin als Fallgeschichte vorgetragen wird, in den Entscheidungsprozess einbringt. An verschiedenen Stellen kommen die oben erwähnten verschiedenen Perspektiven miteinander ins Gespräch und bilden eine Arena.

Wenn also laut Klatetzki (ebd.) die Sozialpädagogik, im Unterschied zu den anderen Beteiligten, an keiner Stelle dieses Fallverlaufs eine eigene Perspektive vertritt, bedeutet das in Bezug auf die Professionalisierungstheorie, dass sie keine autonome Form der Selbstbestimmung in die Arena einbringt, was aber der Kern professionellen Handelns sei (vgl. Freidson 2001).

Klatetzki (ebd.) bemängelt zwar, dass das in erwähntem Fall involvierte Jugendamt nirgendwo eine sozialpädagogische Perspektive eingebracht habe, gibt aber nicht an, wo diese hätte eingebracht werden können. Das hätte an mindestens zwei Stellen geschehen können:

- Spätestens als in der Anamnese bekannt wird, dass das Mädchen und seine Mutter mit einem Lebensgefährten der Mutter zusammenleben, hätte das Jugendamt eruieren können, an welcher Stelle im Formationsprozess sich diese Stieffamilie befindet (vgl. Funcke und Hildenbrand 2009, S. 70–90).
- Auch stellt Klatetzki (2013) zu Recht fest, dass das Jugendamt bei vorliegendem Fall von Anfang an auf Konflikt und Kontrolle, kurz: auf Krawall eingestellt war. Untersuchungen (vgl. Hildenbrand 2011a) haben gezeigt, dass auch Eltern, die im Verdacht stehen, ihr Kind misshandelt zu haben, Anspruch auf eine men-

schenwürdige und respektvolle Behandlung durch die Sozialpädagogik haben, dass ihnen ein Klientenstatus zugebilligt wird und sie so in ihrer „Not", also als „ganze" Personen, erkannt werden (vgl. Kurz-Adam 2011). Sie haben, um einen neuen Modebegriff der Szene zu bemühen, „Anerkennung" verdient.

Fazit: Weil Fallgeschichten im Kinderschutz Grenzobjekte sind, sind die Arenen des Kinderschutzes notwendig durch Vagheit, Offenheit, Ungenauigkeit und Ringen um Wirklichkeitskonstruktionen gekennzeichnet. Das ist aber keine Beschreibung einer defizitären Situation; denn eine soziale Ordnung wie die der Arena *ist nichts Festes, in Stein Gemeißeltes, sondern wandel- und veränderbar,* und die Frage ist, wie Vertreterinnen der sozialen Welt der Jugendhilfe in der Arena des Kinderschutzes mit solch unsicheren Situationen umgehen. Typisch für Professionen ist, dass sie Situationen der Unsicherheit nicht durch Abwarten bewältigen, sondern durch beherztes Zugreifen im Vertrauen darauf handeln, das Richtige so gestaltsicher zu tun, dass sie es später werden begründen können.

Ob die Sozialpädagogik die professionalisierungstheoretische Herausforderung durch den Kinderschutz bewältigt hat, wird sich daran entscheiden, wie sie sich fallbezogen in der Arena des Kinderschutzes bewährt. Dieser Frage gehen wir im Folgenden nach. Die Reaktionen der Sozialpädagogik auf die Herausforderungen des Kinderschutzes ab 2005 lassen darauf schließen, dass sie plötzlich eine neue Aufgabe zu bewältigen hatte. Das stimmt aber nicht: Seit 1900 – mit der Einführung des § 1666 BGB: Gerichtliche Maßnahmen bei Gefährdung des Kindeswohls – ist der Kinderschutz eine gesetzliche Aufgabe.

Die Wahrnehmung des Kinderschutzes obliegt seit 1924 dem Jugendamt.[3] Es ist kaum übertrieben zu behaupten, dass bis 2005 der Kinderschutz verschlafen wurde. Diese Aufgabe hat also die Sozialpädagogik nicht erst ab dem Augenblick wahrzunehmen, ab dem der Jugendhilfe in Folge der Fälle Kevin und Lea-Sophie in der Öffentlichkeit ein Versagen vorgeworfen wird.

9.1.3 Ursachen für Misserfolge im Kinderschutz: Kindlers Liste und die Mitverantwortung der Sozialpädagogik

Als Psychologe sieht Heinz Kindler (2007, S. 94 f.) die Möglichkeiten der Jugendhilfe durch den § 8a ähnlich wie Wolff (2007):

---

[3] Vgl. dazu Heft 15 der Schriften des Deutschen Vereins für öffentliche und private Fürsorge, speziell den Beitrag von Gertrud Bäumer, S. 73ff; vgl. auch Scheiwe 2013.

Einige dieser hier nicht vollständig aufgezählten, aus der internationalen Literatur bekannten Fehlerquellen wurden in der deutschen Kinderschutzdiskussion bereits aufgegriffen (z. B. durch die Klarstellung des § 8a SGB VIII, wonach sich der Schutzauftrag gegenüber Kindeswohlgefährdung auf die gesamte Jugendhilfe richtet). Weitere mögliche Ursachen für schwerwiegende Misserfolge im Kinderschutz haben bislang noch nicht die ihnen gebührende Aufmerksamkeit erfahren.

Kindlers (2007, S. 94) Aufzählung von Ursachen von Misserfolgen im Kinderschutz weist auf eine erhebliche Mitverantwortung der Sozialpädagogik als Fach hin:

1. Informationsverluste an Schnittstellen (z. B. zwischen Kinderarzt und Jugendamt),
2. gravierende Fehleinschätzungen von Gefährdungslagen durch Fachkräfte in Verbindung mit nicht vorhandenen, wenig aussagekräftigen, unvollständigen oder falsch angewandten Einschätzungshilfen (. . .),
3. (. . .) Nichtberücksichtigung neuer wichtiger Informationen, wenn bereits einmal eine Hilfeentscheidung gefallen ist, (. . .) wechselseitige Immunisierung gegen berechtigte Zweifel an der Richtigkeit von Teamentscheidungen in der kollegialen Beratung oder
4. Verantwortungsdiffusion (z. B. zwischen Fachkräften des Allgemeinen Sozialen Dienstes, ASD, und den in einer Familie eingesetzten Fachkräften eines Freien Trägers).

Wir werden nun diese Liste auf der Grundlage unserer Erfahrungen im Projekt über die Transformation der Kinder- und Jugendhilfe in Ost- und Westdeutschland im SFB 580 kommentieren.

Zu Punkt 1: Solche Informationsverluste könnten auf Schwierigkeiten hinweisen, die Perspektiven anderer Akteure einzunehmen, und zuweilen in sozialpädagogischen Ressentiments gegen die ärztliche Profession gründen. Ärzte erregen bei Pädagoginnen leicht Anstoß wegen ihrer als Habitus ansozialisierten ungebremsten Bereitschaft zur Verantwortungsübernahme, die dann als Arroganz oder Machtdemonstration verstanden wird. Fragt man soziologisch nach Ursachen dafür, fällt eine Antwort nicht schwer: Während alte Professionen wie Medizin, Seelsorge und Recht eine sehr hohe Selbstrekrutierungsrate aufweisen [z. B. stammen ca. 25 % der Ärzte aus einem Ärztehaushalt, in dem der ärztliche sowie der Selbstständigen-Habitus der sogenannten freien Berufe (vgl. Hughes 1971, S. 381) am Küchentisch vermittelt wird], kommen Sozialpädagogen vielfach aus Familien, aus denen bis dato keine Akademiker kamen. Sie müssen daher einen professionellen Habitus quasi im Beruf selbst lernen, wobei die Frage ist, in welchen Settings dieser Habitus erlernt werden kann. Da sind zum einen erfahrene Sozialpädagogen als Mentoren, zum anderen Vertreter der alten Professionen, mit denen die Novizen es von Berufs wegen ohnehin ständig zu tun haben. Doch der Umgang von Sozialpädagoginnen mit dem Medizinsystem in Sachen Kinderschutz ist nicht selten dadurch charakterisiert,[4]

- dass sie Ärzte aufsuchen und ihnen einen Fall vorstellen, um sich im Vorfeld einer Inobhutnahme mit einer ärztlichen Expertise gegenüber dem Familiengericht abzusichern.
- Manchmal arbeiten sie darauf hin, eine ärztliche Stellungnahme als Druckmittel gegen die Eltern zu erwirken, das dann in Hilfeplangesprächen eingesetzt wird.
- Mitunter geht es um die Abgabe jugendamtlicher Verantwortung an die ärztliche Profession.

Es ist vorstellbar, dass Ärzte, die von Jugendamtsmitarbeiterinnen auf eine solche Weise behandelt werden, sich funktionalisiert fühlen und entsprechend abwehrend reagieren. Offenbar unbelehrbar ist der sozialpädagogische Glaube an die „Objektivität" medizinischer Befunde. Dabei wird übersehen, dass jeder Befund einer Interpretation, d. h. einer fachkompetenten Einschätzung bedarf. Denn die fallbezogene Verknüpfung von theoretischem und praktischem Wissen ist das Spezifikum der alten Professionen (vgl. Hughes 1971, S. 379; Gadamer 1993, Kap. „Theorie, Technik, Praxis", bes. S. 31 zur „praktischen Urteilskraft").

Zu Punkt 2: Die beste Einschätzungshilfe taugt wenig, wenn den Verwenderinnen die *praktische Urteilskraft* fehlt, um die so gewonnenen Daten fallbezogen interpretieren zu können. Dazu ein Beispiel: Eine Kindergärtnerin meint bei einem Kind eine Vernachlässigung festzustellen. Sie setzt das Jugendamt von ihrer Beobachtung in Kenntnis, sodass bald darauf zwei Mitarbeiterinnen des Jugendamtes in Begleitung des Bürgermeisters sowie des Ortspolizisten bei der fraglichen Familie zu Hause erscheinen. Dort treffen sie die Mutter sowie deren Schwester an. Den „Besuchern" erscheint die Wohnung insgesamt vernachlässigt, und als sie einen Uringeruch registrieren, leiten sie eine unverzügliche Kindesherausnahme ein.

Hier hätte ein respektvoller, offener Blick die beiden Jugendamtsmitarbeiterinnen darauf hinweisen können, dass besagte Mutter in Gestalt ihrer Schwester eine Hilfe gewonnen hat, deren Effizienz nur langfristig einzuschätzen ist.

Zu Punkt 3: Wir haben die Haltung, die erforderlich ist, um „am Fall dran zu bleiben", an anderer Stelle als *aufmerksame* („vigilante") *Wachsamkeit* bezeichnet (Hildenbrand 2011a, S. 52 f.). Erfahrene Bezirkssozialarbeiter haben nach unseren

---

[4] Erste Beobachtungen unserer Forschergruppe, hier Raphaela Oetter.

Beobachtungen mit dieser Haltung keine Mühe. Wenn es um so erhebliche Eingriffe in ein Familienleben wie die Inobhutnahme eines Kindes geht, darf der Prozess der Erfahrungsbildung nicht vorzeitig beendet werden. Wer dies aber tut, handelt nach einer Logik des Verdachts (vgl. Hildenbrand 2011a, S. 53), und er übersieht, dass Menschen sich in ihrem Verhalten ändern können.

Zu Punkt 4: Diese Überlegungen zeigen, woher die Probleme der Sozialpädagogik kommen, sich mit eigenen Fallgeschichten in der Arena Kinderschutz zu bewähren.

In welche Situation ist eine Sozialpädagogin hineingestellt, wenn sie im Kinderschutz tätig ist? Hierzu eine metaphorische Illustration von Norbert Elias (1987, S. 79), der sich einer Erzählung von Edgar Allan Poe über den Sturz in den Mahlstrom bedient:

> Man erinnere sich: Während die Fischer langsam in den Abgrund des Strudel gezogen wurden, trieben sie noch eine Zeitlang mit anderen Wrackstücken die Wände seines enger werdenden Trichters entlang. Zuerst waren beide Brüder – der jüngste war bereits im Sturm untergegangen – zu sehr von Furcht überwältigt, um klar denken und genau beobachten zu können, was um sie herum geschah. Nach einer Weile jedoch, so erzählt uns Poe, vermochte einer der Brüder seine Furcht abzuschütteln. Während der ältere, durch die nahende Katastrophe gelähmt, hilflos im Boot kauerte, fasste sich der jüngere Mann und begann, mit einer gewissen Neugierde um sich zu schauen. Nun, als er alles mit größerer Ruhe zusammen sah, beinahe als ob er nicht davon betroffen wäre, bemerkte er gewisse Regelmäßigkeiten in den Bewegungen der Trümmer, die zusammen mit dem Boot in Kreisen herumgetrieben wurden. Kurz: durch Beobachten und Überlegen kam er zu einer „Idee"; ein zusammenhängendes Bild des Prozesses, in den er verwickelt war, eine „Theorie".

Es mangelt im Kinderschutz sicher nicht am Engagement der beteiligten Akteure, aber es fehlt an der nötigen intellektuellen Distanz, die in Poes Erzählung dem dritten Fischer das Leben rettet. Dieser bewahrt in der Situation des Schiffbruchs, in der die Todesangst überhandnimmt, die Ruhe und beginnt, „mit einer gewissen Neugierde[5] um sich zu schauen". Dabei gelangt er zu dem Schluss, dass zylindrische Gegenstände langsamer sinken als Gegenstände jeder anderen Form und kleinere Gegenstände langsamer als größere. Aufgrund dieses synoptischen Bildes der Regelmäßigkeiten in dem Prozess, in den er verwickelt ist, und nachdem er deren Bedeutung für seine eigene Situation erkannt hat, macht er das Richtige: Während

---

[5] Dieser Fischer handelt, wie Karl E. Weick und Cathleen M. Sutcliffe (2010) sich vorstellen, dass Organisationen handeln, die ständig mit dem Unerwarteten umgehen müssen. Routineverfahren und Checklisten bergen die Gefahr, die Neugier abzutöten. Als günstiger erweisen sich Verfahren, die die Aufmerksamkeit auf das Unerwartete lenken (Weick und Sutcliffe 2010, S. 85).

seine Brüder in Furcht erstarrt untergehen, bindet er sich selbst an ein Fass und entkommt so der Gefahr.

9.2 Kinderschutz und Skandalfälle: Hilflose Reaktionen der Sozialpädagogik

9.2.1 Inobhutnahmen

Die amtlichen Statistiken über Inobhutnahmen zeigen, dass die Verantwortlichen, also die Jugendämter, durch Skandalfälle empfindlich werden und zu Überreaktionen neigen. Zwischen 1995 und 1997 waren 0,15 % der Kinder in Deutschland von vorläufigen Schutzmaßnahmen betroffen. 1997 wurden 0,20 % erreicht, von 2001 bis 2004 begann diese Zahl zu sinken. Danach ergibt sich ein deutlicher Anstieg bis zu 0,27 % der Kinder und Jugendlichen im Jahr 2010. Bohler und Franzheld (2013, S. 2) deuten diese Entwicklung so: „Daraus lässt sich der Schluss ziehen, dass die Reaktionen der Jugendhilfe auf die Skandalfälle der Jahre 2006 und 2007 ausgeprägter waren als die Reaktionen auf die Änderung des Kinder- und Jugendhilfegesetzes zuvor".

Die Autoren schieben eine weitere Information nach: Die Zahl der getöteten Kinder hat im Zeitraum von 2000 bis 2006 nicht etwa zugenommen, sondern ist um etwa ein Drittel zurückgegangen. Das zeigt ein Blick in die Kriminalstatistik Deutschlands.

Die im Anschluss zu beobachtenden Veränderungen bestanden darin, dass es zu gesteigerten, allerdings wenig zielführenden Reflexionen kam, entsprechend sich die Publikationsanstrengungen veränderten und ein Aktivismus aufkam, der sich in technokratischen Erfindungen ausagierte und als "Notwendigkeit einer standardisierten und empirisch abgesicherten Diagnostik für die frühe Kindheit" (Ostler und Ziegenhain 2007, S. 67) auftrat. Wenn man einmal vom Elend der standardisierten Diagnostik in der Psychiatrie absieht (vgl. Brücher 2013; vgl. auch das berühmte Rosenhan-Experiment, Rosenhan 1977), ist auch das organisatorische Umfeld der Jugendhilfe nicht dafür geeignet, fachliches Handeln zu unterstützen, wie zu zeigen sein wird.

9.2.2 Tätigwerden des Jugendamts nach einer Gefährdungsmeldung im Jahr 2009

In den vier von uns untersuchten Jugendämtern haben wir im Jahr 2009 Daten zu der Frage erhoben, was nach Gefährdungsmeldungen geschah. Dabei ergab sich:

In den beiden westdeutschen Landkreisen erfolgten bei 25 % der Gefährdungsmeldungen keine weiteren Maßnahmen, während in 15,6 bis 26 % der Fälle vorläufige Schutzmaßnahmen ausgesprochen wurden und in 32 bis 42,5 % der Fälle Beratung oder Betreuung durch den ASD und andere erfolgte. Der Rest entfiel auf Hilfen zur Erziehung (HzE). In den beiden ostdeutschen Erhebungsgebieten erfolgten bei 45 bis 52 % der Gefährdungsmeldungen keine weiteren Maßnahmen (vorläufige Schutzmaßnahmen in 7,4 bis 18,7 % der Fälle). Diesen deutlichen Unterschied erklären wir uns so, dass im ostdeutschen Erhebungsgebiet eine geringere Toleranz gegenüber Abweichungen vorhanden ist als in Westdeutschland. Die Bereitschaft, auf das Wohl von Kindern zu achten und vermutete Kindeswohlgefährdung dem zuständigen Jugendamt zu melden, ist in Ostdeutschland ausgeprägter und führt bei kleinen Zeichen von Abweichung zu einer Meldung am Jugendamt. Dazu ein Beispiel:

An einem warmen Sommertag sitzt ein kleines Mädchen im Nachthemd auf dem Bürgersteig und trinkt aus einem Tetrapack Milch. Ein Passant nimmt dies zum Anlass, eine Kindeswohlgefährdung an das Jugendamt zu melden (dies geschah an einem Ferienort, und Feriengäste sind dort dafür bekannt, dass sie gerne die Rolle des Abschnittsbevollmächtigten übernehmen).

Die obigen Ausführungen zeigen, dass der Kinderschutz Konjunkturen aufweist, die keinen intrinsischen Bezug zur Fachlichkeit der Sozialpädagogik haben, sondern thematisch von außen auferlegt sind. Das Fach scheint reaktiv und nicht proaktiv zu handeln.

Unsere Frage ist, mit welchen Mitteln das Fach auf die öffentliche Kritik reagiert, wie es Stellung bezieht, wenn es um das Wächteramt des Jugendamts geht, und welche Folgen das für den Umgang mit Kindeswohlgefährdungen hat. Die Überlegung, ob die Sozialpädagogik professionalisierungsbedürftig oder -fähig ist, ist an dieser Stelle unerheblich. Everett C. Hughes (1971, S. 378) führt folgende Punkte an, die die Sozialpädagogik bzw. Sozialarbeit in die Lage versetzen, sich für eine Profession zu halten:

Die Sozialarbeiter mussten (...) beweisen, dass ihre Arbeit nicht von Laien erledigt werden konnte, von Menschen, die nichts als ihren Idealismus einbrachten; sie erfordere, so sagten sie, Ausbildung in Fallarbeit, in einer Technik, die auf einem Wissens- und Erfahrungsfundus in Bezug auf das Wesen des Menschen und seiner Wirkungsweise in verschiedenen Situationen und Krisen gründet. (übers. durch den Autor)

9.3 Das theoretische Grundproblem: Die Ortlosigkeit[6] der Sozialpädagogik in der Arena des Kinderschutzes

9.3.1 Semantische Überlegungen zu Formulierungen wie „zwischen" oder „Spannungsfeld" in Publikationstiteln

Der Arbeitstitel des Buches, in dem der vorliegende Aufsatz erscheinen wird, hieß „Sozialpädagogik zwischen Staat und Familie – alte und neue Politiken des Eingreifens". Die Präposition „zwischen" lässt sich leicht auch in anderen Publikationen ausmachen, z. B.: „Der Begriff der Kindeswohlgefährdung zwischen Recht und Praxis" (Schone und Hensen 2011) oder „Zwischen Handlungsfreiheit und Handlungsbefähigung von Familien" (Clark und Ziegler 2011).[7]

Ein Fach, das ein Faible für derlei Formulierungen hat, ist sich seines Standorts in seinem Handlungsfeld unsicher, also ortlos.

Die Präposition „zwischen" regt zu folgendem Exkurs an. In der griechischen Mythologie muss Odysseus unter großen Gefahren die Meerenge „zwischen" der italienischen Stiefelspitze und der Insel Sizilien, zwischen zwei Felsen passieren. Auf dem einen befindet sich eine Höhle, in der die fürchterlich bellende Skylla mit ihren abscheulichen Klauen und Köpfen haust. Dieser Felsen ist so hoch, dass der Pfeil eines Bogenschützen Skylla vom Schiff aus nicht erreichen kann. Auf dem anderen Felsen lauert die Göttin Charybdis, die dreimal am Tag Wasser einsaugt und wieder ausspuckt. Auch gegen sie kann ein Bogenschütze nichts ausrichten.

„Zwischen" Skylla und Charybdis sitzen heißt also, mit zwei Ungeheuern unentrinnbar konfrontiert zu sein. Wer sind – übertragen auf unser Thema Hilfe und Kontrolle – diese Ungeheuer? Wer ist Odysseus? Wir wissen, dass Odysseus die Passage überlebt. Aber zuvor muss er den Gesängen der Sirenen widerstehen, und das gelingt ihm, indem er sich von seinen Gefährten am Mast festbinden und die Ohren mit Wachs versiegeln lässt. Kaum ist dieses Abenteuer überstanden, sieht Odysseus in der Ferne Dampf und vernimmt ein dumpfes Getöse. Er wendet sich seinen Gefährten zu und gibt den Befehl, mit voller Kraft zu rudern und auf die Götter zu hoffen. Um durch die Meerenge zu kommen, umfährt Odysseus Charyb-

---

[6] Andere Etikettierungen lauten: „Selbstvergessenheit" (Hildenbrand 2012; Winkler 1998) sowie „disziplinäre Heimatlosigkeit" (Haupert und Kraimer 1991). Kein Wunder, dass die Sozialpädagogik ihren Platz in der Arena Kinderschutz noch nicht gefunden hat. Solange die Sozialpädagogik die Marotte pflegt, ständig die Welt neu zu erfinden (vgl. Artikel Note; exemplarisch *Neue Praxis* Sonderheft 9, vgl. zur Korrektur Funcke und Hildenbrand 2009, Kap. 1), wird sich an diesem unbefriedigenden Zustand nichts ändern.

[7] Der Aufsatz von Kirsten Scheiwe (2013) weist im Literaturverzeichnis drei Beiträge mit „zwischen" und einen Beitrag mit „Spannungsfeld" im Titel auf.

dis im weiten Bogen, Skylla allerdings tötet sechs seiner Gefährten. Doch kaum ist die Meerenge passiert, senden die Götter einen Orkan.

Wir deuten die Geschichte so: Odysseus sucht keinen anderen Weg, weil er sich in die Dualität von Skylla und Charybdis verbissen hat. Verbeißt man sich in vermeintliche oder prophezeite Gegensätze, die mit der Präposition „zwischen" thematisiert werden, macht man die tatsächlich riskanten Stellen möglicherweise am falschen Ort aus: Während die Aktionen der beiden Ungeheuer zitternd erwartet werden, braut sich im Rücken der Akteure eine ganz andere Krise zusammen: ein Orkan.

Daraus folgt: Wer übersieht, dass im Zwischen auch ein Sinn stecken kann, etwa im Zwischenreich des Dialogs (vgl. Waldenfels 1971), wo, wie man heute sagen würde, der Sinn sich diskursiv entwickelt, dem geraten im Tunnelblick des alles oder nichts die Sinnstrukturen des Zwischen aus dem Wahrnehmungsfeld, ebenso der Umstand, dass Handlungen sich selten so entwickeln, wie man es am Anfang vorgesehen hat (vgl. Strauss 1993). Anders formuliert: Im Zwischen kann auch eine Herausforderung stecken, die man nicht annehmen kann, wenn man das Zwischen nur als Krise wahrnimmt.

Wir führen den Gedanken zum Potenzial des Zwischen mit einem Zitat von Maurice Merleau-Ponty (1984, S. 114) aus seinem Aufsatz „Das mittelbare Sprechen und die Stimmen des Schweigens" weiter, in dem es vor allem um die Zwischenräume geht:

> Das persönliche Leben, das Zum-Ausdruck-bringen, die Erkenntnis und die Geschichte kommen nur auf Umwegen und indirekt zu Zielen oder Begriffen. *Was man allzu absichtsvoll sucht, das erreicht man nicht.* (Hervorh. durch den Autor)

Von diesem Zitat führt eine direkte Linie zu der Überlegung, Ordnung nicht als das Mittel zur Regulierung von Ungeordnetem sehen und Ungeordnetes nicht mit Hilfe von Verordnungen klären zu wollen (vgl. Fußnote 4). Dies bewirkt, Ordnung als „Ordnung im Zwielicht" (Waldenfels 1987) zu betrachten und den Respekt vor jeder Ordnung aufzugeben. Bezogen auf unser Thema heißt das, dass in der Konfrontation mit dem Ungeordneten sozialtechnokratische Lösungsversuche wie etwa Checklisten ungefähr so hilfreich sind wie der Versuch, einen Pudding an die Wand zu nageln (differenzierter bei Weick und Sutcliffe 2010). Dabei können wir durchaus zugestehen, dass Leitlinien professionelles Handeln in dem Maße fördern, wie sie das Fallverstehen unterstützen, solange man ihnen gegenüber Freiheitsgrade des Handelns in Anspruch nimmt und sich die Neugier nicht nehmen lässt.

Im Folgenden untersuchen wir die Verwendung der Präposition „zwischen" in exemplarisch herausgegriffenen Publikationstiteln.

Beispiel

Der Begriff der Kindeswohlgefährdung zwischen Recht und Praxis (Reinhold Schone und Gregor Hensen 2011).

Die Autoren erteilen einer Gegenüberstellung von Elternrecht und Kindeswohl eine klare Absage und entziehen der Denkfigur vom Hilfe-Kontrolle-Dilemma, das professionelles Handeln im Jugendamt verunmögliche, jede Grundlage. An dieser Stelle wäre zu ergänzen, dass das Elternrecht ein „fremdnütziges Recht" ist (Schone und Hensen 2011, S. 15). Da uns selbst eine juristische Expertise fehlt, erlauben wir uns, die Autoren ausführlich zu zitieren:

> Der Doppelcharakter der Jugendhilfe, d. h. die Verschränkung des Leistungs- und Kontrollprinzips im Handlungsspektrum des Kinderschutzes, wird im Rahmen ihrer hoheitlichen Aufgaben und der Hilfeplanung zu einem konstitutiven Element, welches nicht aufzulösen ist. ‚Das heißt, jedes Hilfekonzept (…) bedarf im Falle einer (drohenden) Kindeswohlgefährdung neben dem auf den Einzelfall abgestimmten Leistungskonzept (Hilfen zur Erziehung) auch eines dazugehörigen Schutz-und Kontrollkonzepts, welches sowohl für Eltern als auch für den ASD die notwendige Verbindlichkeit und Eindeutigkeit hergestellt. (…) Dass auch das Schutzkonzept Teil *(und nicht Antipode)* des Hilfskonzepts ist, ergibt sich daraus, dass ein solches Schutzkonzept gerade dazu dient, die Hilfe gegenüber dem Kind auch dann sicherzustellen, wenn Eltern nicht (mehr) in der Lage sind, Hilfe anzunehmen und damit Gefährdungen für das Kind abzuwenden. Insofern haben auch das Schutzkonzept und ein daraus ggf. resultierender Eingriff ins Elternrecht einen Hilfe- und Leistungscharakter zugunsten des Kindes. (ebd., S. 26; Hervorh. durch den Autor).[8]

Das Fazit dieser Publikation lautet: Wenn das Jugendamt mit Familien arbeitet, in denen das Wohl der Kinder potentiell gefährdet ist, durchdringen sich dienstleistungs- und wächterorientierte Aufgaben oft so miteinander, dass für die Familien Zwangskontexte unterschiedlicher Dichte und Intensität entstehen. Diese Zwangskontexte können nicht aufgelöst werden. Sozialpädagogisches Handeln (Praxis) bei Kindeswohlgefährdungen ist also faktisch nicht zu trennen von den Rahmenbedingungen (Recht); es kann aber, das zeigen neuere Ansät-

---

[8] An anderer Stelle (Hensen und Schone 2009, S. 149) behaupten diese Autoren, dass die „beiden Spannungsfelder zwischen Elternrecht (elterlicher Sorge) und (…) Elternpflicht (…) nicht auflösbar" seien. Später sagen sie dann, dass „das Kontrollhandeln nicht von dem Hilfekonzept" zu trennen sei. Das System von Hilfe und Kontrolle sei daher zu balancieren (S. 157). Wie das geschehen soll, darüber schweigen sich die Autoren aus. Wir schlagen dafür das Konzept der Begegnung vor, Elisabeth Helming (o. J.) schlägt das Konzept der Anerkennung vor, wobei dieser Begriff bei ihr eine professionstheoretische Substanz erhält.

ze der Kinderschutzpraxis, Familien in diese Praxis so einbeziehen, dass ‚sich die unterschiedlichen Sinnkonstruktionen ergänzen oder sogar decken. Wenn es eine Problemübereinstimmung (‚Problemkongruenz') gibt, werden bloße Zuschreibungen von außen durch ein gemeinsames Verständnis aufgehoben. *Nur das offene Gespräch zwischen den Beteiligten kann eine gute Basis für den Schutz von Kindern sein*' (Kinderschutz-Zentrum Berlin, 2009, S. 31 f.; Schone und Hensen 2011, S. 27; Hervorh. durch den Autor B. H.). Das Festbeißen an Hilfe-Kontrolle-Dilemmata – wie eingangs referiert – erscheint so als Vermeidungsargument.

Beispiel

Zwischen Handlungsfreiheit und Handlungsbefähigung von Familien – Gerechtigkeit, Liebe und Capabilities in familialen Kontexten (Zoë Clark und Holger Ziegler 2011).

Autorin und Autor heben darauf ab, dass Klienten grundsätzlich Opfer seien – ein Argument, das angesichts der Ergebnisse der Resilienzforschung (Hildenbrand 2013) nicht aufrechterhalten werden kann. Dass zwischen Handlungsfreiheit und Handlungsbefähigung eine dilemmatische Beziehung besteht, entdecken sie auf ihre Weise: Sie unterscheiden zwischen negativer und positiver Freiheit. Negative Freiheit beziehe sich auf Freiheit gegenüber Eingriffen in die Handlung und auf Willkürfreiheit von Personen. Befürworter positiver Freiheit führen dagegen an, dass Freiheit weniger die Freiheit *von* etwas als vielmehr die Freiheit bzw. die Möglichkeit *zu* etwas ist.

Der positive Freiheitsbegriff habe etwas mit Macht zu tun, insofern man Macht als die Fähigkeit interpretiert, Veränderungen hervorzubringen. In pädagogischer Hinsicht scheint vor diesem Hintergrund ein Spannungsverhältnis von Handlungsfreiheit und Handlungsbefähigung zu bestehen. Bleibt zu hoffen, dass Autorin und Autor nicht die Auffassung der Pädagogik in ihrer Breite vertreten; denn jedes Professionellen-Klienten-Verhältnis hat unhintergehbar insofern etwas mit Macht zu tun, als die Professionellen in der Regel im relativen Besitz ihrer Handlungsautonomie sind und über einen reflexiv distanzierten Überblick verfügen, während die Klienten ihrerseits in eine Notlage geraten sind, weil sie den Überblick verloren haben. Anders ausgedrückt: Professionelles Handeln besteht darin, dem Klienten in der Krise eine *stellvertretende Deutung* anzubieten, die mit seiner Autonomisierung verbunden ist – vorausgesetzt, diese Deutung ist am Einzelfall orientiert.

Die Auffassung von Clark und Ziegler (ebd.), wonach selbst solche sozialpädagogischen Handlungen, die Klienten auf ihre Autonomisierungspotenziale hinweisen sollen, als Machtausübung deklariert werden, teilen wir nicht, sind aber ebenfalls der Ansicht, dass Handlungsbefähigung immer auf ein komplexes Zusammenspiel von Infrastrukturen, Ressourcen, Berechtigungen und Befähigungen verweist – vorausgesetzt, Handlungsbefähigung ist relativ zum sozialen Milieu oder zum sozialen Raum (nicht: Sozialraum) aufzufassen, in dem sich Akteure befinden.

Eine andere in Publikationstiteln gern gewählte Formulierung der Unbestimmtheit im sozialpädagogischen Bereich ist der Begriff „Spannungsfeld", z. B.: „Institutionen der Verletzlichkeit: Jugendhilfe im *Spannungsfeld* von Hilfe und Kontrolle für Familien" (Kurz-Adam 2011) oder „Familien im *Spannungsfeld zwischen* Öffentlichkeit und Privatheit" (Hünersdorf und Toppe 2011).

Beispiel

Institutionen der Verletzlichkeit: Jugendhilfe im Spannungsfeld von Hilfe und Kontrolle für Familien (Maria Kurz-Adam 2011).

Die Autorin stellt, wie eingangs erwähnt, fest, dass es bei der Einführung des § 8a in das KJHG um eine Neuauflage der Debatte eines professionellen Selbstverständnisses Sozialer Arbeit zwischen Hilfe und Kontrolle gehe. Der § 8a lege offen, dass die Sozialarbeit bzw. Sozialpädagogik es bis dato versäumt habe, dieses Selbstverständnis zu klären. Eine substantielle Frage sei nun, wer das Subjekt der Hilfe sei und ob dieses Subjekt auch erreicht werde, da dies nicht das Kind sei, sondern die Familie, in der es aufwächst. Mit dieser veränderten Sichtweise verlasse die Familie den Status einer objekthaft gedachten sozialen Institution, die Objekt sozialpolitischer Maßnahmen ist. Familien drängten sich in vielgestaltiger Form, d. h. als individuelle Einheiten, in das Geschehen Sozialer Arbeit hinein, womit der Blick frei werde auf deren „Unberechenbarkeit, Schönheit, Verletzlichkeit und Grausamkeit". Kurz: die Autorin fordert eine professionelle Beziehung. Sie plädiert zu Recht für eine einzelfallbezogene Betrachtung von Familien. Sie steht damit nicht alleine, denn die Forderung nach der Würdigung des *Einzel*falles durchzieht die gesamte Rechtsliteratur (vgl. Hölbling 2010).

Vermieden werden solle der Blick auf Klienten als Opfer. Wenn Klienten im Blick des Jugendamts als Opfer hervorträten, drohe die Gefahr einer Viktimisierungsstrategie, die dazu führe, dass die Grenze zwischen Institutionen und Subjekten festgeschrieben werde. Sollte die öffentliche Kinder- und Jugendhilfe dazu übergehen, die „Stimme der Adressatinnen und Adressaten als Subjekte zu hören" (Kurz-Adam 2011, S. 108), dann müsse sie sicherstellen, dass sie erreichbar sei.

Soziale Frühwarnsysteme und frühe Hilfen seien eine zugleich neue und alte Form der Arbeitsweise der Sozialarbeit in der Kinder- und Jugendhilfe: *neu* in dem

Sinn, dass Hilfe und Kontrolle untrennbar miteinander verbunden würden; *alt* in dem Sinn, dass die Betonung der nachgehenden Arbeit und ein gemeinwesenorientiertes Profil der Sozialen Arbeit wiederbelebt würden. Als Reflex auf die Schuld aus der Nazizeit habe die Sozialarbeit zu Modernisierungsstrategien gegriffen, die auf ein zunehmendes Verlassen des sozialen Raums der Klienten zusteuerten. Der Rückzug der Sozialen Arbeit aus den privaten Räumen sei eine Folge der Dienstleistungsorientierung [vielleicht geht es aber auch nur um den unausgesprochenen Wunsch, die sozialpädagogische Tätigkeit einer psychotherapeutischen Tätigkeit anzugleichen, die vielfach, wie typisch für die freien Berufe (vgl. Hughes 1971, S. 382), im Einzelsetting stattfindet. Die Alternative sei eine nachgehende Arbeit. Die Sozialarbeit solle auf die Stimmen der Subjekte hören; dazu erforderlich sei der Aufbau eines konsequenten Familienunterstützungsprogramms.

Beispiel

Familien im Spannungsfeld zwischen Öffentlichkeit und Privatheit: Gesellschaftlicher Kontext und Strategien der Sozialen Arbeit zur „Effektivierung" der Familie (Bettina Hünersdorf und Sabine Toppe 2011).

Das Fazit der Autorinnen lautet: Der Kinderschutz wird zum *expertokratischen Risikomanagement*, wobei das staatliche Wächteramt im Widerspruch zum bürgerlichen Selbstverständnis der Familie stehe. Dies interpretieren wir als eine skeptische Stellungnahme zur Fachlichkeit sozialpädagogischen Handelns. Die Autorinnen verwenden das Wort „zwischen" als Synonym für „Spannungsfeld". Sie beginnen ihre Ausführungen damit, dass neue Grenzziehungen zwischen Privatheit und Öffentlichkeit zu verzeichnen sind.

Mit der Einführung des § 8a in das KJHG würden aber die freien Träger in den Schutzauftrag staatlicher Institutionen einbezogen mit der Folge, dass nun auch dort ein risikoorientierter Blick auf Familien herrsche und diese dem weiteren Risiko der unnötigen Erzeugung von Verlaufskurven ausgesetzt würden. Außerdem werde heute das Problem durch Früherziehung und Prophylaxe „medizinalisiert". Verfahrensvorschriften und standardisierte Diagnoseinstrumente führten dazu, dass die Eigenheit des besonderen Falles verloren gehe.

9.3.2 Irrwege eines technokratischen Risikomanagements

Hans-Georg Gadamer (1993, S. 41) macht auf die Grenzen der Rationalisierung professionellen Handelns aufmerksam:

So muss man sagen, dass der Fortschritt der Technik eine unvorbereitete Menschheit trifft. Sie schwankt zwischen den Extremen eines affekthaften Widerstands gegen das vernünftige Neue und einem nicht minder affekthaften Drang, alle Lebensformen und Lebensgebiete zu ,rationalisieren', eine Entwicklung, die mehr und mehr die panikhafte Form einer Flucht vor der Freiheit annimmt.

Bestätigt wird diese Einschätzung durch die sprunghaft angestiegenen Versuche, durch Screenings und andere Verfahren den Kinderschutz zu standardisieren. Die Begründung einer eigenständigen Sozialarbeitswissenschaft, die sich nicht mit dem Zusammenhang von Theorie, Technik und Praxis auseinandersetzt, wie er in Anlehnung an die griechische Tradition von Hans-Georg Gadamer zu diskutieren ist, und die nicht die entsprechenden Schlüsse daraus zieht (d. h., dass die Arbeit am Fall samt der erforderlichen Neugier konstitutiv ist für die Herausbildung eines professionellen Habitus), wird nicht ausreichen, die bestehenden Dilemmata der Ortlosigkeit der Sozialpädagogik, die sich in beliebten Formulierungen wie „zwischen" und „Spannungsfeld" ausdrückt, zu beseitigen.

9.3.3 Die Praktik der Sozialpädagogik, sich gegen andere Berufsgruppen abzugrenzen

Als ich von 1989 bis 1994 an der Berufsakademie Villingen Schwenningen (heute: Duale Hochschule) als Fachleiter für Arbeit mit psychisch Kranken und Suchtkranken in der Ausbildung von Sozialarbeiterinnen und Sozialarbeitern tätig war, gehörte wesentlich zu meinen Aufgaben, Studierende an ihren Praxisstellen in den sozialen Diensten an den psychiatrischen Krankenhäusern Baden-Württembergs zu betreuen. Ich hatte mit den anleitenden Kollegen dort eine jahrelange Auseinandersetzung um die Frage, ob der Platz von Sozialpädagogen in psychiatrischen Landeskrankenhäusern auf den Stationen oder eher in einem zentralisierten Sozialdienst (räumlich meist in der Verwaltung) sei. Schon damals war es allgemeine Ansicht, dass die Sozialpädagogik zu einem psychiatrischen Team gehöre und Teile eines Teams auf der Station anwesend sein sollten, um direkt und im kollegialen Austausch mit Patientinnen und Patienten arbeiten zu können. Immerhin ist seit 1973 die Sozialpsychiatrie weltweit das maßgebliche Paradigma. Vor allem diskutierte ich mit den Mitarbeitern des Sozialdienstes des psychiatrischen Krankenhauses Reichenau (heute: Zentrum für Psychiatrie Reichenau), die beharrlich der Ansicht waren, dass Kollegen, sobald sie auf den Stationen eingesetzt würden, ihre berufliche Identität verlören. Niemandem fiel auf, dass man dieses Argument auch für Ärzte geltend machen könnte. Ich interpretiere diese Einschätzung als Versuch, das sozialpädagogische Problem der Ortlosigkeit in geeigneter Weise zu bewältigen: durch Konzentration der Berufsgruppe an einem Ort.

Die Konsequenzen einer solchen Immunisierungsstrategie liegen auf der Hand: Wer nicht tagtäglich mit den an die Sozialpädagogik angrenzenden Professionen (Medizin, Pflege, Psychologie) zusammenarbeitet, beraubt sich der Möglichkeit, mit diesen im Hinblick auf den konkreten Fall eines Patienten eine eigene Fallgeschichte einzubringen. Er ist nicht Teil der Arena, sondern steht am Rand, von dem aus es sich trefflich auf die Personen im Zentrum schimpfen lässt. Gemeinsame Sinnbildungsprozesse (die allmähliche Verständigung in einer gemeinsamen Sprache) sind so nicht möglich, und das vergrößert erheblich die Chance von Missverständnissen. Und es fehlt die Möglichkeit, von den angrenzenden Professionen zu lernen. Das gilt besonders für die Ausprägung eines fachlichen Habitus, der trotz aller Deprofessionalisierungsprozesse bei Ärzten auch heute noch speziell in Notfallsituationen beobachtet werden kann (vgl. Hepp 2012).

Dazu ein Beispiel: Als ich noch in der stationären Akutpsychiatrie tätig war, konnte es geschehen, dass freitags um 17 Uhr auf der Station eine Neuaufnahme angekündigt und das medizinischen Personal sich problemlos darüber einig wurde, wer seine Arbeitszeit um zwei Stunden verlängerte. Das Entscheidungskriterium lautete: Wer hat noch freie Valenzen? Doch unter dem Dach der Verwaltung Arbeitende werden alsbald den Spruch lernen: „Freitag ab eins macht jeder seins."

In einem Feld, das die Kooperation der beteiligten Berufsgruppen strukturell erfordert, sind solche Abgrenzungsstrategien verheerend. Die Sozialpädagogik kann diesbezüglich von einer anderen Berufsgruppe, der Krankenpflege in der Medizin, lernen. Birgit Hoppe (1998, S. 77) schreibt dazu Folgendes:

> Unzureichende Kooperation mit anderen Berufen und Institutionen im Sozial- und Gesundheitswesen – also auch den ärztlichen Praxen – wird von Alten- und Krankenpflegekräften häufig als Mangel beklagt. Sie wird in der Regel den Ärzten angelastet. Eigene Defizite werden daher nicht erkannt. Dieser Tatsache ist es geschuldet, dass eine systematische Erarbeitung von Lösungsstrategien für eine produktive Dienstleistungspartnerschaft auf der Strecke bleibt. Was sind die Ursachen? Sie liegen in der Tradition der Pflegeberufe und der institutionellen Entwicklung im Sozial- und Gesundheitswesen.

Dem ist, bezogen auf die Sozialpädagogik, nichts hinzuzufügen. Auf einen anderen Gesichtspunkt weisen Bohler und Franzheld (2010, S. 194) hin: „Nicht unwesentlich für die Durchsetzung von Zuständigkeit ist nach Pfadenhauer (2003, S. 81) eine angemessene ‚Außendarstellung der Kompetenzen' einer Profession". So ist es auch kein Wunder, dass das Sozialwesen in oben erwähnter Klinik lange nicht in der Leitungsstruktur vertreten war, was Anlass zu ständigen Klagen und entsprechenden Schuldzuweisungen an die Ärzte bot.

Zurück zur Kinder- und Jugendhilfe: Ohne hier auf weitere Risiken eines ungeklärten Verhältnisses der Sozialpädagogik zu den am Kinderschutz beteiligten

Professionen hinzuweisen, sollen folgende Punkte erwähnt werden, die einem „Zusammenwirken unterschiedlicher Fachkräfte" (KJHG § 8a) hinderlich sind:

- Instrumentalisieren der Polizei, wenn es dem ASD nicht gelingt, einen selbstverantwortlichen Bereitschaftsdienst am Wochenende zu organisieren (vgl. Kurz-Adam 2011, Semmler 2012).
- Ablehnen ausführlicher Fallkonferenzen als „Zeitfresser", anders gesprochen: Vermeiden der Ausprägung einer Kultur der Fallarbeit.
- Ignorieren sozialpädagogischer Traditionen, wie zum Beispiel die nachgehende Arbeit im Bezirk (vgl. Kurz-Adam 2011, S. 108 ff.; Bäumer 1931).
- Betonung sozialtechnokratischer Vorgehensweisen sowie das Hoffen auf standardisierte Einschätzungs- und Entscheidungsprozesse (vgl. Schone und Hensen 2011, S. 24).

Bei aller Kritik darf nicht übersehen werden, dass es im Kinderschutz auch fachlich angemessenes Handeln gibt, das allerdings mangels Skandalisierungsfähigkeit das Licht der Öffentlichkeit nicht erreicht, es sei denn, es wird zum Gegenstand einer sozialwissenschaftlichen Fallrekonstruktion (vgl. Hildenbrand 2012).

9.4 Wege aus der fachlichen Krise

9.4.1 Organisatorische Lösungen

Wir stimmen Kurz-Adam zu, wenn sie bemängelt, dass es dem ASD nicht gelinge, am Wochenende eine zuverlässige Präsenz im Sinne eines Bereitschaftsdienstes zu zeigen. Wir können dazu belastbare Daten vorlegen: Im Rahmen einer Magisterarbeit baten wir eine Studentin (Semmler 2012), bei einer zufälligen Auswahl von 26 städtischen und ländlichen Landkreisen bei der Polizei und im Jugendamt nachzufragen, an wen man sich wenden müsse, um eine Kindeswohlgefährdung zu melden. Diese Studie fand zeitlich auf dem Höhepunkt der Kinderschutzdebatte in Deutschland statt. Wer nun annimmt, dass hierzulande mindestens die Meldung einer Kindeswohlgefährdung problemlos vonstatten gehen könne, wird enttäuscht. Hier die Ergebnisse der Studie: In 19,2 % der Fälle stimmten die Angaben von Jugendamt und Polizei überein. In 57,7 % stimmten die Angaben teilweise überein. In 23,1 % der Fälle stimmten die Angaben nicht überein. Die Autorin kommt zu dem Schluss:

„Der gesetzliche Schutzauftrag, der als 24-Stunden-Pflicht zu interpretieren ist, wird von den Jugendämtern nur teilweise wahrgenommen. Es besteht keine Einheitlichkeit in der Organisation und Bereitstellung sozialpädagogischer Fachkräfte außerhalb der Öffnungs- und Dienstzeiten des Jugendamts. Die Lage ist völlig diffus" (Semmler 2012, S. 169).

Stadt-Land-Unterschiede konnten nicht festgestellt werden.

9.4.2 Kultur der Fallarbeit und der Fehlerdiskussion: Sich als Team formieren, um in der Arena des Kinderschutzes mit eigenen Fallgeschichten bestehen zu können

Zentral für die Präsenz der Sozialpädagogik im Kinderschutz ist die Entwicklung einer Kultur der Fallarbeit. Das ist nichts Neues (vgl. Giebeler et al. 2007). Als neu könnte der Gedanke verfolgt werden, dass Professionen, vor allem die in der Arena Kinderschutz tätigen, je eigene Praktiken hinsichtlich der Aufbereitung von Fällen verfolgen. Das heißt, sie „präparieren" die Fälle auf unterschiedliche Weise (vgl. Bergmann et al. 2013). Zur Kultur der Fallarbeit gehört auch die Praxis der Falldiskussion, die den erheblichen Vorzug hat, dass sie, wenn offen betrieben, beachtlich zur Formierung von Teams beitragen kann, da die Beteiligten lernen, nüchtern zu ihren Einschätzungen zu stehen und ihr Handeln offen zu vertreten. Das ist eine gute Vorübung für interdisziplinäre Fallbesprechungen in der Arena Kinderschutz. Allerdings zeigt Kay Biesel (2011) in seiner Analyse der Jugendämter Schwerin und Dormagen, dass dort wenig Bereitschaft in den Teams bestehe, das eigene Handeln in Teambesprechungen offen zu legen, was den Autor letztlich zu dem Schluss führt, dass die Etablierung und Förderung eines lernorientierten und reflexiv-kommunikativen Umgangs mit (inter-)professionellen wie mit (inter-) organisationalen Fehlern, (. . .) die im Kinderschutz nicht zu vermeiden sind, (. . .) vermutlich ein schweres Unterfangen sein würden (ebd., S. 19).

Für mindestens zwei der von uns untersuchten Jugendämter können wir diese Einschätzung nicht bestätigen.

9.4.3 Die Arena im demokratischen Diskurs gestalten

Jaakko Seikkula und Tom Erik Arnkil (2007) haben ein Beratungskonzept in Anlehnung an das „New Zealand Model" entwickelt, in welchem die Beteiligung von Familien an formalen gesetzlichen Prozessen in Orientierung an Praktiken der Maori, der neuseeländischen Ureinwohner, geregelt werden und welches in der Arbeit mit Psychotikern eingesetzt wird. Sie nennen es „Dialoge im Netzwerk". Tarja Heino (2009) hat auch eine Adaptation für die Jugendhilfe entwickelt.

In Finnland ist es Praxis, nach einer Kindeswohlgefährdungsmeldung innerhalb von sieben Tagen den Fall zu untersuchen und dann innerhalb von drei Monaten in eine Hilfeplanentwicklung einzutreten, an deren Ende die Festlegung einer Hilfe zur Erziehung (HzE) steht.

Soweit gleicht dieses Vorgehen der Praxis der Hilfeplanung in Deutschland. Die Unterschiede liegen zwischen Hilfeplangespräch und Family Group Conference (FGC). Im Hilfeplangespräch sind die fallführende Fachkraft im ASD, ein Vertreter des ins Auge gefassten freien Trägers [was oftmals die geplante HzE präjudiziert und die erforderliche „Fantasie" (Bäumer 1931, S. 80) eingrenzt, wenn der anwesende freie Träger nur einen Heimplatz oder einen Platz in einer Pflegefamilie und sonst keine Alternative anzubieten hat] sowie das Kind und seine Angehörigen anwesend. Die Zusammensetzung einer FGC sieht demgegenüber völlig anders aus. Sie bildet quasi die Arena ab, in der ein Kinderschutzfall eine Rolle spielt, ist interdisziplinär zusammengesetzt und besteht aus

- einem Koordinator
- dem Kind und seinen Eltern, die frei gewählte Unterstützungspersonen mitbringen können bzw. sollen,
- Personen aus dem privaten Netzwerk der Eltern, wo die meisten Ressourcen zu finden sind,
- einer Fachkraft aus dem ASD,
- anderen involvierten Fachleuten, z. B.
  - Polizei,
  - Familientherapeuten,
  - Pflegeeltern.

Von der Familie wird angenommen, dass sie über die erforderlichen Ressourcen verfügt, eigene Lösungswege zu suchen, falls nicht, ist das Ziel, sie mit den entsprechenden Mitteln zu versehen. Von der Familie wird erwartet, dass sie selbst einen Hilfeplan vorlegt und der FGC präsentiert; dieser werde in der Regel akzeptiert. Durch die Heranziehung von Unterstützungspersonen aus dem privaten Netzwerk der Eltern erhält die FGC eine lebensweltliche Erdung.

Tarja Heino (2009, S. 126 f.), selbst Sozialarbeiterin, sieht in der Ungewissheit, die durch das Anstoßen von offenen Prozessen entsteht, eine Herausforderung der FCG für die Sozialarbeit, weshalb die Treffen in rascher Abfolge stattfinden sollten. Das Verfahren der FGC entfalte seine volle Wirkung, wenn es verbunden werde mit der von Esa Eriksson und Tom Erik Arnkil (2009) entwickelten Vorgehensweise, „Sorgen aufzugreifen". Für die FGC schlagen die Autoren drei Gruppen von Fragen vor:

- Fragen *zur Einschätzung der Situation*, z. B.: Was besorgt Sie an der Situation des Kindes?
- Fragen zur *Vorbereitung der FGC*, z. B.: Welches sind nach Ihrer Auffassung die Bereiche, wo die Eltern oder das Kind Unterstützung erwarten? Gibt es Bereiche, in denen Eltern und Kind Sie als bedrohlich erleben?
- Fragen *im Anschluss* an das Treffen, z. B.: Wie haben Sie das Problem aufgefasst?

Die Sorgen Professioneller können angeordnet werden auf einem Kontinuum, beginnend mit „kleinen Sorgen" und am anderen Ende „Sorgen, die eine unmittelbare Gefahr betreffen" (ebd., S. 26). Sorgen beziehen sich zentral auf die *Antizipation* möglicher Situationen. Wer sich dies bewusst macht, erleichtert die Entwicklung strukturierter Aktivitäten (ebd., S. 28). Die Ziele der Thematisierung von Sorgen bestehen darin,

- Ressourcen zu identifizieren, indem Zusammenarbeit initiiert wird;
- Eine Allianz zwischen den Eltern bzw. Fürsorgepersonen und Professionellen kann dadurch begründet werden.

Für Eriksson und Arnkil (ebd.) besteht erfolgreiche Hilfe aus einer Kombination von Unterstützung und sozialer Kontrolle. Offenbar lässt sich besser über das Pseudodilemma von Hilfe und Kontrolle nachdenken, wenn man *Dialoge* initiieren kann. Denn das Ziel von Dialogen (im Unterschied zu instruktiven Ansagen) ist es, neue Einsichten zu gewinnen und sich ein Thema auf neue Weise vorzustellen. Wer in einen Dialog eintritt, will den anderen nicht beherrschen, sondern mit ihm offen Sinnzusammenhänge erkunden.

Zentral sind *antizipatorische* Dialoge, die auf die Frage gerichtet sind: Was wird passieren, wenn Sie das Thema nicht aufgreifen?

9.5   Schluss

Wir haben in diesem Beitrag die disziplinäre Ortlosigkeit der Sozialpädagogik und ihre mangelnde Präsenz im interdisziplinären Austausch, bezogen auf den Kinderschutz, herausgearbeitet und Vorschläge gemacht, wie diesem Mangel begegnet werden kann. Denn genau dieser Mangel steht wie eine Barriere vor der Anerkennung der Sozialpädagogik als Profession.

Literatur

Bäumer, Gertrud.1931. Die sozialpädagogische Aufgabe in der Jugendwohlfahrtspflege. In *Schriften des Deutschen Vereins für öffentliche und private Fürsorge*, Neue Folge, Heft 15: 73–90.

Bergmann, Jörg, Ulrich Dausendschön-Gay und Frank Oberzaucher, Hrsg. 2013. *Der „Fall": Zur epistemischen Praxis professionellen Handelns*. Bielefeld: transcript.

Bericht über die Situation der Kinder und Jugendlichen und die Entwicklung der Jugendhilfe in den neuen Bundesländern – Neunter Jugendbericht, 2009. Deutscher Bundestag – 13. Wahlperiode. Drucksache 13/70.

Biesel, Kay. 2011. *Wenn Jugendämter scheitern: Zum Umgang mit Fehlern im Kinderschutz.* Bielefeld: transcript.

Bohler, Karl-Friedrich und Tobias Franzheld. 2010. *Der Kinderschutz und der Status der Sozialarbeit als Profession. Sozialer Sinn* (2): 187–217.

Bohler, Karl-Friedrich und Tobias Franzheld. 2013. *Vernetzung und Netzwerkanalyse im Kinderschutz.* Unveröff. Manuskript.

Bohler, Karl-Friedrich, et al. 2012. Transformationsprozesse der Kinder- und Jugendhilfe in Deutschland nach 1989. In *Aufbruch der entsicherten Gesellschaft: Deutschland nach der Wiedervereinigung*, Hrsg. H. Best und E. Holtmann, 280–302. Frankfurt a. M.: Campus.

Brücher, Klaus. 2013. *Psychiatrische Diagnostik – Zur Kritik der psychiatrischen Vernunft.* Berlin: Parados.

Clark, Zoë, und Holger Ziegler. 2011. Zwischen Handlungsfreiheit und Handlungsbefähigung von Familien – Gerechtigkeit, Liebe und Capabilities in familialen Kontexten. In *Erfassung von Kindeswohlgefährdung in Theorie und Praxis*, Hrsg. W. Körner und G. Deegener, 111–131. Lengerich: Pabst Science Publishers.

Elias, Norbert. 1987. *Engagement und Distanzierung: Arbeiten zur Wissenssoziologie I.* Frankfurt a. M.: Suhrkamp.

Eriksson, Esa, und Tom Erik Arnkil. 2009. *Taking up One's Worries: A Handbook on Early Dialogue*, Hrsg. National Institute for Health and Welfare. Jyväskylä: Gummerus Printing.

Franzheld, Tobias. 2013 i. E. Eine Ethnographie der Sprachpraxis bei Kindeswohlgefährdung und ihre Bedeutung für einen interdisziplinären Kinderschutz. *Soziale Passagen*: Heft 2.

Freidson, Elliot. 2001. *Professionalism: The third logic.* Cambridge: Polity Press.

Funcke, Dorett, und Bruno Hildenbrand. 2009. *Unkonventionelle Familien in Beratung und Therapie.* Heidelberg: Carl Auer Systeme.

Gadamer, Hans-Georg. 1993. *Über die Verborgenheit der Gesundheit: Aufsätze und Vorträge.* Frankfurt a. M.: Suhrkamp.

Giebeler, Cornelia, et al., Hrsg. 2007. *Fallverstehen und Fallstudien: Interdisziplinäre Beiträge zur rekonstruktiven Sozialarbeitsforschung.* Opladen: Verlag Barbara Budrich.

Goffman, Erving. 1975. *Interaktionsrituale: Über Verhalten in direkter Kommunikation.* Frankfurt a. M.: Suhrkamp.

Haupert, Bernhard, und Klaus Kraimer. 1991. Die disziplinäre Heimatlosigkeit der Sozialpädagogik/Sozialarbeit. *Neue Praxis* 21 (2): 106–121.

Heino, Tarja. 2009. *Family Group Conference from a Child Perspective: Nordic Research Report.* Jyväskylä: Gummerus Printing.

Helming, Elisabeth. (o. J.). 2013 *Arroganz der Kontrolle oder Wege der Anerkennung.* Manuskript. München: Magazin Verlags GmbH.

Hensen, Gregor, und Reinhold Schone. 2009. Familie als Risiko? Zur funktionalen Kategorisierung von „Risikofamilien" in der Jugendhilfe. *Neue Praxis* (Sonderheft 9): 149–159.

Hepp, Urs. 2012. Druck der Zeit: Notfall und Krisensituationen. In *Zeit essen Seele auf: Der Faktor Zeit in Therapie und Beratung*, Hrsg. U. Borst und B. Hildenbrand, 157–171. Heidelberg: Carl Auer Systeme.

Hildenbrand, Bruno. 2011. Ereignis, Krise und Struktur – ein Konzept von Wandel im Lebenslauf und in Beratung und Therapie. *Familiendynamik* 36 (2): 2–11.

Hildenbrand, Bruno. 2011a. Hilfe zwischen Kontrollauftrag und Hilfebeziehung. Wirkungen, Nebenwirkungen und Perspektiven. In *Hilfe ...! Über Wirkungen, Risiken und Nebenwirkungen im Kinderschutz*, Hrsg. Bundesarbeitsgemeinschaft der Kinderschutz-Zentren, 45–66. Köln: Eigenverlag.

Hildenbrand, Bruno. 2012. Systemische Forschung mittels fallrekonstruktiver Familienforschung. In *Handbuch für Systemiker*, Hrsg. M. Ochs und J. Schweitzer, 197–214. Göttingen: Vandenhoeck & Ruprecht.

Hildenbrand, Bruno. 2013. Die Familien und die précarité. Fragestellungen, Methoden, Fallbeispiele. In *Familie(n) heute: Entwicklungen, Kontroversen, Prognosen*, Hrsg. D. C. Krüger et al., 190–219. Weinheim: Beltz Juventa.

Hildenbrand, Bruno, et al. 2009. Das Trajekt-Konzept. In *Bewältigung chronischer Krankheit im Lebenslauf*, Hrsg. D. Schaeffer, 55–74. Bern: Huber.

Hölbling, Pamela. 2010. *Wie viel Staat vertragen Eltern? Systematische Entfaltung eines gestuften Maßnahmekonzepts vor dem Hintergrund des Elterngrundrechts*. Berlin: Duncker & Humblot.

Hoppe, Birgit. 1998. Qualifizierung der Pflegeberufe zur Kooperation? Berufssozialisation auf Gegenkurs. In *Medizin und Pflege: Kooperation in der Versorgung*, Hrsg. V. Garms-Homolová und D. Schaeffer, 77–81. Wiesbaden: Ullstein.

Hünersdorf, Bettina, und Sabine Toppe. 2011. Familien im Spannungsfeld zwischen Öffentlichkeit und Privatheit: Gesellschaftlicher Kontext und Strategien der Sozialen Arbeit zur „Effektivierung" (?) der Familie. In *Bildung des Effective Citizen: Sozialpädagogik auf dem Weg zu einem neuen Sozialentwurf*, Hrsg. Kommission Sozialpädagogik, 209–226. Weinheim: Juventa.

Hughes, Everett C. 1971. Professions. In *The sociological eye*, Hrsg. ders., 374–386. Chicago: Aldine.

Kinderschutz-Zentrum Berlin, Hrsg. 2009. *Kindeswohlgefährdung. Erkennen und Helfen* (10., erw. und akt. Aufl.). Berlin: Eigenverlag.

Kindler, Heinz. 2007. Prävention von Vernachlässigung und Kindeswohlgefährdung im Säuglings- und Kleinkindalter. In *Kindeswohlgefährdung und Vernachlässigung*, Hrsg. U. Ziegenhain und J. M. Fegert, 94–108. München: Ernst Reinhardt.

Klatetzki, Thomas. 2013. Die Fallgeschichte als Grenzobjekt. In *Grenzobjekte*, Hrsg. R. Hörster, et al., 117–135. Wiesbaden: Springer.

Kotthaus, Jochem. 2007. Vernachlässigung, Misshandlung und Missbrauch. Vom sozialpädagogischen Umgang mit der Gewalt gegen Kinder. *Sozialwissenschaftliche Literaturrundschau* 55: 87–96.

Kurz-Adam, Maria. 2011. Institutionen der Verletzlichkeit: Jugendhilfe im Spannungsfeld von Hilfe und Kontrolle für Familien. In *Erfassung von Kindeswohlgefährdung in Theorie und Praxis*, Hrsg. W. Körner und G. Deegener, 100–110, (Nachdruck aus *Neue Praxis* Sonderheft 9, Mai 2008). Lengerich: Pabst Science Publishers.

Luhmann, Niklas. 1991. *Soziologische Aufklärung*. Opladen: Westdeutscher Verlag.

Merleau-Ponty, Maurice. 1984. Das mittelbare Sprechen und die Stimme des Schweigens. In *Das Auge und der Geist*, Hrsg. ders., 69–114. Hamburg: Meiner.

Oevermann, Ulrich. 1996. Theoretische Skizze einer revidierten Theorie professionalisierten Handelns. In *Pädagogische Professionalität: Untersuchungen zum Typus pädagogischen Handelns*, Hrsg. A. Combe und W. Helsper, 70–182. Frankfurt a. M.: Suhrkamp.

Ostler, Teresa, und Ute Ziegenhain. 2007. Risikoeinschätzung bei (drohender) Kindeswohlgefährdung: Überlegungen zu Diagnostik und Entwicklungsprognose im Frühbereich. In *Kindeswohlgefährdung und Vernachlässigung*, Hrsg. U. Ziegenhain und J. M. Fegert, 67–83. München: Ernst Reinhardt.

Pfadenhauer, Michaela. 2003. *Professionalität. Eine wissenssoziologische Rekonstruktion institutionalisierter Darstellungskompetenz*. Opladen: Leske + Budrich.

Rosenhan, David. 1977. Gesund in kranken Institutionen. In *Gemeindepsychologie: Therapie und Prävention in der sozialen Umwelt*, Hrsg G. Sommer und H. Ernst, 12–23. München: Urban & Schwarzenberg. [Orig. (1973): On being sane in insane places. *Science* 179: 250–258].

Scheiwe, Kirsten. 2013. Das Kindeswohl als Grenzobjekt – die wechselhafte Karriere eines unbestimmten Rechtsbegriffs. In *Grenzobjekte*, Hrsg. R. Hörster et al., 209–231. Wiesbaden: Springer.

Schone, Reinhold, und Gregor Hensen. 2011. Der Begriff der Kindeswohlgefährdung zwischen Recht und Praxis. In *Erfassung von Kindeswohlgefährdung in Theorie und Praxis*, Hrsg. W. Körner und G. Deegener, 13–28. Lengerich: Pabst Science Publishers.

Seikkula, Jaakko, und Tom Erik Arnkil. 2007. *Dialoge im Netzwerk: Neue Beratungskonzepte für die psychosoziale Praxis*. Neumünster: Paranus.

Semmler, Yvonne. 2012. Dienstschluss für das Jugendamt? Die Organisation des Bereitschaftsdienstes als Indikator für die Professionalität der Kinder- und Jugendhilfe. *Zeitschrift für Sozialpädagogik* 10 (2): 155–172.

Star, Susan L., und James R Griesemer. 1989. Institutional ecology 'Translation' and boundary objects: Amateurs and professionals in Berkley's Museum of Vertebrate Zoology, 1907–1939. *Social Studies of Science* 19 (3): 387–420.

Strauss, Anselm L. 1993. *Continual permutations of action*. New York: Aldine de Gruyter.

Waldenfels, Bernhard. 1971. *Das Zwischenreich des Dialogs. Sozialphilosophische Untersuchungen in Anschluss an Edmund Husserl*. Den Haag: Martinus Nijhoff.

Waldenfels, Bernhard. 1987. *Ordnung im Zwielicht*. Frankfurt a. M.: Suhrkamp.

Weick, Karl E., und Kathleen M Sutcliffe. 2010. *Das Unerwartete managen: Wie Unternehmen aus Extremsituationen lernen*, 2. vollst. überarb. Aufl. Stuttgart: Schäffer-Poeschel Verlag.

Welter-Enderlin, Rosmarie, und Bruno Hildenbrand. 2004. *Systemische Therapie als Begegnung*, 4. verb. und erw. Aufl. Stuttgart: Klett-Cotta.

Winkler, Michael. 1998. Fachlichkeit durch Auflösung. Überlegungen zur Situation der Jugendhilfe. In *Integrierte Erziehungshilfen. Qualifizierung der Jugendhilfe durch Flexibilisierung und Integration?*, Hrsg. F. Peters et al., 269–296. Frankfurt a. M.: Suhrkamp.

Wolff, Reinhardt. 2007. Die strategische Herausforderung – ökologisch-systemische Entwicklungsperspektive der Kinderschutzarbeit. In *Kindeswohlgefährdung und Vernachlässigung*, Hrsg. U. Ziegenhain und J. M. Fegert, 37–51. München: Ernst Reinhardt.

Teil IV
Reflexionen zum Verhältnis von Familien und Staat

Orte ‚guter' Kindheit – Neujustierung von Verantwortung im Kontext von Familie und Ganztagsschule

10

Martina Richter

Zusammenfassung

Vor dem Hintergrund gegenwärtiger wohlfahrtsstaatlicher Transformationen deuten sich Verschiebungen in den traditionellen familialen Zuständigkeiten und institutionellen Ordnungen an. Die Aufmerksamkeit richtet sich dabei insbesondere auf die Bildungsbedeutsamkeit von Familie für Kinder. Der Beitrag analysiert die Verschiebungen von privater und öffentlicher Verantwortung für Erziehung und kindliches Aufwachsen. Es wird gefragt, wie Familie und auch Ganztagsschule als Orte „guter" Kindheit konstituiert werden. Am Beispiel einer Fallanalyse aus dem BMBF-Forschungsprojekt zu „Familien als Akteure in der Ganztagsschule" wird rekonstruiert, wie Eltern ihren Alltag realisieren und das Aufwachsen ihre Kinder in „geteilter" Verantwortung organisieren.

Mit der Einführung von Ganztagsschulen in Deutschland ist die Etablierung eines veränderten Verhältnisses von Familie und öffentlicher Erziehung, Bildung und Betreuung beabsichtigt. Die privat-familiale und die öffentliche Verantwortung für Kinder in den ersten zehn Jahren verschieben sich zusehends. Diese Verschiebung ist u. a. durch die institutionellen Veränderungen wie den Ausbau von U3 oder auch die allmähliche Umstellung zur Ganztagsschule bedingt. Eine besondere Aufmerksamkeit kommt der Organisation des Familienalltags zwischen elterlicher Sorge für Kinder und beruflichen Anforderungen zu. Die so genannte Vereinbarkeit von Familienleben und Beruflichkeit ist zwar kein gänzlich neues Phänomen, gleichwohl hat sie sich zu einer diskursiven Leitlinie bildungs- und familienpolitischen Handelns und auch Orientierungsgröße individueller Lebensplanung entwickelt (vgl. Andresen 2008). Wie Kinder zu dieser Vereinbarkeitsanforderung bzw. diesem

M. Richter (✉)
Vechta, Deutschland
E-Mail: martina.richter@uni-vechta.de

B. Bütow et al. (Hrsg.), *Sozialpädagogik zwischen Staat und Familie*,
DOI 10.1007/978-3-658-01400-1_10, © Springer Fachmedien Wiesbaden 2014

Vereinbarkeitswunsch ‚passen' und ‚gute' Kindheit arrangiert wird, ist eine damit verbundene Herausforderung. Auch die Anrufung der Bildungsbedeutsamkeit von Familie findet im Zuge einer gegenwärtigen Neujustierung von privat-familialer und öffentlicher Verantwortung ihren deutlichen Niederschlag. Unterschiedliche Phänomene lassen sich hier benennen, etwa das neue Bundeskinderschutzgesetz mit seiner Orientierung an einer Stärkung von Elternkompetenz oder aber die medial wirkmächtigen Verfallsgeschichten familialer Lebensführungsweisen. Die Frage nach der Leistungsfähigkeit von Familie wird hier vielfach mit ihren vermeintlichen Defiziten beantwortet (vgl. Andresen et al. 2011; Richter und Andresen 2012b).

Insgesamt, so die Annahme, werden die Leistungsfähigkeit sowie die Aufgaben der Orte, in denen ‚gute Kindheit' gestaltet wird und entstehen kann, gegenwärtig von einem kritischen Blick begleitet und in ihren Bezügen zueinander thematisiert. ‚Gute Kindheit' hat nicht mehr primär die Familie zu garantieren, sondern vielmehr auch die (sozial)pädagogischen Institutionen. Wie dieser Paradigmenwechsel die Sichtweisen und Handlungsmaximen der einzelnen Akteure, d. h. Mütter und Väter, Lehr- und weiteren (sozial)pädagogischen Fachkräfte und auch Kinder prägt, innerhalb welcher Rahmenbedingungen sie versuchen, Kindheit zu gestalten und welche Verantwortungskonzepte sowie Bilder ‚guter Kindheit' handlungsleitend herangezogen werden, stellten u. a. Ausgangsfragen im Rahmen des BMBF-Forschungsprojektes „Familien als Akteure der Ganztagsgrundschule"[1] dar, an das im folgenden Beitrag Anschluss genommen werden soll. In Interviews mit Eltern und hier insbesondere mit Müttern, die im Rahmen des Forschungsprojektes geführt wurden, spiegeln sich gerade auch die Relevanz öffentlicher Diskurse und die damit verbundenen Anforderungen an Elternschaft und vor allem auch an Mutterschaft wider, die zugleich prägend für die Gestalt von ‚guter Kindheit' heute sind.

Im Rahmen des vorliegenden Beitrags sollen zunächst Notizen zur method(olog)ischen Herangehensweise des bereits erwähnten Forschungsprojektes vorgenommen werden. Daran anschließend wird die empirische Studie entlang aktueller wirkmächtiger Diskurse um eine „Politisierung von Elternschaft" (Richter und Andresen 2012a) entfaltet, in denen dominante Muster einer gegenwärtigen

---

[1] Die BMBF-Studie „Familien als Akteure in der Ganztagsgrundschule- Qualitative Fallstudien zur elterlichen und kindlichen Aneignung ganztägiger Bildungssettings" und das Anschlussprojekt „Familien und ihre Rollen in der Ganztagsgrundschule. Verantwortungskonzepte und Familienbilder" wurden von 11/2007–03/2011 an der Universität Bielefeld, Fakultät für Erziehungswissenschaft durchgeführt. Projektleitung: Sabine Andresen, Hans-Uwe Otto und Martina Richter. Wissenschaftliche MitarbeiterInnen: Lena Blomenkamp, Daniela Kloss, Nicole Koch, Constanze Lerch, Anke Meyer, Florian Rühle, Anne-Dorothee Wolf und Kathrin Wrobel. Studentische Mitarbeiterinnen: Julia Abraham, Maike Lippelt und Lina Lösche.

„marktzentrierten Familienpolitik" (Ostner 2008, S. 62) relevant werden. Es soll in diesem Zusammenhang gefragt werden, in welcher Weise staatliche Zugriffe und auch Adressierungen von Eltern bzw. Müttern gerade auch die Gestalt der Ganztagsschule in wirkmächtiger Weise strukturieren und wie sie neben der Familie diskursiv als Ort ‚guter' Kindheit hervorgebracht wird. Der dritte Abschnitt diskutiert weiterführend das Verhältnis von Familie und Ganztagsschule. Ausgewählte Auszüge einer Fallrekonstruktion kommen im vierten Kapitel zum Tragen und illustrieren die elterliche bzw. mütterliche Thematisierung von Verantwortung zwischen Familie, Ganztagsgrundschule und Beruflichkeit. Der Beitrag schließt mit einem fokussierten Fazit.

10.1 Notizen zur methodischen Herangehensweise der Studie

Im Rahmen des qualitativ-rekonstruktiv angelegten Forschungsprojekts zu „Familien als Akteure in der Ganztagsgrundschule" erfolgte eine systematische Auseinandersetzung mit der Frage, wie sich das Verhältnis von Familie und Ganztagsgrundschule im Kontext wohlfahrtsstaatlicher Wandlungsprozesse aus Sicht der Akteure gestaltet. Fokus der Analysen war u. a. die Rekonstruktion familialer sowie professioneller Verantwortungskonzepte. Das Forschungsprogramm im Rahmen des Projekts untergliederte sich in zwei Phasen: In einer ersten Forschungsphase wurden teilnehmende Beobachtungen im Schulalltag und bei besonderen Schulereignissen (z. B. Schulfeste), ethnographische Interviews mit Kindern und offene, leitfadengestützte Interviews mit Eltern (und hier insbesondere mit Müttern) sowie mit Leitungs-, Lehr- und weiteren pädagogischen Fachkräften durchgeführt. Die Ganztagsgrundschulen befanden sich in den vier Bundesländern Bremen, Niedersachsen, Nordrhein-Westfalen und Thüringen und es wurden sowohl offene als auch gebundene Modelle der Ganztagsgrundschule[2] in den Blick genommen.

---

[2] Die offene Ganztagsgrundschule bietet ein Bildungs- und Betreuungsangebot an mindestens drei Wochentagen im Umfang von täglich mindestens sieben Zeitstunden. Die Teilnahme an den Angeboten am Nachmittag ist freiwillig und wird von den Kindern bzw. Eltern entschieden. Die Entscheidung ist zumeist bindend für mindestens ein Schulhalbjahr. Aufgrund der individuellen Teilnahme wird der Klassenverband am Nachmittag aufgehoben und es werden neue Gruppen zusammengestellt, die an verschiedenen Angeboten teilnehmen. In gebundenen Ganztagsgrundschulen ist die Teilnahme für alle Kinder verpflichtend, wobei sie aus unterschiedlichen Angeboten auswählen können. An gebundenen Ganztagsgrundschulen wird ein durchgehend strukturierter Aufenthalt an mindestens drei Wochentagen mit mindestens sieben Zeitstunden in der Ganztagsgrundschule gewährleistet.

Ausgewählt wurden sozialstrukturell unterschiedliche Einzugsgebiete, um der Heterogenität von Familien annähernd gerecht werden zu können. Erhoben wurden die Daten in jeweils zwei Ganztagsgrundschulen pro Bundesland und hier jeweils in der dritten Klasse. Die Auswertung der Daten aus der ersten Projektphase zeigte, dass die Passungsverhältnisse zwischen Familie und Ganztagsgrundschule wesentlich durch Familienbilder und Verantwortungskonzepte der Akteure und die damit verbundenen Adressierungen geprägt sind. Daraufhin wurde in der zweiten Forschungs- und Erhebungsphase der Fokus explizit auf die Rekonstruktion von Familienbildern und Verantwortungskonzepten gerichtet. Durch Gruppendiskussionen in multiprofessionellen Teams und intergenerationale Familieninterviews erfolgte eine Rekonstruktion und Analyse von Verantwortungskonzepten in Relation zu Familienbildern. Die Erhebungen fanden in Nordrhein-Westfalen und Thüringen in den bereits bekannten Ganztagsgrundschulen statt. In beiden Projektphasen wurde die Datenanalyse mithilfe der dokumentarischen Methode vollzogen (vgl. Bohnsack et al. 2007; Bohnsack 2008), um auf diese Weise einen „Zugang nicht nur zum reflexiven, sondern auch zum handlungsleitenden Wissen der Akteure und damit zur Handlungspraxis" (Bohnsack et al. 2007, S. 9) zu erhalten.

Die am Schluss des vorliegenden Beitrags entfalteten mütterlichen und väterlichen Thematisierungsweisen von Verantwortung beruhen auf Sequenzen eines intergenerationalen Familieninterviews mit ‚Familie Becker', das mit der Zielsetzung erhoben wurde, „in einer möglichst alltagsnahen Kommunikationssituation die intergenerationalen Austauschprozesse" (Brake 2006, S. 49) empirisch in den Blick zu nehmen und Fragen nach der Konzeptionierung von Verantwortung zu rekonstruieren. Mit dem ausgewählten Erhebungsinstrument des intergenerationalen Familieninterviews wurde eine Methode erprobt, durch die alle Familienmitglieder in einem gemeinsamen Haushalt einbezogen werden können, um analog zur Gruppendiskussion kollektive Sinnstrukturen, aber auch Abweichungen der sich *als* Familie konstituierenden Gruppe rekonstruieren zu können (vgl. Przyborski und Wohlrab-Sahr 2009). In den Familieninterviews zeigten sich erstens Bezüge der Familienmitglieder untereinander, die in der Interviewsituation hergestellt werden: Z. B. wird sichtbar, welche Vorstellungen fraglos geteilt werden, bei welchen Inhalten sich Konfliktlinien andeuten und wie z. B. Aufgabenzuweisungen und Verantwortlichkeiten zwischen Erwachsenen und Kindern, aber auch zwischen den Geschlechtern verhandelt werden (vgl. Andresen et al. 2011). Zweitens lassen sich auch Verhandlungsweisen zwischen Familien und anderen Institutionen rekonstruieren. Auf Basis der Auswertung wurden Fallportraits erstellt, die die Funktion einer zusammenfassenden, vermittelnden und verdichtenden Darstellung des Einzelfalls übernehmen (vgl. Bohnsack 2008, S. 51). Das Fallportrait von ‚Familie Becker' kann nicht in Gänze entfaltet werden. Stattdessen sollen ausgewählte Interviewpassagen, die innerhalb des Fallportraits besonders aussagekräftig für die Sichtweisen auf und Herstellung von ‚guter' Kindheit sind, im Weiteren vorgestellt werden. Dem Fallportrait wird zunächst eine Kontextualisierung der Studie vorangestellt.

10.2   Politisierung von Elternschaft – Zur Kontextualisierung der Studie

Gegenwärtig zeigt sich, dass der Staat deutlich stärker in Bereichen der Erziehung, Bildung und Betreuung von Anfang an „als Akteur kindlicher Wohlfahrt (auftritt), die zuvor primär der Familie zugeordnet waren" (Klinkhammer 2010, S. 206). ‚Gute' Kindheit meint heute zwar nach wie vor Familienkindheit, aber auch eine Kindheit im Kontext von Institutionen. In dieser Perspektive ist von einem Mehr an öffentlicher Verantwortung für kindliches Aufwachsen zu sprechen (vgl. Nowak 2009, S. 164). Gleichwohl werden Eltern keineswegs aus ihrer Verantwortung ‚entlassen'. Vielmehr zeigt sich aktuell ein disziplinierender und auch kontrollierender Zugriff auf Eltern und hier insbesondere auf Mütter und Väter in sozialstrukturell benachteiligten Lebenslagen, etwa durch verpflichtende Vorsorgeuntersuchungen (kritisch: vgl. z. B. Chassé 2008). Insgesamt ist insofern Johanna Mierendorff (2010, S. 31) zuzustimmen, wenn sie in ihren Analysen auf unterschiedliche und teilweise sich widersprechende Phänomene im Zuge eines sich transformierenden Wohlfahrtsstaats mit Blick auf Kindheit, Familie, Elternschaft aufmerksam macht, die auch als Prozesse der *De-* und *Re*-Familialisierung zu fassen sind (vgl. z. B. Ostner 2008; Kutscher und Richter 2011; König 2013).

Entscheidend für Kindheit, Familie und Elternschaft sind die neuen Mixturen von Betreuung, Bildung und Erziehung in privat-familialer und öffentlicher Verantwortung. Honig hat eindrucksvoll herausgearbeitet, wie der ‚Betreuungsmix' aus Formen institutioneller (öffentlicher) und privat-familialer Betreuung organisiert und verschiedene Bildungs- und Betreuungsangebote wie etwa Ganztagsschule, Vereine und kommerzielle Angebote (z. B. Musik und Tanz) und soziale Netzwerke (z. B. Großeltern) gezielt zusammengeführt werden, um das eigene Kind so gut wie möglich zu fördern (vgl. Honig 2011). Die Organisation und Verantwortung dieses ‚Betreuungsmixes' übernehmen nach wie vor maßgeblich Mütter. Erwartungen und Ideale eines ‚good parenting' oder auch ‚good mothering' sind hierbei ebenso bedeutsam wie eine verbesserte Vereinbarkeit von Berufs- und Familienleben und dies gerade für Mütter (vgl. Gillies 2012; Vincent 2010; König 2013). Im familialen Alltag geht es bei dieser Organisation des ‚Betreuungsmixes' insofern zumeist um zweierlei, nämlich um die Bildungsförderung des Kindes als Anspruch ‚guter Elternschaft bzw. Mutterschaft' und eben um die Herstellung einer Balance aus elterlicher bzw. vor allem mütterlicher Sorgearbeit und Erwerbstätigkeit. Letzteres, d. h. die Bestrebung einer verbesserten Vereinbarkeit von Sorgearbeit und Erwerbsleben, ergibt sich aus einer Orientierung an einem ‚adult worker model', das sich vor allem seit den 1990er Jahren etabliert. Mit einem ‚adult worker model' wird politisch eine Berufstätigkeit beider Elternteile anvisiert. Demgegenüber weicht das so genannte „male-breadwinner model" (Daly und Rake 2003, S. 139) auf, wonach das ‚klassische' Ernährermodell bestehend aus einem männlichen Vollzeit-Erwerbstätigen und einer weiblichen Vollzeit-Familienarbeitenden an Bedeutung verliert, was sich insbesondere auch an dem Anstieg der Frauenerwerbsquote seit den 1960er Jahren zeigen lässt (vgl. Leitner et al. 2004, S. 13). Das ‚adult worker model' zielt demnach sowohl auf Frauen (Mütter) und Männer (Väter), womit verstärkt das „Ideal der ‚flexiblen Arbeitskraft' " (kritisch: König 2013, S. 270 f.) Einzug hält. Damit werden prinzipiell ‚alle' politisch ‚aktiviert', in Eigenverantwortung das berufliche und private Leben in die Hand zu nehmen (ebd.). Insbesondere Frauen und Mütter ‚erfüllen' dieses „Ideal der flexiblen Arbeitskraft" (ebd.), da sie prekäre Arbeitsbedingungen wie etwa Teilzeit, unsichere Arbeitsverhältnisse, Schicht- und Wochenendarbeit in Kauf nehmen (müssen) und nichtsdestotrotz auch die Hauptverantwortung für das Familienleben tragen, das sie unter permanentem Zeitmangel und oftmals knappen materiellen Ressourcen organisieren (ebd.). Während also die Bedingungen der Möglichkeit einer geschlechtlichen Arbeitsteilung von Müttern und Vätern nicht mehr gegeben sind, besteht dennoch die Erwartung, dass sie weiterhin realisiert wird. Leidtragende dieses neoliberalen Wandels der Arbeitsverhältnisse sind sofern gerade Mütter, da sie insbesondere zusätzlichen Belastungen ausgesetzt sind (ebd., S. 271; siehe auch Winker 2009).

Die verlässliche Betreuung des Kindes über den Tag stellt vor diesem Hintergrund eine wesentliche und unhintergehbare Anforderung an Institutionen wie die Ganztagsgrundschule dar, um Eltern bzw. Müttern z. B. Familie und Berufstätigkeit zu ermöglichen. Zugleich geht es Vätern und Müttern keineswegs lediglich um die ‚Betreuung' des eigenen Kindes im Sinne einer reinen Beaufsichtigung. Vielmehr zeigen sich häufig in Abhängigkeit vom sozioökonomischen Status sowie Bildungsstatus elterliche Strategien und auch Ansprüche, ihr Kind möglichst gut zu fördern, um damit eine erfolgreiche Positionierung im Bildungssystem sicherzustellen. Gerade Mütter als ‚Managerinnen des Alltags' (vgl. Ludwig et al. 2002) wenden große Anstrengungen, Zeit und Finanzen auf, um die intellektuelle, körperliche und soziale Entwicklung ihres Kindes zu unterstützen. Eine allgemeine, geschlechtsneutrale Rede von Eltern, wie sie sich etwa in der (Fach)Öffentlichkeit wirkmächtig zeigt, ist also zu problematisieren.

In den Familien lässt sich damit insgesamt ein hohes Maß an Verantwortungsübernahme für die Gestaltung von ‚guter‘ Kindheit beobachten, die faktisch vor
allem von Müttern realisiert wird. Zurückgegriffen wird dabei je nach verfüg-
baren materiellen Ressourcen auf den expandierenden ‚Markt‘ an Bildungs- und
Betreuungsangeboten, wodurch sich nicht zuletzt soziale Ungleichheit in das Familienleben einschreibt (vgl. Richter und Andresen 2012b). Somit werden die bereits
benannten Mixturen familialer und nicht-familialer Bildung, Betreuung und Erziehung zu einem „Mosaikstein in den elterlichen Strategien der Bildungsförderung
ihrer Kinder" (Honig 2011, S. 192) werden.

Unsere Interviews mit den Professionellen in den Ganztagsgrundschulen geben
Hinweise darauf, dass diese Art des elterlichen Engagements in schulischen und
außerschulischen Settings auch durchaus gewünscht und geschätzt wird, da auch
Lehr- und Fachkräfte dies als einen Bestandteil ‚guter‘ Kindheit ansehen. Die for-
mulierten Ansprüche an einzelne Eltern und Erwartungen an eine auf diese Art
und Weise ‚verantwortete Elternschaft‘ (Kaufmann 1995) nehmen somit Familien
auch als Orte des ‚Kompetenzerwerbs‘ im Interesse ‚guter‘ Kindheit bildungs-
milieuübergreifend in die Pflicht. Dieses Phänomen lässt sich mit der britischen
Sozialwissenschaftlerin Val Gillies (2012, S. 13) als „reframing of families" im Sinne einer Anforderung, Kinder fit zu machen für die ökonomisierte Lebenswelt,
fassen: „Parenting is no longer accepted (. . .) to be a relational bond characteri-
zed by love and care. Instead, it has been reframed as a job requiring particular
skills and expertise that should be taught by formally qualified professionals. A
consequence of this reframing of family life is a new evaluative focus on family practices articulated through a discourse of proficiency or ‚competence‘ ". Teil
dieser von Gillies diagnostizierten neuen Rahmung ist eine ‚Politisierung von Elternschaft‘ (Richter und Andresen 2012a). Diese zieht nach sich, dass elterliche
Erziehungspraktiken und -kompetenzen kritisch beobachtet und diskutiert werden
und die ‚Elternkompetenzbildung‘ in zahlreichen, auch politischen und sozialpädagogischen, Programmen Einzug hält. Damit aber geht allzu häufig ein Mangel an
struktureller Betrachtung, an der sozialen Kontextualisierung von Elternschaft einher (vgl. Andresen 2009, S. 203; Richter et al. 2009). Die ‚Kompetenzorientierung‘
ist nicht zuletzt deshalb besonders wirkmächtig, weil die ‚Politisierung von Elternschaft‘ (vgl. Richter und Andresen 2012a) von einer markierten Defizitperspektive
auf Elternschaft begleitet wird. Denn während auf der einen Seite die Erwartung
an familiäre Verantwortung für die Bildung von Kindern hoch ist, zeigt sich andererseits ein defizitärer Blick: Familiale Privatheit wird vielfach als Ort des Mangels,
der Armut, der Kindeswohlgefährdung, des Risikos und des Verlustes konstruiert
(vgl. Andresen 2009; Ostner 2008).

Der Ausbau der Ganztagsschule in Deutschland lässt sich insgesamt vor dem Hintergrund dieser Überlegungen reflektieren. An die Ganztagsschule wird die Erwartung gerichtet, „eine Lösung für den insgesamt gestiegenen Bedarf an Betreuung, Erziehung und erzieherischer Versorgung von Kindern in öffentlichen Bildungs-, Betreuungs- und Erziehungseinrichtungen" (Fischer et al. 2011, S. 9) anzubieten, aber auch, sich als Instanz mit „familienunterstützender Wirkung" (Wissenschaftlicher Beirat für Familienfragen 2006, S. 10) zu etablieren. Damit wird die Ganztagsschule insgesamt zu *dem* Ort, der eine Analyse der Verschiebungen mit Blick auf kindliches Aufwachsen in familial-privater und öffentlicher Verantwortung eröffnet. Im Folgenden wird das Verhältnis von Ganztagsschule und Familie weiterführend beleuchtet.

10.3 Ganztagsschule und Familie als Orte ‚guter' Kindheit

Die Ganztagsschule wird gegenwärtig als zeitgemäße Antwort auf die veränderten gesellschaftlichen Bedarfe diskutiert. Ihren Ausbau betrachten Politik und Wissenschaft insbesondere als Antwort auf die gestiegene Frauenerwerbsquote, die Forderung und den Wunsch nach einer verbesserten Vereinbarkeit von Beruflichkeit und Familienleben und als Ansatz gegen eine Reproduktion sozialer Ungleichheit im Bildungssystem. Die Entwicklung hin zu einem nennenswerten Umfang an Ganztagsschulen mit einem verpflichtenden oder offenen Nachmittagsangebot ist folglich in diesen Kontext eines „diskursive(n) Zusammenspiel(s) unterschiedlicher Faktoren" (Kolbe und Reh 2008, S. 665) zu stellen.

Eine den Ausbau der Ganztagsschule insgesamt begleitende Problematisierung ist die des Verhältnisses von Schule und Familie. Dahinter steht zunächst ein schlichter Sachverhalt, nämlich ob und wie sich Familie und familialer Alltag verändern, wenn Kinder mehr Zeit in der Schule verbringen und dort familienanaloge Erfahrungen machen (vgl. Andresen et al. 2011). In der Geschichte der Schule wurden ihr Verhältnis zum Elternhaus und eine Trennung beider Sphären immer wieder diskutiert. Gerade im Zuge des Ganztagsschulausbaus, aber auch schon vorher, etabliert sich eine Position, die für eine engere Verknüpfung von Schule und Familie als Bildungsorte argumentiert (vgl. z. B. Holtappels 1994; Melzer 1997; Wild 2001; Fischer et al. 2011). Die Forderung, Schule für Familien zu öffnen, eine engere Verzahnung von familialen und schulischen Lebenswelten zu ermöglichen und auch eine pädagogische Betreuung und Freizeitgestaltung bereitzustellen, soll sich aktuell insbesondere in der Konzeption von Ganztagsschulen realisieren (vgl. Züchner 2007; Fischer et al. 2011). An die Ganztagsschule richtet sich also der Anspruch, sich

Eltern stärker zu öffnen und sie in die Schulorganisation zu integrieren. Diese stärkere Orientierung an Einstellungen, Wünschen und auch der Akzeptanz der Eltern, aber auch ein damit verbundener Zugriff auf Eltern bzw. gerade auch auf Mütter ist insgesamt als ein neueres Phänomen im Kontext von Ganztagsschule zu begreifen, welches nicht zuletzt bislang kaum systematisch empirisch untersucht wurde.

Die Vorstellung von getrennten, konträren Sozialisationsbereichen und damit einem komplexen, spannungsreichen Verhältnis von Schule und Familie wird gerade auch hinsichtlich einer möglichen systemischen Überformung familialer durch schulische Lebenswelten diskutiert (vgl. Helsper et al. 2009). Tyrell (1987, S. 109) spricht in diesem Zusammenhang bereits frühzeitig von einer Tendenz der „Überanpassung der Familie an die Schule" und meint damit, dass „die Leistungen der Familien für das Umweltsystem der Schule nach Art und Umfang erheblich komplexer sein (dürften) als der in umgekehrter Richtung der Familie zufließende Leistungsoutput der Schule". Die Familie wirkt in dieser Perspektive also prinzipiell als Unterstützungssystem für die Schule bzw. Schule macht die ‚funktionierende Familie' sowie ihre Leistungen zu ihrer Voraussetzung (vgl. Helsper et al. 2009, S. 37).

Gerade in dem für eine lange Zeit hegemonialen Modell der bürgerlichen Kleinfamilie mit den dazugehörenden geschlechtlich kodierten Zeit- und Betreuungsregimen und der zugeschriebenen Aufgabenverantwortung werden familiale Unterstützungsstrukturen bereitgestellt, die schulische Anforderungen aufgreifen und diesen entgegen kommen. Die wirkmächtige Tradition halbtägiger Beschulung in Deutschland steht nun mit der Einführung der Ganztagsschule vermehrt zur Disposition und damit dynamisiert sich auch die traditionelle Verantwortungs(ver)teilung von Schule und Familie. Vor diesem Hintergrund wird von professionellen Akteuren in der Ganztagsschule ein gesellschaftlich an sie gerichteter Anspruch abgeleitet, ihren Bildungsauftrag um die Perspektive von Müttern und Vätern zu erweitern und sich zu einem Ort mit „familienunterstützender Wirkung" zu entwickeln (vgl. Wissenschaftlicher Beirat für Familienfragen 2006, S. 10).

Mit dem gegenwärtigen Prozess des Ganztagsschulausbaus wird das Verhältnis zwischen institutionellen und familialen Aufgaben also insgesamt zu einem neu verhandelten öffentlichen Thema. Vor diesem Hintergrund stellen sich gerade auch Fragen nach der Realisierung und den wechselseitigen Zuschreibungen von Verantwortung zwischen Familie und Ganztagsschule, aber auch von Aufgaben und Zuständigkeiten innerhalb von Familie. Im Folgenden sollen nun empirische Befunde aus unserem Forschungsprojekt zu „Familien als Akteure in der Ganztagsgrundschule" näher entfaltet werden.

10.4 Fallportrait ‚*Familie Becker*'

Ausgangspunkt der folgenden Überlegungen ist Familie Becker, so haben wir die Befragten genannt. Der Fall verweist beispielhaft auf elterliche Orientierungen, die im Kontext der empirischen Analyse ganztägiger Bildungssettings sichtbar werden. Diese Orientierungen sollen nachfolgend anhand von ausgewählten Passagen aus dem Interview plausibilisiert werden, ohne angesichts der hier gebotenen Kürze in der Darstellung den Anschein einer „Anekdoten-Empirie" zu wecken, wie sie Stephan Wolff (2005, S. 130) problematisiert. Im Mittelpunkt soll nachfolgend in Form eines Fallportraits das intergenerationale Familieninterview mit Familie Becker stehen, in dem es um die alltägliche Organisation und Verantwortungs(ver)teilung in den Bereichen Erziehung, Bildung und Betreuung sowohl innerhalb der Familie als auch im Verhältnis zur Ganztagsgrundschule geht. Der Fall von Familie Becker illustriert die Anstrengungen im Alltag aller Familienmitglieder, die geleistet werden, um Familienleben, Schule, Freizeit und Beruflichkeit zu organisieren und ‚am Laufen zu halten'.

An dem Interview, das bei ihnen zu Hause stattgefunden hat, haben Frau und Herr Becker, die Zwillinge Lea und Ole sowie die älteste Tochter Helena teilgenommen. Lea und Ole sind beide neun Jahre alt und besuchen die dritte Klasse einer offenen Ganztagsgrundschule. Helena ist elf Jahre alt und geht in die fünfte Klasse eines Gymnasiums. Frau Becker ist als Altenpflegerin im Schichtdienst beschäftigt und Herr Becker als Mediengestalter. Beide sind in Vollzeit tätig. Die Familie lebt in einem Dorf in Thüringen. Das Familieninterview entwickelt sich zunächst entlang einer Darstellung des familialen Alltags, der insbesondere von den Kindern erzählt wird. Lea, Ole und Helena berichten von ihrem Schulalltag und ihrer Freizeit. Sie frühstücken morgens zu dritt und verlassen jeden Morgen selbständig das Haus, um dann den Bus zur Schule zu nehmen, ihre Eltern sind dann schon meist unterwegs.

Die Anstrengung im Alltag, der es bedarf, um die Versorgung der drei Kinder neben den Anforderungen durch die Schichtarbeit zu organisieren, wird im Interview insbesondere von Frau Becker als Mutter relevant gemacht: *„Ziemlich stressig also es kommt ebent immer drauf an: (.) jetzt bei mir was ich für ne schicht habe (1) wenn ich frühdienst habe dann mach ich morgens um vier die brotbüchsen alle fertig stell alles hin (1) die sachen hab ich abends schon hingelegt"* (Frau Becker, Z. 1551–1554 i. O.). In der Zeit ihrer Abwesenheit unter der Woche übertragen Herr und Frau Becker die Verantwortung für die Zwillinge Ole und Lea an die älteste Tochter Helena. Helena übernimmt aus der Sicht von Frau Becker eine wesentliche Betreuungsfunktion im Alltag, auf die sie vertraut und die sie zugleich einfordert: *„dann hoff ich einfach dass alles gut geht (2) ähm: g̲anz schlimm is et wenn die große: (.) mal auf klassenfahrt is ne woche (.) wie es nächste woche sein wird"* (Frau Becker,

Z. 1558–1560, i. O.). Insgesamt zeigt sich, dass bei Familie Becker die Berufstätigkeit der Eltern von hoher Relevanz ist, eine Ausrichtung an einem ‚adult worker
model' sichtbar und im Interview ein erwerbsorientierter Familienalltag gezeichnet
wird. An die Familienmitglieder, insbesondere an die ältere Tochter wird die Erwartung gerichtet, sich dem Arbeitsrhythmus der Eltern und den Anforderungen
des Erwerbslebens anzupassen sowie die daraus resultierenden Konsequenzen mit-
zutragen. Der Zugriff auf die Privatheit von Familie durch die Erwerbstätigkeit von
Herrn und Frau Becker strukturiert das Familienleben maßgeblich und fordert allen
Familienmitgliedern eine hohe Flexibilität ab. Herr und Frau Becker und hier insbesondere wiederum Frau Becker formulieren im Rahmen des Familieninterviews
weiterhin, dass ihre Kinder aufgrund der Vollzeittätigkeit oft alleine zu Hause seien
und aus diesem Grund nahezu zwangsläufig eine ausgeprägte Selbständigkeit entwickeln müssten (Frau Becker, Z. 977 ff. i. O.): *„ja und wenn ich spätdienst habe
(…) sind die kinder bis um: sechs bis er von der arbeit kommt auf sich alleene gestellt"*
(Frau Becker, Z.1634 ff., i. O.). In diesem Kontext bezeichnet Frau Becker ihre Kinder als *„typische Schlüsselkinder"* (Frau Becker, Z.1640, i. O.). Es zeigt sich bei Frau
Becker die Befürchtung, dass sie aufgrund der fehlenden Zeit der Verantwortung
für ihre Kinder nicht stets ausreichend nachkommen könne, z. B. mit Blick auf die
Zeiten nach der Schule, in denen sie nicht anwesend sein kann und sie von ihnen
ein hohes Maß an eigenverantwortlichem Handeln erwartet. Zugleich markiert sie
mit der Betonung der positiven, aber eben auch notwendigen Seite, die Kinder zur
Selbstständigkeit und zur Verantwortungsübernahme im Alltag zu erziehen, ein
wesentliches Ziel ihrer Erziehung: *„nä (.) klar macht man sich so manchmal sorgen
nä: (.) wenn sie mal wieder wat vergessen haben nä also ick bin och nich die mutti
(.) die morgens den ranzen noch mal durchkontrolliert die sind alt genug die müssen
dat können"* (Frau Becker, Z. 3454–3457 i. O.).

Gerade Frau Becker akzentuiert die Bedeutung kindlicher Selbständigkeit und
kritisiert demgegenüber Familien, die diesen Erziehungsaspekt vernachlässigen
und ihre Kinder verwöhnen würden. Sie geht auf Distanz zu Familienvorstellungen
bzw. Vorstellungen von Mutterschaft, bei denen die gemeinsame Familien(frei)zeit
stark betont und z. B. die Terminplanung für die Kinder übernommen werde. Es
schwingt bei diesen Abgrenzungen aber auch eine Legitimationsstrategie hinsichtlich ihrer eigenen Situation mit und es ist sicherlich kein Zufall, dass die berufstätige
Mutter und nicht der berufstätige Vater diesen Diskurs führt, der die annähernde
Unauflösbarkeit der Anforderung aus Beruflichkeit und Familienleben akzentuiert.

Im Vergleich zum Modell der ‚Normalfamilie', so wie es bei Freunden von Hele-
na, Lea und Ole gelebt werde, würden sie, so Frau Becker, mit ihren Kindern wenig
Zeit verbringen können und müssten allen dreien Verantwortungsübernahme im
Alltag abverlangen. Sie betont erneut die bereits erworbene hohe Selbstständigkeit

der Kinder, also ihren Erziehungserfolg und rahmt dies noch einmal in die notwendige Orientierung am Erwerbsleben: „*dass wir ebent ähm:: die kinder zu (.) also
im vergleich zu andern familien zu unheimlich viel selbstständigkeit erziehen müssen
gezwungenermaßen (.) dadurch dass wir ebent (.) arbeiten (1) weil er arbeitet lange
ick (.) unterschiedlich (.) und dass es ebent ganz anders is als bei:: den freunden oder
so nä wo: (.) mutti: und vati immer da sind und die kinder behüten und so (.)*" (Frau
Becker, Z. 3431–3436, i. O.).

Zudem weiche ihre finanzielle Situation von anderen ‚Normalfamilien' ab, da
ihnen z. B. für Anschaffungen oder Unternehmungen – neben der nötigen Zeit –
auch die finanziellen Ressourcen fehlten. Ein ‚Behüten' und ‚Verwöhnen' ihrer
Kinder, wie sie es bei anderen Familien wahrnehmen würden, stehe im Gegensatz zu
ihrer eigenen Alltagsrealität. Dem bereits oben genannten Gefühl, sich rechtfertigen
zu müssen, begegnet Frau Becker in dem Interview und damit auch gegenüber den
anderen Familienmitgliedern offensiv: „*ja: also (.) wenn manche so sagen dat kannst
du doch nich machen die sind doch noch so kleen (.) wo ick dann sag hallo (.) ähm:
(.) es is nun mal mein job (.) ja (1) äh: (1) dass ick: bis spät abends arbeite (.) ja: (.)
da müssen sie durch die kinder und scha- geschadet hats ihnen nich*" (Frau Becker,
Z. 3446–3450 i. O.). Frau Becker nimmt Gewichtungen vor und schließt diese
in ihre Argumentationsstrategie ein, für sie ist zunächst zentral, dass die Familie
existenziell auf ihre Berufstätigkeit angewiesen ist.

Mit ihren Abgrenzungen zu einem ‚spezifischen Familienmodell' wird deutlich,
wie Frau Becker gesellschaftliche, geschlechtsspezifische Vorstellungen von ‚ver-
antworteter Elternschaft' und Vorstellungen von ‚Normalfamilie' bearbeitet und
diese als Reflexionsfolie für die Auseinandersetzung mit der eigenen Lebensfüh-
rungsweise heranzieht. Die innerfamiliale Alltagsorganisation beruht auf einer
generationalen und auch geschlechtsbezogenen Verantwortungsübernahme, die
den Alltag von Beckers strukturiert d. h. die Kinder sind ausdrücklich eingebunden und an sie richtet sich die elterliche Erwartung, Verantwortung z. B. für den
Schulalltag und für die Geschwister zu tragen. Frau Becker aber trägt trotz allem
die Hauptverantwortung für die familiale Alltagsorganisation, z. B. auch mit Blick
auf den Besuch der Musik- und Kunstschule sowie des Fußballtrainings am Nachmittag. Sie bearbeitet in dem Interview eindrücklich die Ambivalenzen, die aus der
Gleichzeitigkeit von Familien- und Erwerbsorientierung und dem Anspruch, in der
Freizeit auch die Bildung der Kinder zu unterstützen, entstehen.

Während Frau Becker also vor allem eine Abgrenzung von ‚normalen' Familien
und hegemonialen ‚Familienbildern' vornimmt und einen Legitimationsdiskurs
führt, beziehen sich die Äußerungen von Herrn Becker auffallend deutlich auf das
Verhältnis von Ganztagsgrundschule und Familie. Im Alltag von Familie Becker
übernimmt die Ganztagsgrundschule wesentliche Aufgaben. Beide verstehen die

Ganztagsgrundschule als einen Ort, an dem ihre Kinder betreut, versorgt und beschäftigt werden und wo sie mit ihren Freunden Zeit verbringen. Das Treffen und Verabreden mit Freunden ist für Lea, Ole und Helena Becker in der Woche ohne die Ganztagsgrundschule nahezu kaum möglich, da in der Nachbarschaft keine Gleichaltrigen leben und auch die dörfliche Struktur keine Angebote für Kinder bereitstellt. Fahrten zu Freunden und zu Nachmittagsaktivitäten, die Herr und Frau Becker übernehmen sofern es zeitlich möglich ist, müssen dezidiert geplant werden. Gerade im Kontext nachmittäglicher Aktivitäten leisten die Großeltern als Teil des sozialen, privaten Netzwerks Unterstützung, in dem sie die Kinder mit dem Auto bringen oder abholen.

Betont wird von Herrn Becker vor dieser regionalen Besonderheit die Möglichkeit, in der Schule mit Gleichaltrigen zusammen zu sein. Auch seien die Spiel- und Beschäftigungsmöglichkeiten umfassender. Die Betreuung und Versorgung der Kinder wird als Entlastung wahrgenommen, da ihnen ein Teil ihrer elterlichen Verantwortung sowie die Planung der Kinderversorgung von der Schule abgenommen werden, zugleich markiert Herr Becker auch seine Erwartung an das institutionelle Setting: *„also im endeffekt ja für uns is es gut (1) weil grade äh: dafür dass es eben den nachmittagsbereich äh: (1) wie gesorgt is für die kinder äh: (.) brauchen wir uns nich so: (1) starken kopf machen was: äh: wird jetzt mit denen passieren oder: (.) was müssen wir machen damit äh: (.) die kinder aufgehoben sind (1) sie sind da unten aufgehoben sie haben ihre betreuung sie haben ihre freunde sie haben (.) ne beschäftigung also es is (.) na gut und auch teilweise (1) das was wir ihnen hier gar nich bieten können"* (Herr Becker, Z. 3704–37011 i. O.). Demnach wird den Kindern durch die Aktivitäten der Ganztagsgrundschule vor allem auch etwas angeboten, das sie ihnen als Eltern nach eigener Einschätzung nicht ermöglichen könnten, z. B. in Form von Spiel-, Förder- und Beschäftigungsmöglichkeiten. D. h. es geht Herrn und Frau Becker nicht lediglich um ein Betreuen im Sinne einer reinen Beaufsichtigung ihrer Kinder: *„also (.) unsere kinder hier abstellen können wir genauso"* (Herr Becker, Z. 3762 i. O.). Der elterliche Bildungsanspruch beinhaltet die Erwartung an die Ganztagsgrundschule, Angebote bereitzustellen, die eben nicht ‚häuslichen Aktivitäten' gleichkommen. Diese elterliche Erwartung ergibt sich aus der institutionellen Verortung der Ganztagsgrundschule, d. h. Professionelle verfügen hier über das Wissen und die (Zeit)Ressourcen, Inhalte systematisch zu vermitteln, die Kinder in ihrer Entwicklung zu fördern und zu unterstützen. Konstruiert wird eine Differenz zwischen Schulischem und Familialem und den Möglichkeiten der Vermittlung von fachlichem, aber insbesondere auch informellem Wissen und Können. Dieses Angebot an Kinder ist dann keineswegs ‚einfach' durch Eltern zu Hause zu eröffnen. Hierin wird auch zugleich die Verantwortung der Ganztagsgrundschule im Sinne einer ‚guten Kindheit' gesehen.

10.5 Abschließende Bemerkung

Mit dem gegenwärtigen Prozess des Ganztagsschulausbaus wird das Verhältnis zwischen öffentlichen und privat-familialen Aufgaben im Bereich Bildung, Betreuung und Erziehung insgesamt zu einem neu verhandelten Thema, das in den Kontext einer vermehrten ‚Politisierung von Elternschaft' (vgl. Richter und Andresen 2012a) zu stellen ist. Die Leistungsfähigkeit von Familie und Elternschaft wird kritisch in den Blick genommen und hier insbesondere die Bildungsförderung von Kindern, die schulisch und außerschulisch zu organisieren ist. Vor allem Mütter stehen nach wie vor in der Hauptverantwortung, stellen zumeist den Mix aus öffentlichen und privat-familialen Angeboten her und unternehmen damit den Versuch, ihr Kind möglichst erfolgreich im Bildungssystem zu platzieren. Zeigt sich einerseits eine vermehrte öffentliche Verantwortung für das Aufwachsen von Kindern, verbunden mit einer Ausweitung von Unterstützungsstrukturen, lässt sich andererseits sichtbar machen, wie ein politischer Zugriff auf Eltern bzw. vor allem auf Mütter realisiert wird, der nicht zuletzt familiale Privatheit grundlegend strukturiert. In diesem Zusammenhang sind gerade die flexibilisierten Arbeitsverhältnisse dahingehend bedeutsam, wie sie Familienleben und Erwerbstätigkeit (un)vereinbar machen. Damit sind erneut diejenigen Aspekte markiert, die auch im Rahmen der Fallrekonstruktion zu Familie Becker thematisiert werden. Anhand der Auszüge ergeben sich weiterführende Einblicke in die Wahrnehmung und Bearbeitung gegenwärtiger Ansprüche und Anforderungen an Familien einerseits und Ganztagsgrundschule andererseits als Orte ‚guter' Kindheit.

Literatur

Andresen, Sabine. 2008. Vereinbarkeit von Familie und Beruf: Eine feministische Lesart. In *Tagesstrukturen als sozial- und bildungspolitische Herausforderung: Erfahrungen und Kontexte*, Hrsg. S. Larcher-Klee und B. Grubenmann, 19–34. Bern: Haupt.
Andresen, Sabine. 2009. Strukturelle Gefährdungen der Familie im Blick der Forschung zu Beginn des 20. Jahrhunderts. In *Familie und öffentliche Erziehung*, Hrsg. J. Ecarius, C. Groppe, und Hans Malmede, 203–220. Wiesbaden: VS.
Andresen, Sabine, Martina Richter, und Hans-Uwe Otto. 2011. Familien als Akteure in der Ganztagsgrundschule. Zusammenhänge und Passungsverhältnisse. In *Ganztagsschule – Neue Schule? Eine Forschungsbilanz*, Hrsg. L. Stecher, H.-H. Krüger, und Th. Rauschenbach Zeitschrift für Erziehungswissenschaft, Bd. 14, Sonderheft 15, 205–219 Wiesbaden: VS Verlag.
Bohnsack, Ralf. 2008. *Rekonstruktive Sozialforschung: Einführung in qualitative Methoden.* Opladen: Leske + Budrich.

Bohnsack, Ralf, Iris Nentwig-Gesemann, und Arnd-Michael Nohl. 2007. Einleitung: Die dokumentarische Methode und ihre Forschungspraxis. In *Die dokumentarische Methode und ihre Forschungspraxis*, Hrsg. R. Bohnsack, I. Nentwig-Gesemann, und A.-M. Nohl, 9–27. Wiesbaden: VS.

Brake, Anna. 2006. Der Bildungsort Familie. Methodische Grundlagen der Untersuchung. In *Bildungsort Familie*, Hrsg. P. Büchner und A. Brake, 49–80. Wiesbaden: VS.

Chassé, Karl-August. 2008. Wandel der Lebenslagen und Kinderschutz. Die Verdüsterung der unteren Lebenslagen. In *Widersprüche*, Bd. 28, Heft 109, 71–83 Bielefeld: Kleine Verlag.

Daly, Mary, und Katherine Rake. 2003. *Gender and the welfare State. Care, work and welfare in Europe and the USA*. Cambridge: Polity Press.

Fischer, Natalie, Heinz-Günter Holtappels, Eckard Klieme, Thomas Rauschenbach, Ludwig Stecher, und Ivo Züchner. 2011. *Ganztagsschule: Entwicklung, Qualität, Wirkungen. Längsschnittliche Befunde der Studie zur Entwicklung von Ganztagsschulen (StEG)*. Weinheim: Juventa.

Gillies, Val. 2012. Family policy and the politics of parenting: From function to competence. In *The politicization of parenthood – Shifting private and public responsibilities in education and child rearing*, Hrsg. M. Richter und S. Andresen, 13–26. Dordrecht: Springer.

Helsper, Werner, Rolf-Torsten Kramer, Merle Hummrich, und Susann Busse. 2009. *Jugend zwischen Familie und Schule*. Wiesbaden: VS.

Holtappels, Heinz Günter. 1994. *Ganztagsschule und Schulöffnung*. Weinheim: Juventa.

Honig, Michael-Sebastian. 2011. Auf dem Weg zu einer Theorie betreuter Kindheit. In *Kinder in Deutschland. Eine Bilanz empirischer Studien*, Hrsg. S. Wittmann, T. Rauschenbach, und H. R. Leu, 181–197. Weinheim: Juventa.

Kaufmann, Franz.-Xaver. 1995. *Zukunft der Familie im vereinten Deutschland*. München: Beck.

Klinkhammer, Nicole. 2010. Frühkindliche Bildung und Betreuung im ‚Sozialinvestitionsstaat' – mehr Chancengleichheit durch investive Politikstrategien? In *Kindheit zwischen fürsorglichem Zugriff und gesellschaftlicher Teilhabe*, Hrsg. D. Bühler-Niederberger, J. Mierendorff, und A. Lange, 205–228. Wiesbaden: VS.

Kolbe, Fritz-Ulrich, und Sabine Reh. 2008. Reformpädagogische Diskurse über die Ganztagsschule. In *Grundbegriffe Ganztagsbildung. Das Handbuch*, Hrsg. Th. Coelen und H.-U. Otto, 665–673. Wiesbaden: VS.

König, Tomke. 2013. Familien-Ideale. Regulierungen einer privaten Lebensform. In *Episoden sozialer Ausschließung*, Hrsg. E. Bareis, Chr. Kolbe, M. Ott, K. Rathgeb, und Chr. Schütte-Bäumner, 263–275. Münster: Westfälisches Dampfboot.

Kutscher, Nadia, und Martina Richter. 2011. Soziale Arbeit ‚im Kreise der Familie'. Zur Wirkmächtigkeit von De- und Re-Familialisierungspolitiken, Aktivierungspraxen und Risikokontrolle. In *Bildung des Effective Citizen. Sozialpädagogik auf dem Weg zu einem neuen Sozialentwurf*, Hrsg. Kommission Sozialpädagogik, 191–202. Weinheim: Juventa.

Leitner, Sigrid, Illona Ostner, und Margit Schratzenstaller. 2004. Was kommt nach dem Ernährermodell? Sozialpolitik zwischen Re-Kommodifizierung und Re-Familialisierung. In *Wohlfahrtsstaat und Geschlechterverhältnis im Umbruch*, Hrsg. S. Leitner, I. Ostner, und M. Schratzenstaller, 9–27. Wiesbaden: VS.

Ludwig, Isolde, Vanessa Schlevogt, Ute Klammer, und Ute Gerhard. 2002. *Managerinnen des Alltags. Strategien erwerbstätiger Mütter in Ost- und Westdeutschland*. Berlin: Ed. Sigma.

Melzer, Wolfgang. 1997. Elternhaus und Schule – ein Beispiel mißlungener und gelungener gesellschaftlicher Partizipation von Familie. In *Familien: Eine interdisziplinäre Einführung*, Hrsg. L. Böhnisch und K. Lenz, 299–310. Weinheim: Juventa.

Mierendorff, Johanna. 2010. *Kindheit und Wohlfahrtsstaat. Entstehung, Wandel und Kontinuität des Musters moderner Kindheit.* Weinheim: Juventa.

Nowak. Jörg. 2009. *Geschlechterpolitik und Klassenherrschaft.* Münster: Westfälisches Dampfboot.

Ostner, Ilona. 2008. Ökonomisierung der Lebenswelt durch aktivierende Familienpolitik. In *Sozialpolitik. Ökonomisierung und Entgrenzung*, Hrsg. A. Evers und R. G. Heinze, 49–65. Wiesbaden: VS.

Przyborski, Aglaja und Monika Wohlrab-Sahr. 2009. *Qualitative Sozialforschung. Ein Arbeitsbuch.* München: Oldenbourg.

Richter, Martina, und Sabine Andresen, Hrsg. 2012a. *The politicization of parenthood – Shifting private and public responsibilities in education and child rearing.* Dordrecht: Springer.

Richter, Martina, und Sabine Andresen. 2012b. Orte „guter Kindheit". Aufwachsen im Spannungsfeld öffentlicher und familialer Verantwortung. *Zeitschrift für Erziehungswissenschaft* 32 (3): 250–265.

Richter, Martina, Christoph Beckmann, Hans-Uwe Otto, und Mark Schrödter. 2009. Neue Familialität als Herausforderung der Jugendhilfe (Einleitung). In *Neue Familialität als Herausforderung der Jugendhilfe*, Hrsg. C. Beckmann, H.-U. Otto, M. Richter, und M. Schrödter, 1–12, Sonderheft 9. Lahnstein: Neue Praxis.

Tyrell, Hartmann. 1987. Die Anpassung der Familie an Schule. In *Pädagogik, Erziehungswissenschaft und Systemtheorie*, Hrsg. J. Oelkers und H.-E. Tenorth, 102–124. Weinheim: Beltz.

Vincent, Carol. 2010. The sociology of mothering. In *The Routledge international handbook of sociology of education*, Hrsg. M. W. Apple, S. J. Ball, and L. A. Gandin, 109–120. London: Routledge.

Wild, Elke. 2001. Wider den „geteilten Lerner" und die Trennung zwischen *Schule* als dem Lernort und der Familie als der Lebenswelt Heranwachsender. *Zeitschrift für Pädagogik* 47 (4): 455–459.

Winker, Gabriele. 2009. Care Revolution – ein Weg aus der Reproduktionskrise. http://www.feministisches-institut.de/wp-content/uploads/2009/12/CareRevolution.pdf. Zugegriffen: 21. Feb. 2013.

Wissenschaftlicher Beirat für Familienfragen. 2006. *Ganztagsschule. Eine Chance für Familien.* Wiesbaden: VS.

Wolff, Stephan. 2005. Standards für die sozialpädagogische Forschung. In *Sozialpädagogik als forschende Disziplin*, Hrsg. C. Schweppe und W. Thole, 115–133. Weinheim: Juventa.

Züchner, Ivo. 2007. Ganztagsschule und Familie. In *Ganztagsschulen in Deutschland: Ergebnisse der Ausgangserhebung der „Studie zur Entwicklung von Ganztagsschulen" (StEG)*, Hrsg. H. G. Holtappels, E. Klieme, Th. Rauschenbach, und L. Stecher, 314–322. Weinheim: Juventa.

Zur Bedeutung familiärer Strukturen und Lebenspraxen für die Bildung von Sozialität

Walter Gehres

Zusammenfassung

Im Beitrag geht es im Wesentlichen um zwei zentrale Aspekte. Zum einen plädiere ich für einen kontextsensiblen Zugang gegenüber Kindern und ihren Lebensbedingungen im Rahmen von Kinderschutzdebatten und -bemühungen, indem ich mich auf familiensoziologische Erkenntnisse und die eigene Forschung mit ehemaligen Pflegekindern beziehe. Kinder isoliert von ihren Eltern und generativen Zusammenhängen zu betrachten, wird demnach der Vielschichtigkeit kindlicher Entwicklungsprozesse nicht gerecht, insbesondere familiäre Beziehungen, Milieus und sozialstrukturelle Lebensbedingungen sind für die Sozialisation von Kindern bedeutsam.

Zum anderen geht es mir vor allem darum, aus der Familienforschung bekannte Leistungen von Familien mit der Versorgung, Pflege, Zuwendung und „vorpädagogischen" (Winkler) Vermittlung von für die Teilnahme an Interaktionsprozessen grundlegenden sozialen Werten, Normen und Praktiken in Erinnerung zu rufen. Insbesondere Erfahrungen von Kindern im Rahmen einer triadischen Interaktionsstruktur sind für ihre Entwicklung und ihre soziale Integration im Erwachsenalter sehr instruktiv. In der Dreierkonstellation können Kinder wechselnde Ein- und Ausschlussprozesse mit den beiden Elternteilen erfahren, sie können gleichermaßen lernen mit sozialer Anerkennung und Zugehörigkeit und sozialen Anforderungen und Zurückweisung umzugehen, ohne dauerhaft aus der Familie ausgeschlossen zu werden.

W. Gehres (✉)
Saarbrücken, Deutschland
E-Mail: walter.gehres@htw-saarland.de

B. Bütow et al. (Hrsg.), *Sozialpädagogik zwischen Staat und Familie*,
DOI 10.1007/978-3-658-01400-1_11, © Springer Fachmedien Wiesbaden 2014

11.1 Einleitung

Mit dem folgenden Beitrag verfolge ich im Wesentlichen drei Absichten. Zum Ersten habe ich den Eindruck, dass in den gegenwärtigen Debatten, Initiativen und familienpolitischen Aktivitäten im Zusammenhang mit der Verbesserung des Kinderschutzes, der Blick und die Wertschätzung für die Bedeutung von Familien als primärem sozialisatorischem Milieu in unserer Kultur zu wenig beachtet und gewürdigt wird. Deshalb verstehe ich meinen Beitrag als ein Plädoyer für die größere Anerkennung der Autonomie von Familien und den von ihnen geleisteten gesellschaftlichen Aufgaben. Diese sind vor allem die Fürsorge, das Vertrautmachen von Kindern mit den jeweils für die soziale Integration notwendigen basalen gesellschaftlichen Praktiken, Werten und Normen. Mit Bourdieu gesprochen, geht es um das Erlangen von sozialem, kulturellem und materiellem Kapital sowie die Begleitung, zuweilen Unterstützung der Autonomiebildung ihrer jugendlichen Kinder (bezogene Individuation).

Zum Zweiten ist es meine Intention einen isolierenden Blick auf Kinder, Jugendliche und ihre Entwicklung unter Ausblendung ihres primären sozialistorischen Rahmens – in der Regel den Eltern bzw. unter Patchworkbedingungen (vgl. z. B. Sieder 2008) den zentralen signifikanten Bezugspersonen in der frühen Kindheit – zu vermeiden. Die dominierende Familienform seit der Mitte des 20. Jahrhunderts ist in den westlichen Ländern, vor allem in den USA und in Deutschland, die Zwei-Generationen-Familie, die sogenannte Kernfamilie oder Gattenfamilie. Sie besteht aus den beiden Elternteilen und mindestens einem Kind. 72 % aller Kinder unter 18 Jahren lebten 2010 in Deutschland in solchen Familienkonstellationen. Die Zahlen sind rückläufig,[1] die Verteilung regional und milieuspezifisch unterschiedlich (vgl. Burkart und Kohli 1992); andere Familienformen wie die Ein-Eltern- und Patchworkfamilien nehmen zu. Laut Statistischem Bundesamt wuchsen 2010 19,4 % aller minderjährigen Kinder in Deutschland in Ein-Eltern und 8,6 % in Stief- bzw. Patchworkfamilien auf. In absoluten Zahlen sind sie aber deutlich in der Minderheit (vgl. hierzu auch Burkart 2008, S. 228 ff.).

Kinder und Jugendliche sind Teile von Familien, insofern ist es für Kinderschutzbemühungen sinnvoll, diese auch immer im Kontext mit den Lebensbedingungen und -situationen der Eltern zu sehen. Die Triade (der Einzelne, der Andere und die Figur des Dritten) als zentrale Erfahrung von Sozialität bzw. bezogen auf Familien, die wechselseitige Beziehung (die Mutter, der Vater und das Kind als Drittes), zuweilen Verstrickung der Familienmitglieder, leistet für die Entwicklung

---

[1] 1996 wuchsen noch 81,4 % aller minderjährigen Kinder im Rahmen einer Kernfamilie als primäre Sozialisationsinstanz auf.

von Kindern und Jugendlichen (vgl. z. B. grundlegend für die Soziologie Fischer 2010, S. 131 ff.; in der modernen Entwicklungspsychologie Fivaz-Depeursinge und Corboz-Warnery 2001; in der psychoanalytischen Psychotherapieforschung Lang 2011; bereits klassisch Stierlin 1980) sehr viel. Das bedeutet, es ist aufschlussreich, gerade auch bei Entwicklungsproblemen von Kindern und Jugendlichen, diese im Zusammenhang mit ihrer wechselseitigen Beziehung zu den Eltern bzw. primären signifikanten Bezugspersonen zu betrachten.

Zum Dritten ist es mein Bestreben, den in den Kinderschutzdebatten zwangsläufig angelegten defizitären Blick auf Familien, insbesondere hinsichtlich der „erzieherischen Leistungen" von Eltern zu relativieren. Es gibt Kinder und Jugendliche, die körperlich oder sexuell von ihren Eltern oder primären Bezugspersonen geschädigt werden. In diesen Fällen ist eine Intervention der Jugendhilfebehörden unumgänglich und für den Schutz des Kindes bzw. Jugendlichen notwendig. Aber problematisch werden Kinderschutzbemühungen dann, wenn versucht wird, von konkreten Fällen zu abstrahieren und allgemeingültige Schlussfolgerungen zu ziehen. Dann werden Eltern unter Generalverdacht gestellt und in ihrem Handeln eine latente Gefahr für die Entwicklung von Kindern und Jugendlichen gesehen, die einer staatlichen Kontrolle bedürfen (vgl. zu den möglichen Folgen solch einer Praxis z. B. den fiktiven Roman von Zeh 2009 und den populärwissenschaftlichen Beitrag von Unverzagt 2010). Diese Praxis ist in der Familiengeschichte nicht neu. Der Sozialhistoriker Lasch (1981) weist in seiner Studie über die wissenschaftliche und sozialpolitische Sicht auf Familien nach, dass es im Laufe des 20. Jahrhunderts in den USA immer wieder Versuche von unterschiedlichen wissenschaftlichen Disziplinen (Medizin, Soziologie, Psychologie) in Kooperation mit wechselnden sozialpolitischen Programmen gegeben hat, Familien sozialisatorische und erzieherische Inkompetenz zuzuschreiben. In der heutigen Zeit haben vor allem psychologische und gesundheitswissenschaftliche Expertisen den größten Einfluss auf sozialpolitisches Handeln bezogen auf Familien (vgl. hierzu z. B. die kritische Studie von Illouz 2009).

Der Text gliedert sich in vier Teile. Als Einstieg betrachte ich einen relativ aktuellen Zeitungsausschnitt aus der Süddeutschen Zeitung zu erzieherischen Leistungen von Familien. Im Hauptteil geht es mir darum, zentrale sozialisatorische Leistungen von Familien näher zu beleuchten, die nach meinem Eindruck leicht vergessen werden, wenn der Blick im Kinderschutz sich auf die Defizite verengt. Es folgt anschließend ein Beispiel aus unserer Forschung zur Sozialisation von Pflegekindern, um daran die Bedeutung der Perspektive auf das System Familie zu illustrieren. Im Schlusskapitel reihen sich dann einige Anregungen und Schlussfolgerungen an.

11.2   Eine Zeitungsmeldung zum Einstieg

Im Magazin der Süddeutschen Zeitung findet sich in der Nr. 25 vom 22.6.12 ein
Artikel von Cathrin Kahlweith mit dem Titel: „Hör mal, Freundchen! Fremde
Kinder können anstrengend sein. Aber wehe, man setzt ihnen als Außenstehen-
der Grenzen. Dann bekommt man Ärger mit den Eltern. Warum eigentlich?"
(S. 34–37). Eine Antwort gibt die Autorin auf Seite 37: „Mein Kind bin ich. Fachleute
kennen das, sie interpretieren es als Selbstschutz. Christian Mühldorfer, Münchner
Psychologe und Coach mit 15-jähriger Berufserfahrung, der regelmäßig auch mit
Jugendlichen arbeitet, erklärt die Abwehrreaktion von Eltern gegen das, was diese
als Einmischung und Anmaßung empfinden, als Gefühl der multiplen Bedrohung:
Eltern empfänden das Kind als gefährdet, also werfen sie sich mit dem Instinkt
einer Löwenmutter vor ihr Kleines, selbst wenn sie vielleicht bei näherem Hinse-
hen die Kritik am Verhalten des Kindes durchaus verstehen'. Zudem werde das
Erziehungskonzept und mithin das Selbst von Eltern von außen infrage gestellt;
schließlich liefen alle Eltern mit einem permanenten Gefühl der Unsicherheit, ja
der Schuld herum: „Wenn ich mein Kind anders, besser erzogen hätte, würde es
sich vielleicht nicht so verhalten?". Soweit das Zitat.

Dieser Ausschnitt ließe sich unter vielerlei Aspekten hermeneutisch deuten.
Aber bereits auf den ersten Blick werden hier in pointierter Form zentrale Themen und Haltungen deutlich, die auch in Kinderschutzdebatten (zur Übersicht
vgl. z. B. Suess und Hammer 2010) nicht unbekannt sind[2], insbesondere, wenn es
sich um arme Familien bzw. Familien handelt, die der „Unterschicht" (mit wenig
materiellem, sozialem und kulturellem Kapital) zugerechnet werden:

1. Es gibt eine Dominanz psychologischer Deutungs- und Erklärungsmuster,
    die bereits seit Beginn des 20. Jahrhunderts im Zusammenhang mit privaten
    Sozialbeziehungen sowohl die öffentliche Wahrnehmung, als auch die Bezie-
    hungsgestaltung von Paaren und Familien beeinflussen (vgl. z. B. Lasch 1981
    oder Illouz 2009)
2. Der defizitäre Blick auf Eltern; ihr scheinbares erzieherisches Unvermögen stelle
    eine Gefahr für das kollektive Zusammenleben dar
3. Pauschalisierungen: Alle Eltern liefen z. B. mit „einem permanenten Gefühl der
    Unsicherheit" herum: Zur Erinnerung gab es laut Statistischem Bundesamt in

---

[2] Hier ist wichtig darauf hinzuweisen, dass die wissenschaftlichen Kinderschutzdebatten
wesentlich differenzierter und vor dem Hintergrund diverser Studienergebnisse geführt
werden.

Deutschland 2010 8,1 Mio. Familien mit minderjährigen Kindern. 14,6 Mio.
Kinder, 13,1 Mio. unter 18 Jahren

4.   Eltern würden ihr Handeln an Erziehungskonzepten orientieren

Beim letzten Punkt wird Eltern unterstellt, dass sie sich überlegen würden, welches Wissen, welche Werte, Normen und welche sozialen Praktiken ihr Kind in
welchem Lebensalter mit welchen pädagogischen Maßnahmen vermittelt bekommen soll und mit welchen pädagogischen Methoden diese Inhalte in der Beziehung
zu ihm umgesetzt werden. Ein Blick in die Geschichte der pädagogischen Disziplin zeigt sehr schnell, dass Erwachsene generell in pädagogischen Beziehungen,
auch in beruflichen Kontexten, mit – wie es Schleiermacher (2000) formulierte –
„pädagogischen Antinomien"[3] rechnen müssen und damit eine unmittelbare Beeinflussung oder gar Lenkung/Steuerung im Sinne eines von den Erwachsenen
vorab festgelegten Erziehungsplanes nicht möglich ist.

Erziehung in der Familie ist dagegen überwiegend „vor-pädagogische Erziehung" (Winkler 2012) oder indirekte Erziehung, die nicht intentional von den
beteiligten erwachsenen Bezugspersonen in der Familie gesteuert wird, sondern
sich in der alltäglichen Lebenspraxis ungeplant, indirekt, naturwüchsig, nebenbei ereignet. Diese lebensweltliche Unmittelbarkeit zeigte sich auch bei unseren
eigenen Rekonstruktionen von Sozialisationsprozessen ehemaliger Pflegekinder
(Gehres und Hildenbrand 2008).

Im Folgenden geht es mir um die Leistungen von Familien für die Sozialisation
von Kindern, die nach meinem Eindruck in den öffentlichen Diskussionen, vor allem auch in der Kinderschutzdebatte, zu wenig beachtet oder schlichtweg ignoriert
werden.

11.3   Familienleben heute

Eltern kommen in der öffentlichen Wahrnehmung heute meistens, ähnlich wie in
der oben zitierten Zeitungsmeldung, als unbelehrbar, überbehütend oder als Risiko
für das Kindeswohl vor. Im Kinderschutz geht es primär um Versäumnisse, nicht
abgewendete Gefahren oder manifeste körperliche und sexuelle Übergriffe von Eltern, nahen Angehörigen oder primären Bezugspersonen gegenüber ihren Kindern

---

[3] Schleiermacher versteht darunter, dass sich der Erziehungsprozess als wechselseitiger, am-
bivalenter, widersprüchlicher, zuweilen überraschender Prozess vollzieht, der nur bedingt
von der erwachsenen Generation geplant und gelenkt werden kann.

und Jugendlichen, die Folgen dieses Handelns auf die Entwicklung der Kinder und im bestätigten Kinderschutzfall um die zumindest zeitweise feststellbare Eingeschränktheit von Eltern/Angehörigen/Bezugspersonen, ihre Kinder elementar zu versorgen (Kleidung, Essen, Fürsorge, Zuwendung). Dabei stellt sich die Frage, was Familien heute darüber hinaus auszeichnet.

11.3.1 Der Familienbegriff – Was ist eine Familie im Vergleich zu anderen Institutionen und was sind ihre zentralen sozialisatorischen Aufgaben?

In der Forschung und Familiensoziologie findet man eine Vielfalt von unterschiedlichen Familienformen und Familienverständnissen. Zum Beispiel ein weites und unspezifisches Familienverständnis bei Burkart (2008, S. 330): Familie als „Lebensgemeinschaft zwischen Eltern und ihren Kindern (Klein-, Kernfamilie; Minimalform: Mutter mit Kind; im weitesten Sinn die Verwandtschaftsgruppe; im Normalfall sind die Eltern verheiratet)". Nave-Herz (2004, S. 30) verweist auf die uneinheitliche „Begriffsbestimmung" als Folge der „Favorisierung unterschiedlicher wissenschaftstheoretischer Ansätze, weswegen es nicht erstaunlich ist, dass es unterschiedliche Familienbegriffe gibt". Sie schlägt als allgemeinstes Verständnis von Familie eine Dyade vor, bestehend aus der Mutter und dem Kind aus der nachwachsenden Generation. Funcke und Hildenbrand (2009, S. 25) betonen dagegen die triadische Struktur der Familie, mit dem Hinweis auf den Dritten, der auch in Abwesenheit für die Entwicklung der Familie bedeutsam ist: „Überall dort, wo drei zusammen sind, kommt es zu unvermeidlichen Strukturierungsprozessen, in denen es um Gegensätze geht – sei es, dass diese Gegensätze erzeugt, sei es, dass sie aufgehoben werden (. . .) In diesem Beziehungsgeflecht, das bereits vor der Geburt des Kindes in Gestalt einer ‚Triade der Fantasie' (Buchholz (1993) zu wachsen beginnt, kommt es kontinuierlich zu 2:1 Konstellationen in wechselnder Zusammensetzung: Mutter + Kind: Vater; Vater + Kind: Mutter; Vater + Mutter (= Paar): Kind". Entsprechend diesem Familienverständnis verstehen Funcke und Hildenbrand (2009) unter unkonventionellen Familien solche, bei denen die zentrale sozialisatorische Aufgabe darin besteht, das fehlende Teil der Triade zu ergänzen.

Einigkeit besteht bei den unterschiedlichen Familienverständnissen darüber, dass Familie einen generativen Zusammenhang darstellt und die Sozialbeziehungen innerhalb des Familienverbandes durch besondere Solidaritätsverhältnisse gekennzeichnet sind. Wenn man einen phänomenologischen Blick auf Familien wirft, dann lassen sich fünf zentrale Kennzeichen[4] heutiger Familienkonstellationen erkennen.

11.3.1.1   Formenvielfalt

Familie zeigt sich heute in vielfältigen Formen. Die kleinste vollständige Familie besteht aus dem Elternpaar und ihrem leiblichen Kind. Aber auch eine Beziehung zwischen einem Erwachsenen und einem leiblichen Kind wird heute als Ein-Eltern-Familie bezeichnet (z. B. die Definition von Familie bei Nave-Herz). Familien zeichnen sich wie Paarbeziehungen durch ihre Diffusität aus. Das heißt, dass die Mitglieder ungeteilte wechselseitige Beziehungsansprüche haben, der Ausschluss von Ansprüchen gegenüber den Mitgliedern begründungspflichtig ist und die Beziehungen erheblich von emotional-affektiven Anteilen geprägt sind. Die Zusammengehörigkeit, Bindung, Kohärenz der Familienmitglieder wird über gemeinsame Familiengeschichten gestiftet.

11.3.1.2   Personale Verbundenheit

Die Mitglieder der Familie sind personal an diese soziale Gruppe gebunden, d. h. das Ausscheiden eines Familienmitgliedes durch z. B. Trennung, Scheidung, Tod, stationäre Unterbringung im Rahmen von Jugendhilfemaßnahmen kann nicht wie z. B. in beruflichen Zusammenhängen durch einen neuen Positionsinhaber bzw. eine neue Positionsinhaberin relativ problemlos kompensiert werden, sondern diese Situationen bedürfen einer auch zeitintensiven Gestaltung im Sinne einer biographischen Verarbeitung dieser Familienkonstellation durch die übriggebliebenen Mitglieder der Familie. In der strukturfunktionalistischen Familiensoziologie sprechen Parsons (1981) und Oevermann (1997) daher von der Nicht-Austauschbarkeit des Personals einer leiblich konstituierten Familie. Weiterhin finden sich innerhalb der Familie eine innerfamiliäre Solidarität (affektiv, emotional), eine Sorge um- und füreinander und eine Diffusität der Sozialbeziehungen.

11.3.1.3   Abgegrenzter Sozialisationsort

Familienleben zeichnet sich durch Abgrenzung (manchmal auch Ausgrenzung) gegenüber anderen Institutionen der Gesellschaft (wie z. B. Kita, Schule, Vereine) aus. Damit bietet diese soziale Gruppe zugleich einen Schutz für ihre

---

[4] Ich danke Michael Winkler dafür, dass er mir das Manuskript seines Vortrages an der HTW in Saarbrücken am 9.5. 2012 zur Verfügung gestellt hat. Im Folgenden werde ich auf dieses Manuskript Bezug nehmen, wenn ich die zentralen Kennzeichen moderner Familien referiere, die Winkler auch in seiner Monographie 2012 differenziert, mit all seinen komplexen Zusammenhängen und Ambivalenzen herausgearbeitet hat.

Mitglieder, insbesondere gegenüber der nachwachsenden Generation, den Kindern und Jugendlichen. Diesen Familienmitgliedern werden seit der Entstehung der bürgerlichen Gesellschaft und der „Erfindung" der Kindheit als besondere Lebensphase im 18. Jahrhundert Freiräume zur Erprobung von sozialem Zusammenleben und der Ausbildung ihrer Autonomie (im Sinne einer weitreichenden Handlungs-, Urteils- und Reflexionsfähigkeit) zugestanden. Damit ist Familie ein zentraler sozialisatorischer Ort der Vorbereitung auf das Leben in der Erwachsenengesellschaft.

11.3.1.4 Die sozialisatorische Triade

Familiäre Lebenspraxis ruht auf einer Struktur und erzeugt zugleich diese Struktur, nämlich die sozialisatorische Triade. Grundlage bei Parsons ist die konjugale (eheliche) Beziehung zwischen zwei Erwachsenen und dem daraus entstehenden, leiblichen Kind. Durch diese Konstellation, nämlich dem gleichzeitigen Vorhandensein einer Paarbeziehung und einer Eltern-Kind-Beziehung (Konjugalität und Filiation), entsteht ein „Spannungszusammenhang" (Winkler 2012), der die Besonderheit der familialen Binnenstruktur begründet. Winkler drückt den Sachverhalt, Familie als „strukturierende Praxis", folgendermaßen aus: „Familiäre Erziehung ist ein komplexes Geschehen, das sich nicht so einfach beeinflussen und gestalten lässt; zuweilen sind die Nebenwirkungen schlimmer als beabsichtigt. Genauer: Familienerziehung passiert eigentlich nebenbei, in dieser Praxis und als ihre Folge, im Wissenschaftsjargon gesprochen: performativ. Die Beteiligten spielen in einem Spiel mit, das zwar eine basale Ordnung kennt, doch durch das eigene Mitspielen entstehen der pädagogische Raum, das Familienmilieu und somit der pädagogische Wirkungszusammenhang der Familie (...) familiäre Erziehung ereignet sich als praktisches Spannungsfeld, in welchem Strukturen mit ihrer orientierenden Funktion, d. h. Machtprozesse und Herrschaft mit Aushandlungsvorgängen zusammentreten und verknüpft werden. Gewissheit und Offenheit, Berechenbarkeit und Überraschung, Kontingenz verbinden sich für alle. Eltern meinen ihre Kinder zu kennen und sind doch mit Handlungen konfrontiert, die sie rätseln lassen. Umgekehrt erleben Kinder, wie Eltern völlig unerwartet ‚ausrasten'; sie erleben, dass ihr Vater nicht der heilige Übermensch ist, der sich stets zu kontrollieren weiß, sondern an seine eigenen Belastungsgrenzen kommt" (Winkler 2012, S. 32–33). Die Verschränkung von Paarbeziehung und Eltern-Kind-Beziehung macht die familiale Triade für das Kind bzw. den Jugendlichen zu einem widersprüchlichen Ort der Erprobung und Erlangung von Zugehörigkeit, Loyalität, Ambivalenz, Autonomie und Loslösung. Entscheidend ist dabei nach neueren Erkenntnissen der Familiensoziologie (vgl. z. B. Funcke und Hildenbrand 2009; Sieder 2008, 2012) weniger, dass konkrete Familien scheinbar nur dyadische Strukturen aufweisen, wie z. B. bei der

Ein-Eltern-Familie, sondern dass auch in dieser Konstellation das Dritte und, sei es nur in Abwesenheit oder in der Phantasie, einen großen Einfluss auf die Gestaltung der Familienbeziehungen haben kann. „Und hier ist der entscheidende Punkt, den der Begriff der ‚strukturalen Triade‘ einbringt, dass nämlich dyadische Prozesse, wie Bindungserfahrungen, bereits innerhalb eines triadischen Kontextes statzufinden haben und ein soziokultureller Rahmen vorgegeben ist, worin die erwachsenen ‚dyadischen‘ Partner eingebunden sein müssen – soll es nicht zu entwicklungsgefährdenden narzisstischen Vereinnahmungen kommen" (Lang 2011, S. 55). Lang führt im Fortgang seiner Studie eine ganze Reihe von Fällen aus seiner klinischen Praxis als Psychoanalytiker an, die zeigen, welche extremen Folgen die „gescheiterte Triade" (im Sinne einer nicht gelungenen Wiederbesetzung der fehlenden Position des Dritten) im späteren Erwachsenenalter der Kinder und Jugendlichen haben können. Die Bedeutung der strukturalen Triade bzw. „des Dritten" (Fischer 2010) ist nicht nur im Rahmen sozialisatorischer und entwicklungspsychologischer Forschung[5] von Bedeutung, sondern auch in der Sozialphilosophie und Soziologie als eine zentrale Kategorie zur Bestimmung von Sozialität. Fischer weist eindrucksvoll darauf hin, welche zentrale Bedeutung das dritte als die Sozialtheorie[6] konstituierendes Element aufweist. „Jede sozio-kulturelle Welt kennt aber bereits eine Fülle von Figuren in Figurationen, die nicht auf dyadische Beziehungen zwischen ego und alter ego zurückgebracht werden können. Es gibt nicht nur den Anderen als Dialogpartner, sondern den abwesenden Dritten als Gesprächsthema; nicht nur den Anderen als Koakteur, sondern den Dritten als Beobachter, Lauscher, Zeugen; nicht nur den Einen und den Anderen, die voneinander entfernt sind, sondern auch den Dritten als Boten, als Übersetzer, der zwischen ihnen Botschaften überträgt; nicht nur den Dritten als Kooperierenden, sondern auch den Dritten als Störer der Reziprozität, als Intriganten, nicht nur den Anderen als Vertrauten, sondern den Dritten als Fremden; nicht nur den Anderen als Gegner, sondern den

---

[5] So kann in der modernen Säuglingsforschung gezeigt werden, dass bereits Säuglinge in der Lage sind konkret zwischen zwei zentralen Bezugspersonen zu differenzieren (vgl. z. B. Fivaz-Depeursinge und Corboz-Warnery 2001).

[6] „Die Sozialtheorie ist schlicht eine Theorie des Sozialen, sie reflektiert also das Soziale – oder das „Zwischen" oder das „Inter" zwischen Subjekten – als einen bestimmten Relationstyp, einen Typ von Relation, den man das Intersubjektive oder auch das Transsubjektive nennen kann. Die Sozialtheorie kreist darum, die Besonderheit dieses Relationstypus zu erschließen, so dass er nicht zu verwechseln ist mit dem Relationstypus des Subjekt-Objekt-Verhältnisses oder mit dem Relationstypus des Selbstverhältnisses des Subjekts zu sich selbst oder mit dem Relationstypus des Verhältnisses von Objekten untereinander, auch nicht mit dem Relationstypus des Absoluten oder Gott, der als das transzendente Dritte alle anderen Verhältnisse stiftet" (Fischer 2010, S. 135).

Dritten als Verbündeten; nicht nur den Anderen als Tauschpartner, sondern den Dritten als Händler; als Agenten; nicht nur den Anderen als Umworbenen, sondern den Dritten als Konkurrenten oder Rivalen; nicht nur den Anderen als Opponenten und Antagonisten, sondern den Dritten als Vermittler oder Schiedsrichter; nicht nur den Einen oder Anderen als Gleiche, sondern den Dritten als Herrscher, der nach der Maxime divide et impera sie voneinander differenziert und gegeneinander hierarchisiert; nicht nur den Anderen als Freund, sondern den Dritten als Sündenbock, als Ausgeschlossenen, als gemeinsamen Feind" (ebd., S. 145–146).

Soweit die Hinweise zur Bedeutung der Triade für die Sozialisation und Individuation von Menschen (weitere Ausführungen zur familialen Triade vgl. ebd., S. 142 ff., Bedorf et al. 2010).

11.3.1.5 Hohe sozialisatorische Flexibilität

Die diffuse Struktur der familialen Beziehungen ermöglicht der Familie als primärer Sozialisationsinstanz eine gegenüber sekundären Institutionen, wie z. B. Kitas, Schulen oder Kinderheimen, eine höhere Flexibilität nach innen und außen zu bewerkstelligen, insbesondere wenn es darum geht, ontogenetische und andere Krisen zu bewältigen. Nach innen erweisen sich Familien in der Regel stabil und flexibel gleichermaßen. Sie können zu Notgemeinschaften oder Rückzugsmöglichkeiten werden. Sie können auch den Verlust oder Austausch von erwachsenen Mitgliedern insofern verkraften, dass sie die damit verbundene Gestaltungsaufgabe bewältigen können. Gegenüber von außen an sie gestellten sozialen und kulturellen Anforderungen, zuweilen Widrigkeiten, können sie wachsen, d. h. es gelingt ihnen häufig vor dem Hintergrund veränderter sozialer und kultureller Bedingungen im Meso- und Makrobereich, eine Neuorientierung und Neugestaltung der Binnenverhältnisse zu arrangieren. Damit zeigen sich Familien häufig als „lernende Institutionen" (Winkler) mit einer hohen Belastbarkeit. Diese Fähigkeit der Anpassung an Anforderungen der Gesellschaft und damit eine variable Handlungs- und Gestaltungspraxis im Alltag ist leichter realisierbar als in anderen Institutionen (vgl. hierzu z. B. Winkler 2012, S. 105 ff.). Eine Familie kann z. B. auf Verstöße von Regeln, z. B. bei adoleszenzbedingten Handlungsweisen von Jugendlichen als diffus organisiertes Milieu viel differenzierter agieren als dies eine Institution der öffentlichen Jugendhilfe könnte, weil hier zu viele Beteiligte, gesetzliche und organisatorische Bedingungen sowie die spezifischen Sozialbeziehungen der Akteure beachtet werden müssen. Trotz aller Leistungen und Fähigkeiten von Familien darf aber nicht übersehen werden, dass sowohl die Belastungs- als auch Anpassungsfähigkeit von Familien nicht beliebig beansprucht werden können. Die sozialisatorischen Leistungen von Familien werden heute durch extensive Versuche der bewussten Gestaltung der „vorpädagogischen, familiären Erziehungsprozesse" (Winkler) durch Expertise beeinträchtigt oder sogar gefährdet, wenn diese Expertinnen und Experten nicht die Bedeutung dieser primären Sozialisationsinstanz für die Entwicklung der Kinder und Jugendlichen erkennen. Weiterhin ist auch die Perspektive auf Familien, wie sie zuweilen im Rahmen von Kinderschutzbestrebungen getätigt werden, bestandsgefährdend einzuschätzen, nämlich dann, wenn sie einen pauschalen Verdachtheitskontext gegenüber Familien einnehmen, und diese Zielgruppe als potentielles Risiko für das Kindeswohl betrachten. Eltern sollen – wie dies häufig bei den zahlreichen Erziehungsprogrammen gefordert wird (vgl. zur Übersicht Tschöpe-Scheffler 2003) – daher auf die Elternschaft vorbereitet werden, z. B. durch den Erwerb eines „Elternführerscheins". Diese Forderung stellt einen Widerspruch in sich dar, weil eine diffuse Struktur gerade durch ihre Offenheit, Nicht-Festgelegtheit gekennzeichnet ist und nur dadurch wie oben beschrieben, ihre sozialisatorische Wirkung entfalten kann. Wie sehen aber die zentralen Leistungen im Detail aus, die Familien für die Sozialisation ihrer Kinder und Jugendlichen alltäglich erbringen?

11.4   Zentrale sozialisatorische Leistungen von Familien in der triadischen Konstellation

Ich beschränke mich im Folgenden auf die wichtigsten Aspekte. Zunächst lernen Kinder in der „vorpädagogischen Erziehung" (Winkler), also im Rahmen des diffusen Mehrgenerationenverhältnisses der Familie, elementare Unterscheidungen, situationsgerechtes Handeln, die Aneignung von Regeln, Normen, Werten, soziale Praktiken ebenso wie eine familienspezifische Praxis kennen. Der familiale Rahmen schafft Sicherheit, ermöglicht Selbstständigkeit bei eingeschränkten sozialen, materiellen, kulturellen und strukturellen Voraussetzungen. Die Familie bietet quasi ein gesellschaftliches Zusammenleben und Gestalten im Kleinen, als Mikrokosmos und Experimentierfeld. Auch Bildung wird in der Familie vermittelt und zwar primär Persönlichkeitsbildung sowie das Einüben von grundlegenden sozialen Praktiken, wie z. B. die Entwicklung und das Aneignen sozialisatorischer Fähigkeiten, wie Perspektivenübernahmefähigkeit, Rollendistanz, Ambiguitätstoleranz, Identitätsdarstellung (vgl. z. B. Krappmann 1971). Weiterhin erlernen Kinder Praktiken der Kommunikation, der Sinnstiftung, Verständigung, Konfliktbearbeitung und Arbeitsteilung. Letztlich dient der Erwerb all dieser Fähigkeiten und die Erfahrungen in der Familie dazu, dem zukünftigen Erwachsenen im Erwachsenenalter Freiheit zu ermöglichen, Autonomiebildung (Selbstständigkeit) zu fördern, sich selbst zu bestimmen und Mündigkeit zu erlangen. Über die zentrale Bedeutung triadischer Strukturen während der Sozialisation, insbesondere auf Grundlage von

Forschungen in der Soziologie, Entwicklungspsychologie und Sozialphilosophie habe ich bereits weiter oben einige Punkte benannt. Dabei stellt sich die Frage, was bedeuten diese Sachverhalte konkret bezogen auf die Lebenssituation von Kindern und Jugendlichen, die in Familien, mehrheitlich Kernfamilien, aufwachsen? Worin liegen die besonderen Stärken eines Sozialisationsrahmens, der sich strukturell von anderen Sozialisationsagenturen wie Kita, Schule, Verein, Kinderheim, aber auch Peer-group und Ein-Eltern-Familien unterscheidet? Vier zentrale Aspekte scheinen mir hier vor allem im Zentrum zu stehen:

1. Der erste zentrale Unterschied besteht darin, dass sozialisatorische Aufgaben auf zwei signifikante erwachsene Bezugspersonen verteilt werden können. In der Terminologie von Parsons (1981) bzw. im Sinne einer strukturfunktionalistischen Sozialisationstheorie (z. B. Oevermann (1997) bedeutet dies, dass die beiden zentralen Aufgaben, die Eltern für die Ontogenese ihres Kindes sicherstellen müssen – expressive und instrumentelle Funktionen zu gewährleisten – auf zwei Personen (das Elternpaar) verteilt werden können. Unter einer expressiven Funktion versteht Parsons die Versorgung des Kindes mit Zuwendung, Fürsorge, Bindung, Vertrauen, Sicherheit u. ä. (affektive Seite von Sozialbeziehungen). Instrumentelle Funktionen konfrontieren das Kind hingegen mit Aufgaben, Regeln, Anforderungen, Pflichten, Sanktionen, Unsicherheit, Misstrauen u. a. (sachliche Seite von Sozialbeziehungen). Bei einer triadischen Struktur verteilen sich die instrumentellen und expressiven Funktionen auf die beiden Elternteile. Nach Parsons ist die Gewährleistung dieser beiden zentralen Funktionen die Grundlage für das Gelingen von primärer Sozialisation in Familien. Das bedeutet, dass zum Beispiel auch in einer Ein-Eltern-Familie Kinder erfolgreich sozialisiert werden können. Der zentrale Unterschied besteht darin, dass bei dieser Konstellation ein Elternteil beide Funktionen in Personalunion sicherstellen muss bzw. was empirisch bei der Genogrammanalyse häufig zu beobachten ist, dass ein naher Verwandter, ein Großelternelternteil, eine Schwester oder ein Bruder, ein Nachbar, die nicht besetzte Elternteilposition einnimmt (vgl. z. B. Hildenbrand 2005, 2006, S. 205 ff.; Funcke und Hildenbrand 2009) und sich damit eine triadische Struktur ergibt.

2. Ein weiterer sozialisatorischer Vorteil der triadischen Struktur besteht darin, dass dem Kind bzw. dem Jugendlichen bei zwei besetzten Elternteilpositionen wechselnde Koalitionen ermöglicht werden und damit Ein- und Ausschlussprozesse, die „Rotation in der Triade" (Buchholz 1993) im Laufe der Ontogenese erfahren werden kann.

3. Unter entwicklungspsychologischen Gesichtspunkten ist das Einhalten der Generationengrenzen durch die Vermeidung von Parentifizierung (vgl. z. B. Lang

2011; Funcke und Hildenbrand 2009) eine weitere Besonderheit der Triade. In Ein-Eltern-Konstellationen besteht die Gefahr, dass das Kind beim
Ausscheiden eines Elternteils aus der Familie von der Generationenachse auf
die Paarachse wechselt und damit die Funktion eines Partnerersatzes oder
Partnerinnenersatzes für den verbliebenen Elternteil übernimmt.

4. Die vierte zentrale Leistung einer triadischen Struktur in Familien besteht darin, dass die Bewältigung der ödipalen Krise durch Zurückweisung durch den
gegengeschlechtlichen Elternteil und Identifikation mit dem gleichgeschlecht-
lichen Elternteil erleichtert wird, weil beide Elternteile für das Kind im Alltag
erfahrbar sind. Die möglichen klinischen Folgen solcher Konstellationen und
der Generationsverschiebungen in Folge einer nicht besetzten Elternteilposition (Punkt 3) werden z. B. von Lang (2011) in seinen klinischen Ausprägungen
ausführlich beschrieben.

Wenn die familiale Triade vollständig besetzt ist, kann das Kind zentrale ontogenetische Krisen leichter bewältigen, weil konkret erfahrbare signifikante
Bezugspersonen vorhanden sind.

Damit ergibt sich als Schlussfolgerung, dass ein sozialisatorischer Zugang gegenüber Kindern und Jugendlichen auch im Rahmen von Kinderschutzmaßnahmen
die Berücksichtigung des familialen Systems erfordert, vor allem, wenn es darum geht, durch wirkungsvolle Hilfen zur Verbesserung ihrer Lebensbedingungen
beizutragen. Aus unserer Forschung über die Sozialisation von ehemaligen Pflegekindern (vgl. Gehres und Hildenbrand 2008) werde ich im folgenden ein kurzes
Beispiel anführen, das eindringlich illustriert, wie wichtig es ist, dass Kinder und
Jugendliche im Zusammenhang mit ihren Eltern und deren Milieubedingungen gesehen werden müssen. Diese Bedingungen bei der Anamnese und Hilfeplanung zu
erkennen und für das eigene professionelle Handeln zu berücksichtigen erscheint
ein sinnvolles Unterfangen zu sein.

11.5 Kinder stehen in wechselseitigen Beziehungen mit ihren Eltern – ein Beispiel

In der familientherapeutischen Forschung haben bereits sehr früh Boszormenyi-
Nagy und Spark (1981) auf die „Bedeutung von Verpflichtungen und innerer
Bindung als Steuerungsfaktoren" (ebd., S. 52) in familiären, diffusen Beziehungen
hingewiesen. Auch die Forschungen von Stierlin (1980) über generationenüber-
greifende Aufträge in Familien oder die Rolle von Familiengeheimnissen bei

Imber-Black (2001) gehen in eine ähnliche Richtung. Kinder haben gemeinsam mit ihren Eltern eine Geschichte, die zuweilen über mehrere Generationen zurückreicht, haben eine gemeinsame familiale Zukunft (das ist eine Folge der oben beschriebenen Strukturbedingungen leiblich konstituierter Familien, vgl. z. B. Parsons 1981; Oevermann 1996). Davon sind auch Kinder und Jugendliche betroffen, die zeitweilig oder auch dauerhaft während ihrer Kindheit und Jugendphase im Rahmen von Kinderschutzmaßnahmen in Pflegefamilien oder Heimen untergebracht waren (vgl. z. B. Gehres und Hildenbrand 2008; Gehres 1997). Diese besonderen Bindungen zu den jeweiligen Herkunftsfamilien, zuweilen Verstrickungen, sind immer wieder auch in Genogrammanalysen sowie in Forschungen über die Kinder- und Jugendhilfe ein zentrales Thema (vgl. z. B. Gehres 2007, S. 59 ff.). Ein Beispiel aus der gemeinsamen mit Bruno Hildenbrand erstellten Studie über die Sozialisation von Pflegekindern macht dies exemplarisch deutlich. Es handelt sich um eine 15 Jahre alte Jugendliche, die bereits seit ihrem 10. Lebensjahr in einer fachlich informierten Pflegefamilie untergebracht war. Der Pflegevater ist Psychologe und verfügt über eine psychotherapeutische Zusatzausbildung. Er arbeitete viele Jahre in der Heimziehung, ebenso wie seine Frau, eine ausgebildete Erzieherin. In dieser Familie, organisiert als eine Erziehungsstelle, lebten neben den Pflegeeltern auch noch andere Pflegekinder auf einem Bauernhof. Die Jugendliche hat sich nach Anfangsschwierigkeiten sowohl in sozialer, als auch schulischer Hinsicht integriert. Das therapeutische Milieu des Bauernhofes hat ihr u. a. geholfen, gegenüber ihrem Herkunftsmilieu andere Sozialisationserfahrungen zu machen und ihre zum Zeitpunkt der Aufnahme in die Pflegefamilie bestehende problematische Schulsituation zu ändern. In ihrem 15. Lebensjahr wurden die Elternkontakte auf ihren Wunsch hin intensiviert, vor allem zu ihrem Vater, der von ihrer Mutter getrennt lebte. An Wochenenden besuchte sie ihren Vater und entwickelte den Wunsch, zu ihm zu ziehen und fortan bei ihm zu leben. Ihr Vater hätte sie auch gerne aufgenommen, aber die Jugendhilfebehörde und die Pflegeeltern waren aus mehreren Gründen dagegen. Daraufhin entstand das Bedürfnis der Jugendlichen zu ihrer Mutter zurückzukehren. Die Jugendhilfebehörde war einverstanden, nur die Pflegeeltern wehrten sich letztlich erfolglos gegen diesen Wunsch. Daraufhin nahm die Mutter sie wieder auf. Die Pflegeeltern konnten sich zu diesem Zeitpunkt diese Entwicklung der jungen Frau, die mit der Rückkehr in die Herkunftsfamilie endete, nicht erklären. Zwei Jahre später erfuhr der Pflegevater, dass die besagte junge Frau noch im gleichen Jahr der Rückkehr, ein Kind bekommen hatte (sie war damals 15 Jahre alt). Nach weiteren Recherchen, auch mit Unterstützung der Jugendhilfebehörde konnte er herausfinden, dass Schwangerschaft im 15. Lebensjahr in dieser Familie seit Generationen das zentrale Aufnahmekriterium in den Erwachsenenstatus aller weiblichen Mitglieder darstellt. Ebenso wie ihre Mutter,

Großmutter und alle anderen weiblichen Mitglieder der Herkunftsfamilie symbolisiert die Schwangerschaft im 15. Lebensjahr in dieser Familientradition den Übergang vom Jugendlichen zum Erwachsenen. Diese Praxis bedeutete für diese Frauen die Aufnahme in den Erwachsenenstatus, ein Initiationsritus zur vollen Zugehörigkeit. An dieser Stelle wird auch deutlich, wie wichtig die Erhebung von Genogrammdaten und die Genogrammanalyse (z. B. Hildenbrand 2007) im Rahmen der Anamnese in der Sozialen Arbeit ist, auch wenn hierfür zu Beginn etwas mehr Zeit eingeplant werden muss.

11.6 Vorläufiges Fazit

Familien leisten mehrheitlich sehr viel für den Bestand der Gesellschaft. Sie vermitteln den Kindern das grundlegende soziale Verständnis. In Familien werden die Grundlagen für die sozialisatorischen Kernkompetenzen gelegt, die notwendig sind, um am gesellschaftlichen Leben teilzunehmen. In Familien findet eine umfassende Persönlichkeitsbildung statt, die in weiteren Institutionen der Gesellschaft weiterentwickelt wird. Viele Aufgaben der Familien können Institutionen der Jugendhilfe auf Grund ihrer berufsförmig organisierten Sozialbeziehungen nicht kompensieren. Die familiale Flexibilität nach innen und außen wie sie Winkler (2012) besonders hervorhebt, ist konkurrenzlos. Deshalb sollte auch im Kinderschutz, soweit es für das leibliche und emotionale Wohl der Kinder vertretbar ist, die Kooperation und Unterstützung der Eltern angestrebt werden. Ein habitueller Verdachtheitskontext, also eine Grundhaltung gegenüber Eltern, die in ihrem Handeln gegenüber ihren Kindern primär das Problematische, Nicht-Gelingende in den Blick nimmt, halte ich im Kinderschutz für wenig hilfreich, weil eine pauschale Inkompetenzzuschreibung an Herkunftseltern auch die zu schützenden Kinder trifft. Diese sind Teil des Familiensystems und haben eine gemeinsame Vergangenheit mit diesen Bezugspersonen. Daher ist es ratsamer, Kritik an elterlichem Handeln nicht, wie im zu Beginn zitierten Artikel von Kahlweith in Form von (Inkompetenz-)Zuschreibungen vorzunehmen, sondern prinzipiell immer eine situations- bzw. handlungsbezogene Haltung einzunehmen. Diese Praxis berücksichtigt auch, dass Menschen entwicklungsfähige Wesen sind und damit wandlungsfähig. Es zeigt sich, dass Familien eine zentrale soziale Institution darstellen, die elementare sozialisatorische Strukturen aufweist und für die alltägliche Gestaltung und Bewältigung von sozialisatorischen Aufgaben, Herausforderungen, Krisen unverzichtbar ist. Dabei ist dieses diffuse soziale Milieu sehr flexibel, belastbar, aber zugleich auch zunehmend durch andere soziale Institutionen und politische Einflüsse gefährdet. Daraus ergibt sich, dass Familien in Krisen primär Unterstützung benötigen, um wieder in der Lage zu sein, ihre fundamentalen sozialisatorischen Aufgaben bewältigen zu können.

Literatur

Bedorf, Thomas, Joachim, Fischer und Gesa, Llindemann, Hrsg. 2010. *Theorien des Dritten. Innovationen in Soziologie und Sozialphilosophie.* München: Wilhelm Fink Verlag.

Boszormenyi-Nagy, Ivan, und Geraldine M. Spark. 1981. *Unsichtbare Bindungen. Die Dynamik familiärer Systeme.* Stuttgart: Klett-Cotta.

Bowlby, John. 1995. *Elternbindung und Persönlichkeitsentwicklung. Therapeutische Aspekte der Bindungstheorie.* Heidelberg: Dexter Verlag.

Buchholz, Michael B. 1993. *Dreiecksgeschichten. Eine klinische Theorie psychoanalytischer Familientherapie.* Göttingen: Vandenhoeck & Ruprecht.

Burkart, Günter. 2008. *Familiensoziologie.* Konstanz: UVK.

Burkart, Günter, und Martin Kohli. 1992. *Liebe, Ehe, Elternschaft. Die Zukunft der Familie.* Zürich: Piper Verlag.

Fischer, Joachim. 2010. Tertiarität/der Dritte. Soziologie als Schlüsseldisziplin. In *Theorien des Dritten. Innovationen in Soziologie und Sozialphilosophie,* Hrsg. Joachim Fischer, Thomas Bedorf, und Gesa Lindemann, 131–160. München: Wilhelm Fink Verlag.

Fivaz-Depeursinge, Elisabeth, und Antoinette Corboz-Warnery. 2001. *Das primäre Dreieck. Vater, Mutter, Kind aus entwicklungstheoretisch-systemischer Sicht.* Heidelberg: Carl-Auer Systeme.

Fivaz-Depeuringe, Elisabeth, Daniel N. Stern, Antoinette Corboz-Warnery, und Dieter Bürgin. 1998. Wann und wie das familiale Dreieck entsteht: Vier Perspektiven affektiver Kommunikation. In *Gefühle und Systeme. Die emotionale Rahmung beraterischer und therapeutischer Prozesse,* Hrsg. Rosemarie Welter-Enderlin und Bruno Hildenbrand, 119–154. Heidelberg: Carl-Auer Verlag.

Funcke, Dorett, und Bruno Hildenbrand. 2009. *Unkonventionelle Familien in Beratung und Therapie.* Heidelberg: Carl-Auer Verlag.

Gehres, Walter. 2007. Sozialisation, biographische Entwicklungen und das Jugendhilfesystem (Ein Forschungsbericht). *Sozialwissenschaftliche Literaturrundschau (SLR)* 30 (54): 59–74.

Gehres, Walter. 2012. Identitätsbildung bei Pflegekindern. Sozialisation im Modus des Als-Ob. *Sozialmagazin* 37 (5): 19–30.

Gehres, Walter; Heinßen, Peter (2012): AG 6: Psychologisierung von Pflegefamilien? Welche Weiterbildung brauchen Pflegeeltern? Was bietet ein freier Träger?. In: PFAD Bundesverband (Hrsg.): Zwischen Jugendamt und Pflegefamilie. Freie Träger in der Pflegekinderhilfe. Dokumentation des Fachtages des PFAD Bundesverbandes in Kooperation mit dem Bundesjugendministerium, der Internationalen Gesellschaft für erzieherische Hilfe sowie dem Sozialdienst katholischer Frauen am 11.11. 2011 in Potsdam. Berlin, Eigenverlag, 49–64.

Gehres, Walter, und Bruno Hildenbrand. 2008. *Identitätsbildung und Lebensverläufe bei Pflegekindern.* Wiesbaden: VS Verlag für Sozialwissenschaften.

Hildenbrand, Bruno. 2006. Resilienz, Krise und Krisenbewältigung. In *Resilienz – Gedeihen trotz widriger Umstände*, Hrsg. Rosmarie Welter-Enderlin, 205–229. Heidelberg: Carl-Auer Verlag.

Hildenbrand, Bruno. 2007. *Einführung in die Genogrammarbeit*, 2. Aufl. Heidelberg: Carl-Auer compact.

Illous, Eva. 2009. *Die Errettung der modernen Seele. Therapien, Gefühle und die Kultur der Selbsthilfe.* Frankfurt a. M.: Suhrkamp.

Imber-Black, Evan. 2001. *Die Macht des Schweigens. Geheimnisse in der Familie.* München: Dtv.

König, Tomke. 2012. *Familie heißt Arbeit teilen. Transformationen der symbolischen Geschlechterordnung.* Konstanz: UVK.

Krappmann, Lothar. 1988. *Soziologische Dimensionen der Identität. Strukturelle Bedingungen für die Teilnahme an Interaktionsprozessen.* Stuttgart: Klett-Cotta.

Krappmann, Lothar. 1997. Die Identitätsproblematik nach Erikson aus einer interaktionistischen Sicht. In *Identitätsarbeit heute. Klassische und aktuelle Perspektiven der Identitätsforschung*, Hrsg. Renate Höfer und Heiner Keupp, 66–92. Frankfurt a. M.: Suhrkamp.

Krappmann, Lothar. 2001. Bindungsforschung und Kinder- und Jugendhilfe – Was haben sie einander zu bieten? *Neue Praxis* 31:338–446.

Lang, Hermann. 2011. *Die strukturale Triade und die Entstehung früher Störungen.* Stuttgart: Klett-Cotta.

Lasch, Christopher. 1981. *Geborgenheit. Die Bedrohung der Familie in der modernen Welt.* München: Steinhausen Verlag.

Minuchin, Patricia, Jorge Colapinto, und Salvador Minuchin. 2000. *Verstrickt im sozialen Netz. Neue Lösungswege für Multiproblem-Familien.* Heidelberg: Carl-Auer-Systeme Verlag.

Nave-Herz, Rosemarie. 2003. Eine historisch-soziologische Analyse zum Begriff Kindeswohl. In *Kindeswohl. Eine interdisziplinäre Sicht*, Hrsg. Claudia Kaufmann und Franz Ziegler, 75–83. Chur Schweiz: Ruegger Verlag.

Nave-Herz, Rosemarie. 2004. *Ehe- und Familiensoziologie. Eine Einführung in Geschichte, theoretische Ansätze und empirische Befunde.* Weinheim: Juventa.

Oevermann, Ulrich. 1997. Theoretische Skizze einer revidierten Theorie professionalisierten Handelns. In *Pädagogische Professionalität. Untersuchungen zum Typus pädagogischen Handelns*, Hrsg. Arno Combe und Werner Helsper, 70–182. Frankfurt a. M.: Suhrkamp.

Oevermann, Ulrich. 2004. Sozialisation als Prozess der Krisenbewältigung. In *Sozialisationstheorie interdisziplinär. Aktuelle Perspektiven*, Hrsg. Geulen Dieter und Veith Hermann, 155–181. Stuttgart: Lucius & Lucius.

Parsons, Talcott. 1981. *Sozialstruktur und Persönlichkeit.* Frankfurt a. M.: Fischer Verlag.

Pothmann, Jens, und Agathe Wilk. 2012. Kinderschutz im Dialog. Empirische Einblicke in Beratungs- und Entscheidungssettings in Teamstrukturen am Beispiel des ASD. In *Sorgende Arrangements*, Hrsg. Werner Thole, et al., 155–173. Wiesbaden: VS Verlag für Sozialwissenschaften.

Rosenbaum, Heidi. 1996. *Formen der Familie.* Frankfurt a. M.: Suhrkamp Verlag.

Schleiermacher, Friedrich Daniel Ernst. 2000. *Texte zur Pädagogik. Kommentierte Studienausgabe*, Hrsg. M. Winkler und J. Bachmann, Bd. 2, 10 f., 37–39, 118. Frankfurt a. M.: Suhrkamp Verlag.

Sieder, Reinhard. 2008. *Patchworks – das Familienleben getrennter Eltern und ihrer Kinder: Mit einem Vorwort von Helm Stierlin.* Stuttgart: Klett-Cotta.

Sieder, Reinhard. 2012. *Geschiedene Eltern, verstörte Kinder – oder ein neues Familienleben? Mit Vorworten von Hubert Christian Ehalt und Bettina Dausien.* Wien: Picus Verlag (Reihe Wiener Vorlesungen, Edition Gesellschaftskritik).

Stierlin, Helm. 1980. *Eltern und Kinder. Das Drama von Trennung und Versöhnung im Jugendalter.* Frankfurt a. M.: Suhrkamp.

Suess, Gerhard J., und Wolfgang Hammer, Hrsg. 2010. *Kinderschutz. Risiken erkennen, Spanngungsverhältnisse gestalten.* Stuttgart: Klett-Cotta.

Tschöpe-Scheffler, Sigrid. 2003. *Elternkurse auf dem Prüfstand. Wie Erziehung wieder Freude macht.* Opladen: Leske + Budrich.

Unverzagt, Gerlinde. 2010. *Eltern an die Macht. Warum wir es besser wissen als Lehrer, Erzieher und Psychologen.* Berlin: Ullstein Verlag.

Winkler, Michael. 2012. *Erziehung in der Familie. Innenansichten des pädagogischen Alltags.* Stuttgart: Kohlhammer Verlag.

Winkler, Michael. 2012a. Familie zwischen Überforderung und Intervention. Unveröffentliches Manuskript eines Vortrages an der Hochschule für Technik und Wirtschaft des Saarlandes am 8. May 2012.

Zeh, Juli. 2009. *Corpus Delicti. Ein Prozess.* Frankfurt a. M.: Schöffling & Co.

Pflegefamilien und das Legitimationsproblem sozialstaatlicher Eingriffe

12

Tobias Studer

Zusammenfassung

Der Autor beschäftigt sich in dem Beitrag mit dem Verhältnis von Staat und Familie hinsichtlich des Legitimationsproblems sozialpädagogischer und sozialstaatlicher Eingriffe. Dabei wird anhand des Pflegekinderbereichs in der Schweiz und mittels theoretischer Überlegungen zu Privatheit und Öffentlichkeit das Spannungsverhältnis zwischen Familie und staatlichen Institutionen untersucht. Gegenstand des Beitrags ist unter anderem, dass Eingriffe in die als autonom angenommene Privatheit von Familien legitimationsbedürftig sind. Dieses Legitimationsdefizit lässt sich über die Erhöhung kommunikativer Rationalität bearbeiten, wird hingegen über die Einführung standardisierter Verfahren im Rahmen von Professionalisierungsbestrebungen zusehends problematisch. Es wird thesenartig dargelegt, inwiefern es durch die Professionalisierung des Pflegekinderbereichs letztlich zu einer Reduktion der Beziehungen zwischen den beteiligten Akteuren kommt.

Die theoretischen Ausführungen und empirischen Hinweise in diesem Beitrag basieren auf meiner Dissertation, welche sich mit dem Thema „Pflegefamilien zwischen Privatheit und Öffentlichkeit" beschäftigt und in Arbeit ist.

T. Studer (✉)
Olten, Schweiz
E-Mail: tobias.studer@fhnw.ch

B. Bütow et al. (Hrsg.), *Sozialpädagogik zwischen Staat und Familie*,
DOI 10.1007/978-3-658-01400-1_12, © Springer Fachmedien Wiesbaden 2014

12.1 Einleitung

„Nein zur Verstaatlichung der Familie"; so der Titel eines Kommentars des bürgerlichen Nationalrats Gregor Rutz (2013) der Schweizerischen Volkspartei (SVP) in der Neuen Zürcher Zeitung vom 7. Januar 2013. Das Verhältnis von Staat und Familie war in der Schweiz Gegenstand einer eidgenössischen Vorlage, in welcher über familienpolitische Maßnahmen zur Vereinbarkeit von Familie und Beruf abgestimmt wurde.[1] Außer der Freisinnig-Demokratischen Partei (FDP) und der SVP gaben alle Parteien die Ja-Parole raus. An dieser Vorlage lässt sich die politische Debatte der vergangenen Jahre abbilden und die Schwäche der politisch etablierten Linken deutlich machen: Das Kernargument der bürgerlichen Parteien liegt in der Hochstilisierung der Gefahr einer Verstaatlichung der Kinder und des Eingriffs in die familiäre Privatsphäre. Dieser Idealisierung der Privatheit und der Familie setzt die etablierte Parteilinke ebenfalls eine Stärkung der Familie unter dem Aspekt der Chancengleichheit entgegen. So wird die Kritik an der potentiellen Einschränkung von subsidiären, föderalistischen und direktdemokratischen Staatsstrukturen den bürgerlichen Stimmen überlassen. Damit wird eine Schwäche der etablierten politischen Linken in der Schweiz in der Diskussion der Frage der Volkssouveränität deutlich, indem nicht mehr am Primat der Souveränität des Volkes und der gleichzeitigen verfassungsgegebenen Sicherung der demokratischen Verfahren festgehalten wird (vgl. Graf 2012, S. 87; Gross et al. 2003).[2] Diese Entwicklung verdeutlicht Martin Graf (2012, S. 86 f.) an der unkritischen Übernahme des Begriffs des Steuerzahlers als politische Referenzgröße, welcher gegenüber dem Begriff des Bürgers in demokratischen Gesellschaften keinerlei Legitimität aufweist, da dadurch die sozialen Verhältnisse zurück in finanziell begründete politische Privilegien verwandelt werden.[3]

---

[1] Der Verfassungsartikel zur Familienpolitik und zur Vereinbarkeit von Familie und Beruf wurde am 3. März 2013 mit einer Mehrheit von 54,3 % der Stimmenden angenommen, scheiterte aber letztlich am Ständemehr (13 Stände – 11 Kantone und 4 Halbkantone – lehnten den Verfassungsartikel ab).

[2] Das zentrale Problem besteht darin, dass in der Schweiz die im Kontext der neoliberalen politischen und ökonomischen Veränderungen erstarkte SVP als einzige Partei die Problematik der Verabschiedung vom Volk als Souverän aufgegriffen hat.

[3] In diesem Zusammenhang sei auf die im Juli 2011 eingereichte familienpolitische Initiative der SVP hingewiesen, welche sich für einen Steuerabzug auch bei der familiären Selbstbetreuung der Kinder ausspricht. Die „Familieninitiative" wird am 24. November 2013 dem Volk zur Abstimmung und seitens der Bundesversammlung am 21. Juni 2013 zur Ablehnung empfohlen. Die Vorlage wird von 58,5 Prozent der Abstimmenden abgelehnt.

„Die neoliberale antidemokratische Ideologie zielte darauf, soziale Sicherheit zu reduzieren oder zu zerstören, demokratische Partizipationschancen zu minimieren oder zu umgehen und die von der ökonomischen Krise Betroffenen der in der Wirtschaft institutionalisierten Herrschaft und Gewalt durch ungeschützte Abhängigkeit auszuliefern" (Graf und Vogel 2010, S. 30). Der Neoliberalismus hatte maßgeblichen Einfluss auf die Reduktion direktdemokratischer Einflussnahmen, aber auch hinsichtlich der Einführung zunehmend prekärer Arbeitsverhältnisse, welche gleichsam mit der Reduktion sozialstaatlicher Sicherungsleistungen einhergehen. Den Wechsel von Welfare zu Workfare hat Kurt Wyss (2007) im Falle der Sozialhilfe analysiert. Der Sozialpädagogik käme in diesem Kontext neoliberaler Transformationen eine bedeutsame Rolle in der Aufrechterhaltung demokratisch fundierter Vorstellungen von Bürgerschaft zu. Ihr obliegt das Potential zur Demokratisierung der gesellschaftlichen Verhältnisse, sofern sie sich in ihrer normativen Grundlegung an der Herstellung von Mündigkeit und Diskursivität orientiert (vgl. Graf 1996). Indem sie sich aber in der Theoriebildung auf Fragen um die eigene Professionalität konzentriert, läuft sie Gefahr sich dem Potential einer normativen Grundlegung gesellschaftspolitischer Demokratisierungsprozesse zu verschließen. Oder aber die Frage nach der Normativität nimmt zunehmend subjektorientierte und damit in der Tendenz entpolitisierte Konturen an, wie das Orientierungen an Konzepten wie dem individuellen Wohlergehen suggerieren (vgl. Otto und Ziegler 2012).

Vor dem Hintergrund dieser politischen Veränderungen und theoretischen Auseinandersetzungen lässt sich das Verhältnis von Staat und Familie beleuchten: Familie wird als maßgeblich prägender Ort des Privaten und als Institution verstanden, wo die primäre Sozialisation stattfindet und gleichsam gesellschaftliche Kräfteverhältnisse vermittelt werden (vgl. Huinink und Konietzka 2007; Nave-Herz 1991, 2006). Die Familie stellt vor dem Hintergrund eines liberalen Staats- und Gesellschaftsverständnis den gesellschaftlichen Bereich dar, der sich einer staatlichen Einflussnahme zur Gewährung eines privaten Rahmens entzieht. Der folgende Beitrag bezieht sich nun einerseits auf den Themenbereich der Pflegefamilien und dabei insbesondere auf das Verhältnis von Privatheit und Öffentlichkeit: Pflegefamilien bewegen sich im Spannungsfeld von staatlicher Einflussnahme gegenüber familiärer Erziehung und damit genuin in einem Spannungsverhältnis zwischen Privatheit und Öffentlichkeit. Sie sind als sozialpädagogische Akteure gleichsam dem sozialpolitischen Einfluss und den staatlichen Interventionen unterworfen, wie sie auch über bestimmte familiär privilegierte und damit private Zugänge verfügen. In der Schweiz haben die politischen Debatten um Pflegefamilien insbesondere auf Bundesebene stattgefunden, indem die „Verordnung über die Aufnahme von Kindern zur Pflege und zur Adoption" (PAVO) einer Revision unterzogen werden sollte. Die damit einhergehende Kontroverse stand im Fokus einer angestrebten Professionalisierung und der Qualitätssteigerung dieses bislang noch weitgehend nicht-professionalisierten Bereichs der Sozialpädagogik.[4] Der Pflegekinderbereich ist im Weiteren durch die bundesrätliche Entschuldigung gegenüber den Verdingkindern und „administrativ Versorgten" in der medialen und politischen Debatte präsent und entsprechend wird eine längst notwendige historische Aufarbeitung dieser Themen gefordert (vgl. auch Freisler-Mühlemann 2011; Leuenberger et al. 2011; Leuenberger und Seglias 2008).[5] Andererseits befasse ich mich mit der Legitimationsproblematik sozialpädagogischen Handelns (vgl. Graf 1996, 2012; Graf und Vogel 2010), um damit die spannungsgeladene Rolle der sozialpädagogischen Akteure deutlich zu machen: Sie stehen strukturell in einer doppelten Verantwortung gegenüber den individuellen Lebenswelten der Adressatinnen und Adressaten und gegenüber den staatlichen Institutionen. Diese beiden Themenbereiche werden im Zusammenhang mit dem Pflegekinderbereich diskutiert und dabei theoretisch an die aktuellen sozialpolitischen Veränderungen rückgebunden.

Erstens werden einige Überlegungen zur Familie als gesellschaftliche Institution im Kapitalismus dargestellt. Zweitens interessieren mich Familie und Staat hinsichtlich des Verhältnisses von Öffentlichkeit und Privatheit und das damit strukturell einhergehende Spannungsverhältnis sozialpädagogischer Eingriffe als Legitimationsproblem. Drittens werde ich auf die grundlegende Annahme fokussieren, dass sich an Pflegefamilien in besonderer Weise das Legitimationsproblem sozialpädagogischen und sozialstaatlichen Handelns zeigen lässt. Dabei werden die drei Thesen diskutiert, dass es erstens zu einer Privatisierung von Pflegefamilien

---

[4] Zur politischen Debatte um die Kinderbetreuungsverordnung (KiBeV) und zur Revision der „Verordnung über die Aufnahme von Kindern zur Pflege und zur Adoption" (PAVO) siehe unter: http://www.ejpd.admin.ch/content/ejpd/de/home/themen/gesellschaft/ ref_gesetzgebung/ref_abgeschlossene_projekte0/ref_kinderbetreuung.html   [Download: 26.8.2013]. Mit Pflegefamilien werden im Folgenden vor allem Familien gemeint, deren erwachsene Personen nicht über eine sozialpädagogische oder anderweitig pädagogische Ausbildung verfügen. Pflegefamilien werden in einem Bericht zu den „Grundleistungen der Kinder- und Jugendhilfe" im Auftrag des Bundesamts für Sozialversicherungen im Kontext der sogenannten Familienpflege verortet, deren Ziel es ist, „dem Kind eine hinsichtlich seiner Bedürfnisse nach Verlässlichkeit, nach Bindung und Nähe zu verlässlichen Bezugspersonen angemessenes Lebensumfeld zu bieten. Von den Pflegeeltern wird erwartet, die Eltern des Pflegekindes vertreten, eine auf dem Kontinuum von ‚Exklusivität' und ‚Rollendistanz' ausbalancierte Bindung zum Kind eingehen und während der Dauer des Pflegeverhältnisses Verantwortung für seine bestmögliche Förderung und Entwicklung übernehmen" (Schnurr 2012, S. 87).

[5] Der Gedenkanlass fand am 11. April 2013 statt. Eine finanzielle Entschädigung der betroffenen Menschen ist aktuell Gegenstand politischer Debatten.

im ökonomischen Sinne kommt, welche zweitens zu einem stärkeren Abschließen der Privatheit führt und drittens eine Problematisierung von Beziehungen im
Pflegekinderbereich zur Folge hat.

12.2 Familie als gesellschaftliche Institution

Bei der Familie handelt es sich um einen der zentralen Sozialisationsorte moderner
Gesellschaften. Familie lässt sich aus einer familiensoziologischen Perspektive als
eine Institution darstellen, welche generell ganz bestimmte, epochenübergreifende
Funktionen wahrnimmt, gleichzeitig aber als Begriff immer mehr oder weniger
deckungsgleich mit den zu dem Zeitpunkt vorherrschenden Familienformen verstanden wird (vgl. Nave-Herz 2006, S. 23). Der Begriff der Institution umschreibt
nach Jaeggi (1974) „das jeweils kulturell geltende, einen Sinnzusammenhang bil-
dende, durch Recht und Sitte garantierte Sozialgebilde" (S. 308). Institutionen
werden nicht als etwas dem Menschen äußerliches verstanden, vielmehr lassen sich
Menschen ohne Institutionen nicht sinnvoll denken (vgl. Graf 2008, S. 79). Mit
den Institutionen werden gleichsam Deutungsmuster geliefert und reproduziert
und damit entsprechende Sinnstiftung vermittelt.[6] Sie ermöglichen die Entlastung
und Stabilität gesellschaftlicher Verhältnisse und dienen damit maßgeblich der
gesellschaftlichen Reproduktion. Habermas (1985/1956, S. 101 ff.) kritisierte das
Konzept der stabilisierenden Funktion von Institutionen und betonte, dass Institutionen dem Menschen innerhalb von Gesellschaften immer schon vorgegeben
sind. Das Erneuern und Perpetuieren von Institutionen wird aus Sicht der französischen Institutionsanalyse als dialektischer Prozess verstanden (vgl. Lapassade
1972, 1988a, 1988b; Lourau 1970, 1988).

> Das Hervorbringen der Institutionen ist ein historischer Prozess, der als Dialektik
> zwischen der Weltoffenheit einerseits und der Umweltgebundenheit andererseits be-
> griffen werden muss. Die Veränderung von Institutionen geschieht also immer auf
> der Grundlage einer Prägung durch eben diese Institutionen. Wenn Institutionen

---

[6] Allerdings lassen sich über das Ausmaß und die Formen der institutionellen Regelungen
Aussagen über die gesellschaftliche Verfasstheit machen. „Je kleiner die Vernunft der Menschen ist", so der Hinweis von Marti in Anlehnung an Montesquieu, „desto grösser muss
die Vernunft der Institutionen sein, die ihnen ein Gesetz geben und ihre Freiheit einschränken" (Marti 2006, S. 37). Übertragen auf die demokratischen Verhältnisse ließe sich das so
interpretieren: Je weniger man den Fähigkeiten der Menschen trauen darf, desto stärkeren
bürokratischen Regeln muss man ihr Handeln unterwerfen.

brüchig werden, so stehen sich nicht etwa Natur und Kultur gegenüber, sondern eine bestehende Ordnung wird historisch durch die Menschen, die aus dieser Ordnung hervorgegangen sind, transformiert. (Vogel 1998, S. 11)

Institutionen werden also als dynamische Gebilde verstanden, die durch latente bzw. unbewusste Prozesse geprägt sind (vgl. ebd., S. 14). Veränderungen der Vorstellungen über Familie basieren maßgeblich auf den bereits vorherrschenden Interpretationsfolien von Familie.

Nave-Herz (2006) verweist darauf, dass in der Familiensoziologie bislang vor allem zwei unterschiedliche Perspektiven auf die Familie geworfen werden: Entweder die Makro- oder die Mikro-Perspektive.

> So wird z. B. in gesamtgesellschaftlicher Sicht die Familie als eine soziale Institution bezeichnet, die bestimmte gesellschaftliche Leistungen für die Gesamtgesellschaft erbringt bzw. zu erbringen hat. Mikroperspektivisch gilt die Familie als ein gesellschaftliches Teilsystem oder als eine Gruppe besonderer Art, die gekennzeichnet ist durch eine genau festgelegte Rollenstruktur und durch spezifische Interaktionsbeziehungen zwischen ihren Mitgliedern. (ebd., S. 30)

Die Schwierigkeit liegt in der Vermittlung dieser beiden Perspektiven. Oder anders formuliert: Wie lassen sich an der Auseinandersetzung mit Familie die gesellschaftlichen Bedingungen ablesen, welche die Familie erst zur Familie macht? Nave-Herz (ebd.) versuchte die Familie als Lebensform folgendermaßen auf den größten gemeinsamen Nenner zu bringen, über die unterschiedlichen Zeitepochen hinweg verstanden:

> Familien sind im Vergleich zu anderen Lebensformen gekennzeichnet: 1. durch ihre „biologisch-soziale Doppelnatur" (König 1946), d. h. durch die Übernahme der Reproduktions- und Sozialisationsfunktion neben anderen gesellschaftlichen Funktionen, die kulturell variabel sind, 2. durch die Generationsdifferenzierung (Urgroßeltern/Großeltern/Eltern/Kind(er)) und dadurch, dass 3. zwischen ihren Mitgliedern ein spezifisches Kooperations- und Solidaritätsverhältnis besteht, aus dem heraus die Rollendefinitionen festgelegt sind. (Nave-Herz 2006, S. 30)

Familie zeichnet sich also durch die Strukturmerkmale der Nicht-Austauschbarkeit der Personen, der Körperbasis der Paar- und teilweise der Eltern-Kind-Beziehung, der affektiven Solidarität und der Unkündbarkeit der Personen aus (vgl. Hildenbrand 1999, S. 12). Wenn man Familie aus einer funktionalistischen Perspektive verfolgt, also die Frage stellt, welche gesellschaftliche Aufgabe Familie zu übernehmen hat, dann wird deutlich, dass die Familie weitgehend dem gesellschaftlichen Bestandserhalt dient: Familie ist eine Institution und damit eine soziale Konstruktion, die durch die gesellschaftlichen Interessen geprägt ist. Das gilt vor allem auch bezüglich des naturalisierten Charakters und der Vorstellung der Eindeutigkeit und Ahistorizität der Familie.

Die vorgängigen familiensoziologischen Definitionen lassen den Aspekt vermissen, wie sich das Verhältnis von Familie und Gesellschaft zusammendenken lässt. Die Studie „Autorität und Familie" (vgl. Fromm et al. 1936) im Kontext der Kritischen Theorie liefert hierzu noch immer interessante Impulse, indem sie die soziologische Forschung dazu anregt, mittels der Einsicht in partielle Phänomene – wie der Familie – zu einer Auffassung des Ganzen zu kommen (vgl. Institut für Sozialforschung 1991/1956, S. 116 f.). Familie scheint als naturwüchsiges Verhältnis aufgefasst zu werden, welches sich hin zu einem Sonderbereich des Privaten ausdifferenziert. Das Private wird als Insel inmitten der gesellschaftlichen Dynamik aufgefasst und es kommt dadurch im Kontext der Familie zu einer ideologischen Konservierung des Privaten. Die heutige Familienvorstellung ist maßgebliches Resultat der bürgerlichen Gesellschaft des 19. Jahrhunderts und hat einen antagonistischen Charakter inne: Die Familie bleibt innerhalb der zusehends rational strukturierten Gesellschaft eine feudale Institution, basierend auf der Blutsverwandtschaft. Damit behält die Familie ein irrationales Moment inmitten der industriellen Gesellschaft, welche auf der Herrschaft des Prinzips der Berechenbarkeit sämtlicher Beziehungen basiert. Rössler (2001, S. 280 f.) verweist auf die Stilisierungen, welche mit der Vorstellung von Familie als Ort des Privaten und Hort von Ruhe, Liebe und Geborgenheit einhergehen, betont aber gleichzeitig, dass diese Vorstellung von Familie ungern aufgegeben wird, da damit „die Entfaltung und das Glück der anderen verbunden wird" (Horkheimer 1968, S. 346). Die Sphäre der Intimität, die wir dem Privaten und damit der Familie zuschreiben, ist nicht loszulösen vom Prinzip der Lohnarbeit und dem Privateigentum. „Die Familie allein konnte in den Individuen jene als Arbeitsethos verklärte Identifikation mit der Autorität hervorbringen, an deren Stelle früher, in der Feudalzeit, die unmittelbare Herrschaft über Hörige fungierte" (Institut für Sozialforschung 1991/1956, S. 121). Die Familie liefert damit einerseits einen Beitrag zur Reproduktion von Arbeitskraft und zur Legitimation des Privateigentums, schafft aber auch einen Raum der Intimität jenseits der kapitalistischen Verwertungslogik. Dass sich dieser Raum aber geschlechtsspezifisch unterschiedlich zeigt, haben insbesondere feministische Theorien analysiert und hinsichtlich der Trennung von Öffentlichkeit und Privatheit kritisiert (vgl.u. a. Benhabib 1995).

Für das 19. Jahrhundert macht Sennett (1986, S. 36) Auswirkungen des Industriekapitalismus auf die Stadtöffentlichkeit aus: Einerseits besteht ein Privatisierungsdruck, andererseits werden die materiellen Verhältnisse unerkennbar in der Öffentlichkeit. Die Familie wird als Schutzwall gegenüber den Auswirkungen des industriellen Kapitalismus interpretiert, indem sie die zunehmende Unsicherheit der Lebenssituation zu kompensieren hilft.

> Die bürgerliche Familie wurde als eine Lebensform idealisiert, in der Ordnung und Autorität unangefochten waren, in der sich materielle Sicherheit mit ehelicher Liebe verbinden konnte und in der der Umgang der Familienmitglieder miteinander den prüfenden Blick von außen nicht zuließ. (ebd., S. 36)

Die Familie wurde zum sittlichen Vorbild. Das öffentliche Leben erschien dem gegenüber als moralisch fragwürdig. „Privatheit und Stabilität schienen in der Familie vereinigt, und angesichts dieser idealen Ordnung wurde die Legitimität der öffentlichen Ordnung in Zweifel gezogen" (ebd., S. 37).

Negt und Kluge (1973, S. 62 f.) sprachen in ihrer Untersuchung „Öffentlichkeit und Erfahrung" vom Terrorzusammenhang der modernen Kleinfamilie. Sie beziehen sich hierbei in erster Linie auf die Tatsache, dass die Arbeiterschaft für mehr arbeitsfreie Zeit gekämpft hat. Diese arbeitsfreie Zeit wurde aber nicht durch eine autonome Öffentlichkeit strukturiert, sondern diente vor allem der Regenerierung der Arbeitskraft (vgl. Reiche 1968). „Das ist die permanente Terrorfunktion der Familien: Menschen lebensgeschichtlich so kaputt zu kriegen, dass sie zur Lohnarbeit disponibel sind [...] und dann diese Disponibilität täglich wachzuhalten, indem alle Bedürfnisse, die über sich selber hinausweisen, immer wieder verstümmelt werden" (ebd., S. 7).[7] Nach Hardt und Negri (2010, S. 174) sind es neben den Unternehmen insbesondere der Nationalstaat und die Familie, welche das Gemeinsame mobilisieren, einen Zugang eröffnen, es aber gleichzeitig wieder beschränken und verformen. Über familiäre, nationalstaatliche und unternehmerische Grenzen werden Spaltungen zwischen die Menschen eingeführt und somit Solidarisierungen verhindert. Dies hängt maßgeblich damit zusammen, dass Familie für viele Menschen zwar der primäre Ort kollektiver sozialer Erfahrung, von Sorge und Intimität darstellt, dass sie aber gleichzeitig verbunden ist mit einer Reihe an Hierarchien, Ausschlüssen und Verzerrungen (ebd., S. 174). Es müsste um die Verwirklichung einer gleichen und freien Partizipation aller am Gemeinsamen gehen, „wie sie die Familie verspricht, doch zugleich negiert und korrumpiert" (ebd., S. 175).

Die Pflegefamilie liefert an der Schnittstelle zwischen Öffentlichkeit und Privatheit einen Beitrag zur Verwirklichung dieses Gemeinsamen gegenüber den familiären Grenzen, indem mit der Aufnahme eines Pflegekindes eine Form von

---

[7] Bemerkenswert ist im Zusammenhang mit dem eingangs erwähnten Familienartikel die Tatsache, dass die politischen Rahmenbedingungen so verändert werden sollen, dass die Frauen und Mütter ebenfalls der Erwerbsarbeit nachgehen können, hingegen findet die Überlegung, dass die Erwerbstätigen grundlegend die Arbeitszeit reduzieren könnten, wenig Berücksichtigung in den Debatten.

Solidarität gegenüber Kindern und Jugendlichen zum Ausdruck gebracht wird. Der Aspekt der Lohnarbeit spielt dabei eine geringere Rolle, sodass es sich als eine Form bürgerschaftlichen Engagements verstehen lässt.[8]

12.3   Privatheit und Öffentlichkeit als gesellschaftliche Kategorien der Sozialpädagogik

Am Verhältnis von Privatheit und Öffentlichkeit, wie auch an der Relation zwischen Familie und Staat lässt sich die Frage nach der Legitimität sozialpädagogischen Eingreifens in Familien diskutieren. Die folgenden Ausführungen umfassen eingangs einige Ausführungen zum spezifischen Staatsverständnis in der Schweiz, zur direkten Demokratie als Basis von Öffentlichkeit und der Rolle von Sozialpädagogik zwischen Öffentlichkeit und Privatisierung. Vor diesem Hintergrund wird das Legitimationsproblem sozialpädagogischen Handelns diskutiert.

12.3.1   Staat als „Dienstleistungserbringer"

Die Schweizer Bundesverfassung sieht laut Artikel 13 vor, dass jede Person einen „Anspruch auf Achtung ihres Privat- und Familienlebens, ihrer Wohnung sowie ihres Brief-, Post- und Fernmeldeverkehrs" (Schweizerische Eidgenossenschaft 1999: Art. 13, 1) hat. Damit wird der Schutz des Privat- und Familienlebens verdeutlicht und das Recht einer jeden Person unterstrichen, „ihr Leben selbst zu organisieren und Beziehungen mit anderen Personen zu unterhalten, ohne vom Staat daran gehindert zu werden" (Bouverat 2003, S. 104). Es muss an dieser Stelle allerdings betont werden, dass das Recht immer schon in die Autonomie der Familie eingreift; insbesondere dann, wenn die Liebe als Medium der Familie nicht mehr Bestand hat, um in diesem Fall für den Schutz der Personen zu sorgen (vgl. Rössler 2001, S. 296 f.). Der Staat hat in der Schweiz gegenüber anderen Nationen eine etwas anders gelagerte Rolle (vgl. u. a. Carigiet et al. 2006; Müller 2009): Durch direktdemokratische, subsidiäre und föderalistische Strukturen und Verfahren sind die staatlichen Institutionen maßgeblich an den Willen und die Entscheidungsgewalt der Bürgerinnen und Bürger rückgebunden. Es wurden Gremien und Funktionen eingerichtet,

---

[8] Allerdings wird in Interviews mit Pflegeeltern die Tabuisierung des Themas der Entlöhnung deutlich. Dies gilt auch für Themen wie den Emotionen gegenüber den Pflegekindern, die Religiosität, aber auch die Kindeswegnahme und Fremdplatzierung in den Pflegefamilien.

welche den Staat zu kontrollieren haben. Hierzu lassen sich nicht nur gewählte Par-
lamentarier, sondern gerade auch öffentliche Gremien wie die Vormundschafts-
und Fürsorgebehörden, Schulpflege, etc. rechnen. Das direktdemokratische Staatsverständnis basiert auf der Kontrolle des Staates auf den unterschiedlichen Ebenen
Gemeinde, Kanton und Bund. Der Staat hat gewissermaßen die Funktion eines
Dienstleistungserbringers gegenüber den Bürgerinnen und Bürgern, hiervon rührt
auch der kontrovers diskutierte Begriff des „Service Public", dessen Leistungen im
Rahmen neoliberaler Privatisierungsprozesse zusehends Wettbewerbsbedingungen
ausgesetzt werden sollten (vgl. Meister et al. 2012). Resultat hiervon sind Versuche
zur Einführung sogenannter Public Private Partnerships (PPP) zur Privatisierung
des staatlichen Dienstleistungsbereichs (vgl. Engartner 2007). Als Argumentation
zur Privatisierung der Staatsbetriebe wurden fehlende Flexibilität und technologi-
sche Rückständigkeit seitens der staatlichen Betriebe, die notwendige Reduktion
des Staatsdefizits durch eine Liberalisierung und die Anpassung an die Europäische
Union ins Feld geführt (als kritische Perspektive auf diese Prozesse siehe ATTAC
Schweiz 2005; Altvater 2003).[9]

12.3.2   Direkte Demokratie als Basis von Öffentlichkeit

Die über Initiative und Referendum auf allen staatlichen Ebenen strukturierte
direkte Demokratie ermöglicht damit ein Abstimmen über konkrete Sachfragen,
was ein hohes Maß an Öffentlichkeit der staatlichen Institutionen erfordert. Das
Kennzeichen direkter Demokratie ist das – meistens langandauernde – Aushan-
deln mehrheitsfähiger Kompromisse (vgl. Hettling et al. 1998, S. 33). Direkte
Demokratie steht im Schweizer Kontext historisch im Gegensatz zu bürokratischen
Tendenzen, welche stellvertretend für zentralstaatliche Autoritären stehen.

> Im Falle der direkten Demokratie [...] findet eine ausgeprägte Sachpolitik statt, in
> welcher die Macht an die Repräsentanten nicht wirklich abgegeben wird, sondern der
> Basis erhalten bleibt. Das System der Repräsentanz stellt hier nur ein Abkürzungs-
> verfahren der Kommunikation und der Kompromissbildung dar, dessen Lösungen
> aber jederzeit von der Basis widerrufen werden können. Politische Exzesse können

---

[9] Reaktionen auf die neoliberalen Privatisierungen zeigen sich in der Bevölkerung in Form
von falschen Projektionen auf gesellschaftliche Randgruppen (vgl. Horkheimer und Adorno 1997 (1969), S. 211 ff.): Beispielhaft sei die Kanalisierung auf Gruppen wie die Beamten
erwähnt, „deren Arbeitsplatzsicherheit dazu geeignet war, das Ressentiment der in der Pri-
vatwirtschaft von Entlassung Bedrohten auf sich zu ziehen, deren Unabhängigkeit zerstört
und die so für die Korruption zugänglich gemacht werden sollten" (Graf und Vogel 2010, S.
32 f.).

entsprechend auch weniger leicht institutionalisiert werden. (Graf und Graf 2008, S. 215)

Die erarbeiteten Kompromisse bei Sachfragen sind gegenüber parlamentarischen Demokratien legitimer, da der direktdemokratische Prozess den Vorteil hat, dass sowohl die gesellschaftlichen Ziele wie auch die als legitim erachteten Mittel zur Erreichung dem öffentlichen Diskurs unterstellt werden. Damit kann die Chance auf größtmögliche Anteile an konformem Verhalten gefördert werden (ebd., S. 216; vgl. auch Merton 1968). Die direkte Demokratie bedingt einen Souverän, welcher seine Verantwortung gegenüber dem Staat, respektive dessen Institutionen wahrzunehmen vermag. Entsprechend ist die Funktion der Sozialpädagogik dahingehend zu interpretieren, sich als Bestandteil einer politisierten Öffentlichkeit zu verstehen und das Ziel von Mündigkeit aller Bürgerinnen und Bürger zur Wahrnehmung ihrer politischen Rechte und Pflichten anzustreben.

12.3.3   Zum Legitimationsdefizit der Sozialpädagogik

Laut Böhnisch (1982) besteht zwischen dem Sozialstaat und der Familie eine übergreifende Strukturierung:

> Dieses historische Grundmuster der familialen Lebenslage heißt: ‚Öffentlichkeit und Privatisierung‘. Es bildet jene Ambivalenzen und Widersprüche ab, die wir von den sozialstaatlichen Entwicklungsmustern her kennen: die Familie soll an sich Gegensätzliches zugleich leisten und harmonisieren, indem sie öffentliche und private Funktionen zu erfüllen hat. In dem Ausmaß, in dem die Familie funktional überfordert ist, versucht der Staat, mit Familienhilfen und familienflankierenden Maßnahmen einzuspringen. Wo dies dann zu teuer oder ideologisch zu weitreichend wird und die Balance von Öffentlichkeit und Privatheit gefährdet erscheint, wird wieder versucht, öffentlich gewordene und zu verantwortende Leistungen in die Familien zurückzuverlagern, zu reprivatisieren. (ebd., S. 97)

Dieses Grundmuster zwischen Öffentlichkeit und Privatisierung bringt sehr eindrücklich auf den Punkt, dass gesellschaftliche Probleme in unterschiedlicher Weise zu gemeinsamen Problemen oder eben zu privaten, zu familiären Problemen gemacht werden.

Privatheit und Öffentlichkeit lässt sich nach Demirovic (2004) nicht als konkrete topographische Anordnung, sondern vielmehr als symbolische Ordnung bestimmen:

> Öffentlichkeit gilt in mancher Hinsicht als besser als das Private. Am Pol der Öffentlichkeit konzentrieren sich Vorstellungen von Freiheit, Demokratie, Rationalität

und Universalität, Diskussion, gesellschaftlicher Verkehr, Entscheidung, Willen, Autorität. Diese Eigenschaften werden denjenigen zugerechnet und vorbehalten, die in diesen Teil des symbolischen Raums eintreten, also Männern. Umgekehrt gelten alle diese Eigenschaften nicht für das, was symbolisch als privat markiert wird: eine solche Art der Machtausübung, die den Staat und die Verwaltung nur für private und partikulare Interessen instrumentalisiert und deswegen als irrational, freiheitseinschränkend und undemokratisch betrachtet wird [...] Der Weg der Emanzipation ist vorgezeichnet und soll sich auf der symbolischen Achse vom Privaten zum Öffentlichen bewegen. (ebd., S. 3)

Die Annahme der emanzipativen Entwicklung vom Privaten zum Öffentlichen birgt ein Paradoxon insofern, da eine totale Öffentlichkeit ihre eigene Basis, die öffentliche Debatte privater Meinungen und Positionen, abschaffen würde. „Öffentlichkeit ist auf ihr Gegenteil, das Private und den Partikularismus, auf irrationale Bedürfnisse und Interessenlage angewiesen" (ebd., S. 5). Es handelt sich bei der Polarisierung zwischen privat und öffentlich um eine Form bürgerlicher Hegemonie.

Was als öffentlich und privat gilt, wird vom Staat definiert – vom Staat, der als gesellschaftliches Kräfteverhältnis zu begreifen ist, mit dem ein Teil der herrschenden Kräfte sich in einem selbstbezüglichen Akt den Charakter des Öffentlichen gibt [...]
Aus sich heraus erzeugt Öffentlichkeit sowohl die Notwendigkeit von Privatheit als auch von Staat, und damit das Gegenteil dessen, was sie beansprucht. (ebd., S. 8)

Unter Bedingungen kapitalistischer Ökonomie sind sowohl Privatheit und eine gesellschaftliche Öffentlichkeit wie auch staatliche Institutionen nötig (vgl. Poulantzas 2002 (1978)). Die Familie lässt sich als Privates nicht vom Öffentlichen und vom Staat abkoppeln. „Die Paarbeziehung und die Familie sind also bis in die intimsten Praktiken hinein nicht privat, sondern eine öffentlich kontrollierte, überwachte und regulierte Einrichtung" (Demirović 2004, S. 2). Der Begriff des Privaten wird bei Rössler (2001) vor dem Hintergrund eines liberalen Staatsverständnisses zur Sicherung der Bedingungen individueller Autonomie als Kontrolle des Zugangs definiert: „als privat gilt etwas dann, wenn man selbst den Zugang zu diesem ‚etwas' kontrollieren kann" (ebd., S. 23). Die Informationskontrolle und die Bestimmung des Zugangs bestimmen auch nach Goffman (2002) den privaten Rahmen, der hierbei als Hinterbühne des sozialen Geschehens bezeichnet wird.

Sozialpädagogische Interventionen als gesellschaftlich veranlasste Eingriffe sind unter der Annahme einer grundlegend schützenswerten privaten Autonomie von Individuen ganz allgemein legitimationsbedürftig (vgl. Graf 1996). Die Legitimität von Machtdifferenzen, welchen Eingriffen in die individuellen Lebenswelten zugrunde liegen, wird bei Habermas (1985/1976) kommunikationstheoretisch begründet. „Legitime Macht entsteht nur unter denen, die in zwangsloser Kommunikation gemeinsame Überzeugungen bilden" (ebd., S. 243; vgl. auch Graf 2012).[10] Die Legitimation von Eingriffen in die Autonomie der Menschen basiert maßgeblich auf dem Rückgriff auf verallgemeinerbare gesellschaftliche Normen. Drohen die gesellschaftlichen Normen zu erodieren, sieht sich die Sozialpädagogik mit ihren Interventionen in einem zunehmenden Begründungsnotstand. Die allgemeine Legitimationsbasis gesellschaftlicher Ungleichheit sinkt gemäß Graf und Graf (2008, S. 99) weiter aufgrund der Schwächung demokratisch fundierter Regelungen zugunsten ökonomischer Werteakkumulation, wie das im Zusammenhang mit den neoliberalen Veränderungen zu beobachten ist.

12.4   Pflegefamilien als Ausdruck des Legitimationsproblems

Wir haben es im Rahmen der schweizerischen Anpassungen im Pflegekinderbereich, insbesondere in der Deutschschweiz, mit staatlichen Veränderungen zu tun, die eine Professionalisierung des Pflegekinderbereichs anstreben.

> Wie schon die Revision des Vormundschaftsrechts bezweckt auch die Revision der PAVO eine Professionalisierung im von ihr geregelten Bereich. Ziel ist es, durch geeignete Maßnahmen wie die Schaffung einheitlicher Standards oder die Anforderungen an Aus- und Weiterbildung zu einer Professionalisierung sowie einer Qualitätssteigerung in der Fremdbetreuung von Kindern beizutragen. (Schweizerische Eidgenossenschaft: Erläuternder Bericht zum zweiten Vernehmlassungsverfahren der neuen Kinderbetreuungsverordnung (2010, S. 6)[11]

---

[10] Zur Funktion der Sozialpädagogik im Kontext der gesellschaftlichen Legitimationsproblematik: „Wo keine sozialstaatlichen Entpolitisierungen greifen und die Spannungen individuell nicht ausgehalten werden können, greift sozialpädagogische Praxis ein" (Graf 1996, S. 196). In anderen Worten, Sozialpädagogik sieht sich in ihrer gesellschaftlichen Eingebundenheit in der widersprüchlichen Situation, ihr Klientel so weit in die Lage zu versetzen, als politisch und ökonomisch handelnde Individuen Entscheidungen treffen zu können, ohne aber dass sie gleichzeitig für die dahinterliegende soziale Ungleichheit gefährlich werden. Sozialpädagogik ist damit einerseits Instrument zur kollektiven Unbewusstmachung gesellschaftlicher Ungleichheit, andererseits beinhaltet sie ein emanzipatorisches Potential, indem sie am Individuum als gesellschaftlich verfasstes festhält (vgl. u. a. Studer und Vogel 2010).

[11] Im Falle des Kantons Zürich zeigt sich dies beispielsweise in einer Tendenz zur Regionalisierung im Sinne einer Zentralisierung und Standardisierung: Eine Regionalisierung geschieht dahingehend, dass die konkreten Arbeiten mit den Pflegefamilien, also Betreuung, Begleitung, Rekrutierung, etc. nicht mehr lokal vor Ort vollzogen, sondern vielmehr an zentralen Orten angesiedelt werden: Im Zusammenhang mit der Abklärung zur Eignung

Die Tendenz zur Standardisierung wird vor allem im Zusammenhang mit den Abklärungen und Rekrutierungen von Pflegefamilien vollzogen (vgl. Studer et al. 2010). Die Standardisierung ist intendiert, womit aber nicht gesagt werden kann, dass die betroffenen Personen dies entsprechend umsetzen. Bettina Hünersdorf (2011) spricht im Zusammenhang mit Kindeswohlgefährdung von einer „objektivistischen Problemdefinition", welche ein Überhandnehmen von Bedrohungskommunikation im Kontext einer verstärkt auf Sicherheit ausgerichteten Sozialen Arbeit postuliert. „Je mehr die Frage der Messbarkeit in den Vordergrund gerückt wird, [. . .] desto eher vollzieht sich eine Entfernung von der Unmittelbarkeit, d. h. der Face-to-Face-Beziehung zwischen Sozialarbeitern und Adressaten [. . .]" (ebd., S. 9). Es besteht insofern eine Tendenz in die Richtung einer Absicherung von Sozialpädagoginnen und -pädagogen bei der Auswahl von Pflegefamilien über standarisierte Verfahren. Anstatt dass die Sicherheit über die kommunikative Verständigung auf der Basis einer tragfähigen Beziehung hergestellt wird, werden verstärkt messbare Kriterien und objektivierbare Standards als Grundlagen der Praxis gelegt. Was hier als Professionalisierung diskutiert wird, vermag die Legitimität von sozialpädagogischen Interventionen nur beschränkt zu erhöhen.

> Professionalität gehört zwar funktional wie legitimatorisch zu den unbestrittenen Voraussetzungen mancher Interventionen in der Sozialarbeit [. . .] In Fragen der gesellschaftlichen Selbstbestimmung wie auch der Gemeinschaftszugehörigkeit ist für Gesellschaftsmitglieder in der Regel keine Stellvertretung möglich und eine Spezialisierung oder Professionalisierung trägt dazu kaum bei. Professionelles Wissen bleibt genauso wie in allen anderen Sachfragen, die direktdemokratischer Bestimmung unterzogen werden, unverzichtbare Informationsquelle, aber es bleibt dabei bloss eine notwendige aber nicht hinreichende Bedingung. (Graf 2012, S. 88)

Die Legitimität von Interventionen wird über die Delegation von Entscheidungsmacht, sei es über die Formalisierung von Abläufen in Form von Standardisierungen oder über die Stellvertretung qua professionelle Akteure eher reduziert. Entsprechend sind sozialpädagogische Maßnahmen hinsichtlich solcher Prozesse zu analysieren.

Erste These: Privatisierung des Pflegekinderbereichs. Es lässt sich am veränderten sozialpolitischen und sozialstaatlichen Umgang mit Pflegefamilien eine generelle Veränderung des gesellschaftlichen Verhältnisses von Öffentlichkeit und Privatheit diskutieren: In den öffentlichen Debatten wird bemängelt, dass es

---

einer Pflegefamilie haben mir die betroffenen Sozialarbeiterinnen geschildert, dass sie zwar nach den standardisierten Qualitätskriterien die Familie als geeignete Pflegefamilie hätten einstufen sollen, das Bauchgefühl ihnen aber widersprach. Erst ein weiteres Gespräch und ein längerer Austausch untereinander machte es möglich, zu einem Entscheid zu kommen.

an finanziellen Ressourcen fehle, sodass die Betreuung von Pflegefamilien und die Vermittlung von Pflegeplätzen beispielsweise vermehrt privaten Anbietern überantwortet wird. Darin zeigt sich die neoliberale Strategie, öffentliche Dienstleistungen zu privatisieren und damit verstärkt der kapitalistischen Verwertungslogik zu unterwerfen. Die vorgängig angesprochene Selbstreferenzialität der Profession zeigt sich in der Forderung, diese Verschiebung auf private Anbieter staatlich zu kontrollieren, anstatt sie als Ökonomisierung zu kritisieren.[12] Mit dem Wechseln auf Marktmechanismen droht die Attraktivität des Angebots anstelle des normativ begründeten Zwangs zu rücken, wodurch das Problem des Zwangs verschleiert aber nicht gelöst ist (vgl. Graf 1996). Vielmehr droht die Gefahr, dass über die Einführung einer Marktlogik und der Dominanz des günstigsten Angebots ein neues Verdingwesen Einzug hält. Damit soll nicht einseitig das Schweizerische Milizsystem[13] hochgehalten werden, sondern vielmehr die theoretische Überprüfung derjenigen Strukturen angeregt werden, welche eine größtmögliche Berücksichtigung diskursiver Verfahren und lebensweltlicher Bezüge ermöglichen. Bei der Professionalisierung des Pflegekinderbereichs wird unter anderem mit den finanziellen Engpässen staatlicher Institutionen argumentiert, um vor diesem Hintergrund Privatisierungen öffentlicher Institutionen zu legitimieren.

Zweite These: Die Veröffentlichung des Privaten führt zu einer verstärkten Privatisierung. Je stärker das Private veröffentlicht wird, also Gegenstand öffentlicher Auseinandersetzungen wird, desto stärker wird das Private privatisiert. Aus systemtheoretischer Perspektive lässt sich festhalten, je mehr ein Bereich öffentlich gemacht wird, desto mehr wird dieser Bereich gegen innen verschlossen. Damit ist der Zugang zur Privatheit verboten (vgl. Nassehi 2003), der familiäre Rahmen wird umso enger gesetzt, je stärker das Private veröffentlicht wird. Damit generiert der Ent- und Aufdeckungszusammenhang gleichsam einen Verdeckungszusammen-

---

[12] So weist Myriam Aebischer des Schweizerischen Fachverbands Sozial- und Sonderpädagogik Integras auf den neu entstandenen Markt von Fremdplatzierungsorganisationen hin und stellt die Frage, ob letztlich der Markt oder die Kinder- und Jugendhilfe der steuernde Akteur im Falle von Fremdplatzierungen darstellt, ohne diese Frage aber gleichsam zu beantworten (aus: http://www.integras.ch/cms/fileadmin/pdf/Integras_Thema_DE_Okt-10.pdf Zugegriffen: 1. August 2013). Vielmehr wird betont, dass den öffentlichen platzierenden Stellen die notwendige Zeit für eine sorgfältige Platzierung fehlt. Allerdings muss an dieser Stelle erwähnt werden, dass durchaus kritische Positionen gegenüber der Ökonomisierung in theoretischer (vgl. Hünersdorf und Hartmann 2013; Anhorn et al. 2012) wie auch in professionspolitischer Hinsicht (vgl. die Bewegungen der Kriso (Kritische Soziale Arbeit)) zu verzeichnen sind.

[13] In der Schweiz werden bislang große Teile öffentlicher Aufgaben im politischen System nebenberuflich ausgeübt, insbesondere was auch die Tätigkeit in legislativen Gremien anbelangt (vgl. beispielsweise Möckli 2008).

hang. Je mehr in die privilegiert zugänglichen Räume eingegriffen wird, desto mehr wird an der Autonomie der privaten Entscheidungen über den Zugang festgehalten (vgl. Rössler 2001).

Dritte These: Die Professionalisierung führt zu einer Problematisierung von Beziehungen im Pflegekinderbereich. Pflegefamilien bedrohen und stärken das Familienkonzept gleichsam: Die über die Kernfamilie hinausgehende Solidarität soll in klare rechtsstaatliche und institutionell gebundene Strukturen gelenkt werden.[14] Die Beweggründe der Professionalisierung sind eine Stärkung der Rollen der Pflegefamilien, es resultiert aber in erster Linie eine stärkere Strukturierung der Rollen, inklusive einer Reduktion der Beziehungen zwischen den unterschiedlichen Akteuren. Die Beziehungen zwischen den einzelnen Akteuren (wie Sozialarbeitende, platzierende Stellen, Pflegefamilien) sind in diesem Kontext grundlegend unkontrollierbar und unberechenbar und sorgen für Unsicherheiten im professionellen Handeln. Über den Sozialstaat kann die grundlegende Sicherheit nicht mehr gewährleistet werden, also werden Steuerungsprozesse seitens der Behörden zusehends illegitim. Die Beziehungen zwischen den betroffenen Akteuren können nicht mehr zugelassen werden und scheinen eine Bedrohung darzustellen, da diese Austauschprozesse schwierig zu steuern und zu kontrollieren sind. Eine verstärkte Verrechtlichung der Beziehungen zwischen staatlichen Akteuren und Pflegefamilien mittels Standardisierung sorgt für eine vermeintliche Sicherheit in den Interaktionen, vermag aber die Legitimität der Eingriffe und der Steuerungsprozesse gegenüber den Pflegefamilien nicht zu erhöhen. Die Tendenzen zur Abschaffung von Beziehungsqualitäten gehen einher mit der Einführung einer fachlich begründeten Distanz, welche gegenüber der unkontrollierbaren Nähe der früheren Betreuungspersonen hochgehalten wird.

12.5   Fazit

Das sozialpädagogische Handeln unterliegt – vor dem Hintergrund der Annahme einer privaten Autonomie – einem grundlegenden Legitimationsbedarf. Im Falle von Pflegefamilien spitzt sich das Legitimationsproblem dahingehend zu,

---

[14] Weiter lässt sich fragen, inwiefern die Pflegefamilien verstärkt als professionelle Institutionen verstanden werden, da die Familie dem bürgerlichen Familienmodell vorbehalten bleiben soll. Damit muss das Öffentliche der Pflegefamilien dem Privaten zugeführt werden, um damit das Exklusive der bürgerlichen Familie retten zu können.

dass die staatlichen Kontrollen auch die Privatheit der bürgerlichen Familie tangieren. Im vorliegenden Beitrag wurden drei Thesen vorgestellt: Einerseits lässt sich eine Privatisierung staatlicher Leistungen im Sinne der Einführung einer verstärkten Marktlogik festmachen, welche andererseits zu einem Abschließen des privaten Raums gegenüber der Öffentlichkeit führt und die konkreten Beziehungen zwischen den beteiligten Personen erschwert. Die theoretische Rahmung mittels familiensoziologischer Zugänge ermöglicht eine Analyse gesellschaftlicher Verhältnisse anhand der Familie als gesellschaftlich vermittelte Institution. Die Professionalisierung und die damit einhergehenden Forderungen an die Pflegefamilien und die staatlichen Akteure liefern eine Interpretationsfolie, vor dessen Hintergrund sich die aktuellen Bestrebungen nach einer verstärkten Veröffentlichung des Privaten und einer gleichzeitigen Re-Privatisierung sozialer Probleme deuten ließe. Was auf den ersten Blick als Paradoxon erscheint, mag unter dem Aspekt plausibel sein, dass eine zunehmende Veröffentlichung des Privaten gegen außen zu einer Verstärkung des Privaten gegen Innen führt. Damit handelt es sich weniger um eine Verstaatlichung der Familien, als vielmehr darum, dass staatlicherseits auf ein verstärktes Abschließen der Privatheit von Familien abgezielt wird. Ob mit der damit einhergehenden Professionalisierung des Pflegefamilienbereichs eine Qualitätsverbesserung einhergeht, sollten wir allerdings nicht erst in dreißig Jahren die fremdplatzierten Kinder und Jugendlichen fragen.

Literatur

Altvater, Elmar. 2003. Was passiert, wenn öffentliche Güter privatisiert werden? *Peripherie. Zeitschrift für Politik und Ökonomie in der Dritten Welt* 23 (90/91): 171–201.
Anhorn, Roland, Frank Bettinger, Cornelis Horlacher, und Kerstin Rathgeb, Hrsg. 2012. *Kritik der Sozialen Arbeit – kritische Soziale Arbeit, Perspektiven kritischer Sozialer Arbeit.* Wiesbaden: VS Verlag für Sozialwissenschaften.
ATTAC Schweiz. 2005. *Service public. Perspektiven jenseits der Privatisierung, ATTAC-Texte.* Zürich: Rotpunktverlag.
Benhabib, Seyla. 1995. *Selbst im Kontext. Kommunikative Ethik im Spannungsfeld von Feminismus, Kommunitarismus und Postmoderne.* Frankfurt a. M.: Suhrkamp.
Böhnisch, Lothar. 1982. *Der Sozialstaat und seine Pädagogik.* Neuwied: Luchterhand.
Bouverat, Jean-Marie. 2003. Familie (Verfassungsartikel zum Schutz der). In *Wörterbuch der Sozialpolitik,* Hrsg. E. Carigiet, U. Mäder, und J.-M. Bonvin, 103–104. Zürich: Rotpunktverlag.
Carigiet, Erwin, Ueli Mäder, Michaela Opielka, und Frank Schulz-Nieswandt, Hrsg. 2006. *Wohlstand durch Gerechtigkeit. Deutschland und die Schweiz im sozialpolitischen Vergleich.* Zürich: Rotpunkt-Verlag.

Demirović, Alex. 2004. Hegemonie und das Paradox von privat und öffentlich. http://www.republicart.net/disc/publicum/demirovic01_de.pdf. Zugegriffen: 1. Aug. 2013.

Engartner, Tim. 2007. Privatisierung und Liberalisierung – Strategien zur Selbstentmachtung des öffentlichen Sektors. In *Kritik des Neoliberalismus*, Hrsg. C. Butterwegge, B. Lösch, und R. Ptak, 87–133. Wiesbaden: VS-Verlag.

Freisler-Mühlemann, Daniela. 2011. *Verdingkinder – ein Leben auf der Suche nach Normalität*. Bern: hep-Verlag.

Fromm, Erich, Max, Horkheimer, H. Mayer, H. Marcuse, et al. 1936. *Studien über Autorität und Familie. Forschungsberichte aus dem Institut für Sozialforschung*. Paris: Librairie Félix Alcan.

Goffman, Erving. 2002. *Wir alle spielen Theater. Eine Selbstdarstellung im Alltag*. 10. Aufl. München: Piper.

Graf, Martin Albert. 1996. *Mündigkeit und soziale Anerkennung. Gesellschafts- und bildungstheoretische Begründungen sozialpädagogischen Handelns*. Weinheim: Juventa-Verlag.

Graf, Erich Otto. 2008. *Forschen als sozialer Prozess. Zur Reflexion von Momenten der Forschung in sozialwissenschaftlicher Forschung*. Luzern: Verlag an der Reuss.

Graf, Martin Albert. 2012. Zur Normativität von Sozialpädagogik und Sozialarbeit. In *Das Normativitätsproblem der Sozialen Arbeit. Zur Begründung des eigenen und gesellschaftlichen Handelns. Sonderheft 11*, Hrsg. H.-U. Otto und H. Ziegler, 83–89. Lahnstein: Verlag Neue Praxis.

Graf, Martin Albert, und Erich Otto Graf. 2008. *Schulreform als Wiederholungszwang. Zur Analyse der Bildungsinstitution*. Zürich: Seismo-Verlag.

Graf, Martin Albert, und Christian Vogel. 2010. Sozialarbeit als Ausdruck gesellschaftlicher Verhältnisse und Prozesse. Ein Beitrag zur Stärkung des Unterscheidungsvermögens. In *Soziale Arbeit in der Schweiz. Einblicke in Disziplin, Profession und Hochschule*, Hrsg. P. Benz Bartoletta, M. Meier Kressig, A. M. Riedi, und M. Zwilling, 26–39. Bern: Haupt.

Gross, Andreas, Fredi Krebs, Rudolf Rechsteiner, und Martin Stohler, Hrsg. 2003. *Eine andere Schweiz ist möglich. Ein Blick über den Herbst hinaus*. St-Ursanne: Editions le Doubs.

Habermas, Jürgen. 1985/1956. Der Zerfall der Institutionen. In *Philosophisch-politische Profile*. Erw. Ausg., 101–106. Frankfurt a. M.: Suhrkamp.

Habermas, Jürgen. 1985/1976. *Hannah Arendts Begriff der Macht*. In *Philosophisch-politische Profile*. Erw. Ausg., 228–248. Frankfurt a. M.: Suhrkamp.

Hardt, Michael und Antonio Negri. 2010. *Common Wealth. Das Ende des Eigentums*. Frankfurt a. M.: Campus.

Hettling, Manfred, Mario König, Martin Schaffner, Andreas Suter, und Jakob Tanner. 1998. *Eine kleine Geschichte der Schweiz. Der Bundesstaat und seine Traditionen*. Frankfurt a. M.: Suhrkamp.

Hildenbrand, Bruno. 1999. *Fallrekonstruktive Familienforschung. Anleitungen für die Praxis*. Opladen: Leske + Budrich.

Horkheimer, Max. 1968. Autorität und Familie. In *Kritische Theorie. Eine Dokumentation*, Hrsg. M. Horkheimer und A. Schmidt. Frankfurt a. M.: Fischer.

Horkheimer, Max, und Theodor W. Adorno. 1997/1969. Elemente des Antisemitismus. In *Dialektik der Aufklärung*, Hrsg. M. Horkheimer und T. W. Adorno, 192–234. Frankfurt a. M.: Suhrkamp.

Huinink, Johannes, und Dirk Konietzka. 2007. *Familiensoziologie. Eine Einführung.* Frankfurt a. M.: Campus.

Hünersdorf, Bettina. 2011. Soziale Arbeit in der (Un-)Sicherheitsgesellschaft. Eine Theorie Sozialer Arbeit braucht eine Gesellschaftstheorie. In *Hilfe! Über Wirkungen, Risiken und Nebenwirkungen im Kinderschutz,* 5–43. Hamburg: Kinderschutzzentren.

Hünersdorf, Bettina, und Jutta Hartmann, Hrsg. 2013. *Was ist und wozu betreiben wir Kritik in der Sozialen Arbeit? Disziplinäre und interdisziplinäre Diskurse.* Wiesbaden: VS Verlag für Sozialwissenschaften.

Institut für Sozialforschung. 1991/1956. *Soziologische Exkurse.* Frankfurt a. M.: Europäische Verlagsanstalt.

Jaeggi, Urs. 1974. Institution – Organisation. In *Wörterbuch der Erziehung,* Hrsg. C. Wulf, 308–313. München: Piper.

König, René. 1946. *Materialien zur Soziologie der Familie.* Bern: Francke.

Lapassade, Georges. 1972. *Gruppen, Organisationen, Institutionen.* Stuttgart: Ernst Klett.

Lapassade, Georges. 1988a. Die Sozioanalyse. In *Institutionelle Analyse. Theorie und Praxis,* Hrsg. G. Weigand und R. Hess, 155–167, Frankfurt a. M.: Athenäum Verlag.

Lapassade, Georges. 1988b. Institutionelle Analyse und Ethnomethodologie. In *Institutionelle Analyse. Theorie und Praxis,* Hrsg. G. Weigand und R. Hess, 55–60. Frankfurt a. M.: Athenäum Verlag.

Leuenberger, Marco, und Loretta Seglias, Hrsg. 2008. *Versorgt und vergessen. Ehemalige Verdingkinder erzählen.* Zürich: Rotpunktverlag.

Leuenberger, Marco, Lea Mani, Simone Rudin, und Loretta Seglias. 2011. *„Die Behörde beschliesst"– Zum Wohle des Kindes? Fremdplatziertze Kinder im Kanton bern 1912–1978.* Baden: Hier + Jetzt.

Lourau, René. 1970. *L'analyse institutionnelle.* Paris: Les Edition de Minuit.

Lourau, René. 1988. Beiträge zu einer Theorie der Institutionalisierung. In *Institutionelle Analyse. Theorie und Praxis,* Hrsg. G. Weigand und R. Hess, 24–33. Frankfurt a. M.: Athenäum Verlag.

Marti, Urs. 2006. *Demokratie. Das uneingelöste Versprechen.* Zürich: Rotpunktverlag.

Meister, Urs, Helmut Max Dietl, und Avenir Suisse. 2012. *Mehr Markt für den Service public. Warum die Schweizer Infrastrukturversorgung weniger Staat und mehr Wettbewerb braucht, NZZ Libro.* Zürich: Neue Zürcher Zeitung.

Merton, Robert K. 1968. Sozialstruktur und Anomie. In *Kriminalsoziologie,* Hrsg. F. Sack und R. König, 283–313. Frankfurt a. M.: Akademische Verlagsgesellschaft.

Möckli, Silvano. 2008. *Das politische System der Schweiz verstehen. Wie es funktioniert – Wer partizipiert – Was resultiert.* 2. Aufl. Altstätten: Tobler.

Müller, Jörg Paul. 2009. *Die demokratische Verfassung. Von der Selbstbestimmung der Menschen in den notwendigen Ordnungen des Zusammenlebens.* 2. überarbeitete Aufl. Zürich: Verlag Neue Zürcher Zeitung.

Nassehi, Armin. 2003. „Zutritt verboten!" Über die politische Formierung privater Räume und die Politik des Unpolitischen. In *Privatheit, Garten und politische Kultur. Von kommunikativen Zwischenräumen,* Hrsg. S. Lamnek und M.-T. Tinnefeld, 26–39. Opladen: Leske + Budrich.

Nave-Herz, Rosmarie. 1991. Familie. In *Soziologie-Lexikon,* Hrsg. G. Reinhold, S. Lamnek, und H. Recke, 156–159. München: Oldenbourg Verlag.

Nave-Herz, Rosmarie. 2006. *Ehe- und Familiensoziologie. Eine Einführung in Geschichte, theoretische Ansätze und empirische Befunde.* Weinheim: Juventa.

Negt, Oskar, und Alexander Kluge. 1973. *Öffentlichkeit und Erfahrung. Zur Organisationsanalyse von bürgerlicher und proletarischer Öffentlichkeit.* Frankfurt a. M.: Suhrkamp.

Otto, Hans-Uwe, und Holger Ziegler, Hrsg. 2012. *Das Normativitätsproblem der Sozialen Arbeit. Zur Begründung des eigenen und gesellschaftlichen Handelns. Sonderheft 11.* Lahnstein: Verlag Neue Praxis.

Poulantzas, Nicos. 2002/1978. *Staatstheorie. Politischer Überbau, Ideologie, Autoritärer Etatismus.* Hamburg: VSA-Verlag.

Reiche, Reimut. 1968. *Sexualität und Klassenkampf: Zur Abwehr repressiver Entsublimierung.* Frankfurt a. M.: Verlag Neue Kritik.

Rössler, Beate. 2001. *Der Wert des Privaten.* Frankfurt a. M.: Suhrkamp.

Rutz, Gregor A. 2013. Nein zur Verstaatlichung der Familie. *Neue Zürcher Zeitung,* Gastkommentar, 7. Januar. (Zürich).

Schnurr, Stefan. 2012. *Grundleistungen der Kinder-und Jugendhilfe. Erstellung im Auftrag des Bundesamtes für Sozialversicherungen als Beitrag zur Projektgruppe zur Beantwortung des Postulats Fehr.* Bern: BSV.

Schweizerische Eidgenossenschaft. 1999. Bundesverfassung der Schweizerischen Eidgenossenschaft. http://www.admin.ch/ch/d/sr/101/index.html. Zugegriffen: 1. Aug. 2013.

Schweizerische Eidgenossenschaft. 2010. Erläuternder Bericht zum zweiten Vernehmlassungsverfahren der neuen Kinderbetreuungsverordnung. http://www.ejpd.admin.ch/content/dam/data/gesellschaft/gesetzgebung/kinderbetreuung/vn-ber2-d.pdf. Zugegriffen: 26. Aug. 2013.

Sennett, Richard. 1986. *Verfall und Ende des öffentlichen Lebens. Die Tyrannei der Intimität.* Frankfurt a. M.: Fischer.

Studer, Tobias, und Margot Vogel. 2010. Gesellschaftliche Prozesse der Unbewusstmachung am Beispiel von Rechtsextremismus und Jugend. In *Transdisziplinäre Jugendforschung. Grundlagen und Forschungskonzepte,* Hrsg. C. Riegel, A. Scherr, und B. Stauber, 233–252. Wiesbaden: VS-Verlag.

Studer, Tobias, Stefania Calabrese, Philipp Eigenmann, und Verena Odermatt. 2010. *Schlussbericht Evaluation FAP – Fachstelle Pflegekinder Kanton Zürich Region Ost.* Unveröffentlichtes Manuskript. Zürich: Universität Zürich.

Vogel, Christian. 1998. *Institutionelle Aspekte sozialpädagogischen Handelns. Institutionsanalyse einer Beratungsstelle für arbeitslose Jugendliche.* Lizentiatsarbeit, Pädagogisches Institut. Zürich: Universität Zürich.

Wyss, Kurt. 2007. *Workfare. Sozialstaatliche Repression im Dienst des globalisierten Kapitalismus.* Zürich: Edition 8.

Erich Otto Graf

> *There are changes taking place now that will*
> *eventually lead to a restructuring of the social*
> *productive body. But if the family does cease to be the center*
> *of reproduction the presently*
> *offered alternative – a co-operative form of the*
> *reproduction unit – is still a process of*
> *commodity production. Co-operation and self-management*
> *seem to be capital's response*
> *both to struggles in the family and in the*
> *factory.*
> *Leopoldina Fortunati*

Zusammenfassung

Sozialpädagogik/Soziale Arbeit erscheint angesichts der Problemlagen, in denen sich Familien befinden, seltsam hilflos zu sein. Das hängt damit zusammen, dass in den letzten 50 Jahren zunehmend unklarer geworden ist, was denn Familien überhaupt sind. Die Vermutung liegt nahe, dass die Verunklarung des Familienkonzeptes mit Veränderungen der Produktionsverhältnisse zu tun hat, welche nicht nur die Rolle der Familien in der Kultur verändert haben, sondern auch die Möglichkeiten und Grenzen des Staates beeinflusst haben in jene Verhältnisse zu intervenieren, wo aus der staatlichen Sicht die Vermittlung und Aneignung von Kultur gefährdet ist. Denn der Nationalstaat vermag heute keinen sinnvollen Rahmen mehr aufzuspannen, innerhalb dessen sich im Sinne

E. O. Graf (✉)
Zürich, Schweiz
E-Mail: eograf@ife.uzh.ch

B. Bütow et al. (Hrsg.), *Sozialpädagogik zwischen Staat und Familie*,   259
DOI 10.1007/978-3-658-01400-1_13, © Springer Fachmedien Wiesbaden 2014

der Profession so genannten soziale Probleme in Individuen abbilden könnten, und durch entsprechende Dispositive Sozialer Arbeit zugeführt werden könnten. Soziale Arbeit hat deshalb grundsätzlich ein Problem ihrer Theoriebildung zu bearbeiten. Wenn sie versucht die Probleme im globalen Zusammenhang zu denken, dann verliert sie ihre Legitimation zu Handeln, versucht sie, die Analyse weiterhin auf der nationalstaatlichen Ebene zu halten, greift sie analytisch stets zu kurz. Geblieben ist ihr heute einzig der Impetus des Eingreifens, auch wenn zunehmend unklar wird, in welche Verhältnisse eingegriffen wird und sehr oft offen bleiben muss, ob ein Nicht-Eingreifen ins Familiäre möglicherweise nicht für die vom Eingriff betroffenen Menschen günstigere Situationen geschaffen hätte, freilich ohne die damit zusammenhängenden Probleme zu lösen, als ein Eingreifen. Die Veränderung dessen, was in der hiesigen Kultur unter Familie verstanden wird, ist ein Hinweis auf grundlegende Veränderungen dieser Kultur selbst.

13.1 Einleitung

Sozialpädagogik erscheint angesichts der Problemlagen, in denen sich Familien befinden, seltsam hilflos zu sein. Das hängt damit zusammen, dass in den letzten 50 Jahren zunehmend unklarer geworden ist, was denn Familien überhaupt sind. Die Vermutung liegt nahe, dass die Verunklarung des Konzeptes etwas mit Veränderungen der Produktionsverhältnisse zu tun hat, welche nicht nur die Rolle der Familien in der Kultur verändert haben, sondern auch die Möglichkeiten und Grenzen des Staates beeinflusst haben, von denen die Interventionsdispositive der Sozialen Arbeit grundsätzlich abhängen. Geblieben ist einzig der Impetus des Eingreifens, auch wenn zunehmend unklar wird, in welche Verhältnisse eingegriffen wird und sehr oft offen bleiben muss, ob ein Nicht-Eingreifen ins Familiäre möglicherweise nicht für die vom Eingriff betroffenen Menschen günstigere Situationen geschaffen hätte als ein Eingreifen, freilich ohne die damit zusammenhängenden Probleme zu lösen. Die Veränderung dessen, was in der hiesigen Kultur unter Familie verstanden wird, ist ein Hinweis auf grundlegende Veränderungen dieser Kultur selbst.

13.2 Sozialpädagogik – Schaden mindern und die Welt besser machen

13.2.1 Der Impetus des Eingreifens

Impetus meint den inneren begeisterten Antrieb einer Person, etwas zu tun. Im Falle der Sozialpädagogik meint sie hier eine Begeisterung des Eingreifens in Familien. Der Impetus zu handeln ist einer der vielen Momente des *furor paedagogicus*, der erzieherischen Wut. Diese Wut entsteht angesichts des wahrgenommenen unsittlichen Verhältnisses zwischen dem aufgehäuften gesellschaftlichen Reichtum und seiner differentiellen Zugänglichkeit für die Mitglieder der Weltgesellschaft und reguliert sich im Wesentlichen über die Institution des Eigentums als eines privaten. *Privatus*, abgeleitet vom Verbum *privare*, meint entzogen, geraubt, und zwar dem Gemeinsamen.[1] So wie die private Sphäre der Öffentlichkeit entzogen ist – es sei denn, man habe sich bei *facebook* angemeldet – so ist das private Eigentum der Öffentlichkeit entzogen, dank des schweizerischen Bankgeheimnisses ist dies in der Schweiz sogar noch ein wenig mehr der Fall als an anderen Orten der Welt, auch wenn das Geheimnis seit einiger Zeit weit weniger geheim ist als auch schon.

Sozialpädagogik gibt an, sich mit sozialen Problemlagen zu befassen.[2] Das Problem, das sich mit dem Feststellen von Problemlagen ergibt, ist das Feststellen einer Problemlage. Die soziale Konstruktion der Problemlage durchläuft einen Wahr-

---

[1] Das Private ist ohne ein Öffentliches nicht denkbar, als Privates ist es dem öffentlichen Diskurs entzogen. Mit dem Schließen der Öffentlichkeit, worauf Jürgen Habermas (1983, 1990 (1962)), früh hingewiesen hat und der von Guy Debord (1996) so bezeichneten Gesellschaft des Spektakels hat sich dieses pièce de résistance des liberalen Bürgertums verflüchtigt. Der öffentliche Diskurs als politischer verschwindet in dem Maße, wie die Privatheit der citoyennes all jenen zugänglich wird, welche über die entsprechende Technik der Aushorchung verfügen. Das Gemeinsame wird in der Entwicklung der kapitalistischen Produktionsweise dekonstruiert und über die Konstruktion eines androzentrisch verfassten bürgerlichen Rechtssubjektes neu zusammengesetzt. Eine Gesellschaft lässt sich allerdings alleine über die Medien von Macht und Geld nicht integrieren. Die sich nun neu formierende Form der Vergesellschaftung ist so konstruiert, dass sie sich der Logik der kapitalistischen Ausbeutung nicht mehr zu entziehen vermag. Das zeigt sich nicht zuletzt in der Enteignung der Zeit. vgl. dazu Habermas 1990 (1962), 1983; Holloway und Thompson 2007.

[2] Soziale Probleme sind normativ hergestellte Differenzen, die bei denjenigen, die sie diagnostizieren eine Differenz konstruieren zwischen der Vorstellung wie Gesellschaft, bzw. gesellschaftliche Situationen sein sollen und der auf dem Hintergrund dieser Norm tatsächlich wahrgenommenen Situation. Mit steigender Differenz nimmt das wahrgenommene Problem an Dringlichkeit zu und verlangt nach eingreifendem Handeln (vgl. Merton und Nisbet 1976).

nehmungsprozess, in welchem auf dem Hintergrund der jeweils verschiedenen Denkstile der verschiedenen Aktanten Verschiedenes als Problemlage verstanden wird. Kapitän Haddock[3] beispielsweise hat meist ein Problem, dass gerade kein Schnaps vorhanden ist, während ein Sozialarbeiter sein aufbrausendes Verhalten mit der Diagnose eines fortgeschrittenen Alkoholismus in Verbindung bringen wird und ihm dringend einen Entzug empfehlen wird. Was letztlich als soziales Problem festgestellt wird, hängt wesentlich von den aktuellen gesellschaftlichen und politischen Kräfteverhältnissen ab. Sozialpädagogisches Handeln greift in das Leben jener Menschen ein, die sich in solchen so genannten Problemlagen befinden. Das sozialpädagogische Handeln zielt immer auf die Körper der Menschen, die es im Visier hat. Die Konstruktion des Individuums im Privatrecht geht von der Einheit eines Menschen aus, die sich letztlich in seiner Verkörperung im Körper verwirklicht (vgl. Graf 2009).[4] Der in der Zeit nach dem Fordismus dominierende neoliberale Diskurs stellt die sozialstaatlichen Garantien – die immer nur für einen Teil der sich auf dem Territorium des Nationalstaates sich befindenden Menschen gegolten haben – grundsätzlich in Frage. Er auferlegt den davon betroffenen Menschen unter dem Stichwort der Selbstverantwortung – was in kapitalistischen Vergesellschaftungszusammenhängen in erster Linie bedeutet: freiwillige Zustimmung zur eigenen Unterwerfung unter das Diktat von Lohnarbeitsverhältnissen und Übernahme der Verantwortung für das Scheitern des Versuchs, eine bezahlte Arbeit zu finden, die es zu überleben erlaubt – Prekarisierung als Standard des Lebens in dieser Gesellschaft. Der sozialpädagogische-sozialarbeiterische Diskurs zu Empowerment erscheint in diesem Kontext als Prothese zur gelingenden freiwilligen Unterwerfung, da er dort, wo im Sinne Winklers Vermittlung und Aneignung von Kultur prekär werden, Dispositive bereit hält, die unter dem Banner der Emanzipation und der Selbstbefreiung die Regierung der Prekären betreiben. Dazu brauchten die Dispositive der Sozialen Arbeit eindeutige AdressatInnen – im Sinne des Rechts bürgerlicher Individuen – ihres Tuns, die in einem Körper ver-

---

[3] Kapitän Haddock ist eine Comic-Figur, die Hergé in einigen seiner Tim und Struppi Comics auftreten lässt. Vgl. dazu auch: http://de.wikipedia.org/wiki/Tim_und_Struppi. Zugegriffen: 3. Juli 2012

[4] Zur Abbildung sozialer Probleme in Individuen vgl. Winkler (1988). Andrea Büchler (2006) verweist in ihrem Aufsatz Die Kommerzialisierung von Persönlichkeitsgüter. Zur Dialektik von Ich und Mein auf die zunehmenden Schwierigkeiten des Privatrechts, die verschiedenen Aspekte des privaten Eigentums des Einzelnen an sich selbst zur Deckung zu bringen. Die latour'schen Hybriden lösen diesen Zusammenhang auf (vgl. Latour 1995 (1991)).

körpert und über eine identifikatorische Prozedur der Feststellung ihrer Identität juristisch festgelegt sind, auf welche ihre Interventionen zielen.[5]

Diese Zugriffe müssen begründet werden. Die Begründungszusammenhänge für das sozialpädagogische Handeln lassen sich aus der Geschichte der sich aus ihnen ergebenden Interventionen erschließen. Für die Analyse entscheidend sind nicht die jeweiligen Begründungen, sondern die tatsächlichen Handlungen, die von Menschen an Menschen begangen werden. Am Anfang dieser Geschichte steht jener Prozess des Übergangs in Europa vom Feudalismus zum Kapitalismus. Er wird von Karl Marx als *ursprüngliche Akkumulation* bezeichnet und hat drei wesentliche Komponenten, die in ihrem Zusammenwirken verstanden werden müssen: Die Zerstörung des Gemeinsamen und der Widerstand der Bevölkerung dagegen, die Kolonisierung der Erde durch die europäischen Herrschaften und der damit verbundene Völkermord an den indigenen Populationen der eroberten Länder und deren Ausplünderung sowie der Aufbau so genannter Kolonien und die damit verbundene Plantagenwirtschaft, deren Grundlage der Sklavenhandel gebildet hat.[6] Dieser Prozess der ursprünglichen Akkumulation ist von unvorstellbarer Gewalt begleitet, deren Erinnerung im Rahmen nationalstaatlich gefärbter Geschichtsschreibung weitgehend der sozialen Unbewusstheit anheimgefallen und aus den kollektiven Mentalitäten verdrängt worden ist. Gegen diese Gewalt und den damit ausgeübten Zwang haben sich die Menschen in allen Ländern und zu allen Zeiten in den letzten 500 Jahren immer wieder zur Wehr gesetzt. In diesen sozialen Kämpfen entstehen jene Situationen, die aus der Perspektive der Sozialpädagogik betrachtet die sozialen Problemlagen ergeben, mit denen sich Sozialpädagogik auseinanderzusetzen beabsichtigt. Im Zentrum dieser Auseinandersetzungen um Herrschaft und Freiheit entsteht das, was die italienische Feministin und Marxistin Leopoldina Fortunati „*Das Arcanum der Reproduktion*" nennt, jene Mischung aus Hausarbeit, Prostitution, Lohnarbeit und Kapital. „Thus with capitalism male and female workers have not only won the ‚right' to sell their labor power, but also the ‚right' to marry, at the formal level. Or rather – looking beyond the facade – *the obligation to work goes hand in hand with the obligation to marry.* This is to say that capital does not simply posit itself as a waged work relation but as a dual work relation:

---

[5] Isabelle Lorey (2012) entwickelt das von Michel Foucault entlehnte Konzept der Selbstregierung unter den Bedingungen des Postfordismus in dieser Perspektive weiter. Leopoldina Fortunati (1995) hat früh auf diesen Zusammenhang hingewiesen. Zum sonderpädagogischen Problem vgl. Winkler 1988.

[6] In diesem Interaktionssystem spielt der Kampf um die Kontrolle des Atlantiks und in dessen Zentrum um jene der Karibik eine entscheidende Rolle (vgl. Linebaugh und Rediker 2008; ebenso Federicci 2004).

waged within production and non-waged within reproduction" (Fortunati 1995, S. 16). Hier zeigt sich, dass Lohnarbeit im Kapitalismus ohne die Verstaatlichung der Familie nicht zu haben ist. Damit ist jenes Moment angesprochen, das im Hinblick of *doing gender* in einer ganz bestimmten Art und Weise menschliche Körper institutionalisiert und eine bestimmte Trennung von Natur und Kultur herstellt.[7] Während sich die Erscheinungswelt in bunter Vielfalt zeigt, ist die institutionelle Wirklichkeit, welche diese Erscheinungen erzeugt auf der grauen Einfalt der über Geldbeziehungen vermittelten Institution der Lohnarbeit aufgebaut.[8]

13.2.2 Der strukturelle Hintergrund sozialpädagogischen Handelns

Die Veränderungen, welche die kapitalistische Produktionsweise aufgrund der sozialen Kämpfe erlebt, die sich aus ihren Antagonismen heraus nähren, gibt die Folie für jene sozialen Phänomene ab, welche durch die Sozialpädagogik als Problemlagen konstruiert werden. Sozialpädagogik als Sozialwissenschaft ist der Erziehungswissenschaft zugeordnet. Erziehen meint jedenfalls stets eine Beeinflussung von Menschen durch Menschen in bestimmter Absicht mit dem Ziel einer Veränderung derjenigen, die erzogen werden sollen, in eine bestimmte Richtung, die von denjenigen vorgegeben wird, die vorgeben zu erziehen (vgl. Benner und Oelkers 2004, S. 301). Sozialpädagogik hat deshalb stets ein Legitimationsdefizit, das in irgendeiner Art und Weise ideologisch gefüllt werden muss. Der Diskurs im Feld des sozialpädagogischen Handelns zielt darauf ab soziale Problemlagen in Individuen abzubilden, welche über den Zugriff auf deren Körper umgesetzt werden. Hilfe und Kontrolle als zwei Seiten der gleichen Münze, stellen das Dilemma eines Handelns dar, dessen formale Grundlage jene des Äquivalententausches ist. Eine der Grundformeln des römischen Rechts, auf welche sich Georg Simmel (1983,

---

[7] Zu dieser Diskussion vgl. die Arbeiten von Mary Douglas (2004) im Hinblick auf die Institutionalisierung von Körper. Im Hinblick auf die Funktionsweise von Institutionen vgl. Douglas (1991) und Bruno Latour (2001) im Hinblick auf die Diskussion über die Trennung von Natur und Kultur. Zum Zusammenhang der Entstehung des modernen Ich und des Staates (vgl. Elias 1977, 1982; Lourau 1978). Zum Problem der androzentrischen Konstruktion der Familie im Rahmen des Staates (vgl. auch Lorey 2012).

[8] Es könnte nun allerdings sein, dass sich hier etwas verändert, weil sich mit der Hegemonie des Finanzkapitals und der Krise, in die es seit 2007 eingetreten ist, nach neuen Modellen der Akkumulation suchen muss. Das jedenfalls erwägt Christina von Braun (2012) in ihrem jüngsten Buch „Der Preis des Geldes. Eine Kulturgeschichte".

S. 345–374) in seinem Aufsatz „Der Arme"[9] bezieht, lautet: „Do ut des, do ut facias, facio ut des et facio ut facias"[10], so lautet auch der Formalismus der jeweiligen Hilfediskurse. Georg Simmel zeigt in seiner Analyse, dass arm erst ist, wer Armenhilfe beantragt und sich damit in die Asymmetrie von Rechten und Pflichten zwangsweise begibt, weil er nicht anders kann. Die Asymmetrie von Rechten und Pflichten, die eine der Machtverteilung ist, kreiert immer anomische Situationen. Aus solcher Asymmetrie heraus lässt sich die Dilemmasituation von Hilfe und Kontrolle, in welcher sich die soziale Arbeit grundsätzlich befindet, erklären. Allgemein gesehen ist sozialpädagogisches Handeln ein staatlich lizenziertes Handeln, weil der Staat den Zuständigkeitsbereich dieses Handelns immer schon vorgibt.[11] Der Impetus des sozialpädagogischen Handelns ist immer das vorgebliche Verhüten von Schlimmerem, wobei die sozialpädagogisch Handelnden aufgrund der Professionalität, die sie sich selbst zuschreiben, vorgeben zu wissen, was jeweils schlimmer und was zu verhüten oder zu rehabilitieren sei.

13.3 Produktion und Reproduktion von Arbeitskraft

13.3.1 Familienpolitik

Familien gelten in der sozialwissenschaftlichen Diskussion als die primären Sozialisationsinstanzen. Sie organisieren in kulturell kontingenter Art und Weise die Matrix der Generativität, die aus der bipolaren Geschlechterdifferenz und der Generationendifferenz besteht (vgl. Godelier 2002). Familie bezeichnet einen sozialen Ort, wo Kinder entstehen und aufwachsen und wo sich in Lohnarbeit stehende Arbeitskraft regeneriert. Ihre Regulation ist tief in den religiösen, philosophischen und juristischen Diskursfeldern der jeweiligen kulturellen Systeme verankert, in denen diese Familien stattfinden.

---

[9] Der Aufsatz beginnt mit dem folgenden Satz: „Insoweit der Mensch als Sozialwesen gilt, entspricht jeder seiner Pflichten ein Recht anderer Wesen" (Simmel 1983, S. 345–374). Simmel entwickelt hier eine Sichtweise, die sich ganz im Rahmen der Logik des Äquivalententausches bewegt. Zu dieser Problematik vgl. von Braun 2012.

[10] Ich gebe, damit du gibst; ich gebe damit du etwas tust, ich tue etwas, damit du gibst; ich tue etwas, damit du etwas tust.

[11] Dabei ist sekundär, ob es sich bei den Agenten des sozialpädagogischen Handelns um privatrechtliche oder öffentlich-rechtliche Trägerschaften handelt.

Seit der Verwirklichung des modernen Staats im 19. Jahrhundert ist die Familienpolitik immer im Zentrum so genannter Innenpolitik gestanden. Das, was im 19. Jahrhundert im deutschsprachigen Diskurs die „soziale Frage" genannt wurde, war immer mit einer Auseinandersetzung um familienpolitische Fragen verbunden. Man denke dabei nur an die lange diskutierten Fragen von Verwahrlosung, Triebhaftigkeit, Arbeitsscheu und so weiter, die den Angehörigen des Proletariats stets zugeschrieben worden sind. Stets ging es darum, mit Hilfe solcher Diskurse Notwendigkeiten für ein eingreifendes sozialpädagogisches Handeln zu erzeugen und Kontrolle über das Leben von Menschen auszuüben. Demokratische Verhältnisse und Selbstbestimmung kommen im sozialstaatlichen Dispositiv nur bis an jene Schwelle vor, von welcher aus von den Zielgruppen – aus der Perspektive der staatlichen Dispositive betrachtet – dieses Handeln nicht in Frage gestellt wird. Wird diese Schwelle angerührt, gar überschritten, verändert sich das Dispositiv und es wird repressiv. Im Kontext dieser Fragestellungen um soziale Problemlagen sind durch den Staat verschiedene familienunterstützende und familienersetzende Interventionsformen aufgebaut worden. Die Institution der Familie hat sich in den letzten Jahrzehnten seit dem Ende des Fordismus in vielerlei Hinsicht verändert. Die staatlichen Agenturen der Sozialhilfe, aber auch die Bildungsinstitution haben auf diese Veränderung oft mit großer Trägheit reagiert und die Emergenten der Veränderungen mit relativer Verstörung beobachtet. Die Jurisdiktion liegt hinter der gesellschaftlichen Performanz Jahrzehnte zurück. Die Sozialpädagogik hat als erziehungswissenschaftliche Disziplin auf diese Erscheinungen mit einer Vielzahl von Codierungen geantwortet, denen gemeinsam ist, dass sie aus gesellschaftstheoretischer Perspektive betrachtet meist viel zu kurz angelegt sind. Nehmen wir Terminologien aus der Familienhilfe, so finden wir beispielsweise um 1980 ein bestimmtes Phänomen noch als „*broken home family*" benannt, dass heute vielleicht als „*Patchworkfamily*" oder als „*alleinerziehender Elternteil*" verstanden wird. Hinter allen diesen drei Konstruktionen stehen bestimmte Theoretisierungsversuche und sozialpolitische Interessen.

Was Familie im Kontext heutiger Biopolitik (vgl. Foucault 1976; Hardt und Negri 2010) bedeutet, ist in der Sozialpädagogik noch wenig verstanden; so ist die Rolle und die Funktion der Mitglieder jeweiliger „Familien" weder in juristischer noch in kultureller oder ökonomischer Hinsicht geklärt. Als scheinbar einziger „fester" Bestandteil taucht die „Blutlinie" im Gewand der DNA-Analyse wieder auf, die „Verwandtschaft" herstellt. Sie wird allerdings sofort wieder durch den wissenschaftlichen Fortschritt in den Belangen der In-vitro-Fertilisation, Leihmutterschaft und dergleichen mehr in Frage gestellt. Die Hybridisierung entwickelt sich, das Biologische und das Soziale lassen sich nicht mehr fein säuberlich voneinander trennen, die Dinge und die Verhältnisse mischen sich und geraten durcheinander. Daraus

ergeben sich unter der Hand Schwierigkeiten, das Zentrum der bürgerlichen Rechtsprechung, das *autonome Rechtssubjekt* noch als ein einheitliches zu denken, wie ein
interessanter Aufsatz der Zürcher Privatrechtlerin Andrea Büchler von 2006 zeigt,
wenn sie im Zusammenhang von Eigentumsrechten über die Dialektik von Ich und
Mein nachdenkt. Es entsteht eine erneute sozialpolitische Schwierigkeiten hervor-
rufende Diskursgestalt zwischen „Natur und Kultur". Im Hinblick auf Familien
öffnet sich eine Schere zwischen „Bindungen" und „formalen Verwandtschaftsver-
hältnissen", diese sind nicht mehr zwingend deckungsgleich. Das Prekärwerden
von kulturellen Aneignungs- und Vermittlungsprozessen, welches sich phänom-
enologisch darin zeigt, dass sich soziale Probleme in Individuen abbilden, übersteigt
die Interventionsmöglichkeiten nationalstaatlich begrenzter Dispositive, während
gleichzeitig die Jurisdiktion bisher an solche strikt gebunden ist.

13.3.2 Die Spaltung der zwischenmenschlichen Verhältnisse durch die Institution des privaten Eigentums

Die Institution des privaten Eigentums spaltet die Gesellschaft und hierarchisiert
die sozialen Verhältnisse, darunter fallen auch die Geschlechterverhältnisse. Eine gespaltene Gesellschaft bedarf für ihren Zusammenhalt des Staates, der den
inhärenten Klassenkonflikt regelt und pazifiziert, indem er durch eine auf den
jeweiligen Kräfteverhältnissen basierende Sozialpolitik die jeweils emergierenden
Spannungen abdämpft.[12] Aus dieser Notwendigkeit heraus erklärt sich auch das
ständige Eingreifen des Staates in die Verhältnisse der Menschen. Diese Praxis
des Eingreifens bedarf rechtfertigender Begründungen. Diese liefern in erster Linie
die rechtlichen Grundlagen des staatlichen Handelns und manchmal die die Dispositive des staatlichen Handelns begleitenden sozialwissenschaftlichen Analysen
sozialer Probleme. Ihre Zahl ist unendlich und ihre Begründungen sind beliebig
und sie wiederholen sich periodisch. In einem Punkt allerdings konvergieren diese sozialwissenschaftlichen Analysen. Sie diagnostizieren soziale Probleme immer
dort, wo Menschen – aus welchen Gründen auch immer – sich herrschenden Ordnungen nicht einfügen. Die Revolutionen des 18. Jahrhunderts, die so genannt
amerikanische, die so genannt französische und die so genannt haitianische, sind
unvollendete Revolutionen geblieben. Die ersten beiden, weil sie in ihrer Konse-
quenz, die auf die Auflösung des privaten Eigentums zielte – und damit auf die
grundsätzliche Möglichkeit, die Geschlechterverhältnisse umzugestalten – explizit

---

[12] Zum grundlegenden Klassenkonflikt von surpluserzeugenden Gesellschaften vgl. Touraine
1976.

verzichteten; die aus ihnen entstammenden Republiken sind immer Republiken des privaten Eigentums, das sie explizit schützen; die haitianische, weil sie gerade diese Institution des privaten Eigentums angegriffen hat, ist nicht zuletzt deswegen vernichtet worden, in einem von der französischen Republik aus geführten Krieg mit schrecklichen Folgen bis auf den heutigen Tag für die in Haiti am Entstehen begriffene egalitäre Gesellschaft (vgl. Hardt und Negri 2010).

Für die Diskussionen in Frankreich würde ein kurzer Blick in die Verhandlungen der Nationalversammlung zu Beginn der 1790er Jahre genügen und die Kenntnisnahme der Diskussionen um *Gracchus Babeuf* (1760–1797), *Louis Antoine de Saint-Just* (1767–1794) und die Hinrichtung von *Olympe de Gouges* (1748–1793), welche „irrtümlicherweise" die Menschenrechte auch für die Frauen einforderte; es war aber im damals androzentrischen Weltbild der Moderne gar nicht vorgesehen, dass Frauen Bürgerrechte zustehen könnten, ebensowenig wie die Abschaffung der Sklaverei oder die Einführung der soziale Wohlfahrt vorgesehen waren, die *Olympe de Gouges* ebenfalls einforderte. Sie wurde deshalb als „sittenlose" Aufrührerin der Massen verurteilt, musste auf das Schaffot und wurde geköpft.

Es ist interessant die Stellungnahme des Staatsanwaltes von Paris Pierre-Gaspard Chaumette zur Hinrichtung von Olympe de Gouges zu hören: „Le procureur de la Commune de Paris, Pierre-Gaspard Chaumette, applaudissant à l'exécution de plusieurs femmes et fustigeant leur mémoire, évoque cette „virago, la femme-homme, l'impudente Olympe de Gouges qui la première institua des sociétés de femmes, abandonna les soins de son ménage, voulut politiquer et commit des crimes [...] Tous ces êtres immoraux ont été anéantis sous le fer vengeur des lois. Et vous voudriez les imiter? Non! Vous sentirez que vous ne serez vraiment intéressantes et dignes d'estime que lorsque vous serez ce que la nature a voulu que vous fussiez. Nous voulons que les femmes soient respectées, c'est pourquoi nous les forcerons à se respecter elles-mê mes".[13]

Damit schließt sich der revolutionäre Prozess und die Restauration beginnt. Eine der wichtigen Folgen dieser politischen Auseinandersetzungen, bei denen sich die Verfechter des privaten Eigentums durchzusetzen vermochten, war die Institutionalisierung der *citoyennité* als staatliche Zugehörigkeit zu einem nationalen Staat, der sich im Laufe der sozialen Kämpfe des 19. Jahrhunderts zu einer Formel „ein Land, ein Volk, eine Sprache, eine Kultur" verdichtete (vgl. Poulantzas 2002 (1978)). Diesem Diskurs verdanken wir bis auf den heutigen Tag die politischen Konstrukte der „Leitkultur", der „ethnischen Säuberung", der „Umsiedlung" und die „multikulturelle Gesellschaft" und dergleichen mehr. Die Sozialpädagogik tut sich in der Theoretisierung dieser Zusammenhänge eher schwer, da ihr bisheriger

---

[13] http://fr.wikipedia.org/wiki/Olympe_de_Gouges. Zugegriffen: 5. Juli 2012.

Fokus auf solche nationalstaatlich verfasste Interventionsmöglichkeiten begrenzt geblieben ist, derweil die Welt schon in jedem Wohnblock an irgendeinem Ort angekommen ist.

13.3.3 Die Institution der Lohnarbeit verändert die Lebensumstände der Menschen

Wie Säure verätzt die Institution der Lohnarbeit die berühmten Familienbande, deren Auflösung aus dem Diskurs der Herrschaft heraus beobachtet wird und deswegen dringend der staatlichen Intervention bedürftig erachtet wird.[14] Die Lohnarbeit als basale Instituierungsform von Arbeit in der hiesigen Kultur erzwingt die Migration der durch das bürgerliche Recht verindividualisierten Menschen.[15] Das hat sich in der sozialpolitischen Diskussion der Schweiz bis in die jüngste Vergangenheit hingezogen, als darüber gestritten wurde, ob die Wohnsitzgemeinde oder die Heimatgemeinde die Kosten für die sozialfürsorgerischen Leistungen übernehmen sollten. Noch um 1910 wurde deswegen in einem hitzigen sozialpolitischen Streit viel Tinte vergossen. Heute gilt die Wohnsitzpflicht.Die gesellschaftlichen Reichtumsgefälle erzwingen die Wanderung der einzelnen Arbeitskräfte aus ärmeren in reichere Kontexte. Daneben gibt es auf dem höchsten formalen Bildungsniveau noch das Phänomen der meist akademischen WanderarbeiterInnen, die neudeutsch *Expats* genannt werden. Während für den ärmeren Teil der MigrantInnen meist sehr restriktive familien- und schulpolitische Rahmenbedingungen gelten, sind diese für die akademischen SöldnerInnen der Herrschaft meist etwas günstiger ausgerichtet. Aus einer betriebswirtschaftlichen Optik betrachtet sind die Wanderungen von Arbeitskraft und Kapital komplementär, es ist eine Frage der *TCO*, der *total cost of ownership*, welche über die Investition in MigrantInnen oder die Verlagerung der Produktion entscheiden. Für die meisten weltweit tätigen Konzerne ergeben sich hier verschiedene Mischformen in ihrem Investitionsverhalten. Dieses Investitionsverhalten der Unternehmen schafft Möglichkeitsräume für Menschen. Diese werden von den Menschen wahrgenommen

---

[14] Es ist im Hinblick auf gesellschaftliche Veränderungen immer bedeutsam, aus welcher Perspektive heraus sie beobachtet und beschrieben werden. Wer bedauernd von der Auflösung von Familien spricht, hat offenbar eine bestimmte Vorstellung davon, wie eine solche Familie richtigerweise sein sollte.

[15] Inzwischen sind Lohnarbeit und Arbeit faktisch im Verständnis der meisten Menschen zu einem Synonym geworden.

und diese Verwirklichungen stellen sich dann aus der Perspektive der jeweils statisch sich auffassenden Kultur als „soziales Problem" dar, das kulturalistisch und moralisierend verarbeitet wird.[16] Menschen, die *hier* als Probleme verursachend betrachtet werden, sind dann *mit einem Mal nicht mehr wirklich Menschen von hier, sondern Menschen mit einem xy-Hintergrund*, also *Menschen von dort*, und die Nennung des *dort* befeuert den volkstümlichen Rassismus. In entsetzlicher Art und Weise erinnert diese Praxis der Benennung der Herkunft etwa in der Gerichtsberichterstattung an die Festsetzung der Rassenreinheit vor ein paar Jahrzehnten in Deutschland. Interessant ist, dass heute niemandem mehr diese Parallelität beim Lesen der Zeitung aufscheint.

13.3.4   Die Linearisierung des Lebens

Die Verindividualisierung der Lebensläufe der Menschen löst das Familienrund auf und verlinearisiert individuelles Leben in einen einzigen Lauf, der nun aus einer Abfolge von Gegenwarten zu bestehen scheint. Diese Momente von Gegenwart erweisen sich als Felder der Kapitalverwertung. Was Mario Erdheim[17] (1982, S. 187 ff.) eine *kalte* Gesellschaft genannt hat, beschreibt eine Kultur, in welcher die Generationen sich im Dreiklang der *Ahnen*, der *aktuell Lebenden* und der *noch kommenden Geschlechter* folgen. Dieser Denkstil ist dank seiner Trägheit in der Lage, den an ihm Teilnehmenden Orientierung zu geben. In einer so genannt *heißen* Gesellschaft bricht diese Abfolge auf; an die Stelle der stetigen Abfolge der Generationen ist der kapitalistische Glaube des Komparativs getreten, der Glaube an den Fortschritt, der nach vorne weist und der weiß, dass das heutige Wissen besser ist als das gestrige und dass das Morgige noch besser sein wird als das Heutige. Hoffen wir, dass es ihm besser geht als Klees *Angelus Novus*, den Walter Benjamin (1980 (1940)) in seinem Aufsatz *Über den Begriff der Geschichte* beschreibt.

---

[16] Dass der Import von Arbeitskräften zur Einwanderung von Menschen führt, das hat Max Frisch vor Jahren in seinem Satz zusammengefasst: „Wir riefen Arbeitskräfte und es kamen Menschen". Menschen sind nicht nur TrägerInnen ihrer Arbeitskraft, sie bringen immer auch ihrer Geschichten mit, sie sind ihre eigene Geschichte. Zur Herkunft dieses geflügelten Wortes schreibt die FAZ am 28.10 2011 „Der Schriftsteller schrieb den Satz im Jahr 1965 im Vorwort zu Alexander J. Seilers „Siamo Italiani", einem Gesprächsband mit italienischen Einwanderern" (http://www.faz.net/aktuell/feuilleton/feuilletonglosse-zuckerguss-11509616.html/ Abfrage 29. 9 2013).

[17] vgl. dort auch die Literaturreferenzen zu Lévi-Straus, denen Erdheim die Konzeption entnimmt.

Die Entstehung der kapitalistischen Produktionsweise in Europa ist eine Geschichte sozialer Kämpfe, die sich seit dem 13. und 14. Jahrhundert in ganz Europa beobachten lässt und die sämtliche Bereiche der Kultur umfasst. Dazu gehört die Zerstörung des Gemeineigentums, das privatisiert und eingehagt wurde und der Widerstand gegen diese Unterdrückung. Vor allem aus dem 13. und 14. Jahrhundert sind diese Kämpfe um Freiheit bekannt.[18] Mit diesen Auseinandersetzungen sind verschiedene soziale Phänomene verbunden. An erster Stelle sind hier die Veränderungen der Geschlechterverhältnisse zu nennen. Silvia Federicci verweist auf die Integration der Frauen in die Arbeitsteilung der mittelalterlichen Städte und ihre Teilnahme an Gilden und Zünften, aus denen sie erst im Laufe der beginnenden Moderne ausgeschlossen werden (vgl. Federicci 2004, S. 31). Die Landvertreibungen führten nicht nur zu den Erscheinungen des so genannten *Vagantentums* und erster sozialstaatlicher Interventionen (vgl. ebd., S. 84); sie sind auch wesentlich Ausdruck einer großen Verarmung der europäischen Bevölkerung. Die Einkommen der Arbeitenden sanken zwischen dem 13. und dem 19. Jahrhundert dramatisch. Erst ab der zweiten Hälfte des 19. Jahrhunderts scheinen sich die Lebensbedingungen der Bevölkerung ungefähr wieder jenen des ausgehenden Mittelalters angenähert zu haben, was die Problematik des Hungers in Europa anbelangt.[19]

Deshalb ist es auch nicht weiter erstaunlich, dass die sozialen Kämpfe des 16. und 17. Jahrhunderts, häufig von Frauen angeführt, defensive Kämpfe gegen die Armut gewesen sind. Die Bevölkerungszahlen in der Zeit des Frühkapitalismus sind in Westeuropa rückläufig. Der Staat beginnt sich für die Fragen der Demographie zu interessieren; Kindstötung, das Verbot der Abtreibung, aber auch der Ausschluss der Frauen aus der Medizin, insbesondere der Geburtshilfe sind hier wichtige Stichworte der neuen staatlichen Bevölkerungspolitik. Foucaults Konzept der Biopolitik setzt an diesen Erscheinungen an, wenngleich seine Analyse etwas oberflächlich bleibt, da er sich der institutionellen Implikationen von Reproduktion und Produktion unter der vergesellschaftenden Kraft von Lohnarbeit im Hinblick auf die Kontrolle und Funktionalisierung der Sexualität nicht wirklich bewusst macht (vgl. Foucault 1976). Im Zusammenhang mit dieser Entwicklung steht aber auch die Entwicklung der modernen Naturwissenschaft, die ohne den

---

[18] Sie hatte oft einen religiös markierten Hintergrund, wie etwa die Kämpfe der Hussiten in Böhmen, die Aufstände der Waldenser in Italien und weitere mehr.

[19] „Der holländische Agrarhistoriker Bernhard Slicher von Bath hat umgerechnet auf Kornpreiseinheiten gezeigt, dass sich die Arbeitseinkommen von 1400 auf 1800 bei relativ grossen Schwankungen mit einem deutlichen Trend nach unten um fast die Hälfte reduziert haben" (Federicci 2004, S. 76 ff.).

„Tod der Natur" – um ein bekanntes Werk der amerikanischen Wissenschaftsforscherin Carolyn Merchant (1987) zu nennen – nicht möglich ist. Der *Tod der Natur* verändert aber auch die Geschlechterverhältnisse, nun auch aus der Perspektive des als relevant bezeichneten wissenschaftlichen Wissens.[20]

13.4   Die Veränderung der Produktionsverhältnisse

13.4.1   Die Veränderung der Geschlechtsverhältnisse als Teil veränderter Produktionsverhältnisse

Die Veränderung der Geschlechterverhältnisse beeinflusst den Prozess des *Genderings* im Rahmen sich verändernder Sozialisationsbedingungen und verändert auch die Einschreibung der Geschlechter in die Körper. Der Zwang in die Institution der Lohnarbeit ist auch insofern verbunden mit einer Veränderung der Geschlechterverhältnisse, als Frauen zusehends aus der Erwerbsarbeit herausgedrängt, in ihrer Fähigkeit, Kinder zu gebären, naturalisiert und auf die unentgeltlich zu leistende Hausarbeit reduziert werden.[21]

Gleichzeitig wird im Zuge der Hexenverfolgung durch Heinrich Kramers (1430–1505) Standardwerk *Der Hexenhammer. Maleus Maleficarum*[22] von 1486 ein diagnostisches Manual zur Unterscheidung zwischen Hexen und unschuldigen Frauen entwickelt, das akribisch eine Art sozialpädagogischer Diagnostik *avant la lettre* darstellt, indem durch genaue Beschreibungen und Tests herausgefunden werden kann, welche Frauen vom Teufel besessen sind und welche nicht.[23] Die Gewalt, die von staatlichen Instanzen direkt und anderen Organisationen mit staatlicher Erlaubnis und Duldung durchgeführt wurden zeigt eine Geschichte der

---

[20] In diesem Zusammenhang ist auf die Veränderung der Rationalitätsstrukturen in Europa hinzuweisen: Es entsteht ein Wissen, zu dessen Begründungsstruktur die radikale Trennung zwischen Verstand und Gefühl gehört. Man kann sagen, dass Descartes gegen Pascal gewonnen hat (vgl. Bammé 2011; von Braun 2012; Boehme und Boehme 1985).

[21] Silvia Federici (2004) verweist immer wieder auf die Bedeutung der Frauen als Anführerinnen sozialer Kämpfe zur Verteidigung des Gemeinsamen in der Zeit des 16., 17. und 18. Jahrhunderts (vgl. Haug 2009; von Braun 2012; Linebaugh und Rediker 2008).

[22] Die Popularität dieses Werkes zeigt sich in der für die damalige Zeit unerhört hohen Auflage von ungefähr 30.000 Exemplaren. Kramer (2006) selbst rühmte sich, 200 Hexen überführt zu haben und beschuldigte jene der Ketzerei, die an der Existenz von Hexen zweifelten. Vgl. dazu: http://de.wikipedia.org/wiki/Hexenhammer. Zugegriffen: 4. Juli 2012.

[23] Häresie ist die Grundform des abweichenden Verhaltens.

Unterdrückung der Frauen, ihre Marginalisierung in der neu entstehenden Produktionsweise, ihre Naturalisierung und damit verbunden ihre gesellschaftliche Verohnmächtigung; diese Gewalt zeigt weiter eine Geschichte des Rassismus, der in der Rassenlehre des 19. und 20. Jahrhunderts seine Verwissenschaftlichung gefunden hat, mit den sozialpolitischen Folgen von Eugenik und Euthanasie, die alle im Namen der Verbesserung des Menschengeschlechts durchgeführt worden sind. Ihre Ausdehnung innerhalb der europäischen Wissenschaft ist weit über den unmittelbaren Einflussbereich des Nationalsozialismus hinaus zu beobachten.

Die eugenische Sichtweise feiert heute mit der auf die menschliche Fortpflanzung angewandte Gentechnologie, der pränatalen Diagnostik, eine Rückkehr, während der Diskurs um die Euthanasie im Rahmen dessen, was Sterbehilfe genannt wird, wieder diskursfähig wird. Es ist gerade in dieser Hinsicht interessant zu beobachten, wie die Trennung von Mensch und Person, wie Peter Singer (1994) sie etwa in seiner *praktischen Ethik* vornimmt, der Rechtfertigung für das Töten bestimmter Menschen Vorschub leistet.[24] Hintergrund, gesellschaftliche Synthesis dieser Entwicklung ist das Kapital, das ein akkumuliertes Vermögen darstellt, welches zur kollektiven Reproduktion verwendet wird (vgl. von Braun 2012, S. 421). Es handelt sich darum, dass das Finanzkapital zur hegemonialen Form des Kapitalverhältnisses geworden ist. Christina von Braun geht in ihrem Buch *Der Preis des Geldes. Eine Kulturgeschichte* noch einen Schritt weiter, indem sie ausgehend von der Logik des Kredites, dem Kern des Finanzkapitals, als These eine enge Verbindung zwischen Geld und menschlicher Reproduktion aufstellt, welche die Geschlechterverhältnisse über die Erfolge der Wissenschaft nochmals verändern:

„Das 20. Jahrhundert brachte die große Liberalisierung der Sexualgesetzgebung: In den kapitalintensiven Industrieländern ist so gut wie jede Art von Sexualbeziehung erlaubt (außer Sex mit Kindern). *Zugleich* brachte sie aber auch eine Form der Naturbeherrschung, wie sie die menschliche Gesellschaft bisher noch nicht kannte. Im Gegensatz zu früheren Formen der Naturdomestizierung geht es heute um die *Herstellung* von Natur: menschliche Körper eingeschlossen. Damit löst sich der

---

[24] Ein klassisches Argument in dieser Hinsicht wird sein, dass jemand feststellt, dass die Lebensqualität eines bestimmten Menschen eh ganz schlecht sei, oder, was heute schon vorkommt, dass man im Spital fragt (siehe die anfangs 2012 eingeführte Fallpauschale), ob es denn mit dem Sterbeprozess eines bestimmten Menschen nicht ein wenig vorangehen könnte, man brauche dringend das Bett und das Zimmer, da die Intensivstation überlastet sei. Eine Geschichte, die mir jemand mit deutlichem Entsetzen aus einem schweizerischen Spital erzählt hat. Singer als berühmter Tierschützer weiß zweifellos, dass ihm manches Tier weit mehr wert ist als mancher Mensch. Singer nennt sein Buch typischerweise denn auch praktische Ethik. Es gilt gut hinzuschauen und sich dagegen zur Wehr zu setzen, was hier praktiziert werden wird.

Widerspruch zwischen Naturbeherrschung und einer ‚befreiten' Sexualität. Anders ausgedrückt: Das Geld sucht seine ‚lebendige' Beglaubigung nicht nur in der käuflichen Sexualität, sondern auch in den käuflichen Kindern. Dafür bedarf es einer Fortpflanzung, die dem Vermehrungstrieb des Geldes entspricht. Mit der Pille, so hat Djerassu deutlich gemacht, wurde nicht nur der Sexualtrieb, sondern auch die Reproduktionsfähigkeit des Geldes ‚freigesetzt' " (von Braun 2012, S. 413).

Die sozialen Problemlagen, welche mit dem *Gendering* zusammenhängen, führen in direkter Weise wieder zur politischen Ökonomie, wenn man dieser Autorin folgen will, zu einer politischen Ökonomie der besonderen Art, einer politische Ökonomie, in der es nicht nur *Geldbanken,* sondern auch *Genbanken, Eibanken, Samenbanken* und dergleichen mehr ebenso gibt, wie *Knochenbanken, Blutbanken,* die alle überwacht werden von großen Datenbanken (vgl. ebd.).

13.4.2   Weitere soziale Problemlagen entstehen und ziehen staatliche Interventionen nach sich

Vagantentum wird in der frühen Neuzeit zu einer wichtigen sozialen Problemlage, genau wie heute, wo wir von „*Wirtschaftsflüchtlingen*" sprechen, also Menschen, die vor bestimmten wirtschaftlichen Situationen davonlaufen, weil sie keine andere Wahl haben, und denen wir vorwerfen, dass sie sich dieser Situation nicht stellen und irgendeine Arbeit annehmen. Es ist in diesem Zusammenhang aus sozialpädagogischer Sicht besonders interessant das „Hilfswerk für die Kinder der Landstrasse" zu untersuchen, das von 1926 bis 1972 existierte, von der Stiftung *Pro Juventute* gegründet wurde und Fahrenden Kinder wegnahm. Mit Hilfe dieses Projektes sollte die fahrende Lebensweise in der Schweiz ausgerottet und die *Jenischen* zum Verschwinden gebracht werden. Noch heute gehören die *Jenischen*[25] zu jenen Teilen der Bevölkerung, die starken sozialen Vorurteilen ausgesetzt sind. Viele von ihnen haben an der schweizerischen Familienpolitik, die ihnen gegen-

---

[25] Jenische sind nicht Sinti und Roma. Sinti gibt es in der Schweiz nur wenige, sie waren von dem „Hilfswerk für die Kinder der Landstrasse" nicht betroffen. Dieses richtete sich ausschließlich und gezielt gegen die Gruppe der Jenischen, die sich sprachlich und kulturell von den Sinti und Roma unterscheiden. Roma kamen, mit wenigen Ausnahmen, erst ab Mitte der 1950er Jahre in die Schweiz. Sie waren vom „Hilfswerk" nicht betroffen. Dieses richtete sich ausschließlich und gezielt gegen die Gruppe der Jenischen, die sich sprachlich und kulturell von den Sinti und Roma unterscheidet. Dank an Thomas Huonker für diesen Hinweis.

über betrieben wurde, maßlos gelitten.[26] Fahrenden ist immer wieder vorgeworfen worden, dass sie arbeitsscheu seien, dass sie stehlen und, moralisch verwerflich, ihre Kinder für sich arbeiten beziehungsweise betteln lassen. Noch heute ist es für die Fahrenden sehr schwierig in der Schweiz akzeptable und von der sesshaften Bevölkerung akzeptierte Standplätze zu finden. Genau gleich wie vor ungefähr 400 Jahre geht der Zwang zur Arbeit einher mit der gesellschaftlichen Thematisierung und Diagnose von Arbeitsscheu. Die Suppenküche und das Arbeitshaus, die Hilfe und die Kontrolle, sie haben eine lange Geschichte. Die Folgen dieser gewalttätigen Veränderungen fasst Federicci folgendermassen zusammen: „Consequently, the attack on workers, that had begun with the enclosures and the Price Revolution, in the space of a century, lead to the criminalization of the working class, that is, the formation of a vast proletariat either incarcerated in the newly constructed work-houses and correction houses, or seeking its survival outside the law and living in open antagonism to the state – always one step away from the whip and the noose" (Federicci 2004, S. 85). Es erstaunt nicht besonders, dass sich auf diesem Hintergrund die schweizerischen Anstalten von *Witzwil*, *St. Johannsen* und *Bellechasse* im so genannten Grossen Moos befinden, also jenen sumpfigen Gebieten, die nach der Juragewässerkorrektion[27] trocken gefallen waren und der Zivilisation zugeführt werden sollten, zwei Strafanstalten und eine Arbeitsanstalt für Männer errichtet worden sind.

Die Fixierung auf die Gegenwart allerdings erschwert die Ausrichtung auf die Zukunft. Allerdings muss spätestens jetzt daran erinnert werden, dass das, was als Auflösung wahrgenommen wird, nicht zuletzt das Ergebnis jener Entwicklung gewesen ist, die auch zu seiner Entstehung geführt hat.[28] Hier schließt sich der Kreis. Die Sozialpädagogik greift in die gesellschaftlichen Verhältnisse nach Maßgabe des

---

[26] http://de.wikipedia.org/wiki/Kinder_der_Landstrasse. Zugegriffen: 4. Juli 2012. http://www.thata.ch/beiheftromasintijenische.htm#_ftnref136. Zugegriffen: 4. Juli 2012 Die schweizerische Eidgenossenschaft, die das so genannte Hilfsprojekt jahrzehntelang unterstützt hatte, zahlte zwischen 2000 und 7000 Franken Entschädigung für ein zerstörtes Leben. Auf diese Weise entsorgte sich der schweizerische Staat seiner rassistischen Sozialpolitik.

[27] http://de.wikipedia.org/wiki/Juragew%C3%A4sserkorrektion. Zugegriffen: 4. Juli 2012.

[28] Erdheim schreibt: „Ein grosser Teil der Gesellschaft sehnt sich nach Stabilität, Ruhe und Ordnung. Die Menschen gehen ihren Arbeiten nach, die Männer in den Fabriken und Büros, Waren produzierend, die Frauen zuhause, die Kinder erziehend und ihren Männern die Gemütlichkeit bietend, die sie brauchen, um ihre Kräfte wiederherzustellen, und die Kinder wachsen heran, respektieren ihre Eltern, übernehmen deren Rollen und geben sie, selbst erwachsen geworden, ihren Kindern weiter. Aber der Traum wird nicht Wirklichkeit. Konflikte durchziehen den Alltag, Hass und Unzufriedenheit breiten sich aus. Weder Männer noch Frauen, nicht einmal die Kinder und Jugendlichen akzeptieren das Vorgegebene, wollen es verändern und sehnen sich weiter nach Stabilität, Ruhe und Ordnung. Paradoxerweise

ihr in der Analyse Zugänglichen ein und ist in ihrem Impetus bestrebt das aus ihrer
Sicht Schlimme zu beheben und das aus ihrer Sicht Schlimmere zu verhüten.

13.5 Was tun?

Eine kritische Debatte würde die institutionalisierten Selbstverständnisse des disziplinären Denkens von Sozialer Arbeit/Sozialpädagogik erschüttern. Sie hätte zur
Folge, dass die über den Professionalisierungsdiskurs einigermaßen ruhig gestellten
Ambivalenzen des sozialpädagogischen Tuns als dilemmatische Rollenkonflikte der
Professionellen in weit stärkerem Maße als bislang aufbrächen und gerade das erst
wieder stabilisierte Selbstverständnis zu erschüttern drohten. Die juristisch über
den Nationalstaat verfassten rechtsstaatlichen Randbedingungen einer Intervention auf dem Feld des sozialpädagogischen Handelns lassen sich kaum noch mit
der damit verbundenen Aufgabe in Einklang zu bringen. Auf diesem Hintergrund
wären die Verbleibdauern der SozialarbeiterInnen und SozialpädagogInnen in den
jeweiligen Feldern ihres professionellen Handelns und die Gründe für den Wechsel
des Praxisfeldes oder sein Verlassen überhaupt, genauer zu untersuchen, ebenso wie die Anfälligkeit für so genannte burn-out-Erfahrungen der Professionellen.
Diese sind in dieser Perspektive betrachtet nichts anderes als individualisierte Ver-
arbeitungsversuche strukturell induzierter Spannungen in die RollenträgerInnen
hinein.

In dem Ausmaß, wie Sozialpädagogik sich des strukturellen Hintergrundes der
von ihr wahrgenommenen Problemlagen nicht bewusst ist, ist sie nicht nur in der
Gestalt der hilflosen HelferIn unterwegs, sondern hilft aktiv mit, den Widerstand
der Menschen gegen Situationen die ihnen unwürdig erscheinen zu zerstreuen,
indem sie sie auf Momente ihrer Individualität reduziert, welche für sie die einzige Rechtfertigung ihres Eingreifens darstellen. So handelnd bleibt Sozialpädagogik
stets die Magd der Herrschaft und die von ihr angestrebte aufklärerische Vernunft
eine halbierte und instrumentelle. Andererseits bietet die Verallgemeinerung der
Situation der Prekären auch Momente des Handelns jenseits staatlicher Rahmen.
Hier wäre das von Michael Walzer (1988) in die Debatte gestellte und von Michael
Hardt und Antonio Negri (2010) aufgegriffene Konzept des *Exodus* aufzugreifen und kritisch mit Konzepten des sonderpädagogischen und sozialarbeiterischen
Handelns zu diskutieren.

nennt man bei uns jene Kulturen, die weitgehend das Ideal der Stabilität realisiert haben
‚primitiv‘, ‚unterentwickelt‘, ‚wild‘, auch ‚unzivilisiert‘ “ (Erdheim 1983, S. 104).

Literatur

Bammé, Arno. 2011. *Homo occidentalis. Von der Anschauung zur Bemächtigung der Welt. Zäsuren abendländischer Epistemologie.* Weilerswist: Velbrück Wissenschaft.

Benjamin, Walter. 1980 (1940). Über dem Begriff der Geschichte. In *Gesammelte Schriften,* Hrsg. Walter Benjamin, 691–703. Frankfurt a M.: Suhrkamp Verlag.

Benner, Dietrich, und Oelkers Jürgen, Hrsg. 2004. *Historisches Wörterbuch der Pädagogik.* Weinheim: Beltz Verlag.

Böhme, Hartmut, und Gernot Böhme. 1985. *Das Andere der Vernunft. Zur Entwicklung von Rationalitätsstrukturen am Beispiel Kants.* Frankfurt a M.: Suhrkamp Verlag.

Büchler, Andrea. 2006. Die Kommerzialisierung von Persönlichkeitsgütern. Zur Dialektik von Ich und Mein. *Archiv für civilistische Praxis* 206:300–351. Tübingen: Mohr Siebeck.

Debord, Guy. 1996. *Die Gesellschaft des Spektakels.* Berlin: Tiamat.

Douglas, Mary. 2004. *Ritual, Tabu und Körpersymbolik. Sozialanthropologische Studien in Industriegesellschaft und Stammeskultur.* Frankfurt a. M.: Suhrkamp.

Douglas, Mary. 1991. *Wie Institutionen denken.* Frankfurt a. M.: Suhrkamp Verlag.

Elias, Norbert. 1977. *Über den Prozess der Zivilisation. Soziogenetische und psychogenetische Untersuchungen. Erster Band. Wandlungen des Verhaltens in den weltlichen Oberschichten des Abendlandes.* Frankfurt a M.: Suhrkamp Verlag.

Elias, Norbert. 1982. *Über den Prozess der Zivilisation. Soziogenetische und psychogenetische Untersuchungen. Zweiter Band. Wandlungen der Gesellschaft. Entwurf zu einer Theorie der Zivilisation.* Frankfurt a. M.: Suhrkamp Verlag.

Erdheim, Mario. 1982. *Die gesellschaftliche Produktion von Unbewusstheit. Eine Einführung in den ethnopsychoanalytischen Prozess.* Frankfurt a. M.: Suhrkamp Verlag.

Erdheim, Mario. 1983. Adoleszenz zwischen Familie und Kultur: Ethno-psychoanalytische Ueberlegungen zur Funktion der Jugend in der Kultur. In *Jugendprotest,* Hrsg. H. Becker et al., 104–116. Reinbek: Rowohlt Taschenbuch Verlag.

Federicci, Silvia. 2004. *Caliban and the witch. Woman, the body and primitive accumulation.* New York: Autonomedia.

Foucault, Michel. 1976. *La volonté de savoir. Histoire de la sexualité.* Paris: Editions Gallimard.

Fortunati, Leopoldina. 1995. *The arcanum of reproduction: Housework, prostitution, labor and capital.* New York: Autonomedia.

Godelier, Maurice. 2002. „Pratiques sexuelles et ordre social." La recherche. Hors série: Sexes. Comment on devient homme ou femme: 98–102. Hors série: Sexes. Comment on devient homme ou femme. Paris. SA Sophia publications.

Graf, Erich Otto. 2009. Sozialpolitik – eine Form der Körperpolitik. In *Ästhetisierung der Sonderpädagogik,* Hrsg. U. Strasser, J. Weisser, M. Wolters Kohler, M. Schmon, und J. Blickenstorfer, 101–115. Bad Heilbrunn: Julius Klinckhardt.

Habermas, Jürgen. 1983. *Theorie des kommunikativen Handelns; Zur Kritik der funktionalistischen Vernunft.* Frankfurt a. M.: Suhrkamp Verlag.

Habermas, Jürgen. 1990 (1962). *Strukturwandel der Öffentlichkeit.* Frankfurt a. M: Suhrkamp Verlag.

Hardt, Michael, und Antonio Negri. 2010. *Commonwealth. Das Ende des Eigentums.* Frankfurt a. M.: Campus Verlag.

Haug, Frigga. 2009. *Die Vier-in-einem-Perspektive. Politik von Frauen für eine neue Linke.* Hamburg: Argument Verlag.

Holloway, John, und Edward P. Thompson. 2007. *Blauer Montag. Über Zeit und Arbeitsdisziplin.* Hamburg: Edition Nautilus.

Kramer, Heinrich. 2006. *Der Hexenhammer. Malleus Maleficarum.* München: Deutscher Taschenbuch Verlag.

Latour, Bruno. 1995 (1991). *Wir sind nie modern gewesen. Versuch einer symmetrischen Anthropologie.* Berlin: Akademie Verlag.

Latour, Bruno. 2001. *Das Parlament der Dinge. Für eine politische Ökologie.* Frankfurt a. M.: Suhrkamp Verlag.

Linebaugh, Peter, und Marcus Rediker. 2008. *Die vielköpfige Hydra. Die verborgene Geschichte des revolutionären Atlantiks.* Berlin: Assoziation A.

Lourau, René. 1978. *L'État-inconscient.* Paris: Les Éditions de minuit.

Lorey, Isabell. 2012. *Die Regierung der Prekären.* Wien: Verlag Turia + Kant.

Merchant, Carolyn. 1987. *Der Tod der Natur. Ökologie, Frauen und neuzeitliche Naturwissenschaft.* München: C. H. Beck'sche Verlagsbuchhandlung.

Merton, Robert, K., und Nisbet Robert, Hrsg. 1976. *Contemporary social problems.* New York: Harcourt Brace Jovanovich.

Poulantzas, Nicos. 2002 (1978). *Staatstheorie. Politischer Überbau, Ideologie, Autoritärer Etatismus.* Hamburg: VSA-Verlag.

Simmel, Georg. 1983. *Soziologie. Untersuchungen über die Formen der Vergesellschaftung.* Berlin: Duncker & Humblot.

Singer, Peter. 1994. *Praktische Ethik.* Stuttgart: Philipp Reclam jun.

Touraine, Alain. 1976. Zehn Ideen für eine Soziologie. In *Was nützt die Soziologie,* Hrsg. Alain Touraine, 52–89. Frankfurt a. M.: Suhrkamp.

Von Braun, Christina. 2012. Der Preis des Geldes. Eine Kulturgeschichte. Berlin: Aufbau.

Walzer, Michael. 1988. *Exodus und Revolution.* Berlin: Rotbuch Verlag.

Winkler, Michael. 1988. *Eine Theorie der Sozialpädagogik: Über Erziehung als Rekonstruktion der Subjektivität.* Stuttgart: Klett-Cotta Verlag.

MIX
Papier aus verantwortungsvollen Quellen
Paper from responsible sources
FSC® C105338

If you have any concerns about our products,
you can contact us on
ProductSafety@springernature.com

In case Publisher is established outside the EU,
the EU authorized representative is:
Springer Nature Customer Service Center GmbH
Europaplatz 3, 69115 Heidelberg, Germany

Printed by Libri Plureos GmbH
in Hamburg, Germany